Programmation en logique avec contraintes

LAVOISIER
11, rue Lavoisier
75008 Paris

Serveur web : www.hermes-science.com

ISBN 2-7462-0477-0

Catalogage Electre-Bibliographie
Rueher, Michel (coordonnateur)
Programmation en logique avec contraintes. Actes des JFPLC'2002
Paris, Hermès Science Publications, 2002
ISBN 2-7462-0477-0

RAMEAU :	programmation logique : congrès programmation par contraintes : congrès
DEWEY :	005.1 : Programmation. Programmes. Logiciels. Principes de programmation

---

Programmation en logique avec contraintes

Actes des JFPLC'2002

27 mai – 30 mai 2002
Université de Nice Sophia-Antipolis, France

coordonnateur

Michel Rueher

Hermes Science publications

Actes des 11e Journées francophones de programmation logique et programmation par contraintes (JFPLC'2002)
27 au 30 mai 2002, Université de Nice Sophia-Antipolis, France

Organisation

INRIA Sophia-Antipolis
http://www.inria.fr

Université de Nice Sophia-Antipolis
http://www.unice.fr

AFPLC
http://www.afplc.org

Parrainage

INRIA Sophia-Antipolis
http://www.inria.fr

Université de Nice Sophia-Antipolis
http://www.unice.fr

Conseil régional de la région PACA, Conseil général des Alpes-Maritimes

Ilog
http://www.ilog.fr

Cosytec
http://www.cosytec.fr

Thales
http://www.thalesgroup.com

I3S
http://www.i3s.unice.fr

ESSI
http://www.essi.fr

CERMICS
http://cermics.enpc.fr/cermics.html

Comité d'organisation

Claude Michel, Université de Nice Sophia-Antipolis
Michel Rueher, Université de Nice Sophia-Antipolis
Gilles Trombettoni, Université de Nice Sophia-Antipolis

Président du comité de programme

Michel RUEHER, Université de Nice Sophia-Antipolis

Président du Comité de Programme

Michel RUEHER, Université de Nice Sophia-Antipolis, France

Comité de Programme

A. AGGOUN, Cosytec, France
F. BRY, Université de Munich, Allemagne,
C. BESSIERE, LIRMM, France
N. BELDICEANU, Swedish Institute of Computer Science, Suède
F. BENHAMOU, Université de Nantes France
P. BOIZUMAULT, Université de Caen, France
P. CODOGNET, Université de Paris 6, France
A. COLMERAUER, Université de Marseille, France
Y. DEVILLE, Université catholique de Louvain, Belgique
P. DERANSART, INRIA, France
M. DUCASSE, IRISA, France
F. FAGES, INRIA, France
J-K. HAO, Université d'Angers, France
U. JUNKER, Ilog, France
F. LABURTHE, Bouygues, France
F. MESNARD, Université de La Réunion, France
M. MILANO, Université de Bologne, Italie
G. PESANT, Ecole polytechnique de Montréal, Canada
A. PODELSKI, MPI, Allemagne
J.C REGIN, Ilog, France
M. RUSINOWITCH, LORIA, France
C. SOLNON, Université de Lyon I, France
G. TROMBETTONI, Université de Nice-Sophia Antipolis, France
P. TAILLIBERT, Thales, France
P. VAN HENTENRYCK, Brown, Etats-Unis

Association française pour la programmation en logique et la programmation par contraintes (AFPLC)

L'association a pour objectifs de réunir toutes les personnes s'intéressant, professionnellement ou non, à la programmation en logique et par contraintes, et concernées par son évolution, sa promotion, son enseignement, sa diffusion, ses applications et son utilisation. Les domaines couverts incluent, en particulier, la programmation concurrente et tous les domaines d'application où la programmation en logique et par contraintes peut avoir un rôle à jouer : analyse et planification, bases de données déductives, l'ingénierie des connaissances, la réalisation et maintenance de produits logiciels, traitement de la langue naturelle, les interfaces, les systèmes intelligents, les systèmes réactifs.

L'AFPLC[1] est le représentant en France de l'ALP (association internationale ayant les mêmes objectifs, dénommée : *Association for Logic Programming*) et a pour vocation de regrouper, entre autres, les adhérents de l'ALP domiciliés en France.

1. Http://www.afplc.org.

Table des matières

Préface

La programmation en logique avec contraintes est le fruit de recherches menées depuis plusieurs décennies en logique, démonstration automatique, recherche opérationnelle et intelligence artificielle. Les outils et langages de programmation issus de ces travaux connaissent un réel succès industriel car ils permettent de résoudre des problèmes difficiles dans des domaines aussi variés que la robotique, la planification de la production ou l'optimisation de réseaux de télécommunications.

Les journées francophones de programmation logique et programmation par contraintes sont depuis une vingtaine d'années le rendez-vous annuel de la communauté francophone et permettent de faire le point sur les recherches récentes dans ces domaines. JFPLC'2002, la onzième édition des journées francophones de programmation logique et programmation par contraintes, fait suite aux précédentes rencontres qui se sont tenues à Paris (2001), Marseille (2000), Lyon (1999), Nantes (1998), Orléans (1997), Clermont-Ferrand (1996), Dijon (1995), Bordeaux (1994), Nîmes (1993) et Lille (1992), et aux mémorables journées organisées par le CNET de Lannion.

Le comité de programme a reçu 25 soumissions, dont de nombreuses venant d'autres pays que la France. Le comité de programme a sélectionné 19 papiers pour présentation et publication dans les actes. Les thèmes abordés par ces articles concernent les contraintes numériques, les problèmes de satisfaction de contraintes, la logique, l'analyse de programmes et les environnements de programmation. Outre la présentation de ces articles, le programme des JFPLC'2002 comporte deux sessions communes avec les JNPC'2002. Pascal Van Hentenryck de *Brown University*, pionnier de l'intégration des techniques de satisfaction de contraintes dans la programmation en logique, nous fait l'amitié d'ouvrir ces journées par une conférence invitée.

Je tiens à remercier chaleureusement toutes les personnes qui ont contribué à la réalisation de ces journées : le comité de programme pour la sélection des papiers, Claude Michel pour la création et la gestion du site *web*, Gilles Trombettoni pour l'organisation effective des journées. Je tiens aussi à remercier l'université de Nice-Sophia Antipolis qui héberge gracieusement ces journées, le service des relations extérieures de l'INRIA qui assure le secrétariat et l'organisation matérielle, ainsi que le CERMICS, l'I3S, l'ESSI, le conseil régional de la région PACA, le Conseil général des Alpes-Maritimes, les sociétés Cosytec et Ilog pour leurs concours financiers.

Michel RUEHER
Président du comité de programme

PAPIER INVITÉ

Du filtrage optimal à la stabilité parfaite

Pascal Van Hentenryck
Brown University

This talk gives an overview of the constraint satisfaction approach to parametric ordinary differential equations. We show how the constraint satisfaction approach enhances traditional interval methods with a pruning step which is based on a global relaxation of the ODE. Theoretical and experimental results show that the approach produces significant improvements in accuracy over the best interval methods for the same computation costs. Of particular interest is the fact that the pruning step can be made optimal asymptotically.

The constraint satifaction approach is then linked to one-leg methods, a class of implicit multi-step methods for stiff problems. We then show that it is possible to maximize the stability of these formulas in the same way as accuracy was maximized in the parametric case. We also present new research directions in this area.

Raisonnement sur les propriétés de contraintes numériques

Reasoning on Constraint Properties

Lucas Bordeaux — Eric Monfroy — Frédéric Benhamou

Institut de Recherche en Informatique de Nantes
2, rue de la Houssinière
B.P. 92208
44322 NANTES CEDEX 3
{bordeaux, monfroy, benhamou}@irin.univ-nantes.fr

RÉSUMÉ. *Les problèmes de satisfaction de contraintes numériques (NCSPs) sont formulés par des égalités et inégalités entre des fonctions numériques. Les propriétés de ces fonctions sont une information précieuse, qui détermine l'utilisation d'algorithmes spécialisés. Nous proposons un cadre pour raisonner sur un ensemble de propriétés qui inclue la* monotonie *et la* convexité, *et se veut générique et extensible. Les propriétés y sont vues comme des* abstractions *des courbes de la fonction, et nous proposons des règles de déduction pour raisonner sur ces abstractions. Nous donnons des indications sur les possibilités d'intégration de tels outils dans des résolveurs, actuels ou modifiés.*

ABSTRACT. *Numerical Constraint-Satisfaction Problems (NCSPs) are stated as (in)-equalities between numerical functions. The properties of these functions are a most useful information, which determines the use of specialized algorithms. We propose a framework to reason on a set of function properties which integrates* monotonicity *and* convexity, *and aims at being general and extensible. Properties are seen as* abstractions *of the function curves, and we propose* deduction rules *to reason on these abstractions. We give guidelines on how this tool can cooperate with existing or customized constraint-solvers.*

MOTS-CLÉS : *Programmation par contraintes*

KEYWORDS: *Constraint Programming*

1. INTRODUCTION

Parmi les principaux problèmes calculatoires mettant en jeu des fonctions numériques, on trouve l'*optimisation*, *c.a.d.* la recherche d'une solution optimale pour un certain critère numérique, et la *satisfaction de contraintes*, *c.a.d.* la recherche de valeurs satisfaisant un ensemble d'égalités ou d'inégalités. Développées dans les domaines de recherche combinatoire en Intelligence Artificielle, les méthodes de propagation de contraintes [MAC 77] se sont récemment avérées une approche compétitive pour la résolution de ces problèmes continus. La transition entre les domaines discret et continu a été possible grâce à l'usage d'*intervalles* pour approximer les domaines de valeurs autorisées [DAV 87, HYV 89, BEN 97].

La *traitabilité* de ces problèmes dépend fortement des propriétés vérifiées par les fonctions mises en jeu. Il est par exemple bien connu que les fonctions *linéaires* (de forme $\sum_i a_i x_i$) peuvent être gérées efficacement par des algorithmes de programmation linéaire. Des classes plus générales de fonctions traitables sont les fonctions *monotones* et *convexes*, pour lesquelles il existe des méthodes issues de la programmation linéaire [HAN 92, NAS 96] et de la programmation par contraintes [SAM 96].

Malgré une littérature conséquente consacrée à la résolution de problèmes sur des classes de fonctions particulières, les problèmes de représentation de connaissances et d'automatisation des déductions liées aux propriétés de fonctions ne semblent pas avoir été considérés.

Le but de cet article est de définir un cadre dans lequel les propriétés sont vues comme des *abstractions*. L'Interprétation Abstraite [COU 77] nous aide à définir des représentations cohérentes possédant un sémantique bien définie. Nous définissons des *règles* formalisant certains raisonnements sur ces propriétés. Notre approche est en quelque-sorte une généralisation dynamique de l'inférence statique de signes bien connue en analyse de programmes [COU 77, MAR 94]. Nous esquissons des directions possibles d'intégration des informations ainsi représentées dans le processus de résolution de contraintes.

Un exemple simple

Pour illustrer notre approche, considérons le problème-jouet consistant à trouver la valeur minimale de la fonction x/y (Fig. 1) pour des valeurs de x et y comprises dans $[1, 100]$. La courbe est *monotone* dans le sens suivant : quelque soit le point considéré dans $[1, 100]^2$, augmenter la valeur de x aura toujours pour conséquence d'augmenter le résultat ; à l'inverse, augmenter y aura toujours pour effet de diminuer le résultat. Cette information nous dispense de mettre en œuvre des techniques d'optimisation coûteuses, car il est clair que le minimum est atteint lorsque x prend sa valeur minimale (*c.a.d.* 1) et y sa valeur maximale (100).

Déterminer que la fonction x/y est monotone sur $[1, 100]^2$ était facile car il s'agit d'une fonction élémentaire bien connue. Il est nécessaire de savoir déterminer les propriétés de fonctions complexes obtenues par *composition* de fonctions élémentaires.

Certains règles simples de raisonnement s'appliquent. Par exemple, élever une fonction à l'exponentielle ne change pas sa monotonie, et le minimum de la fonction $\exp(x/y)$ est toujours obtenu pour $x = 1, y = 100$. A l'inverse, le minimum de la fonction $-\exp(x/y)$ est obtenu pour $x = 100, y = 1$. L'article a pour but de formaliser ce genre de raisonnements sur la structure syntaxique des fonctions.

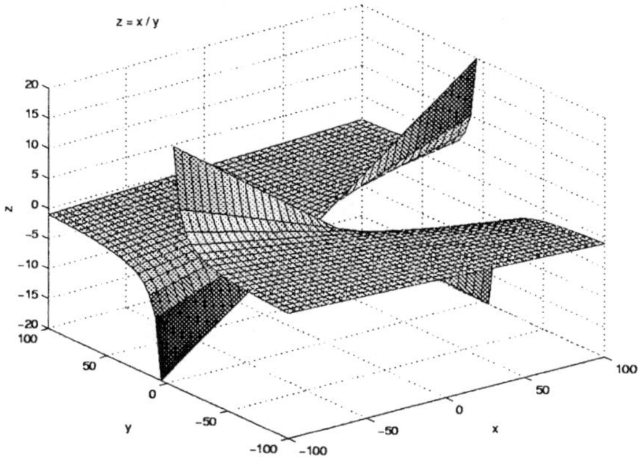

Figure 1. La courbe de la division présente 4 parties monotones : $\mathbb{R}^- \times \mathbb{R}^-$, $\mathbb{R}^- \times \mathbb{R}^+$, $\mathbb{R}^+ \times \mathbb{R}^-$, et $\mathbb{R}^+ \times \mathbb{R}^+$ (matlab ©).

Plan de l'article

La prochaine section (2) introduit les prérequis théoriques et les notations utilisées dans l'article. Nous définissons quelques propriétés importantes et introduisons des abstractions pour réifier ces propriétés (Section 3). Ces abstractions permettent un certain type de raisonnement automatique qui est formalisé en Section 4, et dont les règles sont développées en Section 5. La Section 6 discute l'impact pratique de ces raisonnements, et le papier se termine sur une conclusion (Section 7).

2. CONCEPTS DE BASE ET NOTATIONS

Soit $\mathbb{D}$ un domaine de calcul ordonné (entiers, réels, ...), et soit $\mathbb{D}^+$ (*resp.* $\mathbb{D}^-$) l'ensemble de ses instances positives (*resp.* négatives). On supposera $\mathbb{D}$ muni des opérations d'addition et de multiplication (anneau). Soit $\mathcal{V} = \{x_1, \ldots, x_n\}$ un ensemble de noms de *variables*.

Un expression comme $x + exp(y)$ peut être vue de deux manières : en tant que *terme* construit à partir d'un ensemble de symboles, et en tant que *fonction* de x et y. Le point de vue utilisé est généralement donné par le contexte.

Expression

Les fonctions numériques sont définies par des moyens syntaxiques, comme des expressions construites à partir de symbole $+, \exp, \ldots$, qui peuvent être unaires ou binaires.

Comme il est d'usage en réécriture [KIR 01], on dit qu'une expression e *subsume* une expression t s'il existe une substitution σ telle que $t = \sigma e$. La notation $t \preceq e$ représente l'*ordre de subsumption*. Par exemple, on a $1 - 2.z \preceq x - y$, car il existe une substitution $\sigma = \{x \leftarrow 1, y \leftarrow 2.z\}$.

Fonctions et nuplets

A n*-uplet* associe à chaque variable $x \in \mathcal{V}$ une valeur t_x choisie dans $\mathbb{D}$. Une *fonction* (totale) f associe à chaque n-uplet t une valeur de $\mathbb{D}$, notée $f(t)$.

Les lois d'addition et de produit par un élément de $\mathbb{D}$ sont définies élément par élément sur les n-uplets. Nous associons à chaque variable x un n-uplet unité $\vec{x}$, ayant 1 pour valeur en x et 0 ailleurs. Chaque n-uplet peut être écrit sous la forme $\sum t_x.\vec{x}$, et le n-uplet $t + \lambda\vec{x}$ est obtenu en augmentant de λ la valeur de t en x.

3. ABSTRACTIONS POUR LES PROPRIÉTÉS DE CONTRAINTES

Nous sélectionnons un jeu de propriétés significatives pour les problèmes numériques, et nous définissons des représentations pour ces propriétés.

3.1. *Propriétés considérées*

La figure 2 illustre ces propriétés dans le cas univarié.

Monotonie

La monotonie signifie qu'augmenter la valeur d'un n-uplet sur une variable x donne toujours des valeurs plus élevées (*resp.* plus faibles).

Definition 1. **[Monotonie]** *Une fonction f est dite :*

– croissante *en x si (pour tout n-uplet t)*

$$\forall \lambda > 0, \ f(t + \lambda\vec{x}) \geq f(t)$$

– décroissante *en x si (pour tout n-uplet t)*

$$\forall \lambda > 0, \ f(t + \lambda\vec{x}) \leq f(t)$$

– indépendante *de x si elle est à la fois croissante et décroissante :*

$$\forall \lambda > 0, \ f(t + \lambda\vec{x}) = f(t)$$

– monotone *en x si elle est croissante ou décroissante.*

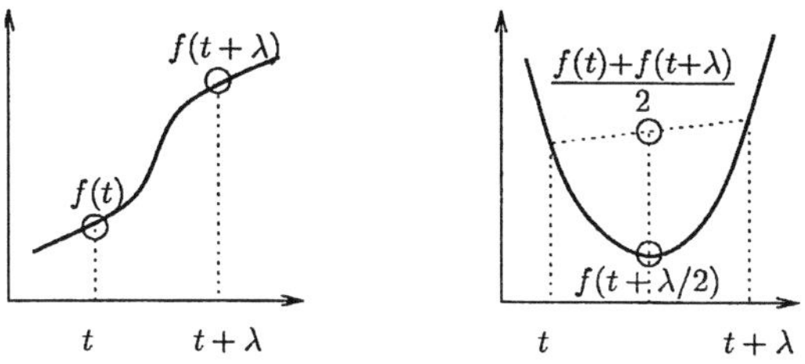

Figure 2. *Une fonction* croissante *(gauche), qui est également* injective, *et une fonction* convexe supérieure *(droite).*

Convexité

La convexité est une propriété de monotonie du second ordre, qui exprime le fait que les *pentes* de la fonction sont monotones. Informellement, les fonctions convexes sont de forme ∪ ou ∩.

Definition 2. [Convexité] *Une fonction f est dite :*

– convexe supérieure *en x si (pour tout n-uplet t)*
$$\forall\lambda > 0,\ f(t + \tfrac{\lambda}{2}\vec{x}) \ \geq\ \tfrac{1}{2}.(f(t) + f(t + \lambda\vec{x}))$$
– convexe inférieure *en x si (pour tout n-uplet t)*
$$\forall\lambda > 0,\ f(t + \tfrac{\lambda}{2}\vec{x}) \ \leq\ \tfrac{1}{2}.(f(t) + f(t + \lambda\vec{x}))$$
– affine *en x si elle est à la fois convexe inférieure et supérieure*
$$\forall\lambda > 0,\ f(t + \tfrac{\lambda}{2}\vec{x}) \ =\ \tfrac{1}{2}(f(t) + f(t + \lambda\vec{x}))$$
– convexe *en x si elle est convexe inférieure ou supérieure.*

Injectivité

La possibilité d'exprimer des inégalités strictes demande de définir une propriété supplémentaire appelée *injectivité.*

Definition 3. [Injectivité] *Une fonction f est dite :*

– *injective en x si (pour tout n-uplet t)*
$$\forall\lambda > 0,\ f(t + \lambda\vec{x}) \neq f(t)$$

Remarquez que ces définitions généralisent le cas univarié illustré Figure 2 pour les dimensions supérieures. En quelque sorte, la propriété univariée est supposée vraie "axe par axe". En particulier, notre définition de la convexité est plus faible que celle utilisée en programmation non-linéaire. Elle correspond à plusieurs notions (convexité d'axe [SAM 96], d'intervalle [BEN 97], de ligne [DEV 99]) décrites dans la littérature sur les contraintes.

3.2. *Représentation des propriétés*

Les propriétés représentent des classes de fonctions. Par exemple, plusieurs classes sont définies en fonction de la monotonie par rapport à une variable donnée : les fonctions croissantes et décroissantes, celles qui possèdent ces deux propriétés à la fois, et celles qui n'en possèdent aucune (*c.a.d.* les fonctions indépendantes).

Pour raisonner sur ces propriétés, les classes de fonctions sont représentées par des *symboles abstraits*. Les opérations sur les valeurs du domaine $\mathbb{D}$ peuvent être étendues à ces symboles, de manière à vérifier des propriétés sémantiques. D'après [COU 77], la signification de chaque symbole abstrait est donnée par la classe *concrète* de fonctions qu'elle représente.

Definition 4. [Symbole abstrait] *Nous définissons le jeu suivant de* symboles abstraits *(la sémantique associée est donnée de manière informelle) :*

Propriété	*Symb. Abst.*	*Signification*
Monotonie	$\textcircled{\nearrow}$	*croissant*
	$\textcircled{\searrow}$	*décroissant*
	$\textcircled{=}$	*indépendant*
Convexité	$\textcircled{\cup}$	*convexe supérieur*
	$\textcircled{\cap}$	*convexe inférieur*
	$\otimes$	*affine*
Injectivité	$\textcircled{\neq}$	*injectif*

Chacun de ces ensembles est complété avec les symboles $\textcircled{\top}$ *et* $\textcircled{\bot}$*, représentant respectivement la classe comportant toutes les fonctions possibles et la classe vide. Les symboles correspondant à chaque type de propriété sont partiellement ordonnés comme montré Figure 3.*

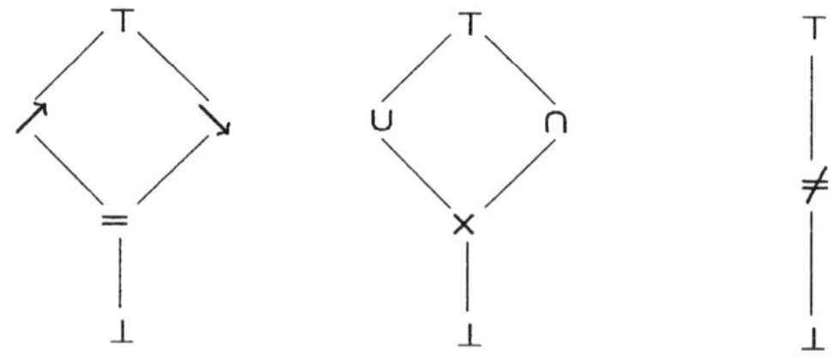

Figure 3. *Treillis abstraits pour les propriétés de monotonie (gauche), convexité (milieu) et injectivité (droite).*

Nous utilisons des notations "cerclées" tout au long du texte pour éviter la confusion avec les autres symboles du papier. Remarquez que l'ordre défini sur les symboles correspond à l'ordre d'inclusion sur les classes – par exemple la classe de fonctions affines est incluse dans celle des fonctions convexes-supérieures ($\otimes \leq \textcircled{\cup}$).

Cet ordre nous permet de définir les opérations classiques de treillis : celle de plus petite borne supérieure ($a \vee b = \min\{c \mid c \geq a \text{ and } c \geq b\}$) et de plus grande borne inférieure ($a \wedge b = \max\{c \mid c \leq a \text{ and } c \leq b\}$). Par exemple, ⦸ $\vee$ $\varnothing$ vaut ⊤⃝ et ⦸ $\wedge$ ⊜ vaut ⊜

Puisque nos treillis sont symétriques, nous notons $-\alpha$ le symétrique d'une propriété ; par exemple, $-\varnothing$ vaut ⦸, vaut $-$⊜ vaut ⊜.

Combinaison de propriétés

En Interprétation Abstraite, il est possible d'utiliser le produit cartésien de plusieurs treillis pour obtenir un treillis de propriétés plus fines. La figure 4 donne un aperçu (dans le cas univarié) de la variété des propriétés de fonctions expressibles dans notre cadre, en utilisant des *triplets* de symboles, représentant respectivement la monotonie, la convexité, et l'injectivité.

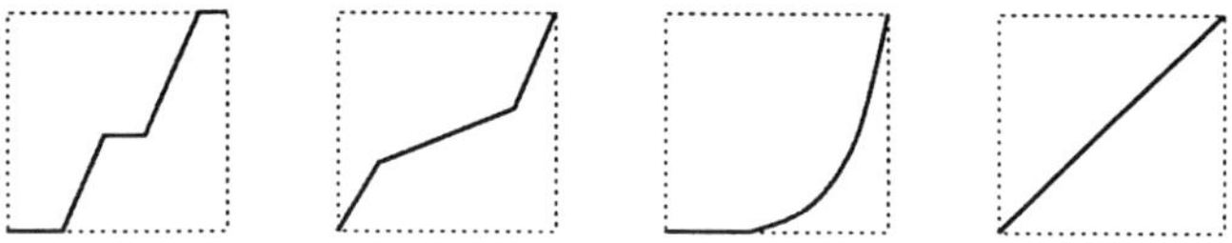

Figure 4. *Quelques exemples de fonctions croissantes.*

4. RAISONNEMENT SUR LES PROPRIÉTÉS

Le fait d'avoir réifié les propriétés comme des symboles sur lesquels un minimum d'opérations est défini nous permet de les manipuler pour faire de la déduction. La correction de ces déductions repose sur la définition suivante, qui est liée à la définition usuelle de correction des résolveurs de contraintes [BEN 97] :

Definition 5. [Correction] *Soit α une fonction d'abstraction et γ la fonction de concrétisation qui associe à chaque symbole l'ensemble de fonctions qu'il représente. L'abstraction est correcte si les fonctions α et γ forment une* connection de Galois *[COU 77] entre le treillis abstrait et le treillis concret (C représente une classe de fonctions, s est un symbole) :*

$$\alpha(C) \leq s \;\Leftrightarrow\; C \subseteq \gamma(s) \tag{1}$$

4.1. *Un cadre à base de règles*

Les déductions sur les propriétés sont mises en œuvre par un cadre à base de *règles*. Ces règles manipulent des *faits* de la forme suivante :

Definition 6. **[Fait].** *Un* fait *est une déclaration de la forme suivante :*

$$f \texttt{ is } P \texttt{ on } x \texttt{ when } C$$

où f est une expression numérique, P est un symbole abstrait (propriété), x est une variable du problème, C est une liste de conditions de la forme $y \in [l, r]$.

L'utilisation d'une syntaxe verbeuse pour des prédicats que l'on pourrait par ailleurs noter $P(f, x, C)$ a pour seul but de faciliter la lisibilité.

La *correction* d'un fait est définie par l'équation 1 : $P \leq P' \Leftrightarrow \phi \in \gamma(P')$, où ϕ est la restriction de la fonction f à l'espace défini par les contraintes de C. Un exemple de fait (correct) est "e^x **is** $\varnothing$ ◎ ⊖ **on** x **when** $x \in [-\infty, +\infty]$" — nous regroupons les 3 propriétés pour factoriser les notations.

Definition 7. **[Filtrage]** *Un fait a :"f* **is** *P_1* **on** *x* **when** *$y_n \in I_n$" filtre un fait b : "g* **is** *P_2* **on** *x* **when** *$z_n \in J_n$" si $f \succeq g$, $P_1 \geq P_2$ et si l'intervalle bornant chaque variable du fait a contient celui bornant la même variable dans b (si celui-ci est explicité).*

Intuitivement : un fait est valide si un autre fait exprimant une propriété au moins aussi forte est valide sur un intervalle au moins aussi large. Par exemple, le fait a : "f **is** ◎ **on** x **when** $x \in [1, 2]$" est filtré par b : "f **is** $\otimes$ **on** x **when** $x \in [0, \infty]$" : si b est valide, alors a aussi. Nous en venons à définir la notion de *règles*.

Definition 8. **[Règle]** *Une* règle *est un clause de Horn portant sur des faits, c.a.d. une formule de forme $F_1, \ldots, F_n \Rightarrow G$, dans laquelle G et tous les F_i sont des faits.*

Une règle s'applique *si toutes ses prémices sont filtrées par des faits de la base de connaissances. Cette application génère un nouveau fait qui est ajouté à la base.*

Bien sûr, des règles correctes garantissent d'inférer des faits corrects à partir de faits corrects. L'ajout d'un fait à la base peut être vu comme un processus d'accumulation monotone d'information utilisant l'opération $\wedge$.

Notre cadre consiste en un ensemble de *faits élémentaires* (axiomes) et d'un ensemble de règles. Un fait est *prouvable* dans notre approche s'il peut être déduit par un nombre fini d'applications de règles.

4.2. *Faits élémentaires*

Les fonctions primitives comme l'addition ou la racine carrée peuvent être facilement décomposées en un petit nombre de parties sur lesquelles leurs propriétés peuvent être identifiées. la figure 5 récapitule les faits élémentaires pour ces fonctions :

Nous donnons un exemple de preuve de ces résultats, la généralisation aux autres cas étant évidente :

$exp.$	$partie$	$abs.\ sur\ x$	$exp.$	$partie$	$abs.\ sur\ x$
e^x	$\mathbb{D}$	$\oslash\circledcup\circledneq$	$\log(x)$	$\mathbb{D}^+$	$\oslash\circledcap\circledneq$
x^{2a}	$\mathbb{D}^-$ $\mathbb{D}^+$	$\obslash\circledcup\circledneq$ $\oslash\circledcup\circledneq$	x^{2a+1}	$\mathbb{D}^-$ $\mathbb{D}^+$	$\oslash\circledcap\circledneq$ $\oslash\circledcup\circledneq$
$\sqrt[2a]{x}$	$\mathbb{D}^+$	$\oslash\circledcap\circledneq$	$\sqrt[2a+1]{x}$	$\mathbb{D}^-$ $\mathbb{D}^+$	$\oslash\circledcup\circledneq$ $\oslash\circledcap\circledneq$

$exp.$	$partie$	$abs.\ sur\ x$	$abs.\ sur\ y$
$x+y$	$\mathbb{D}\times\mathbb{D}$	$\oslash\otimes\circledneq$	$\oslash\otimes\circledneq$
$x-y$	$\mathbb{D}\times\mathbb{D}$	$\oslash\otimes\circledneq$	$\obslash\otimes\circledneq$
$x.y$	$\mathbb{D}^+\times\mathbb{D}^+$	$\oslash\otimes\circledneq$	$\oslash\otimes\circledneq$
	$\mathbb{D}^+\times\mathbb{D}^-$	$\obslash\otimes\circledneq$	$\oslash\otimes\circledneq$
	$\mathbb{D}^-\times\mathbb{D}^+$	$\oslash\otimes\circledneq$	$\obslash\otimes\circledneq$
	$\mathbb{D}^-\times\mathbb{D}^-$	$\obslash\otimes\circledneq$	$\obslash\otimes\circledneq$

Figure 5. *Abstractions pour les opérateurs de base.*

Règle 1. $x.y$ **is** $\oslash\otimes\circledneq$ **on** x **when** $x\in\mathbb{D}^+$, $y\in\mathbb{D}^+$.

Démonstration. Considérons des valeurs arbitraires $x, x', y \in \mathbb{D}^+$, avec $x < x'$. Puisque le produit $x.y$ est positif, nous avons $x.y \leq x'.y$ ($\oslash$) ; de plus, puisque x et y sont tous deux non-nuls, nous avons $x.y \neq x'.y$ ($\circledneq$) ; enfin, nous avons $(x.y + x'.y)/2 = (x.y)/2 + (x'.y)/2$ ($\otimes$). □

5. RÈGLES DE DÉDUCTION

Les règles définies précédemment permettent de déduire de nouveaux faits d'une base de faits élémentaires. Nous décrivons deux catégories de règles : celles servant à déduire des propriétés sur les domaines contenant 0 (ces domaines ne sont en général pas gérés par la figure 5), et celles réservées aux fonctions complexes. D'autres classes de règles pourraient bien évidemment être envisagées.

5.1. *Règles d'extension de domaine*

Lorsque des faits sont connus pour deux intervalles contigus $[l, m]$ et $[m, r]$, d'autres faits peuvent être déduits sur $[l, r]$. Ces déductions sont aisées pour la monotonie, moins faciles pour la convexité, et impossibles en général pour l'injectivité.

Règle 2. f **is** $\oslash$ **on** x **when** $x \in [l, m]$,

f **is** $\oslash$ **on** x **when** $x \in [m, r] \Rightarrow$

f **is** $\oslash$ **on** x **when** $x \in [l, r]$.

(règle pour similaire pour $\obslash$).

Démonstration. Élémentaire. □

Règle 3. f `is` $\obslash\circledcup$ `on` x `when` $x \in [l, m]$,

f `is` $\oslash\circledcup$ `on` x `when` $x \in [m, r] \Rightarrow$

f `is` $\circledcup$ `on` x `when` $x \in [l, r]$.

(règle identique pour $\circledcap$, en inversant $\circledcup$ et $\circledcap$).

Démonstration. (esquisse) La convexité supérieure signifie que la pente est croissante. Puisque celle-ci est négative sur $[l, m]$, positive sur $[m, r]$, et croissante sur chacun de ces intervalles, elle est croissante sur $[l, r]$. □

5.2. *Règles pour les fonctions complexes*

Fonctions unaires

Les fonctions complexes sont construites en "branchant" les fonctions de base de la figure 5 les unes dans les autres. Rappelons que $f(g)$ représente le terme "g branché dans f" alors que $f(x)$ représente une expression unaire ayant la variable x pour sous-terme. Certaines propriétés sont préservées lors de ces "branchements" ; par exemple la composition de fonctions injectives est injective :

Règle 4. g `is` $\circledneq$ `on` x `when` $x \in I$,

$f(y)$ `is` $\circledneq$ `on` y `when` $y \in G(I) \Rightarrow$

$f(g)$ `is` $\circledneq$ `on` x `when` $x \in I$.

Démonstration. Prenons n'importe-quelle instantiation des variables autres que x (g est alors vue comme une fonction unaire de x). Si nous considérons deux valeurs différentes pour x, les résultats pour $g(x)$ sont alors différents. Puisque g est branchée dans chaque occurrence de y, les résultats par f sont différents. □

Règle 5. *Pour toute propriété de monotonie M, on a :*

g `is` M `on` x `when` $x \in I$,

$f(y)$ `is` $\obslash$ `on` y `when` $y \in G(I) \Rightarrow$

$f(g)$ `is` $-M$ `on` x `when` $x \in I$.

(règle identique pour $\oslash$ avec "$f(g)$ is M").

Démonstration. Même idée que pour la règle 4 : soit f et g (disons) toutes deux décroissantes sur x et y. Augmenter x diminue y, ce qui augmente $f(g)$. □

Règle 6. g `is` $\textcircled{\cup}$ `on` x `when` $x \in I$,

$f(y)$ `is` $\textcircled{\cup}\varnothing$ `on` y `when` $y \in G(I) \Rightarrow$

$f(g)$ `is` $\textcircled{\cup}$ `on` x `when` $x \in I$.

(règle identique pour $\textcircled{\cap}$ *avec* $\textcircled{\backslash}$*).*

Démonstration. Pour tous $t \in \Omega$ et $\lambda > 0$, on note $t' = t + \lambda\vec{x}$ et $avg(t, t') = (t + t')/2$. On a $avg(fgx, fgy) \geq f(avg(gx, gy)) \geq f(g(avg(x, y)))$. □

Fonctions binaires

Dans les cas faciles, *c.a.d.* quand la variables considérée possède des occurrences dans l'un seul des sous-termes gauche ou droit, les fonctions binaires sont traitées exactement de la même manière que les fonctions unaires. Pour chaque règle de forme :

$f(x)$ `is` M_1 `on` x `when` $x \in I, \ldots \Rightarrow$

$f(g)$ `is` M_2 `on` x `when` $x \in J$

On peut ajouter une règle pour l'argument de droite (x est supposé n'apparaître dans aucun sous-terme de h) :

$f(x, h)$ `is` M_1 `on` x `when` $x \in I, \ldots \Rightarrow$

$f(g, h)$ `is` M_2 `on` x `when` $x \in J$

Idem pour le côté droit. Les choses se compliquent lorsque x présente des occurrences à la fois à gauche et à droite. Par exemple, augmenter x peut avoir des conséquences contradictoires par rapport aux deux branches, ce qui peut entraîner une information vide ($\top$).

Règle 7. *Soit M_1 et M_2 2 propriétés de monotonie ou de convexité :*

$f(g, z)$ `is` M_1 `on` x `when` $x \in I$,

$f(y, h)$ `is` M_2 `on` x `when` $x \in I \Rightarrow$

$f(g, h)$ `is` $M_1 \vee M_2$ `on` x `when` $x \in I$

Démonstration. Si $f(y, h)$ et $f(g, z)$ sont (disons) toutes deux croissantes sur x, cela signifie qu'une augmentation de x augmente f. Si $f(y, h)$ est croissant sur x et $f(g, z)$ décroissant, on ne peut rien déduire sur f ($\top = \textcircled{\backslash} \vee \varnothing$). □

5.3. *Exemples de déductions*

Nous donnes un exemple simple des déductions effectuées par les règles définies précédemment.

Example 1. *Considérons* $f : (x, y) \to x.(y + \log x)$*, avec* x *et* y *à valeurs dans* $[1, 10]$*.* f *est :*

croissante sur x **:** *Puisque* $\log(x)$ *est* $\oslash$ *sur* x *quand* $x \in [1, 10]$ *(fait élémentaire) et* $y + z$ *est* $\oslash$ *sur* $y \in [1, 10], z \in [0, 1]$*, nous déduisons que* $y + \log x$ *est* $\oslash$ *sur* x *quand* $x \in [1, 10], y \in [1, 10]$ *(règle 5, binaire).* $x.z$ *est également* $\oslash$ *en* x *sur* $[1, 10]$*, donc (règle 7),* $x.(y + \log x)$ *est* $\oslash \vee \oslash = \oslash$*.*

convexe supérieure sur y **:** *Le terme* $\log(x)$ *ne contient pas d'occurrence de* y *;* $y + \log(x)$ *est donc* $\otimes$ *sur* y*. On déduit que* $x.z$ *est* $\oslash\otimes$ *sur* z*, et* $x.(y + \log(x))$ *est donc* $\oslash$ *(règle 6, binaire).*

La monotonie croissante en y *et la convexité supérieure en* x *peuvent également être déduites.*

6. APPLICATIONS PRATIQUES

Ce travail est motivé par un but pratique, celui d'intégrer une meilleure connaissance des propriétés dans le processus de recherche de solutions. Nous survolons quelques techniques de spécialisation d'algorithmes existants offertes par notre cadre, et nous donnons d'autres exemples des applications que nous entrevoyons.

Intégration de résolveurs spécialisés

Le problème de détermination de classes de contraintes pouvant être résolus efficacement par des algorithmes spécialisés remonte aux travaux de Freuder [FRE 82]. Sur les contraintes numériques, les propriétés des monotonie et de convexité ont naturellement été exploitées [SAM 96, DEV 99]. Des améliorations de l'arc-consistance pour les contraintes monotones sont décrites, par exemple, dans [YUA 00]. Ces deux propriétés ont également été étudiées en optimisation non-linéaire. Une propriété remarquable est que les algorithmes d'optimisation locale deviennent globaux en présence de conditions fortes de convexité [NAS 96].

La coopération d'algorithmes est reconnue comme une voie prometteuse pour la résolution efficace de contraintes [GRA 01], et l'intégration d'algorithmes réservés à des classes de problèmes différentes soulève des questions intéressantes. Une coopération plus efficace pourrait en général être obtenue si les résolveurs pouvaient effectuer des déductions sur les propriétés vérifiées par des sous-problèmes. Nous espérons que le travail ébauché dans cet article pourra être une première étape vers les architectures de coopération intelligente.

Nouvelles applications

Le fait de définir les propriétés comme des objets du calcul facilite la définition d'algorithmes manipulant cette information. En guise d'exemple, nous présentons brièvement une amélioration de l'algorithme d'évaluation par intervalles :

Example 2. *Considérons la fonction* $f : (x, y) \rightarrow 2x.y + y$ *sur* $[-10, 10] \times [1, 2]$. *Cette fonction se trouve être croissante sur* x. *Nous pouvons donc déduire que son minimum global est obtenu pour* $x = -10$.

En instanciant x *à la valeur* -10, f *devient la fonction plus simple* $g : (x, y) \rightarrow -20.y + y$. *Or* g *est maintenant une fonction décroissante sur* y *quand* $y \in [1, 2]$, *et son minimul global est obtenu pour* $y = 2$.

Nous avons trouvé, sans aucun recours à des méthodes d'optimisation globale, un minimum global garanti. Ce minimum donne une borne fiable et précise à des techniques d'évaluation par intervalles.

7. CONCLUSIONS

Les propriétés des contraintes sont une information précieuse qui détermine la traitabilité des problèmes de satisfaction de contraintes numériques. L'intégration de cette information dans le processus de résolution/optimisation requiert une représentation formelle ("réification") de ces propriétés. La contribution de cet article a été de montrer qu'une forme de raisonnement automatique est possible sur ces propriétés, ce qui ouvre des perspectives sur des algorithmes "guidés par les propriétés".

Nous avons montré que l'*abstraction* est un moyen de représentation approprié. Notre référence principale a été l'interprétation abstraite, mais d'autres travaux [GIU 92] pourraient également être considérés. L'inférence sur ces abstractions a été formalisée en termes de règles de déduction simples. Nous avons illustré ce principe à l'aide de règles dirigées par la syntaxe des expressions, et nous avons suggéré des pistes d'enrichissement du cadre théorique. Enfin, nous avons donné un aperçu des applications potentielles de l'inférence de propriétés pour les contraintes numériques et l'optimisation.

Remerciements

Nous remercions Evgueni Petrov pour des remarques et des discussions pertinentes.

8. Bibliographie

[BEN 94] BENHAMOU F., MCALLESTER D., VAN HENTENRYCK P., « CLP(Intervals) Revisited », BRUYNOOGHE M., Ed., *Int. Symp. on Logic Programming (ILPS'94)*, Ithaca, NY, 1994, MIT Press, p. 124-138.

[BEN 97] BENHAMOU F., OLDER W., « Applying Interval Arithmetic to Real, Integer and Boolean Constraints », *J. of Logic Programming*, vol. 32, n° 1, 1997, p. 1–24.

[CLE 87] CLEARY J., « Logical Arithmetic », *Future Generation Computing Systems*, vol. 2, n° 2, 1987, p. 125–149.

[COL 90] COLMERAUER A., « An introduction to Prolog III », *Communications of the ACM*, vol. 33, n° 7, 1990, p. 69-90.

[COR 99] CORLISS G. F., RALL L. B., « Bounding Derivative Ranges », PARDALOS P. M., FLOUDAS C. A., Eds., *Encyclopedia of Optimization*, Kluwer, Dordrecht, 1999.

[COU 77] COUSOT P., COUSOT R., « Abstract Interpretation : a unified lattice model for static analysis of programs by construction or approximation of fixpoints », *Conf. Record of the 4th POPL*, Los Angeles, California, 1977, ACM Press, New York, NY, p. 238–252.

[COU 92] COUSOT P., COUSOT R., « Abstract Interpretation and Application to Logic Programs », *J. of Logic Programming*, vol. 13, n° 2–3, 1992, p. 103–179.

[DAV 87] DAVIS E., « Constraint Propagation with Interval Labels », *Artif. Intel.*, vol. 32, 1987, p. 281–331.

[DEV 99] DEVILLE Y., BARETTE O., VAN HENTENRYCK P., « Constraint satisfaction over connected row convex constraints », *Artif. Intel.*, vol. 109, 1999, p. 243-271.

[FRE 82] FREUDER E., « A Sufficient Condition for Backtrack-Free Search », *J. of the ACM*, vol. 29, 1982, p. 24-32.

[GIU 92] GIUNCHIGLIA F., WALSH T., « A theory of abstraction », *Artif. Intel.*, vol. 56, n° 2-3, 1992, p. 323-390.

[GRA 01] GRANVILLIERS L., MONFROY E., BENHAMOU F., « Symbolic-Interval Cooperation in Constraint Programming », *Int. Symp. on Symbolic and Algebraic Computation*, London, Ontario, 2001, ACM Press.

[HAN 92] HANSEN E. R., *Global Optimization Using Interval Analysis*, Pure and Applied Mathematics, Marcel Dekker Inc., 1992.

[HYV 89] HYVÖNEN E., « Constraint Reasoning Based on Interval Arithmetic », *Int. Joint Conf. On Artif. Intel.*, Detroit, US, 1989, Morgan Kaufmann, p. 1193-1198.

[KIR 01] KIRCHNER C., KIRCHNER H., « Rewriting, Solving, Proving », rapport, 2001, LORIA, draft of a textbook.

[MAC 77] MACKWORTH A., « Consistency in Networks of Relations », *Artif. Intel.*, vol. 1, n° 8, 1977, p. 99-118.

[MAR 94] MARRIOTT K., STUCKEY P.-J., « Approximating Interaction between Linear Arithmetic Constraints », BRUYNOOGHE M., Ed., *Int. Symp. on Logic Programming*, Ithaca, NY, 1994, MIT Press, p. 571-585.

[MOO 66] MOORE R. E., *Interval Analysis*, Prentice-Hall, Englewood Cliffs, N.J., 1966.

[NAS 96] NASH S., SOFER A., *Linear and Nonlinear Programming*, McGraw Hill, 1996.

[SAM 96] SAM-HAROUD D., FALTINGS B. V., « Consistency Techniques for Continuous Constraints », *Constraints*, vol. 1, n° 1-2, 1996, p. 85–118.

[TEL 94] TELERMAN V., « Propagation of Mathematical Constraints in Subdefinite Models », CALMET J., CAMPBELL J. A., Eds., *2nd Int. Conf. on AISMC*, Cambridge, UK, 1994, LNCS, p. 191-208.

[YUA 00] YUANLIN Z., YAP H. C., « Arc-consistency on n-ary monotonic and linear constraints », DECHTER R., Ed., *6th Int. Conf. on Constraint Programming*, Singapore, 2000, LNCS, p. 470-483.

Résolution de problèmes non-linéaires avec continuum de solutions

Xuan-Ha Vu — Djamila Sam-Haroud — Marius-Călin Silaghi

Laboratoire d'Intelligence Artificielle,
Faculté Informatique et Communications,
École Polytechnique Fédérale de Lausanne,
CH-1015, Lausanne, Suisse
{xuan-ha.vu, jamila.sam, marius.silaghi}@epfl.ch

RÉSUMÉ. *Cet article s'intéresse à la construction d'approximations intérieures et extérieures de l'espace complets des solutions pour des problèmes de satisfaction de contraintes (PSCs) numériques non-linéaires. La plupart des résolveurs numériques complets existants sont conçus pour fournir des solutions ponctuelles. Une telle approche est inadaptée au cas où le PSC admet* un continuum des points faisables *(problèmes sous-constraints, problèmes avec inégalités, etc.). Dans de nombreuses applications pratiques, de tels ensembles importants de solutions expriment des palettes d'alternatives qu'il est souhaitable d'identifier aussi complètement que possible. Cette article propose une technique permettant de construire des approximations complète sous la forme d'unions de boîtes d'intervalles. La technique proposée combine une nouvelle stratégie de fractionnement des domaines avec la représentation* par sommets extrêmes *des polyèdres orthogonaux [BOU 00], telle que définie en géométrie calculatoire. Ceci permet de générer des approximations complètes plus compactes et améliore l'efficacité de calcul.*

ABSTRACT. *We address the issue of constructing* concise *inner and outer approximations of the complete solution set for non-linear constraint satisfaction problems (CSPs). Most of the working complete solvers for numerical CSPs are designed to delivering* point-wise *solutions with an arbitrary accuracy. This works generally well for systems with isolated solutions but less well when there is a* continuum of feasible points *(e.g. under-constrained problems, problems with inequalities). In many practical applications, such large sets of solutions express equally relevant alternatives which need to be identified as completely as possible. In this paper, we propose a technique for constructing inner and outer approximations as unions of interval boxes. The proposed technique combines a* new splitting strategy *with the* extreme vertex representation *of orthogonal polyhedra [BOU 00], as defined in computational geometry. This allows for compacting the representation of the approximations and improves efficiency.*

MOTS-CLÉS : *Satisfaction de contraintes numérique, continuum de solution, approximations*

KEYWORDS: *Numerical constraint satisfaction, continuum of solutions, approximations*

1. Introduction

De nombreux problèmes pratiques impliquent la résolution de problèmes de satisfaction de contrainte (PSCs) numériques. Un PSC numérique (PSCN), $(\mathcal{V}, \mathcal{C}, \mathcal{D})$ est défini comme ensemble de variables $\mathcal{V}$ prenant leurs valeurs dans des ensembles réels $\mathcal{D}$ et sujet aux contraintes $\mathcal{C}$. Ces contraintes peuvent être des égalités ou des inégalités de types et d'arités arbitraires, usuellement exprimées au moyen d'expressions arithmétiques. Le but est d'assigner des valeurs aux variables de sorte que toutes les contraintes soient satisfaites. Cet article s'intéresse aux PSCs non-linéaires avec *continuum de solutions* (problèmes sous-contraints, problèmes avec inégalités, etc.). Sous sa forme la plus générale, un continuum de solutions exprime un éventail de choix également appropriés qu'il est souhaitable d'identifier le plus précisément et le plus complètement possible. Les résolveurs numériques basés sur contraintes d'intervalles (tels que, Numerica [HEN 98] ou ILOG Solver [ILO 01]) prennent en entrée un PSCN, et produisent un ensemble de produits cartésiens d'intervalles (boîtes) englobant conservativement chaque solution. Capables de résoudre des instances complexes de PSCs numériques non-linéaires, ils sont toutefois conçus pour fournir des *solutions ponctuelles*. Ils sont par conséquent inadaptés aux PSCs avec continuum de solutions pour lesquels ils gênèrent des approximations soit prohibitivement verbeuses, soit de faible qualité. Une alternative naturelle à l'approche ponctuelle est l'approche par couverture ensembliste qui consiste à tenter de couvrir l'espace de solutions non-isolées au moyen d'un nombre *réduit* de sous-ensembles de $\mathbb{R}^n$. Habituellement, ces sous-ensembles sont choisis avec des propriétés simples et bien maîtrisées (boîtes d'intervalles, polytopes, ellipsoïdes,...) [JAU 94]. Un certain nombre de travaux récents ont proposé des techniques de couverture ensembliste par boîtes d'intervalles [JAU 94, GAR 99, SAM 96, COL 99, BEN 00]. Ces algorithmes, basés sur le fractionnement de domaines, sont cependant limités par des conditions d'application trop restrictives ou des complexités trop élevées dans le cas général. La technique que nous proposons est basée sur les observations suivantes. Premièrement, dans le cas où il existe un continuum de solutions, le fractionnement dichotomique des domaines n'est pas la stratégie de branchement la plus adaptée. Elle est en effet susceptible d'induire le fractionnement inutile de régions entièrement faisables. Nous proposons une stratégie alternative fractionnant les domaines *autour* des régions entièrement faisables (back-box splitting). L'isolement de régions complètement faisables se fait au moyen d'une extension du test de faisabilité proposé dans [BEN 00]. Deuxièmement, les unions des boîtes produite par la résolution complète de PSCNs peuvent être vue comme des polyèdres orthogonaux pour lesquels des techniques récentes de la géométrie calculatoire permettent des représentations particulièrement compactes. Nous proposons ici d'utiliser la représentation *par sommets extrêmes* (extreme vertex representation, EVR) des polyèdres orthogonaux [BOU 99, BOU 00]. La technique que nous proposons s'applique à des PSCNs généraux. Elle produit des approximations intérieures et extérieures des espaces faisables sous la forme *d'unions de boîtes d'intervalles*. Les expériences préliminaires prouvent qu'elle améliore l'efficacité du calcul ainsi que la compacité et la qualité des approximations produites.

2. Notions de base et définitions

2.1. *Arithmétique d'intervalle*

La nature finie des ordinateurs exclut la représentation exacte des réels. L'ensemble $\mathbb{R}$, étendu avec les deux symboles d'infinité, et dénoté par $\mathbb{R}_\infty = \mathbb{R} \cup \{-\infty, +\infty\}$, est dans la pratique approximé par un sous-ensemble fini $\mathbb{F}_\infty$ contenant $-\infty$, $+\infty$ et 0. En pratique, $\mathbb{F}_\infty$ correspond habituellement aux nombres en points-flottants utilisés dans l'implantation. Soit $<$ l'extension naturelle à $\mathbb{R}_\infty$ de la relation d'ordre $<$ sur $\mathbb{R}$. Pour tout l de $\mathbb{F}_\infty$, nous dénotons par l^+ le plus petit élément de $\mathbb{F}_\infty$ plus grand que l, et par l^- le plus grand élément de $\mathbb{F}_\infty$ plus petit que l. L'ensemble des intervalles bornés de $\mathbb{F}_\infty$, dénoté par $\mathbb{I}$, est ordonné par rapport à l'inclusion ensembliste. Dans cet article, les intervalles sont écrits en majuscule, les réels ou points-flottants en minuscules, les vecteurs en caractères gras et les ensembles en lettres calligraphiques majuscules. Une *boîte*, $\mathbf{B} = I_1 \times \ldots \times I_n$, est un produit cartésien des n intervalles de $\mathbb{I}$. Un *intervalle canonique* est un intervalle non vide de la forme $[l..l]$ ou de la forme $[l..l^+]$. Une *boîte canonique* est un produit cartésien d'intervalles canoniques. Nous utilisons les notations suivantes pour les opérateurs ensemblistes classiques sur les boîtes : $\mathbf{A} \sqcup \mathbf{B} = \mathbf{A} \cup \mathbf{B}$, $\mathbf{A} \sqcap \mathbf{B} = cl(int(\mathbf{A}) \cap int(\mathbf{B}))$, $\neg\mathbf{A} = cl(\sim \mathbf{A})$, où cl et int sont la fermeture topologique et l'opération intérieure, et $\sim$ est l'opération complémentaire.

2.2. *Relations et approximations*

Soit $c(x_1, \ldots, x_n)$ une contrainte réelle d'arité n. *La relation* définie par c, dénotée par ρ_c, est l'ensemble de tuples satisfaisant c. La relation définie par la négation, $\neg c$, de c est donnée par $\mathbb{R}^n \setminus \rho_c$. La relation *globale* définie par la conjonction de toutes les contraintes d'un PSCN, $\mathcal{C}$, est dénotée $\rho_{\mathcal{C}}$. Elle peut être approximée par un sur- ou un sous-ensemble représentable sur ordinateur. Dans le premier cas l'approximation est *complète* mais peut contenir les points qui ne sont pas des solutions. Dans le second cas, l'approximation est généralement *robuste* mais peut perdre certaines solutions. Une relation ρ peut être approximée conservativement par la plus petite (par rapport à l'inclusion) union de boîtes, ou plus grossièrement par la plus petite boîte, la contenant. Nous utiliserons les définitions et les notations suivantes :

Definition 1 (Boîte extérieure minimale, OB) *Soit ρ une relation de $\mathbb{R}^n$, la boîte extérieure minimale englobant ρ, dénotée par $\mathbf{OB}(\rho)$, est définie par :*

$$\mathbf{OB}(\rho) \in \mathbb{I}^n, \mathbf{OB}(\rho) \supseteq \rho : \forall \mathbf{B} \in \mathbb{I}^n, \mathbf{B} \supseteq \rho \Rightarrow \mathbf{OB}(\rho) \subseteq \mathbf{B} \qquad [1]$$

Definition 2 (Meilleure approximation extérieure, OA) *Soit ρ une relation de $\mathbb{R}^n$, la meilleure approximation extérieure de ρ, dénotée $\mathbf{OA}(\rho)$, est définie par :*

$$\mathbf{OA}(\rho) = \bigcup_{r \in \rho} \mathbf{OB}(\{r\}) \qquad [2]$$

Definition 3 (Meilleure approximation intérieure, $\mathbf{IA}$) *Soit ρ une relation de $\mathbb{R}^n$, la meilleure approximation intérieure de ρ, dénotée $\mathbf{IA}(\rho)$, est définie par :*

$$\mathbf{IA}(\rho) = \bigcup_{\mathbf{B} \in \mathbb{I}^n, \mathbf{B} \subseteq \rho} \mathbf{B} \qquad [3]$$

Definition 4 (Meilleure approximation frontière, $\mathbf{UA}$) *Soit ρ une relation de $\mathbb{R}^n$, la meilleure approximation frontière de ρ, dénotée par $\mathbf{UA}(\rho)$, est la différence entre $\mathbf{OA}(\rho)$ et $\mathbf{IA}(\rho)$: $\mathbf{UA}(\rho) = \mathbf{OA}(\rho) \setminus \mathbf{IA}(\rho)$.*

Proposition 1 *Étant donné une relation, $\rho \subseteq \mathbb{R}^n$, les propriétés suivantes sont vérifiées : (1) $\mathbf{OB}(\rho)$ existe de façon unique ; (2) $\mathbf{IA}(\rho) \subseteq \rho \subseteq \mathbf{OA}(\rho)$; (3) $\mathbf{OA}(\rho)$, $\mathbf{UA}(\rho)$ sont minimales et $\mathbf{IA}(\rho)$ maximale, c.-à-d., $\forall \mathcal{S}_i, \mathcal{S}_o \in \mathcal{P}(\mathbb{I}^n)$, $\mathcal{U}_i = \bigcup_{\mathbf{B} \in \mathcal{S}_i} \mathbf{B}$, $\mathcal{U}_o = \bigcup_{\mathbf{B} \in \mathcal{S}_o} \mathbf{B}$:*

$$\mathcal{U}_i \subseteq \rho \subseteq \mathcal{U}_o \Rightarrow \mathcal{U}_i \subseteq \mathbf{IA}(\rho) \subseteq \mathbf{OA}(\rho) \subseteq \mathcal{U}_o, \mathbf{UA}(\rho) \subseteq \mathcal{U}_o \setminus \mathcal{U}_i \qquad [4]$$

Le calcul de ces approximations se base sur la notion *d'opérateurs de contractions.* Un opérateur de contraction réduit les domaines des variables en éliminant les valeurs localement inconsistantes avec les contraintes. Nous utilisons la notion d'opérateur de contraction externe, défini comme suit :

Definition 5 (Opérateur de contraction externe, $\mathbf{OC}$) *Un opérateur de contraction externe est une fonction $\mathbf{OC} : \mathbb{I}^n \times \mathcal{P}(\mathbb{R}^n) \rightarrow \mathbb{I}^n$ telle que $\forall \mathbf{B} \in \mathbb{I}^n$, $\rho \in \mathcal{P}(\mathbb{R}^n)$ les propriétés suivantes sont vérifiées :*

$$\begin{array}{llcll} (1) & \mathbf{OC}(\mathbf{B}, \rho) & \subseteq & \mathbf{B} & \textit{(Contractivité)} \\ (2) & \mathbf{OC}(\mathbf{B}, \rho) & \supseteq & \mathbf{B} \cap \rho & \textit{(Complétude)} \end{array}$$

Souvent, une condition de monotonicité est également exigée pour garantir la propriété de confluence. Nous ne considérons pas cette restriction pour le moment. Usuellement, les opérateurs de contraction externes prennent la forme de la box, hull, kB ou Bound-consistance [HEN 98, LHO 93], désignées de façon générale sous le nom de consistance des bornes dans la suite de l'article.

2.3. *Approximations par unions de boîtes*

Cet article aborde le problème du calcul des approximations $\mathbf{IA}(\rho)$ et $\mathbf{OA}(\rho)$ d'une relation $\rho \subseteq \mathbb{R}^n$ sous la forme *d'unions de boîtes disjointes*[1].

1. Deux boîtes, $\mathbf{B_1}$ et $\mathbf{B_2}$, sont disjointe si $\mathbf{B_1} \neq \mathbf{B_2} \Rightarrow \mathbf{B_1} \sqcap \mathbf{B_2} = \emptyset$.

Definition 6 (Approximation extérieure par union de boîtes, $\mathrm{Union}^{\mathcal{O}}(\rho)$) $\mathrm{Union}^{\mathcal{O}}(\rho)$ *est un ensemble de boîtes disjointes* $\mathcal{U} \in \mathcal{P}(\mathbb{I}^n)$ *tel que :*

$$\bigcup_{\mathbf{B} \in \mathcal{U}} \mathbf{B} \supseteq \mathbf{OA}(\rho) \qquad [5]$$

Definition 7 (Approximation intérieure par union de boîtes, $\mathrm{Union}^{\mathcal{I}}(\rho)$) $\mathrm{Union}^{\mathcal{I}}(\rho)$ *est un ensemble de boîtes disjointes* $\mathcal{U} \in \mathcal{P}(\mathbb{I}^n)$ *tel que :*

$$\bigcup_{\mathbf{B} \in \mathcal{U}} \mathbf{B} \subseteq \mathbf{IA}(\rho) \qquad [6]$$

Definition 8 (Approximation frontière par union de boîtes, $\mathrm{Union}^{\mathcal{U}}(\rho)$) $\mathrm{Union}^{\mathcal{U}}(\rho)$ *est un ensemble de boîtes disjointes* $\mathcal{U} \in \mathcal{P}(\mathbb{I}^n)$ *tel que :*

$$\bigcup_{\mathbf{B} \in \mathcal{U}} \mathbf{B} = cl\Big(\bigcup_{\mathbf{B} \in \mathrm{Union}^{\mathcal{O}}(\rho)} \mathbf{B} \setminus \bigcup_{\mathbf{B} \in \mathrm{Union}^{\mathcal{I}}(\rho)} \mathbf{B}\Big) \qquad [7]$$

Plusieurs auteurs ont récemment abordé la question du calcul d'approximations de type $\mathrm{Union}^{\mathcal{O}}$. Dans [JAU 94], les boîtes sont construites par fractionnement dichotomique des domaines des variables. Chaque boîte obtenue par fractionnement subit un test d'inclusion dans l'espace faisable, à l'aide des outils d'arithmétique d'intervalle. Les boîtes obtenues sont hiérarchiquement structurées en 2^k- arbres. Les auteurs ont démontré l'utilité pratique de telles techniques dans des applications de robotique, de commande robuste, etc. Dans [SAM 96], un algorithme semblable est présenté. Cependant, seuls des sous-ensembles binaires ou ternaires de variables sont considérés pour exécuter les fractionnements ce qui assure une complexité polynomiale. L'approche est cependant limitée à des classes des problèmes jouissant de certaines propriétés de convexité. La technique proposée dans [GAR 99] construit l'union algébriquement, en utilisant les polynômes de Bernstein, ce qui rend possible l'utilisation de test d'inclusion algébriques robustes pour les boîtes. L'approche est limitée aux contraintes polynomiales. Finalement, [BEN 00] a abordé la question du calcul des approximations de $\mathrm{Union}^{\mathcal{I}}$ pour des contraintes universellement quantifiées.

3. Back-boxing et EVR

Les techniques de recherche classiquement utilisées pour les PSCNs sont essentiellement dichotomiques. Les variables sont instantiée au moyen d'intervalles. Quand la recherche atteint un intervalle qui ne contient aucune solution il fait retour-arrière, sinon l'intervalle est récursivement fractionné en deux jusqu'à ce qu'une résolution pré-définie soit atteinte. Les techniques les plus efficaces combinent ce processus avec l'application d'opérateurs de contractions externes au système global de contraintes, après chaque fractionnement. La démarche habituelle consiste à exécuter le fractionnement jusqu'à ce que des intervalles canoniques soient atteints et tant que l'erreur inhérente à l'opérateur de contraction externe est plus faible que la taille de intervalle à fractionner. Cette procédure, que nous désignerons par DMBC (Dichotomous Maintaining Bound Consistency), fonctionne généralement bien pour des systèmes avec solutions ponctuelles mais se prête à des améliorations dès lors qu'il y a un continuum de points faisables. Les améliorations que nous proposons sont présentées dans les deux sous-sections suivantes.

3.1. *Back-boxing*

Afin de réduire autant que possible le nombre de boîtes disjointes nécessaires pour couvrir l'espace de solutions, nous essayons d'abord d'éviter le fractionnement des boîtes complètement faisables. Nous employons à cette fin un test de faisabilité sur les boîtes [BEN 00][2], qui permet une stratégie de fractionnement plus adaptée à l'existence de continuum de solutions. Étant donné une relation, ρ, et une boîte $\mathbf{B}$, le test de faisabilité vérifie si la boîte est complètement incluse dans ρ ou pas. Il est basé sur la propriété évidente suivante : $\mathbf{B} \cap \neg\rho = \emptyset \Leftrightarrow \mathbf{B} \subseteq \rho$. Nous utilisons cette propriété pour implanter un *opérateur de contraction* et un *opérateur de fractionnement*, dits *par back-boxing*.

Definition 9 (Opérateur de contraction par back-boxing, BBC) *Un opérateur de contraction par back-boxing, défini en fonction d'un opérateur de contraction externe* $\mathbf{OC}$*, est une fonction* $\mathbf{BBC} : \mathbb{I}^n \times \mathcal{P}(\mathbb{R}^n) \to \mathbb{I}^n$ *telle que*

$$\forall \mathbf{B} \in \mathbb{I}^n, \rho \in \mathcal{P}(\mathbb{R}^n) : \mathbf{BBC}(\mathbf{B}, \rho) = \mathbf{OC}(\mathbf{B}, \neg\rho)$$

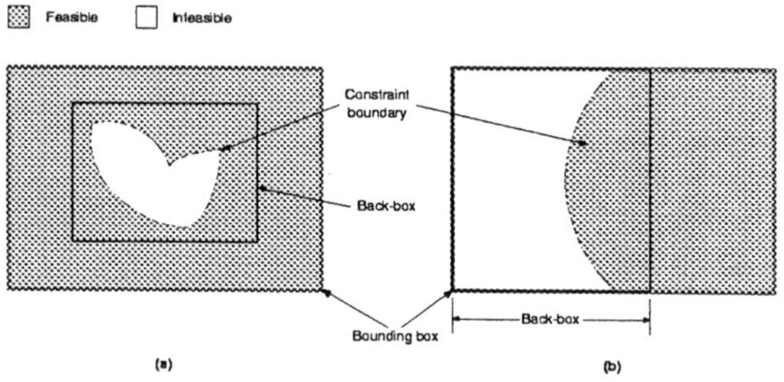

Figure 1. *Deux exemples de contraction par back-boxing*

Pour simplifier, étant donné un ensemble fini de contraintes $C = \{c_1, ..., c_n\}$, nous dénotons $\mathbf{BBC}(\mathbf{B}, \rho_C)$ par $\mathbf{BBC}(\mathbf{B}, c_1, ..., c_n)$ ou $\mathbf{BBC}(\mathbf{B}, C)$. L'application d'un opérateur de contraction par back-boxing à une relation donnée produit une boîte contenant la négation de cette relation. Une telle boîte est appelée *back-box*.

2. Dans [BEN 00] ce test est proposé pour des contraintes individuelles. Nous utilisons son extension à la conjonction de contraintes

Les propriétés suivantes caractérisent les opérateurs de contractions par back-boxing :

Proposition 2 *Étant donné une relation, ρ, et une boîte, $\mathbf{B}$, s'il existe un opérateur $\mathbf{BBC}$ réduisant $(\mathbf{B}, \rho)$ à un ensemble vide, alors $\mathbf{B}$ est complètement contenu dans ρ, c.-à-d. :*

$$\exists \mathbf{BBC} : \mathbf{BBC}(\mathbf{B}, \rho) = \emptyset \Rightarrow \mathbf{B} \subseteq \rho$$

Preuve Nous avons $\mathbf{BBC}(\mathbf{B}, \rho) = \emptyset$, $\mathbf{BBC}(\mathbf{B}, \rho) = \mathbf{OC}(\mathbf{B}, \neg\rho)$, et $\mathbf{OC}(\mathbf{B}, \neg\rho) \supseteq \mathbf{B} \cap \neg\rho$, donc $\mathbf{B} \cap \neg\rho = \emptyset$, ce qui implique que $\mathbf{B} \subseteq \rho$.

Corollaire 1 *Étant donné un ensemble fini de contraintes, $C = \{c_1, ..., c_n\}$, et une boîte $\mathbf{B}$, la boîte $\mathbf{B}$ est complètement faisable (par rapport à C) s'il existe un opérateur $\mathbf{BBC}$ réduisant $(\mathbf{B}, C)$ à un ensemble vide, c.-à-d.*

$$\exists \mathbf{BBC} : \mathbf{BBC}(\mathbf{B}, C) = \emptyset \Rightarrow \mathbf{B} \textit{ est faisable}$$

Ce corollaire implique que la contraction par back-boxing permet d'isoler des boîtes satisfaisant entièrement des contraintes données. La Figure 1 illustre le comportement d'un opérateur de contraction par back-boxing. Nous définissons également un opérateur de fractionnement par back-boxing, qui consiste à fractionner les domaines *autour* des back-boxes :

Definition 10 (Opérateur de fractionnement par Back-Box : $\mathbf{BBS}$) *Un opérateur de fractionnement par back-boxing est une fonction $\mathbf{BBS} : \mathbb{I}^n \times \mathbb{I}^n \rightarrow \mathcal{P}(\mathbb{I}^n)$ fractionnant une boîte, $\mathbf{B}$, le long des faces d'une back-box $\mathbf{BB}$ contenue dans $\mathbf{B}$.*

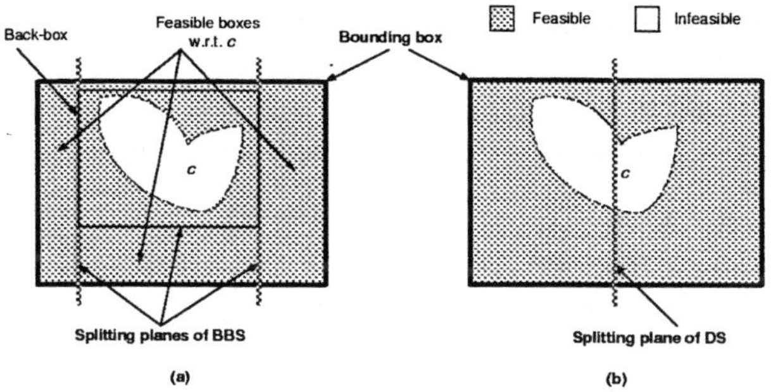

Figure 2. *(a) Fractionnement par back-boxing ; (b) Fractionnement dichotomique*

Dans les algorithmes proposés, le fractionnement par back-boxing est combiné avec le fractionnement dichotomique. Ce dernier est utilisé lorsque la contraction par back-boxing ne produit aucune réduction ou lorsque le fractionnement par back-boxing produit des boîtes trop petites (ce qui se produit lorsqu'il est utilisé trop près des frontières des contraintes). La Figure 2 illustre la notion de fractionnement par back-boxing.

3.2. *EVR*

Le fractionnement par back-boxing est principalement destiné à rendre plus compacte les approximations *intérieures* par union de boîtes. Nous abordons maintenant la question de produire des approximations *frontières*[3] plus compactes. La couverture ensembliste par union de boîtes, telle qu'implantée usuellement produit souvent un nombre significatif de boîtes presque alignées le long des frontières des contraintes. Ces boîtes introduisent les déficiences de convexité artificielles uniquement dues à l'usage de plans orthogonaux pour le fractionnement. Nous observons qu'un meilleur alignement peut être obtenu en contrôlant de près l'application des opérateurs de contraction pendant la recherche. En effet, lorsqu'une dimension donnée i, d'une boîte, $\mathbf{B}$, atteint la précision ε_i, un meilleur alignement des boîtes peut être obtenu en empêchant l'opérateur de contraction de réduire d'avantage $\mathbf{B}$ sur cette dimension. Étant donné une boîte, $\mathbf{B}$, un ensemble de contraintes, C, et un vecteur de précision, ε. Une dimension i, de $\mathbf{B}$ est dite *active* si la taille de $\mathbf{B}$ sur cette dimension i excède ε_i et si la variable correspondante, v_i est présente dans une contrainte de C. Autrement, elle est dite *dimension inactive*. Un opérateur de contraction agissant uniquement sur les dimensions actives d'une boîte est dit opérateur de contraction en *dimensions restreintes*. Nous dénotons par $\mathbf{OC_{rd}}$, respectivement, $\mathbf{BBC_{rd}}$, les opérateurs de contractions en dimensions restreintes correspondant aux opérateurs $\mathbf{OC}$, respectivement $\mathbf{BBC}$.

Compactage des boîtes alignées : Une fois qu'un meilleur alignement des boîtes est obtenu, nous proposons d'utiliser la représentation par sommets extrêmes des polyèdres orthogonaux pour rendre plus compacte la représentation de ces boîtes alignées. Cette idée se base sur l'observation que les unions finies de boîtes délivrées par les algorithmes de couverture ensembliste définissent des *polyèdres orthogonaux* pour lesquels des représentations compactes peuvent être utilisées. Informellement, un *polyèdre orthogonal* est un polyèdre dont les facettes sont des hyper-rectangles parallèles aux axes. Ils peuvent être naturellement représentés par des unions finies de boîtes disjointes. Une telle représentation s'appelle *représentation par boîtes disjointes* (disjoint box representation, DBR) en géométrie calculatoire. La représentation par *sommets extrêmes*(EVR) [AGU 98, BOU 99, BOU 00] permet de compacter les DBRs. Nous rappelons maintenant quelques concepts de base liés à EVR. Nous référons le lecteur à [BOU 99, BOU 00] pour de plus amples détails. Les concepts que nous présentons sont liés à un type particulier de polyèdres orthogonaux, les *polyèdres unitaires*. Un polyèdre unitaire (griddy polyhedron) [BOU 00] est constitué d'hyper-cubes de la taille de l'unité, les sommets étant valués par des entiers. Comme tout polyèdres orthogonal peut être obtenu à partir d'un polyèdre unitaire, les résultats sur EVR ne sont pas affectés par cette simplification. En fait ils ne dépendent pas d'une base orthogonale. Pour simplifier, nous supposons que les polyèdres se situent dans un sous-ensemble borné $\mathbf{X} = [0, m]^d \subseteq \mathbb{R}^d$ (les résultats sont aussi valables pour $\mathbf{X} = \mathbb{R}^d_+$). Soit $\mathbf{x} = (x_1, \ldots, x_d)$ un point de la grille élémentaire $\mathcal{G} = \{0, 1, ..., m-1\}^d \subseteq \mathbb{N}^d$. Pour

3. Approximation des frontières de l'espace faisable

tout point $\mathbf{x} \in \mathbf{X}$, $\lfloor \mathbf{x} \rfloor$ désigne le point de la grille correspondant à la partie entière des éléments de $\mathbf{x}$. La boîte élémentaire associée à $\mathbf{x}$ est le sous-ensemble fermé de $\mathbf{X}$ formé par $\mathbf{B}(\mathbf{x}) = [x_1, x_1 + 1] \times ... \times [x_d, x_d + 1]$. L'ensemble de toutes les boîtes est dénoté par $\mathcal{B}$. Un polyèdre unitaire est une union des boîtes élémentaires.

Definition 11 (Fonction de coloration) *Soit P un polyèdre unitaire. La fonction de coloration : $c\, \mathbf{X} \rightarrow \{0,1\}$ est définie comme suit : si $\mathbf{x}$ est un point de la grille, $c(\mathbf{x})$ = 1 ssi $\mathbf{B}(\mathbf{x}) \subseteq P$ sinon, $c(\mathbf{x}) = c(\lfloor \mathbf{x} \rfloor)$.*

Un point de la grille $\mathbf{x}$ est dit noir (respectivement, blanc), et $\mathbf{B}$ $(\mathbf{x})$ est dite pleine (respectivement, vide), lorsque $c(\mathbf{x})$ = 1 (respectivement 0). Une *représentation canonique* de $2^{\mathcal{B}}$ (ou $2^{\mathcal{G}}$) est un ensemble, $\mathcal{E}$, d'objets syntactiques tels qu'il existe une fonction bijective $\psi : \mathcal{E} \rightarrow 2^{\mathcal{B}}$.

Definition 12 (Sommets extrêmes) *Un point d'une grille, $\mathbf{x}$, est dit extrême si $\tau(\mathbf{x})$ = 1, où $\tau(\mathbf{x})$ dénote la parité du nombre de points de grille noirs dans $\mathcal{N}(\mathbf{x}) = \{x_1 - 1, x_1\} \times ... \times \{x_d - 1, x_d\}$ (le voisinage de $\mathbf{x}$).*

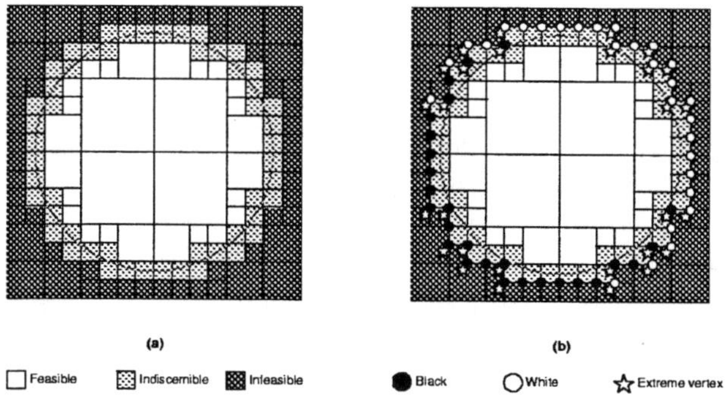

Figure 3. *Un exemple de DBR (a) et de EVR représentant* $\mathbf{Union}^{\mathcal{O}}$ *(b)*

La Figure 3 illustre la notion d'EVR sur un exemple simple. Le théorème fondamental présenté dans [BOU 99, BOU 00] prouve que tout polyèdre unitaire peut être canoniquement représenté par l'ensemble de ses sommets extrêmes. La représentation par sommets extrêmes améliore significativement l'espace requis pour représenter les polyèdres orthogonaux [BOU 00]. Elle permet également l'implantation efficace d'opérations ensemblistes fondamentales sur les polyèdres orthogonaux (appartenance, inclusion, etc.). En particulier, des algorithmes de conversion efficace entre DBR et EVR, existent en basses dimensions [AGU 98]. En trois dimensions par exemple, la complexité temporelle expérimentale moyenne pour convertir un EVR en DBR est sensiblement inférieure à une complexité quadratique et légèrement supérieure à une complexité linéaire (dans le nombre de sommets extrêmes [AGU 98] extrêmes). Les résultats de [BOU 00] impliquent également que, pour une dimension fixe, la complexité temporelle requise pour convertir un DBR en EVR, au moyen

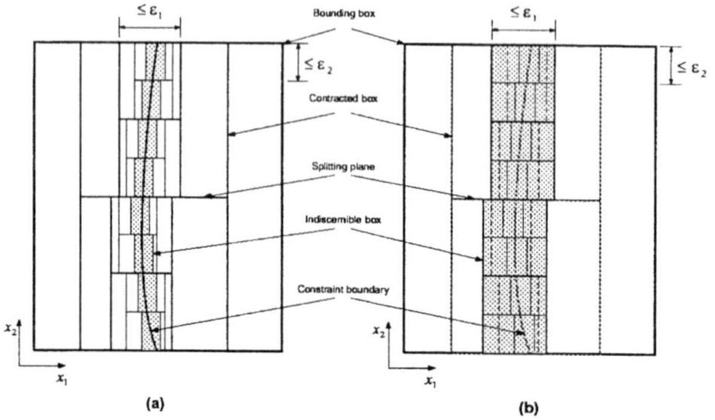

Figure 4. *Approximation frontière d'une contrainte dans un domaine : (a) boîtes inutilement non-alignées obtenues usuellement ; (b) boîtes élargies et alignées obtenue par EVR*

d'opérateur XOR, est linéaire dans le nombre de boîtes de la DBR. Nous proposons d'exploiter ces schémas de transformation efficaces pour produire une représentation compacte des boîtes contiguës alignées de nos approximations. Ceci, selon la procédure suivante :

1) Génération d'un meilleur alignement des boîtes le long des frontières des contraintes. Ceci est réalisé en évitant les contractions inutiles (par rapport à la précision fixée) des dimensions inactives. La Figure 4 montre le meilleur alignement produit pour un ensemble de boîtes presque alignées d'une approximation frontière. L'ensemble initial de 8 petites boîtes (Figure 4(a)) se réduit à deux groupes de 4 boîtes alignées (Figure 4(b)) en préservant la précision prédéfinie.

2) L'ensemble de boîtes alignées dans chaque groupe, $\mathcal{S}_1$, est converti en EVR puis en DBR pour obtenir un ensemble de boîtes agrégées, $\mathcal{S}_2$ (contenant seulement une boîte dans ce cas). En raison des propriétés d'EVR, ce procédé garantit que $\mathcal{S}_2$ a une taille plus concise que $\mathcal{S}_1$. Figure 4(b) illustre la façon dont ce procédé de conversion réduit les deux groupes de 4 boîtes à deux boîtes (en gris).

Un tel procédé peut théoriquement être appliqué en n'importe quelle dimensions. En raison de l'efficacité d'EVR en faibles dimensions, nous limitons cependant son application à des régions de basses dimensions ou de petites taille de l'espace de recherche.

4. Algorithmes

Nous présentons maintenant un algorithme appelé `UCA6-Plus` (Figures 5 et 6). Ce dernier prend en entrée un PSCN non-linéaire et retourne des approximations extérieure et intérieures, par union de boîtes disjointes, de son espace de solutions.

```
function UCA6Plus( B0, C0, ε, OCrd, BBCrd, OC, BBC, Dstop)
    Sinn := ∅ ; Sund := ∅ ; WList := ∅ ;
    if solveQuickly(B0, C0, ε, OCrd, BBCrd, OC, BBC, WList, Dstop) then return ;
    while WList ≠ ∅ do
        < B, C > := get(WList) ;
        foreach c ∈ C do
            BBc := BBCrd(B, c) ;
            if BBc = ∅ then
                C := C \ {c} ;
            end
        end
        if C = ∅ then
            store(Sinn, B) ;
            continue ; /* while loop */
        end
        Split = getSplit() ;
        if Split = 'BBS' then
            BBc := chooseTheBest(B, {BBc|c ∈ C}) ;
            < B1,...,Bk > := BBS(B, BBc) ;
        else
            < B1,...,Bk > := DS(B) ;
        end
        for i = 1 to k do
            if Split = 'BBS' and Bi ∩ BBc = ∅ then
                if C = {c} then
                    store(Sinn, Bi) ;
                    continue ; /* for loop */
                else
                    C := C \ {c} ;
                end
            end
            solveQuickly(Bi, C, ε, OCrd, BBCrd, OC, BBC, WList, Dstop) ;
        end
    end
end /* UCA6Plus */
```

Figure 5. *L'algorithme* `UCA6-plus`

`UCA6-Plus` est une extension de `UCA6` [SIL 01] incluant l'usage de la représentation par sommet extrêmes (EVR) et des opérateurs de contraction en dimensions restreintes. Étant donné un PSCN, $P = (\mathcal{V}, \mathcal{C}, \mathcal{D})$, $\mathbf{B}$ désigne le domaine courant des variables de la relation définie par P, initialisé à $\mathcal{D}$. Pour simplifier, $\mathbf{Union}^{\mathcal{X}}(\mathbf{B} \cap \rho_{\mathcal{C}})$ est dénoté par $\mathbf{Union}^{\mathcal{X}}(\mathbf{B}, \mathcal{C})$, où $\mathcal{X} \in \{\mathcal{O}, \mathcal{I}, \mathcal{U}\}$. `UCA6-plus` construit les approximations $\mathbf{Union}^{\mathcal{I}}(\mathbf{B}, \mathcal{C})$ et $\mathbf{Union}^{\mathcal{U}}(\mathbf{B}, \mathcal{C})$. $\mathbf{Union}^{\mathcal{O}}(\mathbf{B}, \mathcal{C})$ peut donc être calculé comme l'union de ces deux approximations. `UCA6-plus` fonctionne en : *(i)* utilisant un opérateur de contraction externe, en dimensions restreintes, pour réduire le domaine courant des variables ; *(ii)* en utilisant un opérateur de contraction par back-boxing pour détecter les boîtes entièrement faisable dans le domaine contracté en *(i)*, les contraintes rendant une back-box vide sont retirées, car redondantes ; *(iii)* en combinant les opérateurs de fractionnement dichotomique (**DS**) et de fractionnement par back-boxing (**BBS**). $getSplit()$ retourne le mode de fractionnement à utiliser en fonction d'informations sur l'historique du domaine courant (par exemple, mode de fractionnement de la boîte parent). Contrairement à `DMBC`, l'opérateur **DS** utilisé par `UCA6-plus` ne fractionne que les dimensions actives. Ceci évite la génération d'un nombre important de boîtes de tailles inférieures à la précision requise. Le fractionnement dichotomique se fait sur la dimension de plus grande taille d'abord. **BBS** est utilisé tant qu'il produit des boîtes suffisamment grandes (selon un seuil de fragmentation maximal prédéfini). Dans les algorithmes des Figures 5 et 6, $\mathcal{S}_{inn}$ et $\mathcal{S}_{und}$ sont des variables globales désignant l'ensemble des boîtes de $\mathbf{Union}^{\mathcal{I}}(\mathbf{B}_0, \mathcal{C}_0)$ et de $\mathbf{Union}^{\mathcal{U}}(\mathbf{B}_0, \mathcal{C}_0)$, respectivement. `WList` stocke les sous-problèmes en attente de traitement. $chooseTheBest(\mathbf{B}, \{\mathbf{BB}_c | c \in \mathcal{C}\})$ est une fonction choisissant la meilleure back-box autour de laquelle fractionner par back-boxing (c.-à-d. celle maximisant l'espace entourant la back-box). $enlarge(\mathbf{B}, \mathbf{BB}_c, ZeroPlus)$ est une fonction élargissant $\mathbf{BB}_c$ à $\mathbf{BB}$ par $ZeroPlus$ (petit nombre positif) tels que le résultat est toujours dans $\mathbf{B}$. Ceci garantira qu'aucune satisfaction de point c n'est sur la borne de $\mathbf{BB}$ excepté les points sur la borne de $\mathbf{B}$.

La fonction $solveQuickly$ (Figure 6) construit des approximations $\mathbf{Union}^{\mathcal{I}}$ et $\mathbf{Union}^{\mathcal{U}}$ pour des sous-problèmes de faibles dimensions ayant au plus D_{stop} dimensions actives. La représentation des approximations produites est compactée au moyen d'EVR. L'usage d'opérateurs de contraction en dimensions restreintes permet un meilleur alignement des boîtes contiguës le long des frontières des contraintes. Ce meilleur alignement favorise le compactage de la représentation au moyen de EVR. Pour des raisons d'efficacité, $solveQuickly$ permet de recourir à une technique de résolution annexe[4] $DimStopSolver$, pour résoudre les sous-problèmes de faibles dimensions ayant au plus D_{stop} dimensions actives dans le domaine courant. Pour un sous-problème donné, $DimStopSolver$ construit les ensembles $\mathcal{S}'_{inn}$ et un $\mathcal{S}'_{und}$ correspondants respectivement aux approximations $\mathbf{Union}^{\mathcal{I}}$ et $\mathbf{Union}^{\mathcal{U}}$ du sous-problème. Ces deux ensembles sont représentés en DBR. Ils sont convertis en EVR puis à nouveau en DBR pour agréger des blocs de boîtes alignées contiguës (fonction $combine$ dans la Figure 6). Les résultats de l'agrégation sont stockés dans les ensembles de boîtes de $\mathbf{Union}^{\mathcal{I}}(\mathbf{B}_0, \mathcal{C}_0)$ et de $\mathbf{Union}^{\mathcal{U}}(\mathbf{B}_0, \mathcal{C}_0)$.

Proposition 3 *Soit $P = (\mathcal{V}, \mathcal{C}, \mathcal{D})$ un PSCN.* `UCA6-Plus` *calcule des approximations intérieure ($\mathbf{Union}^{\mathcal{I}}$) et extérieure ($\mathbf{Union}^{\mathcal{O}}$) par unions de boîtes disjointes de $\rho_{\mathcal{C}}$ (par rapport à une précision prédéfinie).*

Éléments de la preuve : *(i)* l'opérateur de contraction externe utilisé produit toujours une boîte contenant la relation active, *(ii)* l'opérateur de contraction par back-

4. Par exemple des résolveurs basés sur maillage (gridding), sur 2^k-arbre [SAM 96], ou des variantes de `DMBC` ou `UCA6`.

```
function solveQuickly(B, C, ε, OCrd, BBCrd, OC, BBC, WList, D_stop)
    if B has no active dimension then
        B' := OC(B, C);
        if B' = ∅ then return True;
        if BBC(B, C) = ∅ then
            store(S_inn, B);
            return True;
        end
        store(S_und, B);
        return True;
    end
    B' := OCrd(B, C);
    if B' = ∅ then return True;
    if B' has no active dimension then
        if BBC(B', C) = ∅ then
            store(S_inn, B');
            return True;
        end
        store(S_und, B');
        return True;
    end
    if B' has at most D_stop active dimensions then
        < S'_inn, S'_und > := DimStopSolver(B', C, ε, OCrd, BBCrd, OC, BBC);
        store(S_inn, combine(S'_inn));
        store(S_und, combine(S'_und));
        return True;
    end
    put(WList, < B', C >);
    return False;
end /* solveQuickly */
```

Figure 6. *La fonction SolveQuickly*

boxing produit toujours une boîte (back-box) contenant la négation de la relation active. Le test de faisabilité utilisé pour les boîtes reste donc correct lorsque les contraintes de la relation active sont classées comme redondantes dans les régions entourant la back-box.

5. Expériences préliminaires

Peu de travaux existent sur la résolution complète de problèmes avec continuum de solutions. Souvent ces problèmes sont reformulés artificiellement comme problèmes d'optimisation pour permettre l'utilisation de résolveurs produisant des solutions ponctuelles. Par conséquent, il n'existe pas de suites de tests importantes. Nous présentons une évaluation préliminaire sur le petit ensemble suivant de problèmes typiques (avec différents types d'espaces de solution).

WP est une simplification en 2D d'un modèle de conception pour une paire cinématique se composant d'une roue et d'un cliquet. Les contraintes déterminent les régions où le cliquet peut toucher la roue sans bloquer son mouvement.
$WP = \{20 < \sqrt{x^2+y^2} < 50, 12y/\sqrt{(x-12)^2+y^2} < 10, x \in [-50,\ 50], y \in [0,\ 50]\}$.

SB décrit des restrictions structurales et de sécurité imposées aux éléments d'un plancher se composant d'une dalle en béton sur de poutres en acier.
$SB = \{u + c_1 w^{1.5161} - p = 0,\ u - (c_6 h_s + c_7)s \leq 0, c_2 - c_3 s + c_4 s^2 - c_5 s^3 - h_s \leq 0, c_8(pw^2)^{0.3976} - h_b \leq 0,\ c_9(pw^3)^{0.2839} - h_b, w \in [5800,\ 13500], p \in [15,\ 50], h_b \in [150,\ 223], s \in [1900,\ 2200], u \in [10,\ 60], h_s \in [75,\ 200]\}$.

$P1 = \{x_0 = x_1 + 1, x_2 + 1 = x_0 + x_1, x_2 \geq x_0 + 2, x_1 + 2x_3 \geq x_4, x_2 - x_3 \leq 3\ x_i \in [-10, 10]^5\}$.

$P2 = \{x^2 \leq y, \ln y + 1 \geq z, xz \leq 1, x \in [-15,\ 15], y \in [1,\ 200], z \in [-10,\ 10]\}$.

$P3 = \{x^2 \leq y, \ln y + 1 \geq z, xz \leq 1, x^{3/2} + \ln(1.5z+1) \leq y + 1, x \in [-15,\ 15], y \in [1,\ 200], z \in [-10,\ 10]\}$.

Nous avons implanté les algorithmes DMBC, UCA6, et UCA6-plus, pour les comparer, en utilisant les mêmes structures de données et les mêmes opérateurs de contractions externes. Nous avons également implanté une version de DMBC, appelée DMBC+, incluant le test de faisabilité sur les boîtes. DMBC s'est avéré inadapté car produisant toujours un nombre prohibitif de boîtes, toutes de taille ε. Les résultats ci-dessous ont été obtenu avec un seuil de fragmentation de 0.25 et $D_{stop} = 1$. L'opérateur **OC** a été implanté avec ILOG Solver 5.1 [ILO 01]. Chaque case du tableau a deux lignes. La première donne le temps et la seconde le nombre de boîtes dans $\mathbf{Union}^{\mathcal{I}}$ et $\mathbf{Union}^{\mathcal{U}}$ respectivement. $Bprec$ est la précision des opérateurs de contraction, $prec$ est la précision prédéfinie pour le calcul des approximations. La technique de résolution annexe utilisé pour les tests ci-dessous est basé sur la maillage.

Problem	$prec$	$Bprec$	DMBC+	UCA6	UCA6-Plus
$P1$	0.01	0.1	>1h >0/90000	94.89s 0/11465	66.17s 0/6415
$P2$	0.1	0.2	>1h >30000/80000	267.38s 18721/55062	21.49s 1813/3224
$P3$	0.1	1	>1h >20000/70000	142.14s 12113/38808	5.63s 403/970
WP	0.1	1	33.48s 1683/3692	12.27s 1521/2859	9.95s 949/1699
SB	0.01	1	>1h >0/100000	15.35s 0/4932	11.93s 0/2743

D'autres tests ont été effectués sur des dizaines de problèmes semblables. Ils ont prouvé que les meilleurs gains, en temps et nombre de boîtes de UCA6-plus par rapport à DMBC+ sont obtenus pour des problèmes avec contraintes de faible arité. UCA6-plus reste meilleur que DMBC+ en temps dans les autres cas. Les expériences ont également prouvé que UCA6-Plus est toujours meilleur que UCA6 en temps et nombre de boîtes. Les meilleurs gains sont obtenus quand les contraintes non-linéaires présentent des sous-régions presque axe-parallèles. Au vu de ces résultats encourageants, une évaluation approfondie est prévue.

6. Conclusion

Les résolveurs numériques existants sont habituellement conçus pour fournir des solutions ponctuelles. Ceci est inadapté au cas de problèmes avec continuums de solutions. Nous proposons une technique permettant de calculer des approximations intérieures et extérieures des espaces de solutions pour de tels PSCNs. L'approche fonctionne pour des PSCNs non-linéaires généraux avec des contraintes d'égalités et d'inégalités. Elle combine une politique de fractionnement des domaines spécifique avec la représentation par sommet extrême des polyèdres orthogonaux, telle que définie en géométrie calculatoire. Ceci permet des gains aussi bien en temps qu'en espace.

7. Bibliographie

[AGU 98] AGUILERA A., « Orthogonal Polyhedra : Study and Application », PhD thesis, Universitat Politècnica de Catalunya, Barcelona, SPAIN, April 1998.

[BEN 00] BENHAMOU F., GOUALARD F., « Universally Quantified Interval Constraints », *Proceedings of CP'2000*, 2000.

[BOU 99] BOURNEZ O., MALER O., PNUELI A., « Orthogonal Polyhedra : Representation and Computation », *In F. Vaandrager and J. van Schuppen (Eds.), Hybrid Systems : Computation and Control, LNCS 1569*, , 1999, p. 46-60, Springer.

[BOU 00] BOURNEZ O., MALER O., « On the Representation of Timed Polyhedra », *International Colloquium on Automata Languages and Programming (ICALP'2000)*, Geneva, Switzerland, July 2000.

[COL 99] COLLAVIZZA H., DELOBEL F., RUEHER M., « Extending consistent domains of numeric CSP », *Proceedings IJCAI'99*, 1999.

[GAR 99] GARLOFF J., GRAF B., « Solving stric polynomial inequalities by Bernstein expansion », *Symbolic Methods in Control System Analysis and Design*, 1999, p. 339-352.

[HEN 98] VAN HENTENRYCK P., *A gentle introduction to Numerica*, 1998.

[ILO 01] ILOG, *Ilog Solver. Reference Manual*, 2001.

[JAU 94] JAULIN L., « Solution Globale et Guarantie de problèmes ensemblistes : application à l'estimation non linéaire et à la commande robuste », PhD thesis, Université Paris-Sud, Orsay, 1994.

[LHO 93] LHOMME O., « Consistency techniques for numeric CSPs », *Proceedings of the 13th International Joint Conference on AI*, 1993.

[SAM 96] SAM-HAROUD D., FALTINGS B., « Consistency Techniques for Continuous Constraints », *Constraints*, vol. 1, 1996, p. 85–118.

[SIL 01] SILAGHI M., SAM-HAROUD D., FALTINGS B., « Search techniques for non-linear CSPs with inequalities », *Proceedings of the 14th Canadian Conference on AI*, 2001.

Quelques applications de la propagation de contraintes sur les domaines continus en automatique

Luc Jaulin* — Marc Christie — Laurent Granvilliers****

* *Laboratoire d'Ingénierie des Systèmes Automatisés,*
62 avenue Notre Dame du Lac,
F-49000 Angers

jaulin@univ-angers.fr,

http ://www.istia.univ-angers.fr/~jaulin

** *IRIN, Université de Nantes,*
B.P. 92208 - F-44322 Nantes Cedex 3

{christie, granvilliers}@irin.univ-nantes.fr

RÉSUMÉ. *De nombreux problèmes d'automatique sont des problèmes de satisfaction de contraintes sur des domaines continus. L'analyse par intervalles combinée à des techniques de propagation de contraintes permet de résoudre efficacement ce type de problèmes en garantissant la complétude. L'approche sera utilisée pour la résolution de problèmes d'estimation ensembliste et de commande robuste.*

ABSTRACT. *A large class of problems arizing in control theory can be cast into constraint satisfaction problems over continuous domains. Interval analysis combined with constraint propagation techniques makes it possible to solve them in an efficient and guaranteed way. The approach will be used for set estimation and robust control problems.*

MOTS-CLÉS : *analyse par intervalles, calcul ensembliste, commande robuste, estimation ensembliste, méthodes complètes, propagation de contraintes.*

KEYWORDS: *constraint propagation, interval analysis, reliable methods, robust control, set computation, set estimation.*

1. Introduction

De nombreux problèmes d'automatique peuvent se ramener à la résolution de systèmes de n équations à n inconnues, où à la minimisation d'un critère. Mais cela n'est pas toujours le cas : il existe une multitude de problèmes, dits de *satisfaction de contraintes*, où les variables impliquées sont reliées par un nombre arbitraire de contraintes de tout type. Comme les variables impliquées proviennent souvent de systèmes physiques (comme par exemple la masse, la vitesse, l'énergie, la température, la tension, le courant, la résistance, ...), elles prennent généralement leur valeur dans $\mathbb{R}$ et non pas dans un ensemble discret, nous parlerons donc de *problèmes de satisfaction de contraintes sur des domaines continus*, ou plus simplement de *CCSP* (Continuous Constraint Satisfaction Problems) (voir par exemple, [DAV 87], [CLE 87], [BEN 97], [SAM 96]). Ces problèmes sont considérés comme mal posés dans la communauté des automaticiens car ils peuvent admettre une infinité de solutions comme ils peuvent n'en posséder aucune. De ce fait, les outils existants (comme ceux proposés par la toolbox *control* de Matlab par exemple) ne peuvent être utilisés sans une transformation préalable, plus ou moins approximative, du problème particulier que l'on cherche à résoudre.

Les méthodes de propagation de contraintes [MAC 77] semblent adaptées à la résolution des problèmes satisfaction de contraintes car elles ne transforment pas le problème en un autre dans le seul but d'utiliser les outils disponibles. Au contraire, ces méthodes traitent directement le problème avec une méthode déductive, proche du bon sens dont dispose l'ingénieur. De plus, ces méthodes sont efficaces et fournissent des résultats garantis (c'est-à-dire qu'aucune solution ne peut être perdue). Enfin, commencent à apparaître des solveurs gratuits permettant la résolution d'une grande classe de problèmes de satisfaction de contraintes sur les domaines continus. Des exemples de tels solveurs sont SPACESOLVER [LOT 00], [LOT], AQCS [RAT 00] (Approximate Quantified Constraint Solving) ou REALPAVER [GRA 02], [GRA 01].

Dans cet article, nous utiliserons le solveur REALPAVER, pour résoudre quelques problèmes difficiles d'automatique. Comme Numerica [van 97], ce solveur possède pour entrée un fichier texte définissant le CCSP, c'est-à-dire que ce fichier contient,

1) une déclaration des n variables réelles $x_1, \ldots, x_n$ du problème,

2) un ensemble de n intervalles $[x_1], \ldots, [x_n]$ contenant toutes les valeurs a priori possible pour ces variables,

3) l'ensemble de toutes les contraintes reliant ces variables.

REALPAVER génère un ensemble de boîtes de $\mathbb{R}^n$ contenant tous les n-uplets $(x_1, \ldots, x_n)$ de $[x_1] \times \cdots \times [x_n]$ qui satisfont toutes les contraintes. Les méthodes et outils utilisés par REALPAVER sont l'analyse par intervalles [MOO 79] et la propagation de contraintes utilisant des consistances plus ou moins fortes (voir [LHO 93]).

Les problèmes auxquels nous allons nous intéresser sont l'estimation ensembliste au paragraphe 2 et la commande robuste au paragraphe 3. Ces problèmes sont classiques en automatique et ne peuvent être résolus avec les outils disponibles (ceux de

Matlab ou Scilab, par exemple) que pour des cas particuliers. Nous montrerons qu'ils appartiennent à la classe des CCSP et nous proposerons une résolution à l'aide du solveur REALPAVER.

2. Estimation ensembliste

Considérons un système dont le comportement est décrit par un ensemble d'équations, ou plus généralement de contraintes. Certaines de ces variables impliquées dans ce système peuvent être mesurées, avec une certaine erreur, d'autres non. Certaines de ces variables nous intéressent, d'autres pas. Souvent, les variables qui nous intéressent ne correspondent pas à celles qui sont mesurées. L'*estimation* consiste à chercher des informations sur la valeur de certaines variables à partir d'une approximation de la valeur des variables mesurées et de la connaissance des contraintes modélisant le système que l'on considère (voir par exemple [WAL 97] pour un cours sur le sujet).

Deux types d'approches pour la représentation de l'incertitude sur les variables sont généralement considérés :

– l'*approche probabiliste* : la connaissance de la valeur d'une variable est représentée par une densité de probabilité sur cette variable,

– l'*approche ensembliste* : cette connaissance est représentée par un sous-ensemble de $\mathbb{R}$ (par exemple un intervalle) dont on sait qu'il contient à coup sûr la valeur de la variable.

L'approche probabiliste est souvent plus satisfaisante d'un point de vue théorique, mais réclame des hypothèses que nous ne sommes pas toujours capables de satisfaire en pratique. De plus la manipulation de variables incertaines, sous un angle probabiliste, est très complexe dès que l'on sort du cadre des contraintes linéaires et des incertitudes gaussiennes. Prenons par exemple deux variables aléatoires gaussiennes a et b centrées en zéro et d'écart type $\sigma = 1$. Le calcul de la loi de probabilité de la variable $c = a.b$ nécessite la connaissance de la loi jointe du couple (a, b) , qui est souvent inconnue. Pour pouvoir continuer le calcul, nous pouvons supposer, comme cela est souvent fait, que les variables sont indépendantes. Dans ce cas, on peut trouver de façon unique la loi de probabilité, mais le calcul intégral qui en résulte peut s'avérer difficile.

L'approche ensembliste est beaucoup plus pauvre, dans le sens où l'information dont on dispose sur la variable n'est que partiellement représentée. On ne peut plus dire, dans quelle partie de l'ensemble la variable a le plus de chance de se trouver. En revanche, l'approche ensembliste rend plus aisés certains traitements non-linéaires de l'incertitude. Par exemple, si $a \in [-1, 5]$ et $b \in [3, 7]$, on peut en déduire que $a * b \in [-7, 35]$, mais rien ne nous permet de dire si la variable est plus proche de 35 ou de -7.

C'est cette deuxième approche que nous allons considérer dans ce paragraphe. Nous allons nous appuyer sur l'exemple d'un circuit électrique simple pour illustrer

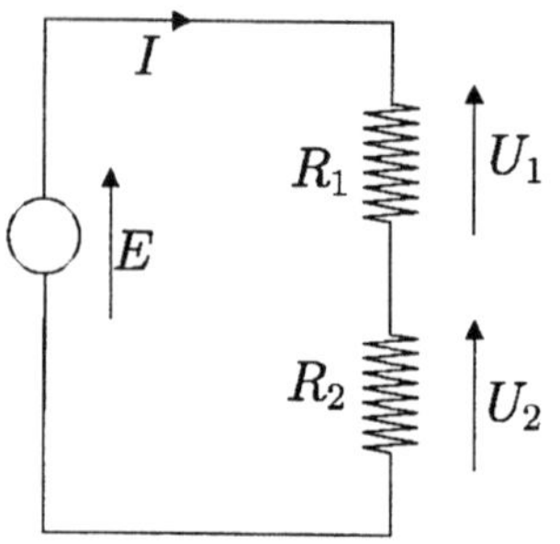

Figure 1. *Circuit électrique comprenant une pile et deux résistances en séries*

l'approche par contraintes d'un problème d'estimation ensembliste. Dans le sous-paragraphe 2.1 nous allons considérer que toutes les variables intervenant dans le problème d'estimation ont le même statut. Le problème d'estimation se pose alors comme un problème de satisfaction de contraintes. Dans le sous-paragraphe 2.2, nous montrerons l'intérêt de sélectionner certaines des variables afin de caractériser de façon plus précise l'ensemble de toutes les solutions.

2.1. *Approche non sélective*

Le circuit de la figure 1 est composé d'une pile délivrant une tension E et de deux résistances R_1 et R_2. Les tensions aux bornes de ces deux résistances sont notées U_1 et U_2. La puissance et le courant délivrés par la pile sont notés P et I. Supposons que dans notre circuit, différentes mesures aient été prélevées. Dans un contexte ensembliste, chaque mesure se traduit par une relation d'appartenance. On obtient par exemple

$$E \in [23V, 26V]; I \in [4A, 8A]; U_1 \in [10V, 11V];$$

$$U_2 \in [14V, 17V]; P \in [124W, 130W];$$

Nous ne savons rien sur les valeurs des résistances à part qu'elles sont toutes les deux positives. Cette information se traduit à nouveau par les relations d'appartenance $R_1 \in [0, \infty[$ et $R_2 \in [0, \infty[$. De plus, les lois de la physique nous donnent les contraintes :

$$\begin{array}{lll} \text{(i) } P = EI, & \text{(ii) } E = (R_1 + R_2)\, I, & \text{(iii) } U_1 = R_1 I, \\ \text{(iv) } U_2 = R_2 I, & \text{(v) } E = U_1 + U_2. & \end{array} \qquad (1)$$

Il est clair que la contrainte (ii) est redondante car elle peut être obtenue à partir des trois dernières. De telles redondances sont difficiles à détecter pour des systèmes plus complexes et perturbent souvent les méthodes de résolutions formelles ou numériques classiques. En revanche, l'existence de contraintes redondantes a plutôt tendance à rendre plus performantes les méthodes de propagation. L'ensemble des solutions de notre problème est

$$\mathbb{S} = \left\{ \begin{pmatrix} E \\ R_1 \\ R_2 \\ I \\ U_1 \\ U_2 \\ P \end{pmatrix} \in \begin{pmatrix} [23,26] \\ [0,\infty[\\ [0,\infty[\\ [4,8] \\ [10,11] \\ [14,17] \\ [124,130]; \end{pmatrix} \text{ tels que } \left\{ \begin{array}{l} P = EI \\ E = (R_1 + R_2)\, I \\ U_1 = R_1 I \\ U_2 = R_2 I \\ E = U_1 + U_2 \end{array} \right. \right\}$$

Pour le programme source suivant,

```
Bisection none;
Variables
   E  in [ 23 ,  26],
   R1 in [  0 , +oo[,
   R2 in [  0 , +oo[,
   I  in [  4 ,   8],
   U1 in [ 10 ,  11],
   U2 in [ 14 ,  17],
   P  in [124 , 130];
Constraints
   P  = E*I,
   E  = (R1+R2)*I,
   U1 = R1*I,
   U2 = R2*I ,
   E  = U1+U2;
```

et en moins de 10^{-3} seconde, REALPAVER génère une seule boîte solution

$$[24;26]\times[1.846;2.307]\times[2.584;3.355]\times[4.769;5.417]\times[10;11]\times[14;16]\times[124;130].$$

dont on est sûr qu'elle enferme $\mathbb{S}$. Ce résultat se traduit par les relations d'appartenance

$$\begin{array}{ll} E \in [24;26], & R_1 \in [1.846;2.307], \\ R_2 \in [2.584;3.355], & I \in [4.769;5.417], \\ U_1 \in [10;11], & U_2 \in [14;16], \\ P \in [124;130]. & \end{array} \tag{2}$$

La propagation des contraintes faite par REALPAVER nous a permis d'obtenir avec une assez bonne précision[1] les valeurs des résistances R_1 et R_2. De plus, elle a généré

1. La précision d'une mesure en physique peut être définie par la largeur de l'intervalle fourni par le capteur (ou l'appareil de mesure). Cet intervalle est censé contenir la vraie valeur de

des intervalles d'appartenance pour les variables I et U_2, pourtant accessibles à la mesure, plus précis que les intervalles *a priori*. En revanche, une meilleure précision n'a pu être obtenue pour U_1 et P.

2.2. *Approche sélective*

Dans beaucoup de problèmes d'estimation, on peut trouver un groupe de variables (appelées *variables sources*, ou *paramètres*) qui, une fois instanciées, permettent de déterminer, de façon unique et par simple propagation, les valeurs des autres variables du système. Dans le problème de notre circuit électrique, le triplet (E, R_1, R_2) peut être considéré comme un groupe de variables sources car la contrainte (ii) de (1) permet de calculer I, puis les contraintes (iii) et (iv) permettent de calculer U_1 et U_2. Enfin, la contrainte (i) permet de calculer P. Appelons $\mathbf{p} = (p_1, \dots, p_{n_p})$ le vecteur des variables sources, $\mathbf{y} = (y_1, \dots, y_{n_y})$ le vecteur des autres variables et $\mathbf{f}$ la fonction (ou algorithme) qui permet de retrouver $\mathbf{y}$ à partir de $\mathbf{p}$. Notons $[\mathbf{p}]$ le domaine *a priori* pour $\mathbf{p}$ et $[\mathbf{y}]$ le domaine *a priori* pour $\mathbf{y}$. On appelle *ensemble de vraisemblance* l'ensemble

$$\mathbb{S}_p = \{\mathbf{p} \in [\mathbf{p}] | \mathbf{f}(\mathbf{p}) \in [\mathbf{y}]\} = [\mathbf{p}] \cap \mathbf{f}^{-1}([\mathbf{y}])\,. \qquad (3)$$

La connaissance de $\mathbb{S}_p$ permet, d'une certaine façon de représenter toutes les solutions de notre problème car chaque instanciation de $\mathbf{p}$ dans $\mathbb{S}_p$ peut être étendue à une solution, c'est-à-dire à un couple $(\mathbf{p}, \mathbf{y})$ qui satisfait toutes les contraintes. Le problème de la caractérisation de $\mathbb{S}_p$ est appelé *problème d'inversion ensembliste* car $\mathbb{S}_p$ se défini comme l'inverse de l'ensemble $[\mathbf{y}]$ par la fonction $\mathbf{f}$. Dans l'exemple de notre circuit électrique, on a

$$\mathbf{p} = \begin{pmatrix} E \\ R_1 \\ R_2 \end{pmatrix}, \quad \mathbf{y} = \begin{pmatrix} I \\ U_1 \\ U_2 \\ P \end{pmatrix}, \quad \mathbf{f}(\mathbf{p}) = \begin{pmatrix} \frac{E}{R_1+R_2} \\ \frac{R_1 E}{R_1+R_2} \\ \frac{R_2 E}{R_1+R_2} \\ \frac{E^2}{R_1+R_2} \end{pmatrix}. \qquad (4)$$

En pratique, seule une approximation peut être obtenue pour $\mathbb{S}_p$. Un encadrement de la forme

$$\mathbb{S}_p^- \subset \mathbb{S}_p \subset \mathbb{S}_p^+$$

peut être obtenu par des méthodes intervalles [JAU 01]. Leur efficacité peut être accrue en les combinant à des méthodes de propagation. REALPAVER peut être utilisé pour caractériser la frontière $\partial\mathbb{S}_p$ de $\mathbb{S}_p$. Essayons pour cela de trouver les contraintes

---

la mesure, c'est-à-dire, la valeur que nous donnerait un capteur idéal qui aurait une précision infinie.

satisfaites par les éléments de $\partial\mathbb{S}_\mathrm{p}$. Notons tout d'abord que la contrainte $\mathbf{f}(\mathbf{p}) \in [\mathbf{y}]$ définissant $\mathbb{S}_\mathrm{p}$ peut se réécrire comme suit :

$$\mathbf{f}(\mathbf{p}) \in [\mathbf{y}] \Leftrightarrow \left\{ \begin{array}{ccc} f_1(\mathbf{p}) & \in & [y_1] \\ & \vdots & \\ f_{n_\mathrm{y}}(\mathbf{p}) & \in & [y_{n_\mathrm{y}}] \end{array} \right. \Leftrightarrow \left\{ \begin{array}{ccc} f_1(\mathbf{p}) \leq y_1^+ & \text{et} & -f_1(\mathbf{p}) \leq -y_1^- \\ & \vdots & \\ f_{n_\mathrm{y}}(\mathbf{p}) \leq y_{n_\mathrm{y}}^+ & \text{et} & -f_{n_\mathrm{y}}(\mathbf{p}) \leq -y_{n_\mathrm{y}}^- \end{array} \right.$$

Ainsi,

$$\mathbb{S}_\mathrm{p} = \left\{ \mathbf{p} \in [\mathbf{p}] \text{ tels que } \max \begin{pmatrix} f_1(\mathbf{p}) - y_1^+ ; -f_1(\mathbf{p}) + y_1^- ; \\ \dots \\ f_{n_\mathrm{y}}(\mathbf{p}) - y_{n_\mathrm{y}}^+ ; -f_{n_\mathrm{y}}(\mathbf{p}) + y_{n_\mathrm{y}}^- \end{pmatrix} \leq 0 \right\}.$$

Remarquons qu'un sur-ensemble $\mathbb{S}_\mathrm{p}^+$ pour $\mathbb{S}_\mathrm{p}$ pourrait être obtenu par REALPAVER, mais un nombre de boîtes exagérément grand seraient générés afin de recouvrir entièrement l'intérieur de l'ensemble $\mathbb{S}_\mathrm{p}$. Il convient donc de ne pas découper les boîtes dont on peut prouver qu'elles se trouvent à l'intérieur de $\mathbb{S}_\mathrm{p}$. Le complémentaire de $\mathbb{S}_\mathrm{p}$ est donné par

$$\bar{\mathbb{S}}_\mathrm{p} = \left\{ \mathbf{p} \in [\mathbf{p}] \text{ tels que } \max \begin{pmatrix} f_1(\mathbf{p}) - y_1^+ ; -f_1(\mathbf{p}) + y_1^- ; \\ \dots \\ f_{n_\mathrm{y}}(\mathbf{p}) - y_{n_\mathrm{y}}^+ ; -f_{n_\mathrm{y}}(\mathbf{p}) + y_{n_\mathrm{y}}^- \end{pmatrix} > 0 \right\}.$$

La frontière $\partial\mathbb{S}_\mathrm{p}$ de $\mathbb{S}_\mathrm{p}$ pouvant être généralement définie comme l'intersection des adhérences de $\mathbb{S}_\mathrm{p}$ et $\bar{\mathbb{S}}_\mathrm{p}$, on a

$$\partial\mathbb{S}_\mathrm{p} = \left\{ \mathbf{p} \in [\mathbf{p}] \text{ tels que } \max \begin{pmatrix} f_1(\mathbf{p}) - y_1^+ ; -f_1(\mathbf{p}) + y_1^- ; \\ \dots \\ f_{n_\mathrm{y}}(\mathbf{p}) - y_{n_\mathrm{y}}^+ ; -f_{n_\mathrm{y}}(\mathbf{p}) + y_{n_\mathrm{y}}^- \end{pmatrix} = 0 \right\}.$$

Dans le cadre de notre circuit électrique, la frontière $\partial\mathbb{S}_\mathrm{p}$ est donc donnée par

$$\partial\mathbb{S}_\mathrm{p} = \left\{ \begin{pmatrix} E \\ R_1 \\ R_2 \end{pmatrix} \in \begin{pmatrix} [23, 26] \\ [0, \infty[\\ [0, \infty[\end{pmatrix} \mid \max \begin{pmatrix} \frac{E}{R_1+R_2} - 8; \\ -\frac{E}{R_1+R_2} + 4; \\ \frac{R_1 E}{R_1+R_2} - 11; \\ -\frac{R_1 E}{R_1+R_2} + 10; \\ \frac{R_2 E}{R_1+R_2} - 17; \\ -\frac{R_2 E}{R_1+R_2} + 14; \\ \frac{E^2}{R_1+R_2} - 130; \\ -\frac{E^2}{R_1+R_2} + 124 \end{pmatrix} = 0 \right\}.$$

Une caractérisation extérieure de $\partial\mathbb{S}_\mathrm{p}$ peut être obtenue par REALPAVER. Rentrons pour cela le programme source suivant.

```
Output
   precision = 0.01,     /* calcul des boites a 10-2 */
   solutions = all,      /* processus complet */
   mode      = hull;     /* renvoie l'enveloppe convexe */
Variables
  E  in [23,26],
  R1 in [succ 0, +oo[,   /* succ 0 est le premier flottant >0 */
  R2 in [succ 0, +oo[,
  $X in ]-oo,+oo[;        /* partage d'une expression */
Constraints
  X = E/(R1+R2),
  0 = max(X-8, max(-X+4, max(R1*X-11, max(-R1*X+10,
      max(R2*X-17, max(-R2*X+14, max(E*X-130, -E*X+124)))))));
```

En 21690 ms sur un PC-Celeron 733 MHz , REALPAVER génère alors 97671 boîtes de côté inférieur à 10^{-2} dont l'union contient $\partial\mathbb{S}_{\mathrm{p}}$. Ces boîtes sont représentées sur la figure 2 obtenue à l'aide du visualiseur *Universal Solution Viewer* [CHR 00]. Le gros cube fixant les échelles est donné par $[23.9, 26] \times [1.8, 2.4] \times [2.5, 3.4]$. Les boîtes étant petites, il nous a été difficile de visualiser les éléments individuellement. Pour plus de clarté, le détourage des boîtes a été supprimé. L'ensemble $\mathbb{S}_{\mathrm{p}}$ a une forme d'obélisque creux. On peut vérifier, par un simple calcul que la plus petite boîte englobant tous ces boîtes est

$$[23.970, 26] \times [1.844, 2.307] \times [2.582, 3.356], \qquad (5)$$

ce qui est cohérent avec le résultat (2) obtenu au paragraphe 2.1.

3. Stabilité robuste

Dans ce paragraphe, nous allons traiter un problème de commande robuste. L'adjectif *robuste*, signifie dans la communauté des automaticiens : "dans tous les cas possibles, même le pire". Les méthodes garanties (c'est-à-dire complètes) comme celles proposées par l'analyse par intervalles ont donc eu un certain succès pour le traitement de problèmes de commande robuste [KOL 88, KEA 89, KHL 92, KOL 93, MAL 97]. Dans ce paragraphe, nous allons montrer que les méthodes de propagation combinées à l'arithmétique des intervalles permet de résoudre efficacement et simplement des problèmes pourtant considérés comme difficiles (voir [BAR 94]).

Considérons tout d'abord un système linéaire d'entrée $u(t)$ et de sortie $y(t)$ pouvant être représenté par l'équation différentielle linéaire

$$a_n y^{(n)} + \cdots + a_1 \dot{y} + a_0 y = b_m u^{(m)} + \cdots + b_1 \dot{u} + b_0 u. \qquad (6)$$

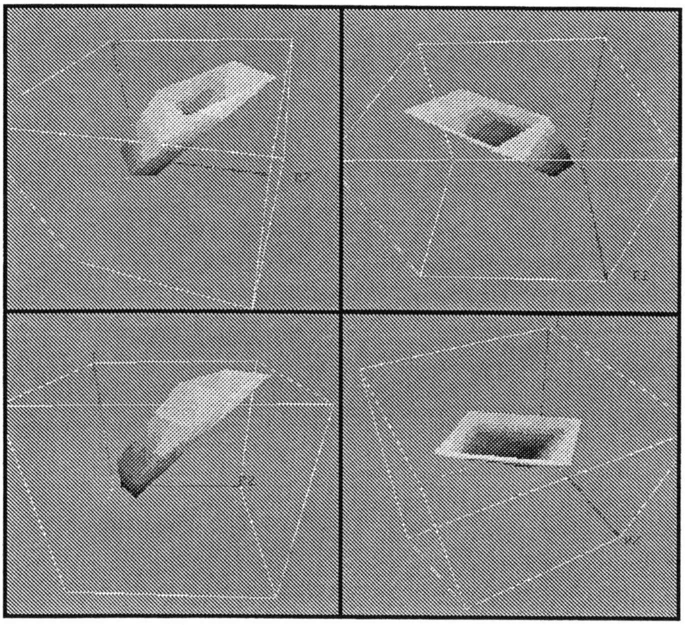

Figure 2. *Représentation 3D de la frontière de l'ensemble* $\mathbb{S}_p$.

L'entrée $u(t)$ peut être choisie arbitrairement, par exemple en fonction de $y(t)$ de façon à changer le comportement du système.

Exemple 3.1 *Choisissons pour loi de commande,* $u(t) = w(t) - y(t)$*, où* $w(t)$ *est une nouvelle entrée. L'équation du nouveau système ainsi formé est*

$$a_n y^{(n)} + a_{n-1} y^{(n-1)} + \cdots + a_1 \dot{y} + a_0 y = b_m \left(w^{(m)} - y^{(m)} \right) + \cdots + b_0 (w - y),$$

c'est-à-dire

$$a_n y^{(n)} + \cdots + (b_m + a_m) y^{(m)} + \cdots + (b_0 + a_0) y, + a_1 \dot{y} + a_0 y = b_m w^{(m)} + \cdots + b_0 w.$$

Nous avons ainsi changé l'équation différentielle qui régit le système. Un des problèmes de base de l'automatique est de trouver une loi de commande qui fasse que le système se comporte comme nous le souhaitons. ■

Revenons à l'équation de notre système (6) et prenons sa transformée de Laplace. Cette opération revient à remplacer l'opérateur de dérivation par s. Cette équation devient

$$a_n s^n y(s) + \cdots + a_1 s y(s) + a_0 y(s) = b_m s^m u(s) + \cdots + b_1 s u(s) + b_0 u(s).$$

Le polynôme

$$A(s) = a_n s^n + a_{n-1} s^{n-1} + \cdots + a_1 s + a_0$$

est appelé *polynôme caractéristique.* C'est lui qui détermine le comportement dynamique du système. Par exemple, si toutes ses racines sont à partie réelles négatives, alors le système est stable, c'est-à-dire que si on met soudainement l'entrée $u(t)$ du système à zéro, alors la sortie va converger vers zéro. Le critère de Routh que nous allons maintenant présenter (voir [DOR 95] page 278 pour plus de détails) permet de prouver la stabilité d'un système avec un nombre d'opérations très faible, sans avoir à calculer toutes les racines du polynôme caractéristique.

Théorème 3.1 ***(Critère de Routh).*** *Soit $P(s) = a_n s^n + \cdots + a_1 s + a_0$ un polynôme. La table de Routh se construit comme suit*

a_n	a_{n-2}	a_{n-4}	a_{n-6}	$\cdots$	0	0
a_{n-1}	a_{n-3}	a_{n-5}	a_{n-7}	$\cdots$	0	0
b_1	b_2	b_3			0	0
c_1	c_2	c_3			0	0
$\vdots$	$\vdots$	$\vdots$			$\vdots$	$\vdots$

(7)

avec

$$\begin{array}{lll} b_1 = \frac{a_{n-1}a_{n-2} - a_n a_{n-3}}{a_{n-1}} & b_2 = \frac{a_{n-1}a_{n-4} - a_n a_{n-5}}{a_{n-1}} & \cdots \\ c_1 = \frac{b_1 a_{n-3} - a_{n-1} b_2}{b_1} & c_2 = \frac{b_1 a_{n-5} - a_{n-1} b_3}{b_1} & \cdots \\ \cdots & \vdots & \end{array} \quad (8)$$

Notons que les deux premières lignes sont les coefficients de $P(s)$. Les autres éléments t_{ij} à la ligne $i > 2$ et à la colonne j sont obtenues par le calcul

$$t_{ij} = \frac{t_{i-1,1}t_{i-2,j+1} - t_{i-2,1}t_{i-1,j+1}}{t_{i-1,1}}. \quad (9)$$

Les racines de $P(s)$ sont toutes à parties réelles strictement négatives si et seulement si les éléments de la première colonne de la table de Routh sont tous de même signe. ■

Considérons à titre d'exemple, le problème d'une moto roulant à une vitesse faible et constante de 1m/s (voir [DOR 95] page 313 pour plus de détails sur ce problème). L'entrée du système est l'angle θ du guidon et la sortie est l'angle de roulis ϕ de la moto. La relation entrée sortie du système est :

$$\phi(s) = \frac{1}{s^2 - \alpha_1}\theta(s) \quad (10)$$

Vu la très faible vitesse de la moto, l'effet gyroscopique de la roue avant (qui maintient la moto stable à vive allure) a été négligé et le système est donc instable. On se propose de commander l'angle du guidon de la moto par un régulateur du premier ordre dont la relation entrée-sortie, donnée dans le domaine de Laplace, est

$$\theta(s) = \frac{\alpha_2 + \alpha_3 s}{\tau s + 1}\left(\phi_d(s) - \phi_m(s)\right) \quad (11)$$

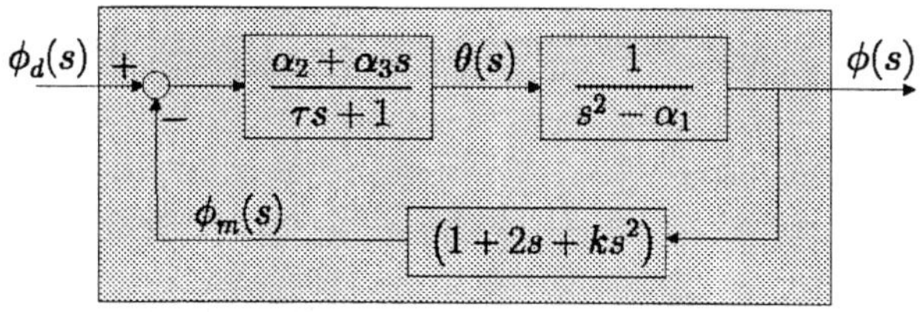

Figure 3. *Moto stabilisée par un régulateur du premier ordre*

où ϕ_d est l'angle de roulis désiré et ϕ_m est l'angle de roulis mesuré. Notons que comme le capteur n'est pas parfait, l'angle mesuré ϕ_m, c'est-à-dire celui qui apparaît en sortie du capteur, n'est pas exactement l'angle réel ϕ de la moto. La relation différentielle entre ces deux quantités est donnée par :

$$\phi_m(s) = \left(1 + 2s + ks^2\right)\phi(s) \tag{12}$$

L'ensemble de ces équations est représenté par le schéma de la figure 3. En manipulant les trois équations précédentes de façon à supprimer $\theta(s)$ et $\phi_m(s)$, il vient

$$\phi(s) = \frac{1}{s^2 - \alpha_1}\left(\frac{\alpha_2 + \alpha_3 s}{\tau s + 1}\left(\phi_d(s) - \left(1 + 2s + ks^2\right)\phi(s)\right)\right) \tag{13}$$

En isolant $\phi(s)$, on obtient la relation entrée-sortie du système régulé :

$$\phi(s) = \frac{\alpha_2 + \alpha_3 s}{(s^2 - \alpha_1)(\tau s + 1) + (\alpha_2 + \alpha_3 s)(1 + 2s + ks^2)}\phi_d(s) \tag{14}$$

Son polynôme caractéristique est

$$\left(s^2 - \alpha_1\right)(\tau s + 1) + (\alpha_2 + \alpha_3 s)\left(1 + 2s + ks^2\right) = a_3 s^3 + a_2 s^2 + a_1 s + a_0$$

avec $a_3 = \tau + \alpha_3 k$, $a_2 = \alpha_2 k + 2\alpha_3 + 1$, $a_1 = \alpha_3 - \alpha_1\tau + 2\alpha_2$ et $a_0 = -\alpha_1 + \alpha_2$. La table de Routh associée est donc :

a_3	a_1
a_2	a_0
$\frac{a_2 a_1 - a_3 a_0}{a_2}$	0
a_0	0

(15)

Ainsi, le système est stable si $a_3, a_2, \frac{a_2 a_1 - a_3 a_0}{a_2}$ et a_0 sont de même signe.

Les valeurs nominales pour les coefficients sont : $\alpha_1 = 9, \alpha_2 = 3, \alpha_3 = 1, \tau = 2, k = -3$. Or, ces coefficients ne sont connus que de façon approximative. En pratique, on connaît un intervalle d'appartenance pour chacune de ces variables. Notons les $[\alpha_1], [\alpha_2], [\alpha_3], [\tau]$ et $[k]$. Le problème de stabilité robuste consiste à montrer la stabilité du système pour toutes les valeurs possibles des coefficients. Cela revient à dire que l'on a la stabilité robuste si

$$\begin{array}{l}\forall \alpha_1 \in [\alpha_1], \forall \alpha_2 \in [\alpha_2], \forall \alpha_3 \in [\alpha_3], \forall \tau \in [\tau], \forall k \in [k], \\ a_3,\ a_2,\ \frac{a_2 a_1 - a_3 a_0}{a_2} \text{ et } a_0 \text{ sont de même signe.}\end{array}$$

Or, pour quatre nombres b_1, b_2, b_3 et b_4 on a l'équivalence

$$\begin{array}{ll} & b_1,\ b_2,\ b_3 \text{ et } b_4 \text{ sont de même signes} \\ \Leftrightarrow & \max\left(\min\left(b_1, b_2, b_3, b_4\right), -\max\left(b_1, b_2, b_3, b_4\right)\right) > 0\end{array}$$

La condition de stabilité robuste revient donc à dire que la proposition

$$\begin{array}{l}\exists \alpha_1 \in [\alpha_1], \exists \alpha_2 \in [\alpha_2], \exists \alpha_3 \in [\alpha_3], \exists \tau \in [\tau], \exists k \in [k], \\ \max\left(\min\left(a_3, a_2, \frac{a_2 a_1 - a_3 a_0}{a_2}, a_0\right), -\max\left(a_3, a_2, \frac{a_2 a_1 - a_3 a_0}{a_2}, a_0\right)\right) \leq 0\end{array}$$

est fausse. Prouver la stabilité robuste de notre système revient donc à montrer que le CCSP dont les variables, les domaines et les contraintes sont donnés respectivement par

$$\mathcal{V} = \{a_0, a_1, a_2, a_3, \alpha_1, \alpha_2, \alpha_3, \tau, k\},$$

$$\mathcal{D} = \{[\alpha_0], [\alpha_1], [\alpha_2], [\alpha_3], [\alpha_2], [\alpha_3], [\tau], [k]\},$$

$$\mathcal{C} = \left\{\begin{array}{l} a_3 = \tau + \alpha_3 k \ ; \ a_2 = \alpha_2 k + 2\alpha_3 + 1 \ ; \ a_1 = \alpha_3 - \alpha_1 \tau + 2\alpha_2, \\ a_0 = -\alpha_1 + \alpha_2 \ ; \ b = \frac{a_2 a_1 - a_3 a_0}{a_2}; \\ \max\left(\min\left(a_3, a_2, b, a_0\right), -\max\left(a_3, a_2, b, a_0\right)\right) \leq 0. \end{array}\right\}$$

possède un ensemble solution vide.

Supposons que les valeurs pour les coefficients de la moto, du régulateur et du capteur satisfont

$$\alpha_1 \in [8.8; 9.2], \alpha_2 \in [2.8; 3.2], \alpha_3 \in [0.8; 1.2], \tau \in [1.8; 2.2], k \in [-3.2; -2.8]$$

alors REALPAVER prouve en moins de 10^{-3} secondes la stabilité robuste du système bouclé. Pour le programme source donné ci-dessous, REALPAVER retourne un ensemble vide.

```
Variables
  a0       in  ]-oo,+oo[,     a1       in ]-oo,+oo[,
  a2       in  ]-oo,+oo[,     a3       in ]-oo,+oo[,
  alpha1   in  [8.8,9.2],     alpha2   in  [2.8,3.2],
  alpha3   in  [0.8,1.2],     tau      in  [1.8,2.2],
  k        in  [-3.2,-2.8],   $b       in  ] -oo,+oo[;
Constraints
  a3 = tau + alpha3*k,
```

```
a2 = alpha2*k + 2*alpha3 + 1,
a1 = alpha3 - alpha1*tau + 2*alpha2,
a0 = alpha2 - alpha1,
b = (a2*a1 - a3*a0)/a2,
0 >= max( min(a3,min(a2,min(b,a0))),
         -max(a3,max(a2,max(b,a0))));
```

4. Conclusion

De nombreux problèmes issus de l'automatique comme la commande robuste ou l'estimation ensembliste possèdent pour solution un ensemble vide ou bien un ensemble de volume non nul contenant une infinité non-dénombrable d'éléments. Dans ce contexte, les approches classiques conçues pour traiter des problèmes d'optimisation globales ou des systèmes d'équations non-linéaires avec autant d'équations que d'inconnues, semblent inadaptées.

En revanche, une approche par propagation de contraintes sur les intervalles peut se montrer efficace pour traiter ce type de problèmes. Avec cette approche, nous avons traité avec succès un problème d'estimation ensembliste et un problème de commande robuste. Ces deux problèmes, classiques en automatique sont considérés comme difficiles dans le cas non linéaire et avec une approche garantie. Une multitude d'autres problèmes d'automatique ou de robotique particulièrement adaptés à cette approche par contraintes peuvent être trouvés dans [JAU 01].

Le solveur REALPAVER accompagné d'un visualiseur graphique [CHR 00] peut résoudre de façon très efficace la plupart d'entre eux. Sa distribution récente devrait, nous l'espérons, avoir un impact important dans la communauté des automaticiens et des roboticiens.

5. Bibliographie

[BAR 94] BARMISH B. R., *New Tools for Robustness of Linear Systems*, MacMillan, New York, NY, 1994.

[BEN 97] BENHAMOU F., OLDER W., « Applying Interval Arithmetic to Real, Integer and Boolean Constraints », *Journal of Logic Programming*, , 1997, p. 1-24.

[CHR 00] CHRISTIE M., « Universal Solution Viewer : User's Manual, IRIN », 2000.

[CLE 87] CLEARY J. G., « Logical arithmetic », *Future Computing Systems*, vol. 2, n° 2, 1987, p. 125-149.

[DAV 87] DAVIS E., « Constraint propagation with interval labels », *Artificial Intelligence*, vol. 32, n° 3, 1987, p. 281-331.

[DOR 95] DORF R., BISHOP R., *Modern Control Systems*, Electrical and Computer Engineering : Control Engineering, Addison-Wesley Publishing Compagny, 1995.

[GRA 01] GRANVILLIERS L., « On the Combination of Interval Constraint Solvers », *Reliable Computing*, vol. 7, n° 6, 2001, p. 467-483.

[GRA 02] GRANVILLIERS L., « RealPaver, disponible sur http ://www.sciences.univ-nantes.fr/info/perso/permanents/granvil/realpaver/% guilf, 2002.

[JAU 01] JAULIN L., KIEFFER M., DIDRIT O., WALTER E., *Applied Interval Analysis, with Examples in Parameter and State Estimation, Robust Control and Robotics*, Springer-Verlag, Londre, 2001.

[KEA 89] KEARFOTT R. B., « Interval mathematics techniques for control theory computations », BOWERS K., LUND J., Eds., *Computation and Control. Proceedings of the Bozeman Conference*, vol. 20 de *Progress in Systems and Control Theory*, p. 169–178, Birkhäuser, Boston, MA, 1989.

[KHL 92] KHLEBALIN N. A., « Interval automatic systems - Theory, computer-aided design and applications », *Interval Computations*, vol. 3, 1992, p. 106–115.

[KOL 88] KOLEV L. V., MLADENOV V. M., VLADOV S. S., « Interval mathematics algorithms for tolerance analysis », *IEEE Transactions on Circuits and Systems*, vol. 35, n° 8, 1988, p. 967–974.

[KOL 93] KOLEV L., « An interval first-order method for robustness analysis », *Procedings of the IEEE International Symposium on Circuits and Systems*, Chicago, IL, 1993, p. 2522–2524.

[LHO 93] LHOMME O., « Consistency Techniques for Numeric CSPs », *Proceedings of the International Joint Conference on Artificial Intelligence*, Chambéry, France, 1993, p. 232-238.

[LOT] LOTTAZ C., SAM-HAROUD D., « SpaceSolver, disponible sur http ://liawww.epfl.ch/~lottaz/SpaceSolver/ ».

[LOT 00] LOTTAZ C., « Collaborative design using solution spaces », PhD dissertation 2119, Swiss Federal Institute of Technology in Lausanne, Suisse, 2000.

[MAC 77] MACKWORTH A. K., « Consistency in networks of relations », *Artificial Intelligence*, vol. 8, n° 1, 1977, p. 99-118.

[MAL 97] MALAN S. A., MILANESE M., TARAGNA M., « Robust analysis and design of control systems using interval arithmetics », *Automatica*, vol. 33, n° 7, 1997, p. 1363-1372.

[MOO 79] MOORE R. E., *Methods and Applications of Interval Analysis*, SIAM, Philadelphia, PA, 1979.

[RAT 00] RATSCHAN S., « Approximate Quantified Constraint Solving (AQCS) », disponible sur : http ://www.risc.uni-linz.ac.at/research/software/AQCS, 2000.

[SAM 96] SAM-HAROUD D., FALTINGS B., « Consistency Techniques for Continuous Constraints », *Constraints*, vol. 1, n° 1-2, 1996, p. 85-118.

[van 97] VAN HENTENRYCK P., DEVILLE Y., MICHEL L., *Numerica : A Modeling Language for Global Optimization*, MIT Press, Boston, MA, 1997.

[WAL 97] WALTER E., PRONZATO L., *Identification of Parametric Models from Experimental Data*, Springer-Verlag, Londre, UK, 1997.

Optimisation par Colonies de Fourmis pour la Programmation Logique Étendue

Pascal Nicolas — Frédéric Saubion — Igor Stéphan

LERIA
Université d'Angers
UFR Sciences
2, bd Lavoisier
49045 ANGERS cedex 01

{pascal.nicolas,frederic.saubion,igor.stephan}@univ-angers.fr

RÉSUMÉ. *La Programmation Logique Étendue (Answer Set Programming) est un formalisme particulièrement adapté pour représenter différents problèmes issus de l'Intelligence Artificielle (raisonnement non monotone, planification, diagnostic...). De plus, elle peut être utilisée pour coder de manière concise des problèmes combinatoires. Dans tous les cas, les solutions sont obtenues sous la forme d'ensembles de littéraux : les ensembles réponses (Answer Sets). L'optimisation par colonies de fourmis est une métaheuristique générale et non complète qui a déjà été utilisée avec succès pour résoudre des problèmes combinatoires difficiles (voyageur de commerce, coloration de graphes, affectation quadratique...). Elle est basée sur le comportement collectif de fourmis artificielles explorant un graphe et échangeant des informations au moyen de traces de phéromones. L'objectif de ce travail est de montrer comment l'optimisation par colonies de fourmis peut être utilisée pour calculer l'ensemble réponse d'un programme logique.*

ABSTRACT. *Answer Set Programming is a very convenient framework to represent various problems issued from Artificial Intelligence (non monotonic reasoning, planning, diagnosis...). Furthermore, it can be used to neatly encode combinatorial problems. In all cases, the solutions are obtained as sets of literals: the Answer Sets. Ant Colony Optimization is a general non complete heuristics that has been already successfully used to solve hard combinatorial problems (traveling salesman problem, graph coloring, quadratic assignment...). It is based on the collective behavior of artificial ants exploring a graph and exchanging pieces of information by means of pheromone traces. The purpose of this work is to show how Ant Colony Optimization can be used to compute an answer set of a logic program.*

MOTS-CLÉS : *Programmation logique étendue, métaheuristique*

KEYWORDS: *Answer set programming, metaheuristics*

1. Introduction

Depuis quelques années, la programmation logique étendue est reconnue comme un formalisme très adéquat pour représenter différents problèmes issus de l'Intelligence Artificielle (raisonnement non monotone, planification, diagnostic ...). De plus, elle peut être utilisée pour coder de manière concise des problèmes combinatoires classiques (coloration de graphes, problèmes SAT...). La représentation des connaissances par un programme logique peut être catégorisée tant du point de vue syntaxique que du point de vue sémantique (voir [BRE 98]). On mentionnera tout d'abord la sémantique des modèles stables [GEL 88] pour les programmes logiques normaux augmentés de la négation par l'échec. La sémantique des ensembles réponses [GEL 91] a été proposée pour les programmes logiques étendus qui étendent les précédents par l'utilisation conjointe de littéraux positifs et négatifs dans les règles. Cette sémantique est aussi utilisée pour les programmes logiques étendus disjonctifs [GEL 91] qui autorisent en plus la présence d'une disjonction dans la tête de la règle. Décider de l'existence d'un modèle stable est un problème $NP-complet$ [MAR 91]. C'est aussi le cas pour l'existence d'un ensemble réponse pour un programme logique étendu puisque celui-ci peut être transformé polynomialement en un programme logique normal avec négation par l'échec. Dans le cas d'un programme disjonctif, la complexité appartient à la classe $\Sigma_2^p - complet$ [EIT 93]. Ces remarques préliminaires nous ont conduits dans un premier temps à traiter le cas de la sémantique des modèles stables pour les programmes logiques avec négation par l'échec. En effet, ils couvrent une grande classe de problèmes tout en restant à un niveau de complexité algorithmique raisonnable. D'autres travaux ont déjà abouti à des systèmes opérationnels : DLV [EIT 00] et Smodels [NIE 00], par exemple, sont aptes à résoudre des problèmes non triviaux comportant des milliers de règles. Ils reposent sur des méthodes complètes et utilisent des heuristiques appropriées pour réduire le plus possible l'espace de recherche. Quelques recherches ont déjà été menées autour d'approches alternatives non complètes dans le domaine de la programmation logique étendue. [LEO 00] utilise des techniques de recherche locale inspirées de travaux sur le problème SAT. [PRO 00] transforme le calcul d'un ensemble réponse en un problème de coloration de graphes résolu par un algorithme génétique. Pour notre part, nous avons précédemment utilisé dans [NIC 00, NIC 01] l'algorithmique génétique et l'optimisation par colonies de fourmis [DOR 00, COR 99] pour calculer une extension d'une théorie de défauts [REI 80]. Même si d'un point de vue formel, la logique des défauts peut être vue comme un sur-ensemble de la programmation logique étendue associée à la sémantique des ensembles réponses, nous pensons qu'il est préférable de dédier un travail spécifique aux programmes logiques de manière à en exploiter les particularités. Le propos de notre travail est donc de montrer comment l'optimisation par colonies de fourmis peut être utilisée pour bâtir un système spécifique de calcul de modèles stables pour un programme logique. Nous montrons que cette métaheuristique, basée sur le comportement collectif de fourmis artificielles explorant un graphe et échangeant des informations via des traces de phéromones, permet d'atteindre dans certains cas des performances comparables à celles des meilleurs systèmes actuellement disponibles.

2. La sémantique des modèles stables pour la programmation logique

Nous supposons ici que le lecteur est familier avec la programmation logique [LLO 87] et rappelons qu'un *programme logique* (avec négation par l'échec) Π est un ensemble fini de règles de la forme :

$$c \leftarrow a_1, \ldots, a_n, \, not\, b_1, \ldots, \, not\, b_m \quad n \geq 0, m \geq 0$$

où $a_1, \ldots, a_n, b_1, \ldots, b_m$ et c sont des atomes. Pour une telle règle r nous utilisons les notations usuelles suivantes (certaines de ces notations sont étendues de manière naturelle à des ensembles de règles quand leur première lettre est une majuscule).

$$corps^+(r) = \{a_1, \ldots, a_n\} \qquad corps^-(r) = \{b_1, \ldots, b_m\}$$
$$t\hat{e}te(r) = c \qquad r^+ = t\hat{e}te(r) \leftarrow corps^+(r)$$

La *sémantique des modèles stables* [GEL 88] d'un programme Π est définie ci-dessous.

Définition 2.1 *Le* réduit Π^A *d'un programme* Π *par rapport à un ensemble d'atomes* A *est le programme* $\Pi^A = \{r^+ \mid r \in \Pi$ *et* $corps^-(r) \cap A = \emptyset\}$

Ainsi, le programme réduit Π^A ne contient aucune négation et possède donc un unique modèle de Herbrand minimal obtenu par le calcul de sa clôture déductive $Cl(\Pi^A)$.

Définition 2.2 *Soit* Π *un programme logique et* S *un ensemble d'atomes.* S *est un* modèle stable *de* Π *si et seulement si* $S = Cl(\Pi^S)$.

Tout programme logique peut admettre aucun, un ou plusieurs modèles stables comme les exemples ci-dessous l'illustrent.

Exemple 2.1 *1) Considérons* $\Pi_1 = \{a \leftarrow; c \leftarrow a, \, not\, b; d \leftarrow not\, c, \, not\, f\}$ *et* $S_1 = \{a, c\}$, *nous obtenons* $\Pi_1^{S_1} = \{a \leftarrow; c \leftarrow a\}$ *et* $Cl(\Pi_1^{S_1}) = \{a, c\}$. *Donc,* S_1 *est un modèle stable de* Π_1 *puisque* $S_1 = Cl(\Pi_1^{S_1})$. S_1 *est unique.*

2) Le programme logique $\Pi_2 = \{a \leftarrow not\, b; b \leftarrow not\, a\}$ *a deux modèles stables* $S_2 = \{a\}$ *et* $S_2' = \{b\}$.

3) Le programme logique $\Pi_3 = \{a \leftarrow not\, a\}$ *n'a pas de modèle stable.*

Contrairement à d'autres travaux dans le domaine, nous ne considérons pas directement un modèle stable en terme d'ensemble d'atomes mais en termes de règles *appliquées* comme c'est le cas dans [LIN 01] dont nous adoptons les notions suivantes.

– Une règle r est *bloquée* par un ensemble d'atomes A si $corps^-(r) \cap A \neq \emptyset$.

– Une règle r *bloque* une règle r' si $t\hat{e}te(r) \in corps^-(r')$.

– Une règle qui se bloque elle-même comme $x \leftarrow \ldots, not\, x, \ldots$ est appelée une *règle interdite.*

– Une règle r est *applicable* dans un ensemble d'atomes A si $corps^+(r) \subseteq A$.

– Deux règles r et r' sont compatibles entre elles si r ne bloque pas r', r' ne bloque pas r, $corps^+(r) \cap corps^-(r') = \emptyset$ et $corps^+(r') \cap corps^-(r) = \emptyset$.

– Un ensemble de règles R est *enraciné* s'il existe une énumération $\langle r_i \rangle_{i \in I}$ de R telle que $\forall i \in I, r_i$ est applicable dans l'ensemble $T\hat{e}te(\{r_1, \ldots, r_{i-1}\})$.

– Soit Π un programme logique et A un ensemble d'atomes. L'ensemble des *règles génératrices* de Π par rapport à A est :

$$GR(\Pi, A) = \{r \in \Pi \mid r \text{ est applicable dans } A \text{ et non bloquée par } A\}$$

Comme nous l'énonçons dans le résultat suivant, déterminer un modèle stable pour un programme logique Π est équivalent à trouver un sous-ensemble particulier de règles $C \subseteq \Pi$.

Lemme 2.1 *Soit $C \subseteq \Pi$ un sous-ensemble d'un programme logique Π. $Tête(C)$ est un modèle stable de Π si et seulement si C est enraciné et $C = GR(\Pi, Tête(C))$.*

Ainsi, le but principal de notre méthode de recherche est de trouver un ensemble de règles C satisfaisant le lemme 2.1. Un tel ensemble C sera le *générateur* du modèle stable $Tête(C)$ et toutes ses règles sont dites *appliquées*. Il est facile de vérifier que toutes les règles d'un générateur de modèles stables sont nécessairement toutes compatibles deux à deux. En effet, le lemme précédent implique d'une part qu'une règle ne peut bloquer une autre règle du même générateur de modèles stables. D'autre part, si $r = b \leftarrow a, \ldots$ est une règle de C, ceci signifie que $a \in Tête(C)$ et dès lors toute règle comme $r' = c \leftarrow \ldots, \mathit{not}\ a, \ldots$ ne peut plus appartenir à C. Cette caractéristique est similaire à la notion développée dans [MER 01] à propos de compatibilité entre règles de défaut.

3. Optimisation par colonies de fourmis pour le calcul de modèles stables

L'optimisation par colonies de fourmis [DOR 00, COR 99] s'inspire du comportement des fourmis lorsque celles-ci sont à la recherche de nourriture. Chaque fourmi se dirige en tenant compte des traces de phéromone qui sont déposées par les autres membres de la colonie qui la précèdent. Comme cette phéromone s'évapore, ce choix probabiliste évolue continuellement. Ce comportement collectif, basé sur une sorte de mémoire partagée entre tous les individus de la colonie, peut être adapté et utilisé pour la résolution de problèmes d'optimisation combinatoire ou de satisfaction de contraintes [SOL 00]. Ces problèmes sont alors encodés comme des problèmes de recherche d'un chemin optimal dans un graphe que nous définissons comme suit pour notre cas particulier de construction de modèles stables.

Définition 3.1 *On associe à un programme logique Π le graphe $G(\Pi) = (r \in \Pi \cup \{entrée, sortie\}, A)$ dans lequel chaque règle est transformée en un sommet et où entrée et sortie sont deux sommets additionnels particuliers. L'ensemble des arcs A est défini par :*

$$\begin{array}{rcl} A & = & \{(entrée, r), \forall r \in \Pi \mid corps^{+}(r) = \emptyset\} \\ & \cup & \{(r, r') \in \Pi^2 \mid r \neq r', r \textit{ et } r' \textit{ sont compatibles}\} \\ & \cup & \{(r, sortie), \forall r \in \Pi\} \\ & \cup & \{(entrée, sortie)\} \\ & \setminus & \{(r, \_), (\_, r), \forall r \in \Pi \mid r \textit{ est une règle interdite}\} \end{array}$$

De plus, chaque arc $(i, j) \in A$ est valué par un nombre réel qui représente son taux de phéromone $\varphi_{i,j}$.

Exemple 3.1 *Le programme logique :*

$$\Pi = \left\{ \begin{array}{llll} a \leftarrow not\ f & b \leftarrow not\ c & c \leftarrow a & f \leftarrow b \\ d \leftarrow a,\ not\ b & d \leftarrow not\ d & e \leftarrow d, not\ f & \end{array} \right\}$$

est représenté par le graphe suivant (: - est équivalent à ←) :

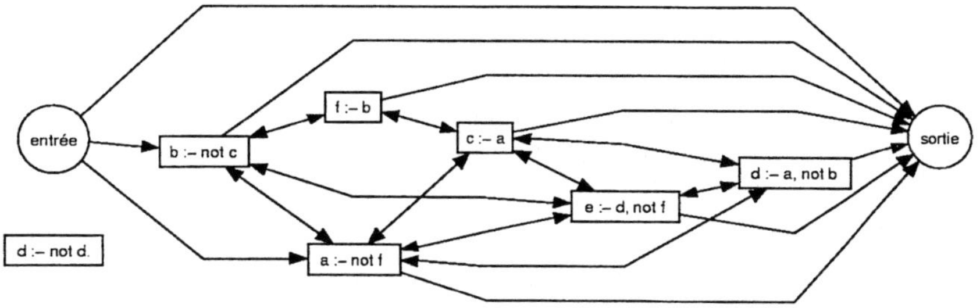

Il est à noter que l'occupation mémoire de ce graphe est au maximum quadratique en fonction du nombre de règles du programme initial. Par la suite, nous identifions les sommets du graphe (différents de *entrée* et *sortie*) et les règles du programme logique et nous utilisons donc indifféremment un chemin C du graphe (i.e. une suite de sommets) et l'ensemble de règles correspondant. Chaque chemin acyclique C de *entrée* vers *sortie* dans un graphe $G(\Pi)$ représente un chemin admissible et induit un *candidat générateur de modèles stables* en supprimant simplement *entrée* et *sortie*. Dès lors, le but de l'optimisation par colonies de fourmis est de trouver un chemin acyclique C de *entrée* vers *sortie* tel que C soit réellement un générateur du modèle stable $Tête(C)$. Sur l'exemple 3.1, le chemin $C = \langle entrée;\quad a \leftarrow not\ f;\quad d \leftarrow a,\ not\ b;\quad c \leftarrow a;\quad e \leftarrow d, not\ f;\quad sortie\rangle$ fournit un générateur du modèle stable $Tête(C) = \{a, c, d, e\}$.

Notre définition 3.1 dont le but est de construire un graphe $G(\Pi)$ possédant un nombre minimal d'arcs est justifiée par les remarques suivantes :

– Puisque nous cherchons un ensemble enraciné de règles, tous les chemins doivent commencer (après *entrée* bien sûr) par une règle qui est applicable dans $\emptyset$.

– Seules les règles compatibles peuvent appartenir au même générateur de modèles stables (voir la fin de la section 2). Donc il est inutile de créer un arc entre deux règles qui ne sont pas compatibles.

– Un chemin peut se terminer par n'importe quel sommet suivi de *sortie*.

– L'ensemble vide peut être un modèle stable. Donc, nous avons besoin de l'arc $(entrée, sortie)$.

– Puisqu'aucun générateur de modèles stables ne peut contenir de règles interdites, nous isolons les règles de la forme $x \leftarrow \ldots, not\ x, \ldots$ de telle sorte qu'aucun chemin ne puisse contenir une telle règle.

Au cours de l'initialisation, le taux de phéromone sur chaque arc est initialisé à 1 afin de donner une probabilité équitable à tous les chemins. Au cours du déroulement de l'algorithme, cette phéromone s'évapore sur tous les arcs mais augmente sur les arcs qui composent les chemins les plus prometteurs afin de concentrer les fourmis sur ces parties du graphe.

3.1. *Le voyage des fourmis*

Afin de réduire l'espace de recherche à explorer, une fourmi n'est pas autorisée à construire n'importe quel chemin admissible, puisque certains de ces chemins possibles ne peuvent pas, de toute évidence, mener à une solution [1]. Nous limitons ses choix de la manière suivante :

Définition 3.2 *Soit une fourmi positionnée sur le dernier sommet $s = dernier(C)$ d'un chemin partiel $C = \langle entrée; \dots ; s\rangle$ qu'elle est en train de construire ; elle ne pourra choisir le prochain sommet que dans l'ensemble :*

$$suivant(C) = \left\{ r \in \Pi \;\middle|\; \begin{array}{l} (dernier(C), r) \text{ est un arc de } G(\Pi) \\ r \text{ est applicable dans } Tête(C) \\ \forall r' \in C, r \text{ et } r' \text{ sont compatibles} \end{array} \right\}$$

Nous introduisons aussi une fonction d'évaluation locale *loc* afin de pondérer les différents choix possibles. L'idée est de privilégier les sommets qui a priori semblent mener vers le candidat générateur de modèles stables le plus prometteur.

Définition 3.3 *Soit $C = \langle entrée; \dots\rangle$ un chemin d'un graphe $G(\Pi)$ et $r \in suivant(C)$ une règle possible pour continuer ce chemin.*

$$loc(r, C) = \begin{cases} 1/10 & \text{si } tête(r) \in Tête(C) \\ 1/10 & \text{si } \exists r' \in \Pi \mid r' \text{ est interdite, non bloquée par } C \text{ et appli-} \\ & \text{cable dans } C \cup \{tête(r)\} \\ k \times 10 & \text{avec } k = card(\{r' \in \Pi \mid r' \text{ est interdite, applicable dans} \\ & C, \text{ non bloquée par } C \text{ et bloquée par } r\}) \text{ si l'ensemble} \\ & \text{n'est pas vide} \\ 1 & \text{sinon} \end{cases}$$

Cette heuristique *loc* est basée sur le fait qu'une condition nécessaire (mais non suffisante) pour qu'un ensemble d'atomes soit un générateur de modèles stables correct est qu'il doit bloquer toutes les règles applicables interdites. Les quatre différents cas de la fonction *loc* essayent de favoriser le plus possible cet objectif.

– Si la tête de règle est déjà dans le candidat générateur de modèles stables partiel alors il ne semble y avoir aucun intérêt à rajouter ce même atome. De plus la partie negative du corps de la règle réduirait les choix possibles pour les règles suivantes.

1. Rappelons que les fourmis ne construisent que des chemins acycliques, les détails concernant cette construction étant bien connus.

– Si la tête de la règle rend applicable une règle interdite, il faut éviter de la choisir. De fait, si Π contient une règle de la forme $r = b \leftarrow a, not\ b, \ldots$, en appliquant une règle comme $a \leftarrow \ldots$, une règle bloquant r devra être ajoutée. Sinon, l'ensemble résultat ne sera évidemment pas un générateur de modèles stables.

– En complément des cas précédents, une règle qui bloque une quelconque règle interdite est favorisée.

– Une valeur moyenne est affectée à toutes les autres règles.

Cette fonction locale combinée avec la phéromone stockée dans le graphe conduit à la définition de l'attractivité d'un sommet r pour une fourmi positionnée sur le dernier sommet du chemin partiel $C = \langle entrée, \ldots \rangle$.

Définition 3.4 *Soit* $G(\Pi)$ *un graphe pour un programme logique* Π *et un chemin partiel* $C = \langle entrée; \ldots; r_i \rangle$. *L'attractivité d'un sommet* $r_j \in suivant(C)$ *pour une fourmi placée en* r_i *est définie par*[2]

$$A(r_i, r_j, C) = \frac{\varphi_{i,j} \times loc(r_j, C)}{\sum_{r_k \in suivant(C)} \varphi_{i,k} \times loc(r_k, C)}$$

Durant son voyage de *entrée* vers *sortie*, et ceci sur chaque sommet r_i parcouru, une fourmi choisit aléatoirement le sommet suivant parmi tous les sommets suivants possibles r_j. Ce choix est biaisé à l'aide des valeurs $A(r_i, r_j, C)$ de manière à donner plus de chance aux sommets dont l'attractivité est plus forte. Par définition de l'ensemble $suivant(C)$, les seuls chemins qui peuvent être explorés sont ceux qui sont enracinés. Si à n'importe quel instant durant le voyage, l'ensemble $suivant(C)$ devient vide alors la fourmi va directement sur *sortie* et termine ainsi son chemin. C'est la seule manière pour une fourmi d'atteindre le sommet *sortie*. Il est à remarquer que la définition de l'ensemble $suivant(C)$ assure que le chemin final $C = \langle entrée; \ldots; sortie \rangle$ est maximal, c'est-à-dire qu'il n'y a plus aucune règle $r \in \Pi \setminus C$ qui soit applicable dans $Tête(C)$ et non bloquée par $Tête(C)$, sauf si r est une règle interdite ou si elle bloque au moins une règle de C. Enfin, quand une fourmi a choisi son sommet suivant r, le chemin partiel devient $C = \langle entrée; \ldots; r \rangle$. Si une règle r' non interdite satisfaisant

$$\begin{cases} r' \text{ est applicable dans } Tête(C) \\ tête(r') \notin Corps^-(C) \\ corps^-(r') \subseteq Corps^-(C) \end{cases}$$

apparaît, alors la fourmi va directement sur r'. En effet, si un générateur de modèles stables $S \supseteq C$ existe, alors S doit contenir r'. Ce principe est appliqué aussi longtemps que possible.

2. Afin de simplifier le paramétrage de notre algorithme, nous utilisons ici une forme réduite de l'attractivité ne faisant pas intervenir les paramètres classiques α et β qui permettent de modifier l'importance relative de $\varphi_{i,j}$ et de $loc(r_j, C)$.

3.2. *Évaluation d'un chemin*

La manière dont la qualité de chaque chemin (chaque candidat générateur de modèles stables) produit par une colonie de foumis est évaluée est maintenant présentée.

Définition 3.5 *Soit C un candidat générateur de modèles stables pour un programme logique Π. Son évaluation est définie par :*

$$eval(C) = card\left(\left\{r \in \Pi \setminus C \;\middle|\; \begin{array}{l} r \text{ est applicable dans } Tête(C) \\ \text{et n'est pas bloquée dans } Tête(C) \end{array}\right\}\right)$$

En utilisant le lemme 2.1, il apparaît clairement que $eval(C) = 0$ si et seulement si $Tête$(C) est un modèle stable de Π. Ainsi, l'objectif des fourmis est de minimiser la valeur de $eval(C)$ sur l'ensemble des chemins possibles de $entrée$ vers $sortie$ dans $G(\Pi)$ dans le but de trouver un chemin dont l'évaluation est nulle.

Informellement, il est possible de remarquer que le problème traité est de complexité NP puisqu'il y a un nombre exponentiel de chemins possibles C, mais que le test $eval(C) = 0$ peut être réalisé en temps polynomial.

3.3. *La mise à jour de la phéromone*

L'objectif de la mise à jour de la phéromone est de concentrer les fourmis sur les chemins qui minimisent la valeur de $eval$. Ainsi, si la colonie contient N fourmis, un ensemble $\mathcal{S}$ de $N' \leq N$ chemins différents est obtenu. Si aucun d'entre-eux n'a la valeur nulle (signifiant qu'une solution a été atteinte), $\mathcal{S}$ peut être ordonné comme une séquence de sous-ensembles des meilleurs aux pires chemins.

$$\mathcal{S} = S_{v_1} \cup \ldots \cup S_{v_n}, \forall i > 0, \left\{ \begin{array}{l} \forall s \in S_{v_i},\ eval(s) = v_i \\ v_i < v_{i+1} \end{array} \right.$$

Si le choix a été fixé de renforcer les K meilleurs chemins de $\mathcal{S}$ alors la plus petite valeur $k, 1 \leq k \leq n$ telle que $\sum_{i=1}^{k} card(S_{v_i}) \geq K$ est déterminée. Etant donné un coefficient global de renforcement $\Delta, 0 < \Delta < 1$, alors tous les chemins de S_{v_1} sont renforcés par Δ, ceux de S_{v_2} par Δ^2, ..., ceux de $S_{v_{k-1}}$ par Δ^{k-1} et enfin, $K - \sum_{i=1}^{k-1} card(S_{v_i})$ chemins, choisis aléatoirement dans S_{v_k} sont renforcés par Δ^k. De plus, le renforcement d'un chemin $C = \langle entrée; r_1; \ldots; r_p; sortie\rangle$ par une valeur Δ^k ne consiste pas uniquement à renforcer la phéromone des arcs $(entrée, r_1)$, $(r_1, r_2), \ldots, (r_p, sortie)$ En fait, pour un graphe $G(\Pi) = (\Pi \cup \{entrée, sortie\}, A)$ tous les arcs $(r_i, r_j) \in (C \times C) \cap A$ sont renforcés par Δ^k, i.e. :

$$\varphi_{i,j} \leftarrow \left\{ \begin{array}{l} \varphi_{i,j} + \Delta^k \text{ si } (r_i, r_j) \in S_{v_k} \text{ et } \varphi_{i,j} < 10 \\ \varphi_{i,j} \text{ sinon} \end{array} \right.$$

Ainsi, cela permet d'indiquer par le biais de la phéromone que tous les sommets dans C semblent « aller bien ensembles ». Ainsi, une fourmi de la colonie suivante, demeurant sur un sommet $r \in C$ sera plus incitée à choisir une règle $r' \in C$ même si (r, r')

n'était pas exactement un arc de C. Evidemment, ceci n'est rendu possible que si la condition d'enracinement est respectée (ce qui est garanti par la fonction *suivant*). De plus, la phéromone est maintenue en dessous de 10 pour laisser une chance à chaque arc d'être choisi par une fourmi. Enfin, le phénomène d'évaporation est mis en œuvre sur chaque arc (r_i, r_j) par :

$$\varphi_{i,j} \leftarrow \varphi_{i,j} \times 0.99 \text{ si } \varphi_{i,j} > 0.1$$

Si la phéromone est déjà inférieure à 0.1, elle est laissée inchangée pour conserver une chance minimale à chaque arc d'être choisi par une fourmi.

Pour clore cette section, la figure 1 présente l'algorithme général reprenant les différents composants décrits ci-dessus.

Entrées :
  $G(\Pi)$ le graphe représentant le programme logique
  $MaxIt$ le nombre maximum d'itérations (de colonies)
  N le nombre de fourmis dans une colonie
  K le nombre de chemins renforcés
  Δ le coefficient de renforcement
Début
  $Sol \leftarrow$ faux
  $i \leftarrow 1$
  Répéter // lâcher d'une colonie
    Pour $j \leftarrow 1$ jusqu'à N Faire
      suivant l'attractivité de chaque sommet la fourmi j
      construit un chemin admissible aléatoire C_j dans G
      Si $eval(C_j) = 0$ Alors $Sol \leftarrow C_j$ FinSi
    FinPour
    augmenter la phéromone sur les K meilleurs chemins
    faire évaporer sur chaque arc du graphe la phéromone
    $i \leftarrow i + 1$
  Jusqu'à ce que $(Sol \neq faux)$ ou $(i > MaxIt)$
  renvoyer Sol
Fin

Figure 1. *Algorithme d'optimisation par colonies de fourmis*

4. Validation expérimentale

Nous avons implanté la totalité de l'algorithme dans un système appelé `ASACO` (Answer Set by Ant Colony Optimization) en utilisant le langage java (`jdk1.2.2`) et nous présentons quelques unes des expérimentations visant à régler les paramètres contrôlant le système : le nombre de fourmis dans une colonie, le nombre de chemins renforcés et le taux de renforcement. Dans le but d'avoir des exemples de tailles variables et compréhensibles, nous avons étudié deux types de problèmes sur les graphes : le problème du cycle hamiltonien et le problème de la 3-coloration. Nous utilisons trois sortes de graphes (échelle, tableau et simplexe) présentés en figure 4. Les

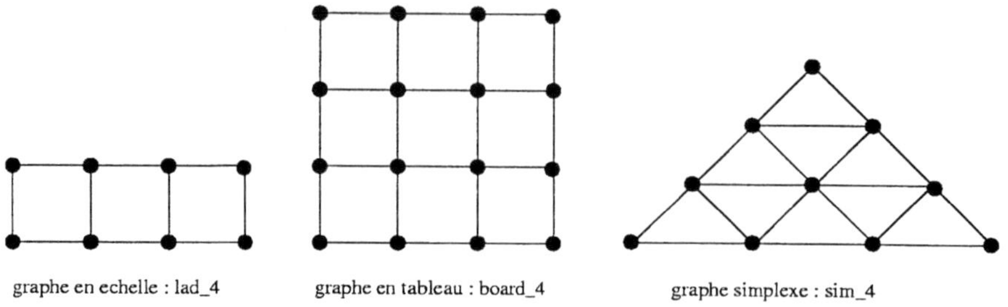

Figure 2. *Graphes pour les études expérimentales*

jeux de tests ont été générés et codés en programmes logiques grâce au système *TheoryBase* [CHO 99]. Nous faisons référence aux différents problèmes par les conventions suivantes : `ham_lad_N` est un problème de cycle hamiltonien sur un graphe en échelle avec $2N$ sommets, `ham_sim_N` est un problème de cycle hamiltonien sur un problème de graphe simplexe avec N sommets sur chaque côté et `col_board_N` est un problème de 3-coloration sur un graphe en tableau avec N^2 sommets. Pour chaque test, nous avons réalisé 30 exécutions avec exactement les mêmes paramètres pour obtenir une bonne approximation du comportement en moyenne. Dans toutes les tables ci-dessous, les résultats sont des moyennes sur 30 exécutions et nous utilisons les notations suivantes :

– NbF est le nombre de fourmis dans une colonie.

– $MaxIt$ est le nombre maximum d'itérations (i.e. : le nombre maximum de colonies de fourmis qui sont lachées).

– NbR est le pourcentage de chemins ou le nombre de chemins (ceci étant mentionné dans chaque cas) qui sont renforcés après chaque itération.

– Δ est le coefficient de renforcement.

– $\%suc$ est le taux de succès.

– NbC est le nombre de colonies (ou itérations) pour trouver une solution quand elle est atteinte.

Chaque problème contient au moins un modèle stable et notre système s'arrête après en avoir trouvé un ou dépassé $MaxIt$ itérations. Ainsi nous pouvons utiliser le taux de succès $\%suc$ pour comparer l'efficacité des différents réglages des paramètres choisis.

Dans le tableau 1, nous présentons l'influence de la taille de la colonie de fourmis. Il apparaît clairement que la colonie doit être d'une taille suffisamment grande si nous voulons être « sûrs » de résoudre le problème avant de dépasser la limite $MaxIt$ (ici $MaxIt = 30$). La meilleure performance est obtenue en renforçant 10 chemins avec un coefficient $\Delta = 0.9$ puisque qu'environ 1600 fourmis sont nécessaires pour trouver un modèle stable, tandis qu'au moins 2400 fourmis sont nécessaires quand seulement 5 chemins sont renforcés avec un coefficient $\Delta = 0.5$. Ainsi, quel que soit

Tableau 1. *Influence de la taille de la colonie de fourmis.*

ham_sim_5 (203 règles)				
NbF	$NbR = 5, \Delta = 0.5$		$NbR = 10, \Delta = 0.9$	
	$\%suc$	NbC	$\%suc$	NbC
50	36	21	36	13
100	73	17	70	14
150	96	13	86	9
200	100	11	96	9
300	100	9	100	7
400	100	6	100	4
$(MaxIt = 1)$ 5000	20	-	-	-

Tableau 2. *Influence du renforcement de la phéromone.*

ham_lad_10 (134 règles) $NbF = 100$						
NbR	$\Delta = 0.1$		$\Delta = 0.5$		$\Delta = 0.9$	
	$\%suc$	NbC	$\%suc$	NbC	$\%suc$	NbC
0%	50	11	-	-	-	-
5%	63	12	43	12	50	10
10%	80	9	70	8	76	9
20%	50	9	70	13	86	9
col_board_7 (399 règles) $NbF = 20$						
NbR	$\Delta = 0.1$		$\Delta = 0.5$		$\Delta = 0.9$	
	$\%suc$	NbC	$\%suc$	NbC	$\%suc$	NbC
0%	13	7	-	-	-	-
5%	13	14	63	19	76	14
10%	20	17	56	17	80	15

le coefficient de renforcement, une taille minimale pour la colonie est requise. La dernière ligne du tableau 1 présente le résultat d'un lâcher de 5000 fourmis en une seule itération effectuant ainsi une recherche aléatoire pure. Les résultats en sont réellement pauvres (20% de succès). Ceci démontre l'efficacité de l'heuristique générale d'optimisation par colonies de fourmis puisque avec un bon réglage des paramètres, nous obtenons 100% de succès avec moins de 2000 essais.

Dans le tableau 2, nous présentons l'influence de la mise à jour de la phéromone sur les performances du système. Lorsque $NbR = 0\%$, Δ n'a aucune influence. C'est pourquoi il n'y a qu'un seul résultat par lignes où $NbR = 0\%$. La méthode agit alors comme une recherche aléatoire pure et les taux de succès sont à nouveau très faibles. Les performances du système s'améliorent avec l'accroissement du coefficient de renforcement et le meilleur résultat est atteint lorsqu'au moins 10% des chemins sont mis à jour. Ceci démontre à nouveau l'efficacité de l'heuristique générale d'optimisation par colonies de fourmis.

Nous avons aussi comparé ASACO avec Smodels [NIE 00] et DLV [EIT 00]. Sur ces systèmes, nous avons réalisé un grand nombre de tests sur le même problème en mélangeant le fichier d'entrée puisque nous avons remarqué que ces systèmes sont sensibles à l'ordre d'apparition des règles dans le programme. En figure 3 nous détaillons les distributions des temps CPU pour Smodels et ASACO pour `ham_sim_6` pour montrer que nous obtenons d'intéressants résultats sur un problème qui est très difficile à résoudre pour un des meilleurs systèmes disponibles. Même si DLV a d'excellentes performances, nous pouvons constater sur l'ultime figure 3 qu'il existe des

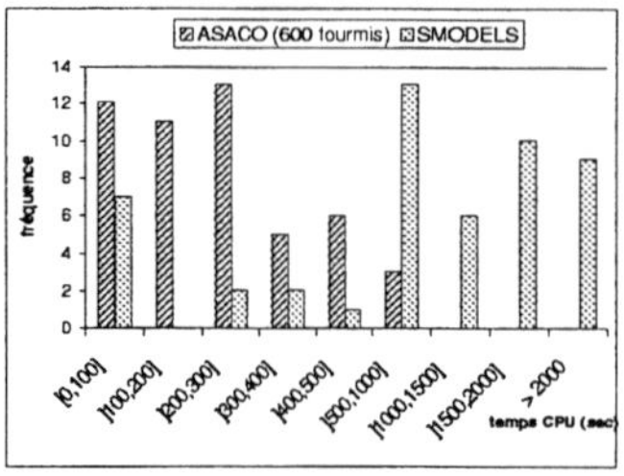

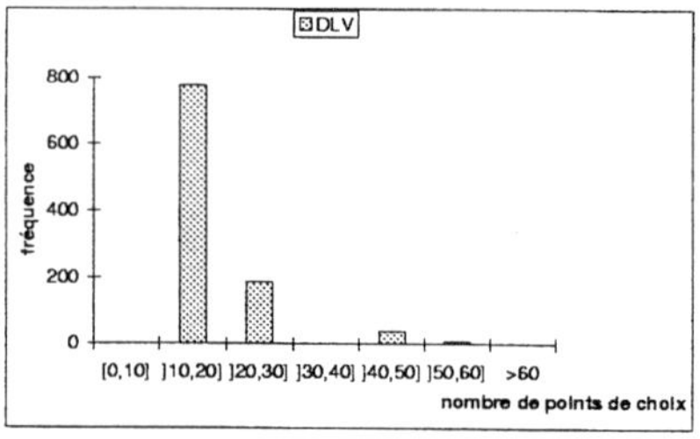

Figure 3. *Comparaison des performances sur ham_sim_6*

configurations du fichier d'entrée pour lesquelles le nombre de points de choix augmente fortement.

5. Travaux futurs et conclusion

Dans ce travail nous avons élaboré un algorithme basé sur l'optimisation par colonies de fourmis pour calculer un modèle stable en déterminant quelles règles du programme logique pouvaient être appliquées ensemble. Notre première implantation nous a permis d'atteindre des performances suffisament prometteuses pour nous inciter à continuer dans cette voie avec pour objectif d'améliorer l'influence de la mise à jour de la phéromone et son interaction avec l'évaluation locale.

Une autre étude future est l'extension de notre méthodologie au calcul d'un ensemble réponse pour un programme logique étendu disjonctif. Un tel programme est un ensemble fini de règles de la forme :

$$c_1 \vee \ldots \vee c_p \leftarrow a_1,\ \ldots,\ a_n,\ not\, b_1,\ \ldots,\ not\, b_m \quad p > 0, n, m \geq 0$$

où tous les a_i, b_j et c_k sont des littéraux. Pour une telle règle r nous notons $tête(r) = c_1 \vee \ldots \vee c_p$, $\overline{tête}(r) = \{c_1, \ldots, c_p\}$ et nous conservons les autres notations de la section 2. Comme défini dans [GEL 91], si Π est un programme logique étendu disjonctif *positif* (ie. $\forall r \in \Pi, corps^-(r) = \emptyset$) un ensemble réponse de Π est un ensemble de littéraux X consistant et minimal tel que :

$$\forall r \in \Pi, corps^+(r) \subseteq X \Longrightarrow \overline{tête}(r) \cap X \neq \emptyset$$

Par extension, X est un ensemble réponse de Π si X est un ensemble réponse du réduit Π^X de Π (voir la définition 2.1).

La méthodologie décrite précédemment peut alors être étendue pour le calcul d'un ensemble réponse si l'on représente le programme logique étendu disjonctif à l'aide du graphe suivant.

Définition 5.1 *Soit* Π *un programme logique étendu disjonctif, nous notons* $T(\Pi) = \cup_{r\in\Pi}\overline{tête}(r)$ *l'ensemble de tous les littéraux qui apparaissent dans les têtes des règles de* Π *et nous définissons le graphe* $G(\Pi) = (S, A)$ *où*

$$\begin{array}{rcl} S & = & \{r \in \Pi\} \cup T(\Pi) \cup \{entrée, sortie\} \\ A & = & \{(in, r), \forall r \in \Pi \mid corps^{+}(r) = \emptyset\} \\ & \cup & \{(r, x), \forall r \in \Pi, \forall x \in \overline{tête}(r)\} \\ & \cup & \{(x, r), \forall x \in T(\Pi), \forall r \in \Pi\} \\ & \cup & \{(x, sortie), \forall x \in T(\Pi)\} \\ & \cup & \{(entrée, sortie)\} \end{array}$$

Exemple 5.1 *Le programme logique étendu disjonctif* $\Pi = \{a \vee b \leftarrow not\, c\ ,\ a \vee c \leftarrow b\}$ *est représenté par le graphe suivant :*

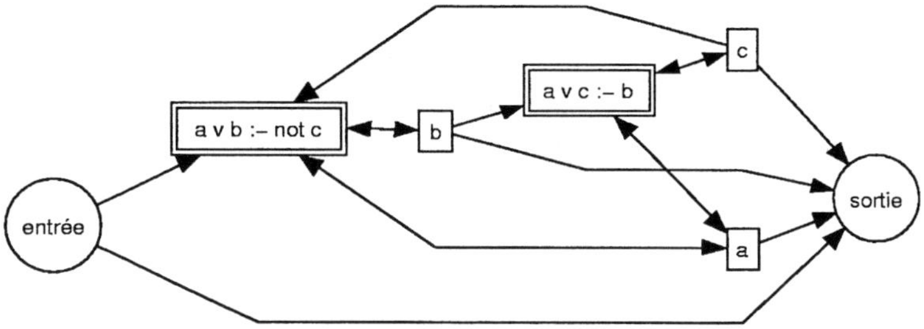

Par manque de place nous ne donnons que les grandes lignes de l'adaptation de nos heuristiques au calcul d'un ensemble réponse. Premièrement, nous devons redéfinir la compatibilité entre règles en tenant compte de la disjonction présente dans la tête, des littéraux positifs et négatifs ainsi que de la sémantique particulière des ensembles réponses. Ensuite, les fonctions *suivant* (cf déf. 3.2) et *loc* (cf déf. 3.3) doivent être modifiées pour prendre en compte le fait qu'une fourmi peut passer plusieurs fois sur le même littéral, mais seulement une fois à travers chaque règle (sommets avec les doubles boites dans le graphe ci-dessus). Pour chaque chemin C depuis *entrée* jusqu'à *sortie*, $C \cap T(\Pi)$ est un candidat ensemble réponse. Mais, la condition $eval(C) = 0$ n'est plus suffisante car nous avons à vérifier le condition de minimalité pour assurer que ce chemin correspond bien à un vrai ensemble réponse. Mais, en ce qui concerne la mise à jour de la phéromone et de tous les composants de l'optimisation par colonies de fourmis, nous pensons que nous serons capables d'adapter ASACO dans le but de prendre en compte les programmes logiques étendus disjonctifs dans un futur proche.

6. Bibliographie

[BRE 98] BREWKA G., DIX J., « Knowledge Representation with Logic Pxsrograms », DIX J., PEREIRA L., PRZYMUSINSKI T., Eds., *Logic Programming and Knowledge Representation*, vol. 1471 de *LNAI*, Springer Verlag, 1998, p. 1-55.

[CHO 99] CHOLEWIŃSKI P., MAREK V., MIKITIUK A., TRUSZCZYŃSKI M., « Computing with default logic », *Artificial Intelligence*, vol. 112, 1999, p. 105-146.

[COR 99] CORNE D., DORIGO M., GLOVER F., *New Ideas in Optimization*, Mac Graw Hill, 1999.

[DOR 00] DORIGO M., BONABEAU E., THERAULAZ G., « Ant algorithms and stimergy », *Future Generation Computer Systems*, vol. 16, 2000, p. 851-871.

[EIT 93] EITER T., GOTTLOB G., « Complexity Results for Disjunctive Logic Programming and Application to Nonmonotonic Logics », MILLER D., Ed., *ILP Symposium*, MIT Press, 1993, p. 266-278.

[EIT 00] EITER T., FABER W., LEONE N., « Declarative problem solving using the DLV system », MINKER J., Ed., *Logic Based AI*, p. 79-103, Kluwer Academic Publishers, 2000.

[GEL 88] GELFOND M., LIFSCHITZ V., « The Stable Model Semantics for Logic Programming », KOWALSKI R. A., BOWEN K., Eds., *Proceedings of the International Conference on Logic Programming*, The MIT Press, 1988, p. 1070–1080.

[GEL 91] GELFOND M., LIFSCHITZ V., « Classical Negation in Logic Programs and Deductive Databases », *New Generation Computing*, , 1991.

[LEO 00] LEONE N., PERRI S., RULLO P., « Local Search Techniques for Disjunctive Logic Programs », LAMMA E., MELLO P., Eds., *AI*IA'99 : Advances in Artificial Intelligence*, n° 1792 LNAI, Springer, 2000, p. 107–118.

[LIN 01] LINKE T., « Graph Theoretical Characterization and Computation of Answer Sets », NEBEL B., Ed., *Proceedings of the IJCAI*, Morgan Kaufmann Publishers, 2001, p. 641–645.

[LLO 87] LLOYD J., *Foundations of Logic Programming*, Symbolic Computation series, Springer Verlag, 1987.

[MAR 91] MAREK W., TRUSZCZYNSKI M., « Autoepistemic Logic », *Journal of the ACM*, vol. 38, n° 3, 1991, p. 588–619.

[MER 01] MERCER R., FORGET L., RISCH V., « Comparing a Pair-Wise Compatibility Heuristic and Relaxed Stratification : Some Preliminary Results », BENFERHAT S., BESNARD P., Eds., *Proceedings of ECSQARU*, vol. 2143 de *LNCS*, Springer Verlag, 2001, p. 580-591.

[NIC 00] NICOLAS P., SAUBION F., STÉPHAN I., « GADEL : a genetic algorithm to compute default logic extensions », *Proceedings of the European Conference on Artificial Intelligence*, 2000, p. 484-488.

[NIC 01] NICOLAS P., SAUBION F., STÉPHAN I., « New generation systems for non monotonic reasoning », EITER T., TRUSZCZYNSKI M., FABER W., Eds., *International Conference on Logic Programming and NonMonotonic Reasoning*, LNCS, 2001, p. 309-321.

[NIE 00] NIEMELÄ I., SIMONS P., SYRJANEN T., « Smodels : a system for answer set programming », *Proceedings of the* 8th *International Workshop on Non-Monotonic Reasoning*, Breckenridge, Colorado, USA, 2000.

[PRO 00] PROVETTI A., TARI L., « Answer Sets Computation by Genetic Algorithms », *Genetic and Evolutionary Computation Conference*, 2000, p. 303-308.

[REI 80] REITER R., « A Logic for Default Reasoning », *Artificial Intelligence*, vol. 13, n° 1-2, 1980, p. 81-132.

[SOL 00] SOLNON B., « Ant-P-solveur : un solveur de contraintes à base de fourmis artificielles », TOURAÏVANE, Ed., *Proceedings of Journées Francophones sur la Programmation Logique et par Contraintes*, Hermès, 2000, p. 189-204.

Using Automated Induction-based Theorem Provers for Reasoning about Concurrent Systems

Abdessamad Imine* — **Yahya Slimani**** — **Sorin Stratulat*****

* *LORIA, INRIA*
Campus Scientifique
B.P. 239, 54506 VANDEOUVRE-LES-NANCY CEDEX
e-mail: Abdessamad.Imine@loria.fr

** *Dépt. Informatique - Faculté des Sciences de Tunis*
Campus Universitaire - 1060 Tunis, TUNISIA
e-mail: yahya.slimani@fst.rnu.tn

*** *INRIA*
2004, route des Lucioles – BP 93, 06902 Sophia Antipolis, FRANCE
e-mail: Sorin.Stratulat@inria.fr

ABSTRACT. *We propose a combination of temporal logic and inductive reasoning for specifying and verifying concurrent systems. Indeed, we describe an attempt to mechanize the reasoning about concurrent systems, described as TLA (Temporal Logic of Actions) specifications. SPIKE, an induction-based automated theorem prover, is used to formalize the semantics of TLA, then to reason about algorithms in TLA. As a case study, it is illustrated an invariance proof for a mutual exclusion algorithm.*

RÉSUMÉ. *Nous proposons une combinaison de logique temporelle et du raisonnement inductif afin de spécifier et de vérifier des systèmes concurrents. Plus précisément, nous décrivons un essai d'automatiser le raisonnement sur des systèmes concurrents, décrits par des spécifications TLA (Temporal Logic of Actions). SPIKE, un démonstrateur automatique de théorèmes basé sur la récurrence, est utilisé pour formaliser la sémantique de TLA, puis de raisonner sur des algorithmes spécifiés en TLA. Comme étude de cas, nous illustrons une preuve d'invariance pour un algorithme d'exclusion mutuelle.*

KEYWORDS: *automated theorem proving, Temporal Logic of Actions, SPIKE, concurrent systems*

MOTS-CLÉS : *démonstration automatique, Temporal Logic of Actions, SPIKE, systèmes concurrents*

1. Introduction

In general, the software development requires a certain number of proof obligations. In particular cases, it may happen that some of these proofs be tedious, such that the manual verification process becomes rapidly unreliable, even impossible. This shows the importance of automatic proof systems, such as SPIKE [BOU 95a, BOU 95b], for eliminating a significant part of such computations. Indeed, SPIKE is an *automatic* theorem prover, suitable for theories whose axioms are conditional equations. Its main capabilities are i) the performance of proofs by *induction*, and ii) some help in the design of sound algebraic specifications. Moreover, SPIKE is meant to reduce the number of user interactions due to the automatization of numerous routine tasks.

TLA is a logic suited for reasoning about concurrent systems [LAM 94]. Their behavior and properties can be expressed directly as formulas in the TLA logic, rather than programs in a separate programming language. However, reasoning about systems at the logic level involves a lot of tedious proof details. Hence, a step forward is done if the reasoning could be (partly) automated using a theorem prover.

The mechanical verification of TLA proofs was previously performed by different theorem provers. Thus, LP [GAR 95] has been used by Engberg for his TLP system [ENG 92, ENG 94]. PVS [CRO 93] can verify DisCo specifications, whose semantics is expressed in TLA [KEL 96]. Some higher-order theorem provers have been used for doing TLA proofs, like HOL in [WRI 91] and Isabelle in [KAL 95, MER 99]. Finally, Mokkedem and Ferguson have verified TLA specifications with the Eves prover [MOK 96].

This work is aimed to survey our experience on the use of automated induction-based theorem provers for reasoning about concurrent systems. Particularly, we consider TLA as framework for specification and SPIKE as tool for verification. By putting together TLA and SPIKE, one can perform interesting mechanical proofs of invariance properties over the behaviour of concurrent systems.

In this paper we describe an attempt to reason on *simple*[1] TLA. A first step consists in the definition of the semantics of TLA as a *transition system* model. A transition system consists of a set of system states and a set of mappings from system states to system states called *actions*. An action is selected and applied to the current state, producing a new state. Once the transition system is built, it is described in terms of conditional equations easy to specify in SPIKE. The invariance properties of the transition system are then checked as a SPIKE conjecture. Moreover, the proved conjectures can be used as lemmas while reasoning about other invariance properties.

This paper is organized in the following way. In Section 2, we recall some basic concepts of TLA. Section 3 overviews briefly the features of SPIKE. In Section 4, we introduce the basic ingredients of our formalization of TLA in SPIKE. As a case

1. We do not consider the hiding variables, the fairness concept and the refinement mappings.

study, in Section 5 we prove an invariance property of a mutual exclusion algorithm. A more detailed comparison between different theorem provers able to reason on TLA specifications is included Section 6. The paper finishes with a brief conclusion and suggestions for future work.

2. Temporal Logic of Actions

Temporal Logic of Actions (TLA for short) is a logic for specifying and reasoning about concurrent systems [LAM 94]. Specifications and properties are described by logical formulas: the TLA formula $\Pi \implies \Phi$ asserts that the system represented by Π satisfies the property – or implements the system – represented by Φ. TLA is a linear-time temporal logic that can express two basic kinds of properties of concurrent systems: *safety* (invariance), the property must always be true, and *liveness* (eventuality), the property must eventually be true. Since TLA is a formal logic, it allows completely rigorous reasoning.

For the purposes of this paper, we can consider TLA to be a first-order predicate logic, except with two classes of variables called *rigid variables* and *flexible variables*, extended with the two operators: $'$ (prime) and $\Box$. We often refer to flexible variables as variables.

The semantics of TLA is based on the concept of *state*, which is an assignment of values to (flexible) variables. The meaning of a TLA formula is a set of *behaviors*, where a behavior is a sequence of states [LAM 94]. The operator $\Box$ is the standard temporal-logic "always" operator; the prime is the "next-state" operator. The complete semantics of TLA can be found elsewhere [LAM 94]. Here we explain TLA informally through simple examples.

As a first example, we write a TLA formula specifying a program that starts with the natural variable x and keeps incrementing x by 1. Letting Nat denote the set of natural numbers, the obvious way to express this with the prime and $\Box$ operators is

$$(x \in \mathit{Nat}) \;\wedge\; \Box(x' = x + 1) \tag{1}$$

The predicate $x \in \mathit{Nat}$ asserts that the value of x in the initial state is an element of Nat. The action $x' = x + 1$ asserts that the value of x in the next state is one unit greater than its value in the current state, and the temporal formula $\Box(x' = x + 1)$ asserts that this is true for all steps—that is, for all pairs of successive states.

Formula (1) asserts that the value of x is incremented in each step of a behavior. For reasons explained in [LAM 94] , we want also to allow steps that leave x unchanged. Letting $[\mathcal{A}]_f$ denote $\mathcal{A} \vee (f' = f)$, this is expressed by the TLA formula

$$(x \in \mathit{Nat}) \;\wedge\; \Box[x' = x + 1]_x \;\wedge\; \mathrm{WF}_x(x' = x + 1) \tag{2}$$

The conjunct $\Box[x' = x + 1]_x$ asserts that every step of the program either increments x by 1 or leaves it unchanged. It allows behaviors in which x remains unchanged forever. The conjunct $\mathrm{WF}_x(x' = x + 1)$ expresses the liveness property that infinitely many $x' = x + 1$ steps (ones that do increment x) occur. The reader is referred to [LAM 94] for an explanation of the WF operator and its definition in terms of $'$ and $\Box$.

In general, the canonical form of a TLA formula describing an algorithm is

$$Init \wedge \Box[\mathcal{N}]_v \wedge L \tag{3}$$

where *Init* is a predicate characterizing the initial state, $\mathcal{N}$ an action describing how the variables may change, v the tuple of all program variables, and L a liveness condition. The conjunct $\Box[\mathcal{N}]_v$ asserts that every step is either an $\mathcal{N}$ step or else leaves all the variables unchanged.

3. Overview of SPIKE

In this section, we describe the main features of SPIKE[2] [BOU 95b], the automated deduction system we have used for reasoning on TLA specifications.

The specification language of SPIKE allows to define functions axiomatically. Proofs are performed in a theory where axioms are built from first-order conditional equations and goals to be proved are equational clauses. The equations are oriented as rewrite rules using a well-founded order. This order serves also for supporting inductive reasoning. The signature of the theory is assumed to be many-sorted and partitioned into *constructors* and defined symbols (*operators*). When for all possible ground arguments the result of the defined operators can be expressed only in terms of constructors and variables, we say that these operators are completely defined *w.r.t* the constructors and that the specification is *sufficiently complete*. This requirement is very natural when building specifications in a structured way. Moreover when the evaluation of any ground expression terminates and produces a unique result, irrespective of the computation strategy, we say that the specification is *ground convergent*.

SPIKE has a deduction mechanism based on *induction*. Its inference rules transform a conjecture from the current state of the proof to a (potentially empty) set of new conjectures. Two main steps to transform a conjecture can be performed: i) (**Generate** rules) the instantiation of a subset of its variables (called *induction variables*) with elements describing their sorts (called *test sets*), and ii) (**Simplify** rules) its simplification or elimination by axioms and (instances of) other 'not yet proved' conjectures, which play the role of induction hypotheses. The treated conjecture may be stored for its later use to further computations. During the proof, it is not required any hierarchy between the conjectures and the proof method allows for *simultaneous induction* [BOU 95a]. SPIKE has been developed on this principle and incorporates optimizations such as

2. The binaries of SPIKE are accessible at
`http://www.loria.fr/~stratula/Spike_distr/spike.tgz`.

powerful simplification techniques based on conditional rewriting and decision procedures. The system can also disprove non-trivial false conjectures.

Proofs are controlled with the help of *strategies*. Strategies in SPIKE allow to choose the application order of the inference rules on the treated conjecture, and also the application parameters of these rules. The way the rules are applied is critical for the success of a proof.

Recently, in [STR 00, ARM 02] it was proposed an integration schema of a linear arithmetic decision procedure in SPIKE [STR 00]. This permits the reduction of the search space without the use of some explicitly stated lemmas such as the transitivity axioms. Thanks to it, SPIKE begins to be applied to the verification of complex examples [RUS 00].

4. Translating TLA

In this section, we describe a method for representing TLA specifications and their execution in SPIKE. In the sequel, we assume that all the formulas are universally quantified.

4.1. *States*

The model proposed by TLA is traditional in the sense that we have a state-transition system with named variables to express the states and actions to express the state transitions. The simplicity of the model comes from the absence of communication constructs.

TLA assumes that there is an infinite supply of program variables, though a given algorithm always mentions only a finite number of them. The values that variables can take are not organized in types. Instead, TLA assumes that there exists only one single set of values, and a variable can take any value from this set. In our formalization, we assume that every variable has associated a well-defined[3] sort. The states are represented as tuples where every component corresponds to one variable of the state. A state is fully characterized by the values of these variables.

As an example, we consider the state space containing the variables x and y which range over natural numbers. To represent this state space in SPIKE, we define the sort $State$ whose constructor is $Tpl : Nat \times Nat \longrightarrow State$, where Nat is the sort of the natural numbers.

The values of variables may be changed between two states. In this respect, we represent these variables as functions defined over $State$ that return the value of the corresponding tuple component.

3. A sort is well-defined if it contains at least one element.

Therefore, the precedent variables x and y are defined as

$$\begin{array}{lll} X : State \longrightarrow Nat, & X(Tpl(x_1, x_2)) & = x_1 \\ Y : State \longrightarrow Nat, & Y(Tpl(x_1, x_2)) & = x_2 \end{array}$$

4.2. *Actions*

In TLA, an action is a boolean expression containing variables, primed variables and values. This expression states how the initial and the final states are related. In fact, it means how the execution of an action from a given state st_1 (current state) generates a new state st_2 (next state). For example, the TLA actions may express the instructions of a given algorithm (as we will see in Section 5). An action can be considered as a conjunction of equations having the left-hand side either a variable or a primed variable. The equations whose left-hand side is a variable give the conditions to be satisfied in st_1 in order to pass to st_2. An action is *enabled* (*disabled*) if its condition in st_1 is true (false). A disabled action leaves the current state unchanged.

We consider that all the actions of the system are of sort *Action*. The function *Exec*, defined as $Exec : Action \times State \longrightarrow State$, implements the transition between the states when applying an action. For example, the following TLA action, composed by the following two equations: [4] $\mathcal{A}_1 \triangleq (x' = x + 1) \land (y' = y)$ is formalized as $Exec(\mathcal{A}_1, st) = Tpl(X(st) + 1, Y(st))$. This means that the execution of $\mathcal{A}_1$ from a given state st produces a new state whose first component is the first component of st incremented by 1, while the second one remains unchanged. The action $\mathcal{A}_1$ is always enabled.

Let us consider another TLA action: $\mathcal{A}_2 \triangleq (x = 2) \land (x' = x + 1) \land (y' = y)$ which is encoded by the conditional equation $X(st) = 2 \Longrightarrow Exec(\mathcal{A}_2, st) = Tpl(X(st) + 1, Y(st))$. This means that the execution of $\mathcal{A}_2$ from a given state st produces the same state as $\mathcal{A}_1$, provided the first component of st is 2. Here, *Exec* is not complete because it is defined only when the action $\mathcal{A}_2$ is enabled. To complete it, we add the conditional equation $X(st) \neq 2 \Longrightarrow Exec(\mathcal{A}_2, st) = st$ corresponding to the case when $\mathcal{A}_2$ is disabled.

We recall that the canonical form (3) contains an action that allows "stuttering" steps, *i.e.* it leaves all variables of the system unchanged. We call this action *Stutt*, and we define it as $Exec(Stutt, st) = st$.

4.3. *Transition System Model*

In TLA, the operational semantics of concurrency is based on the transition model. A transition system is given by a set of actions. It is assumed that all the actions are

4. The symbol $\triangleq$ means equals by definition.

atomic; that is, each action causes a single transition. Hence, the evolution of the system can be simulated by *interleaving* atomic actions. The behavior of the system can be represented by means of sequences of actions called *traces*. A trace in which every action may occur an unbounded number of times is called *fair* trace (if every action is not guaranteed to happen infinitely often, liveness properties could be not proved).

In this paper, we restrict only to unfair traces because we are interested here in proving safety properties. To represent the behaviors of the system, we give a recursive function Fs which takes a trace and an initial state and returns the final state. This function[5] $Fs : Action^* \times State \longrightarrow State$ is recursively defined as follows:

$$Fs(tr, st) = \begin{cases} st & \text{if } \; tr = \langle\rangle \\ Fs(tr', Exec(a, st)) & \text{if } \; tr = \langle a \circ tr' \rangle \end{cases} \tag{4}$$

where $\langle\rangle$ is an empty sequence and $\langle a \circ tr' \rangle$ is sequence whose first action is a followed by the sequence tr'.

4.4. *Invariance Properties*

We will not state all the proof rules of TLA. Instead, we consider one typical rule in some detail. This rule is called **INV1** and is used to prove invariance properties:

$$\mathbf{INV1}.\frac{I \wedge [\mathcal{N}]_f \Longrightarrow I'}{I \wedge \Box[\mathcal{N}]_f \Longrightarrow \Box I}$$

INV1 expresses the fact that whenever all the actions preserve I then $\Box I$ holds, provided that I holds initially [LAM 94].

We now describe how **INV1** is derived directly from our transition system model, presented in the section 4.3. For this, we consider a property to be proved as a boolean function over *State*, declared as $Goods : State \longrightarrow Bool$, where *Bool* is the sort of booleans.

A property is an invariant if whenever it holds at some state of the behavior, it also holds for all the subsequent states. Stated in terms of Fs and *Goods*, the invariance properties have the following form:

$$Goods(st) \Longrightarrow Goods(Fs(tr, st)) \tag{5}$$

That is, for the sequence tr, if the property *Goods* holds on a state, then it will hold on the final state given by Fs. Since st and tr are universally quantified, *Goods* is invariant over all the behaviors.

5. X^* is the set of sequences of elements of X.

When using the invariance proof rule to prove an invariance property, one must prove that *Goods* is preserved by all the actions a in any state st:

$$Goods(st) \Longrightarrow Goods(Exec(a, st)) \tag{6}$$

In our formalization, $\mathbf{INV1}$ is implemented by the following proof rule $\mathbf{PR1}$:

$$\frac{\begin{array}{l}\mathbf{I}_1.\ Goods(st_0)\\ \mathbf{I}_2.\ Goods(st) \Longrightarrow Goods(Exec(a, st))\end{array}}{Goods(st) \Longrightarrow Goods(Fs(tr, st))}$$

where premise $\mathbf{I}_1$ means that *Goods* holds on an initial state st_0. By an induction on the trace tr, one can easily prove that the formula (5) is deduced from (6).

4.5. *Methodology*

In the following, we propose a methodology for reasoning about TLA specifications with deductive methods based on induction and rewriting. In a first step, we build an algebraic specification from the TLA specification. The sorts, the signatures of the functions and the axioms of the algebraic specification are obtained by

1) associating to each variable a well-defined sort;

2) defining for each variable a function playing the rôle of *accessor*;

3) encoding every action in a set of (conditional) rewrite rules;

4) defining auxiliary functions, for example, the addition over the naturals.

The proof rule **PR1** is used to prove invariance properties by means of the powerful rewriting and induction techniques provided by SPIKE.

5. A Mutual Exclusion Example

As example, we prove a mutual exclusion property for a simple algorithm allowing that two processes that execute the same program code do not access simultaneously a particular part of the code, considered as critical. The control over the critical region is done by means of semaphores. The example is taken from [LAM 91]. An intuitive picture and the TLA specification of this algorithm are given in Fig.1 and Fig.2, respectively.

The program increments a variable, local to each process, and it consists of three instructions. The status of the concurrent system made of the two processes can be characterized by the variables x, y, pc_1, pc_2 and sem. The variable pc_1 and pc_2 are program counters, taking one of the values "*A*", "*B*" and "*G*", corresponding to each of the instructions. sem stores the value of the semaphore. In a loop, a process can enter in the critical region, represented by the second instruction, if the value of sem

is strictly positive. In this case, *sem* is decremented by 1, followed by the increment of the local variable. Afterwards, the process leaves the critical region, increments the semaphore and waits again for *sem* to be positive.

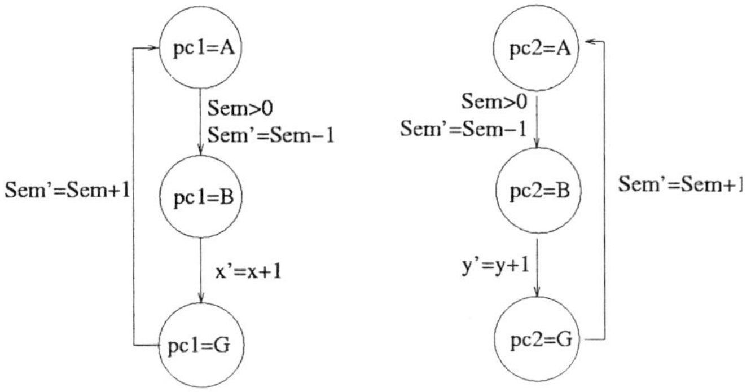

Figure 1. *The mutual exclusion algorithm*

5.1. *TLA Specification*

We are interested in the mutual exclusion property of this algorithm, *i.e.* the property that the algorithm never reaches a situation where $pc_1 = pc_2 =$"B" holds. This is shown by proving in TLA the formula $\Psi \Longrightarrow \Box T$, where:

$$T \triangleq (pc_1 = \text{"}A\text{"} \ \vee \ pc_2 = \text{"}A\text{"}) \tag{7}$$

and Ψ is the formalization of the concurrent system from Fig.2.

5.2. *Algebraic Specification*

In the following, we build a formal description of the mutual exclusion example using an algebraic specification language based on conditional rewrite rules according to the methodology presented in Section 4.[6]

The axioms are conditional rewriting rules of the form: $(\bigwedge_{i=1}^{n} C_i) \Longrightarrow lhs \longrightarrow rhs$, where C_i are predicates, lhs and rhs are terms. $(\bigwedge_{i=1}^{n} C_i)$ and $lhs \longrightarrow rhs$ represent the *condition* and the *conclusion* respectively of the rewrite rule. For readability, we write them in a sequent notation:

$$\frac{lhs}{rhs} \langle rule\_name, (\bigwedge_{i=1}^{n} C_i) \rangle$$

6. The full SPIKE specification can be accessed at
`http://www.loria.fr/~stratula/papers/mutex.spike`.

$$
\begin{array}{lll@{\qquad}lll}
\multicolumn{6}{l}{Init_{\Psi} \triangleq (pc_1 = \text{“}A\text{”}) \wedge (pc_2 = \text{“}A\text{”}) \wedge (x = 0) \wedge (y = 0) \wedge (sem = 1)} \\
\alpha_1 & \triangleq & \wedge\, (pc_1 = \text{“}A\text{”}) \wedge (sem > 0) & \alpha_2 & \triangleq & \wedge\, (pc_2 = \text{“}A\text{”}) \wedge (sem > 0) \\
 & & \wedge\, pc'_1 = \text{“}B\text{”} & & & \wedge\, pc'_2 = \text{“}B\text{”} \\
 & & \wedge\, sem' = sem - 1 & & & \wedge\, sem' = sem - 1 \\
 & & \wedge\, x' = x & & & \wedge\, x' = x \\
 & & \wedge\, y' = y & & & \wedge\, y' = y \\
 & & \wedge\, pc'_2 = pc_2 & & & \wedge\, pc'_1 = pc_2 \\
\beta_1 & \triangleq & \wedge\, pc_1 = \text{“}B\text{”} & \beta_2 & \triangleq & \wedge\, pc_2 = \text{“}B\text{”} \\
 & & \wedge\, pc'_1 = \text{“}G\text{”} & & & \wedge\, pc'_2 = \text{“}G\text{”} \\
 & & \wedge\, x' = x + 1 & & & \wedge\, y' = y + 1 \\
 & & \wedge\, sem' = sem & & & \wedge\, sem' = sem \\
 & & \wedge\, y' = y & & & \wedge\, x' = x \\
 & & \wedge\, pc'_2 = pc_2 & & & \wedge\, pc'_1 = pc_1 \\
\gamma_1 & \triangleq & \wedge\, pc_1 = \text{“}G\text{”} & \gamma_2 & \triangleq & \wedge\, pc_2 = \text{“}G\text{”} \\
 & & \wedge\, pc'_1 = \text{“}A\text{”} & & & \wedge\, pc'_2 = \text{“}A\text{”} \\
 & & \wedge\, sem' = sem + 1 & & & \wedge\, sem' = sem + 1 \\
 & & \wedge\, x' = x & & & \wedge\, x' = x \\
 & & \wedge\, y' = y & & & \wedge\, y' = y \\
 & & \wedge\, pc'_2 = pc_2 & & & \wedge\, pc'_1 = pc_1 \\
\mathcal{N}_1 & \triangleq & \alpha_1 \vee \beta_1 \vee \gamma_1 & \mathcal{N}_2 & \triangleq & \alpha_2 \vee \beta_2 \vee \gamma_2 \\
\\
\multicolumn{6}{l}{\mathcal{N} \triangleq \mathcal{N}_1 \vee \mathcal{N}_2} \\
\multicolumn{6}{l}{\omega \triangleq \langle x, y, sem, pc_1, pc_2 \rangle} \\
\multicolumn{6}{l}{Init_{\Psi} \;\wedge\; \Box[\mathcal{N}]_{\omega} \;\wedge\; L}
\end{array}
$$

Figure 2. *The TLA specification of the mutual exclusion algorithm*

where *rule_name* is the rule identifier.

5.2.1. *Sort Constructors*

The most important sorts in our algebraic specification correspond to: i) **Space states**: *State*, with the constructor set $\{Tpl\}$; ii) **Counter values**: $Char$; with the constructor set $\{\text{“}A\text{”},\text{“}B\text{”},\text{“}G\text{”}\}$; iii) **Action identifiers**: *Action*, with the constructor set $\{\alpha_1,\beta_1,\gamma_1,\alpha_2,\beta_2,\gamma_2,Stutt\}$, where $Stutt$ is the identifier of the action allowing "stuttering steps"; iv) **Booleans**: *Bool*, defined by $\{T,F\}$; v) **Natural numbers**: Nat, with the constructor set $\{0,s\}$; vi) **Traces**: $Action^*$, with the constructor set $\{\langle\rangle,\circ\}$. We denote the equality (inequality) predicates for the sorts $Char$ and Nat by $=_c$ ($\neq_c$) and $=_n$ ($\neq_n$), respectively.

Since the mutual exclusion algorithm uses five variables (x, y and sem are natural numbers, and pc_1 and pc_2 take counter values), the state constructor is declared as: $Tpl : Nat \times Nat \times Nat \times Char \times Char \longrightarrow State.$

5.2.2. *Rewrite Rules*

The accessor functions to the state components are X, Y, $Sem : State \longrightarrow Nat$ and Pc_1, $Pc_2 : State \longrightarrow Char$. The corresponding rewrite rules of these functions are: i) $\frac{X(Tpl(c_1,c_2,c_3,c_4,c_5))}{c_1}\langle R_1,(True)\rangle$, ii) $\frac{Y(Tpl(c_1,c_2,c_3,c_4,c_5))}{c_2}\langle R_2,(True)\rangle$, iii) $\frac{Sem(Tpl(c_1,c_2,c_3,c_4,c_5))}{c_3}\langle R_3,(True)\rangle$, iv) $\frac{Pc_1(Tpl(c_1,c_2,c_3,c_4,c_5))}{c_4}\langle R_4,(True)\rangle$, v) $\frac{Pc_2(Tpl(c_1,c_2,c_3,c_4,c_5))}{c_5}\langle R_5,(True)\rangle$.

We denote with $True$ a rewrite rule condition that is always valid.

There are seven actions in the mutual exclusion algorithm. We now express each action as rewrite rules. We start with the first action, α_1. The rewrite rule

$$\frac{Exec(\alpha_1, st)}{Tpl(Sem(st)-1, X(st), Y(st), \text{“}B\text{”}, Pc_2(st))}\langle R_1\alpha_1, cond\rangle$$

is applied when the condition $cond = (Pc_1(st) =_c \text{“}A\text{”} \wedge Sem(st) > 0)$ is satisfied (the action α_1 is executed when it is enabled). The cases in which α_1 is disabled are given by the following rewrite rules:

$$\frac{Exec(\alpha_1, st)}{s}\langle R_2\alpha_1, (Pc_1(st) \quad \neq_c \quad \text{“}A\text{”})\rangle$$

$$\frac{Exec(\alpha_1, st)}{st}\langle R_3\alpha_1, (Sem(st) \quad \not> \quad 0)\rangle$$

The table from Fig.3 displays the rewrite rules describing all the actions, both enabled and disabled.

5.2.3. *Proving the Invariance Property*

The property T (see formula (7)) can be expressed by the functions Pc_1 and Pc_2 as $(Pc_1(st) =_c \text{“}A\text{”}) \vee (Pc_2(st) =_c \text{“}A\text{”})$.

Unfortunately, we can't use our proof rule **PR1** for proving the property T because it is not an inductive invariant. As in TLA [LAM 91], we must find another property (stronger invariant), *Goods*, satisfying the three conditions:

$$Goods(st_0) \tag{8}$$

$$Goods(st) \Longrightarrow (Pc_1(st) =_c \text{“}A\text{”}) \vee (Pc_2(st) =_c \text{“}A\text{”}) \tag{9}$$

$$Goods(st) \Longrightarrow Goods(Exec(a, st)) \tag{10}$$

where the initial state st_0 is $Tpl(0, 0, 1, \text{“}A\text{”}, \text{“}A\text{”})$.

The invariance property $Goods : State \longrightarrow Bool$ is:

$$\begin{array}{lll} \bigvee\ (Sem(st) =_n 1) & \wedge & (Pc_1(st) =_c \text{“}A\text{”}) \wedge (Pc_2(st) =_c \text{“}A\text{”}) \\ \bigvee\ (Sem(st) =_n 0) & \wedge & \vee\ (Pc_1(st) =_c \text{“}A\text{”}) \wedge ((Pc_2(st) =_c \text{“}B\text{”}) \vee (Pc_2(st) =_c \text{“}G\text{”})) \\ & & \vee\ (Pc_2(st) =_c \text{“}A\text{”}) \wedge ((Pc_1(st) =_c \text{“}B\text{”}) \vee (Pc_1(st) =_c \text{“}G\text{”})) \end{array}$$

Actions	Status	Rewrite rule
α_1	Enabled	$\frac{Exec(\alpha_1,st)}{Tpl(X(st),Y(st),Sem(st)-1,\text{"}B\text{"},Pc_2(st))}\ \langle R_1\alpha_1, cond\rangle$ where $cond = (Pc_1(st) =_c \text{"}A\text{"} \wedge Sem(st) > 0)$.
	Disabled	$\frac{Exec(\alpha_1,st)}{st}\ \langle R_2\alpha_1, (Pc_1(st) \neq_c \text{"}A\text{"})\rangle$
	Disabled	$\frac{Exec(\alpha_1,st)}{st}\ \langle R_3\alpha_1, (Sem(st) \not> 0)\rangle$
β_1	Enabled	$\frac{Exec(\beta_1,st)}{Tpl(X(st)+1,Y(st),Sem(st),\text{"}G\text{"},Pc_2(st))}\ \langle R_1\beta_1, Pc_1(st) =_c \text{"}B\text{"}\rangle$
	Disabled	$\frac{Exec(\beta_1,st)}{st}\ \langle R_2\beta_1, (Pc_1(st) \neq_c \text{"}B\text{"})\rangle$
γ_1	Enabled	$\frac{Exec(\gamma_1,st)}{Tpl(X(st),Y(st),Sem(st)+1,\text{"}A\text{"},Pc_2(st))}\ \langle R_1\gamma_1, Pc_1(st) =_c \text{"}G\text{"}\rangle$
	Disabled	$\frac{Exec(\gamma_1,st)}{st}\ \langle R_2\gamma_1, (Pc_1(st) \neq_c \text{"}G\text{"})\rangle$
α_2	Enabled	$\frac{Exec(\alpha_2,st)}{Tpl(X(st),Y(st),Sem(st)-1,Pc_1(st),\text{"}B\text{"})}\ \langle R_1\alpha_2, cond\rangle$ where $cond = (Pc_2(st) =_c \text{"}A\text{"} \wedge Sem(st) > 0)$.
	Disabled	$\frac{Exec(\alpha_2,st)}{st}\ \langle R_2\alpha_2, (Pc_2(st) \neq_c \text{"}A\text{"})\rangle$
	Disabled	$\frac{Exec(\alpha_2,st)}{st}\ \langle R_3\alpha_2, (Sem(st) \not> 0)\rangle$
β_2	Enabled	$\frac{Exec(\beta_2,st)}{Tpl(X(st),Y(st)+1,Sem(st),Pc_1(st),\text{"}G\text{"})}\ \langle R_1\beta_2, Pc_2(st) =_c \text{"}B\text{"}\rangle$
	Disabled	$\frac{Exec(\beta_2,st)}{st}\ \langle R_2\beta_2, (Pc_2(st) \neq_c \text{"}B\text{"})\rangle$
γ_2	Enabled	$\frac{Exec(\gamma_2,st)}{Tpl(X(st),Y(st),Sem(st)+1,Pc_1(st),\text{"}A\text{"})}\ \langle R_1\gamma_2, Pc_2(st) =_c \text{"}G\text{"}\rangle$
	Disabled	$\frac{Exec(\gamma_2,st)}{st}\ \langle R_2\gamma_2, (Pc_2(st) \neq_c \text{"}G\text{"})\rangle$
Stutt	Enabled	$\frac{Exec(Stutt,st)}{st}\ \langle RStutt, (True)\rangle$

Figure 3. *Rewrite rules of actions*

We can write this invariant in another way as follows:

$$Goods(Tpl(x_1, x_2, 0, x_4, x_5)) = \bigvee (x_4 =_c \text{"}A\text{"}) \wedge ((x_5 =_c \text{"}B\text{"}) \vee (x_5 =_c \text{"}G\text{"})) \bigvee (x_5 =_c \text{"}A\text{"}) \wedge ((x_4 =_c \text{"}B\text{"}) \vee (x_4 =_c \text{"}G\text{"}))$$

$$Goods(Tpl(x_1, x_2, 1, x_4, x_5)) = (x_4 =_c \text{"}A\text{"}) \wedge (x_5 =_c \text{"}A\text{"})$$

$$x_3 \neq_n 0 \wedge x_3 \neq_n 1 \Longrightarrow \neg Goods(Tpl(x_1, x_2, x_3, x_4, x_5))$$

In SPIKE, the proofs of (8) and (9) are straightforward. The major effort was put while proving (10). In the following, we describe how SPIKE deals with this proof.

Firstly, a **Generate** rule is applied and 1701 instances are produced after the variables a and st are replaced respectively with the elements of the test set describing the sorts *Action*, i.e. $\{\alpha_1, \beta_1, \gamma_1, \alpha_2, \beta_2, \gamma_2, Stutt\}$, and *State*, i.e. $\{Tpl(x_1, x_2, x_3, x_4, x_5)\}$, where $x_1, x_2, x_3 \in \{0, 1, s(s(y))\}$ and $x_4, x_5 \in \{\text{"}A\text{"}, \text{"}B\text{"}, \text{"}G\text{"}\}$. In order to store the initial conjecture and to soundly use it in further computation, we need to simplify by rewriting or eliminate these instances.

As example, we consider the instance where a and st are substituted respectively by α_1 and $Tpl(0,0,1,\text{``}A\text{''},\text{``}A\text{''})$. We obtain the following conjecture:

$$\begin{aligned} Goods(Tpl(0,0,1,\text{``}A\text{''}, \quad \text{``}A\text{''})) &= T \\ \Longrightarrow \quad & Goods(Exec(\alpha_1, Tpl(0,0,1,\text{``}A\text{''},\text{``}A\text{''}))) = T \end{aligned}$$

whose condition, equivalent to (8), has been already shown to be true.

To simplify $Goods(Exec(\alpha_1, Tpl(0,0,1,\text{``}A\text{''},\text{``}A\text{''}))) = T$, a case rewriting is applied using the rewrite rules corresponding to α_1 (see Fig.3):

$$(\text{``}A\text{''} =_c \text{``}A\text{''}) = T \wedge (1 > 0) = T \Longrightarrow Goods(Tpl(0,0,0,\text{``}B\text{''},\text{``}A\text{''})) = T$$

$$(1 > 0) = F \Longrightarrow Goods(Tpl(0,0,1,\text{``}A\text{''},\text{``}A\text{''})) = T$$

$$(\text{``}A\text{''} =_c \text{``}A\text{''}) = F \Longrightarrow Goods(Tpl(0,0,1,\text{``}A\text{''},\text{``}A\text{''})) = T$$

By rewriting and using the linear arithmetic decision procedure, these conjectures are eliminated since they are tautologies. The other instances are proved in similar way as above. The proof finishes when all the conjectures are eliminated. According to the proof rule **PR1**, the formula (5) is valid. On the other hand, SPIKE is able to prove it completely automatically. The proof is more complex than that of (10), requiring 46 **Generate** rules. By (9), we conclude that $(Pc_1(st) =_c \text{``}A\text{''}) \vee (Pc_2(st) =_c \text{``}A\text{''})$ for any state st accessible from st_0 (for which *Goods* has been shown previously to be valid).

6. Related Works

We are certainly not the first ones to encode TLA in a theorem prover. Indeed, there are many formalizations of TLA, most of them being more complete in the sense that they are not restricted only to invariant properties.

TLP [ENG 94] is the first and perhaps the most widely used TLA prover. It was designed as a generic TLA front-end to various back-end provers. For this, it uses the Larch Prover, based on the first-order logic, as its main verification back-end. The input to TLP are the soundness properties, expressed in TLA, together with their proofs, written in a human readable hierarchically structured form. TLP uses LP to check each step of the proof, translating any assertion into a theorem in the verifier's logic and its proof into instructions for the verifier. Although this design is very flexible in principle, it is not clear how hard it would be to add a new back-end. Moreover, LP is considered as a proof assistant and not as an automatic prover because it requires some interactivity. This feature precludes some desirable automation especially for the invariance proof.

In [WRI 91], Joakim von Wright and Thomas Långbacka defined the semantics of the basic concepts of TLA and proved parts of the basic proof rules of TLA as

HOL theorems [GOR 93]. HOL is a theorem prover for the higher-order logic. This logic is more expressive than the SPIKE logic. However, reasoning using HOL can be slow and tedious for many reasons. It has fewer built-in heuristics for automatically attempting to prove a theorem. Furthermore, the invariance proof – based on the action level – is often arithmetic reasoning, at which HOL is notoriously inefficient.

To verify invariant properties of specifications written in the DisCo language, Kellomäki [KEL 96] expresses the semantics of these specifications in TLA which is translated afterwards to higher-order logic. PVS [CRO 93] is used as the underlying theorem prover. This is the only detailed work about automating invariant proofs.

There are two encodings of TLA in Isabelle [PAU 94]. In the first, Kalvala [KAL 95] uses a definitional approach that explicitly represents states and behaviors. For actual verification purposes, this work is somewhat limited because it is restricted to state variables over natural numbers. In the second, Merz [MER 99] improves the first encoding substantially and provides quantification over flexible variables. However, there is no important degree of automation because of the lack of predefined theories such as the linear arithmetics.

Finally, Mokkedem and Ferguson have verified TLA specifications with the Eves prover [MOK 96] which is based on Zermelo-Fraenkel theory and an untyped first-order logic. Eves is not a fully automatic verification system, and the user must guide it towards proofs by supplying heuristics and performing proof steps. So, an interactivity is needed in some invariance proofs for resembling hand proofs.

7. Conclusion

We have described an attempt of formalizing TLA in SPIKE with the purpose of allowing mechanized reasoning of concurrent systems. Especially, we have defined the semantics of the basic concepts of TLA and proved the invariance proof rule of TLA as a SPIKE theorem. Once this was done, reasoning about systems could be done in SPIKE in a way which corresponds closely to the way reasoning is carried out on paper.

SPIKE is a relatively new system and its development is ongoing. The goal of this work was to examine the feasibility of using SPIKE for significant tasks. We have tested our encoding on many simple examples. The results of these experiments seem to indicate that it is certainly appropriate for modeling and verifying invariance properties of concurrent systems.

As future work, it is interesting to enhance our formalization of TLA. The first step will be to prove liveness proof rules. We also plan to add quantification and refinement mappings. These will allow the mechanization of more complex examples.

Moreover, we found the hand encoding to be distracting. So, another issue of our work will be the design of a translator which translates TLA specifications and theorems into the language of SPIKE.

8. References

[ARM 02] ARMANDO A., RUSINOWITCH M., STRATULAT S., "Incorporating Decision Procedures in Implicit Induction", *Journal of Symbolic Computation*, , 2002, to appear.

[BOU 95a] BOUHOULA A., RUSINOWITCH M., "Implicit Induction in Conditional Theories", *Journal of Automated Reasoning*, vol. 14, num. 2, 1995, p. 189–235.

[BOU 95b] BOUHOULA A., RUSINOWITCH M., "SPIKE-User Manual", LORIA INRIA, December 1995.

[CRO 93] CROW J., OWRE S., RUSHBY J., SHANKAR N., SRIVAS M., "A Tutorial Introduction to PVS", *Workshop on Industrial-Strength Formal Specification Techniques*, Boca Raton, Florida, April 1993.

[ENG 92] ENGBERG U., GRONNING P., LAMPORT L., "Mechanical Verification of Concurrent Systems with TLA", *Computer-Aided Verification*, LNCS, 1992.

[ENG 94] ENGBERG U., "Reasoning in the Temporal Logic of Actions", PhD thesis, Aarhus University, Danmark, 1994.

[GAR 95] GARLAND S. J., GUTTAG J. V., "An Overview of LP, the Larch Prover", *Proceedings of the 3rd Conference on Rewriting Techniques and Applications*, vol. LNCS 355, Springer-Verlag, 1995, p. 137-151.

[GOR 93] GORDON M., MELHAM T., Eds., *Introduction to HOL*, Cambridge U. Press, 1993.

[KAL 95] KALVALA S., "A formulation of TLA in Isabelle", *http://www.dcs.warwick.ac.uk/ sk/papers/tla.dvi*, March 1995.

[KEL 96] KELLOMÄKI P., "Mechanical Verification of DisCo Specifications", *Binational Symposium on Specification, Development, and Verification of Concurrent Systems*, The Technion, Haifa, January 1996.

[LAM 91] LAMPORT L., "The Temporal Logic of Actions", Technical Report num. 79, 1991, DEC-SRC, Palo Alto, California, USA.

[LAM 94] LAMPORT L., "The Temporal Logic of Actions", *ACM Trans. on Prog. Lang. and Systems*, vol. 16, 1994, p. 872–923.

[MER 99] MERZ S., "An Encoding of TLA in Isabelle", Technical report, December 1999, Institut für Informatik. Universität München, Germany.

[MOK 96] MOKKEDEM A., FERGUSON M., "Eves – A prover for TLA^{+}", Technical report, 1996, INRS-Télécomunications.

[PAU 94] PAULSON L., "Isabelle: A Generic Theorem Prover", *Lecture Notes in Computer Science*, vol. 828, 1994, Springer-Verlag.

[RUS 00] RUSINOWITCH M., STRATULAT S., KLAY F., "Mechanical verification of an ideal incremental ABR conformance algorithm", EMERSON E. A., SISTLA A. P., Eds., *Proceedings of 12th International Conference on Computer-Aided Verification (CAV'2000)*, vol. LNCS 1855, Springer-Verlag, July 2000, p. 344–357.

[STR 00] STRATULAT S., "Preuves par récurrence avec ensembles couvrants contextuels. Applications à la vérification de logiciels de télécommunications", PhD thesis, Université Nancy I, November 2000.

[WRI 91] VON WRIGHT J., "Mechanising the temporal logic of actions in HOL", *Proceedings of the 1991 International Worshop on the HOL Theorem Proving System and its applications*, Davis, California, USA, August 1991, p. 155-159.

Non-Termination Inference for Optimal Termination Conditions of Logic Programs

Fred Mesnard* — Etienne Payet* — Ulrich Neumerkel**

* *Iremia - Université de La Réunion, France*

{fred,epayet}@univ-reunion.fr

** *Institut für Computersprachen - Technische Universität Wien, Austria*

ulrich@mips.complang.tuwien.ac.at

ABSTRACT. *In this paper, we present an approach to non-termination inference of logic programs. Our framework relies on an extension of the Lifting Theorem, where some specific argument positions can be instantiated while others are generalized. Atomic left looping queries are generated bottom-up from selected subsets of the binary unfoldings of the program of interest. Then non-termination inference is tailored to attempt proofs of optimality of left termination conditions computed by a termination inference tool. For each class of atomic queries not covered by a termination condition, the aim is to ensure the existence of one query from this class which leads to an infinite search tree.*
When termination and non-termination analysis produce complementary results for a logic procedure, they induce a characterization *of the operational behavior of the logic procedure with respect to the left most selection rule and the language used to describe sets of atomic queries.*

RÉSUMÉ. *Dans cet article, nous présentons une technique d'inférence de conditions de non-termination de programmes logiques. Notre travail repose sur une extension du "Lifting Theorem", où des positions d'argument spécifiques peuvent être instanciées alors que les autres sont généralisées. Des requêtes atomiques qui bouclent à gauche sont générées de façon ascendante à partir de sous-ensembles des dépliages binaires du programme traité.*
L'inférence de non-terminaison est alors utilisée pour tester l'optimalité de conditions de terminaison gauche générées par un outil d'inférence de terminaison. Pour chaque classe de requêtes atomiques non couverte par une condition de terminaison, nous tentons d'assurer l'existence d'une requête de cette classe qui mène à un arbre de recherche infini.
Quand les analyses de terminaison et de non-terminaison produisent des résultats complémentaires pour une procédure logique, on obtient une caractérisation *du comportement opérationnel de la procédure par rapport à la règle de sélection gauche et au langage utilisé pour décrire les ensembles de requêtes atomiques.*

KEYWORDS: logic programming, static analysis, non-termination, optimal termination condition.

MOTS-CLÉS : programmation logique, analyse statique, non-terminaison, condition optimale de terminaison.

1. Introduction

Since the work of N. Lindenstrauss on TermiLog [LIN 97, DER 01], several automatic tools for termination checking (e.g. TALP [ART 96]) or termination inference (e.g. cTI [MES 00, MES 01] or TerminWeb [GEN 01]) are now available to the logic programmer. One of them is even included in the Mercury compiler [SPE 97]. As the halting problem is undecidable for logic programs, such analyzers compute sufficient termination conditions implying left termination. In most works, only universal left termination is considered and termination conditions rely on a language for describing classes of atomic queries. The search tree associated to *any* (concrete) query satisfying a termination condition is guaranteed to be finite. When terms are abstracted using the *term-size* norm, then termination conditions are (disjunctions of) conjunctions of conditions of the form "the i-th argument is ground". Let us call this language $\mathcal{L}_{term}$.

In this report, we present the first approach to non-termination inference tailored to attempt proofs of *optimality* of termination conditions. The aim is to ensure the existence, for each class of atomic queries not covered by a termination condition, of *one* query from this class which leads to an infinite search tree. The main contributions of this work are:

– A generalization of the Lifting Theorem from the Logic Programming theory. The Lifting Theorem, at the heart of the completeness proof of SLD-resolution (see e.g. [APT 82]), states that a SLD-derivation of $Q\theta$ can be lifted to a SLD-derivation ξ of Q. We prove that some specific arguments of Q, called "derivation neutral", can be instantiated as well, while retaining the existence of a lifted derivation ξ', where the length of ξ and ξ' are identical.

– A new application of binary unfoldings to left loop inference. [GAB 94] introduced the binary unfoldings of a logic program P as a goal independent technique to transform P into a possibly infinite set of binary clauses, which preserves the termination property [COD 99] while abstracting the standard operational semantics associated to SLD-resolution. We present an algorithm to infer left looping classes of atomic goals, where such classes are computed bottom-up from selected subsets of the binary unfoldings of the analyzed program.

– An algorithm which, when combined with termination inference [MES 96], may detect optimal left termination conditions expressed in $\mathcal{L}_{term}$ for logic programs.

We organize the paper as follows: Section 2 presents the notations. Then we define in Section 3 what we call an optimal termination condition. Sections 4 and 5 propose an extension of the Lifting Theorem. We concentrate on non-termination inference in Section 6 and optimality proofs of termination conditions in Section 7.

2. Preliminaries

2.1. *Logic Programming*

We try to *strictly* adhere to the notations, definitions, and results presented in [APT 97]. Some of our results are directly inspired by those written by Apt. When it is the case, we notify the reader. We recall here some basic facts.

N denotes the set of non-negative integers and for any $n \in N$, $[1, n]$ denotes the set $\{1, \ldots, n\}$. If $n = 0$ then $[1, n] = \varnothing$.

Let $\mathcal{L}$ be a language of programs. We assume that $\mathcal{L}$ contains an infinite number of constant symbols including *void*. The set of relation symbols of $\mathcal{L}$ is Π, and we assume that each relation symbol p has an *unique* arity, denoted $arity(p)$. $TU_{\mathcal{L}}$ (resp. $TB_{\mathcal{L}}$) denotes the set of all (ground and non ground) terms of $\mathcal{L}$ (resp. atoms of $\mathcal{L}$). A *query* $\mathbf{A}$ is a finite sequence of atoms $A_1, \ldots, A_n$ (where $n \geq 0$). Let t be a term. Then $Var(t)$ denotes the set of variables occurring in t.

A *logic program* is a finite set of definite clauses. Clauses $H \leftarrow B_1, \ldots, B_n$ are written in program examples with the ISO-Prolog syntax `H :- B1,...,Bn.` Let P be a logic program. Then Π_P denotes the set of relation symbols appearing in P. In this paper, we only focus on universal left termination. Consider a non-empty query (or goal) $A, \mathbf{A}$ and a clause c. Let $H \leftarrow \mathbf{B}$ be a variant of c variable disjoint[1] with $A, \mathbf{A}$ and assume that A and H unify. Let θ be an mgu of A and H. Then $A, \mathbf{A} \overset{\theta}{\underset{c}{\Longrightarrow}} (\mathbf{B}, \mathbf{A})\theta$ is a *left derivation step* with $H \leftarrow \mathbf{B}$ as its *input clause*. If the substitution θ or the clause c is irrelevant, we drop a reference to it. We write $Q \overset{+}{\underset{P}{\Longrightarrow}} Q'$ (resp. $Q \overset{*}{\underset{P}{\Longrightarrow}} Q'$) to summarize a finite number (> 0) (resp. ≥ 0) of left derivation steps from Q to Q', where each input clause is a variant of a clause of P.

Let Q be a query. A *left derivation* of $\{Q\} \cup P$ is a *maximal* sequence of left derivation steps starting from the query Q, where each input clause is a variant of a clause of P. A finite left derivation may end up either with the empty query (then it is a *successful* left derivation) or with a non-empty query (then it is a *failed* left derivation). We say Q *left terminates* (resp. *left loops*) with respect to P if every left derivation of $\{Q\} \cup P$ is finite (resp. there exists an infinite left derivation of $\{Q\} \cup P$).

---

1. More generally, a variant c' of c satisfying the *standardization apart* condition: c' has to be variable disjoint from the initial query, the substitutions and the clauses used so far in the computation.

We recall that for logic programs, left termination is instantiation-closed: if Q left terminates with respect to P, then $Q\theta$ left terminates with respect to P' for any substitution θ and any $P' \subseteq P$. Similarly, left looping is generalization-closed: if there exists θ such that $Q\theta$ left loops with respect to P', then Q left loops with respect to any $P \supseteq P'$.

2.2. *The binary unfoldings of a logic program*

Let us present the main ideas about the *binary unfoldings* [GAB 94] of a logic program, borrowed from [COD 99]. This technique transforms a logic program P (without any query of interest) into a possibly infinite set of binary clauses. Intuitively, each generated *binary clause* $H \leftarrow B$ (where B is either an atom or the atom *true* which denotes the empty query) specifies that, with respect to the original program P, a call to H (or any of its instances) necessary leads to a call to B (or its corresponding instance).

More precisely, let G be an atomic query. Then A is a *call* in a left derivation of $\{G\} \cup P$ if $G \overset{+}{\underset{P}{\Longrightarrow}} A, \mathbf{B}$. We denote by $calls_P(G)$ the set of calls which occur in the left derivations of $\{G\} \cup P$. The specialization of the goal independent semantics for call patterns for the left-to-right selection rule is given as the fixpoint of an operator T_P^β over the domain of binary clauses, viewed modulo renaming. In the definition below, id denotes the set of all binary clauses of the form $p(x_1, \dots, x_n) \leftarrow p(x_1, \dots, x_n)$ for any $p \in \Pi_P$, where $arity(p) = n$.

$$
\begin{aligned}
T_P^\beta(X) = \{(H \leftarrow B)\theta \quad | \quad & c := H \leftarrow B_1, \dots, B_m \in P,\ i \in [1, m], \\
& \langle H_j \leftarrow true \rangle_{j=1}^{i-1} \in X \text{ renamed apart from } c, \\
& H_i \leftarrow B \in X \cup id \text{ renamed apart from } c, \\
& i < m \Rightarrow B \neq true \\
& \theta = mgu(\langle B_1, \dots, B_i \rangle, \langle H_1, \dots, H_i \rangle)\}
\end{aligned}
$$

We define its powers as usual. It can be shown that the least fixpoint of this monotonic operator always exists and we set $bin\_unf(P) := lfp(T_P^\beta)$. Then the calls that occur in the left derivations of $\{G\} \cup P$ can be characterized as follows: $calls_P(G) = \{B\theta | H \leftarrow B \in bin\_unf(P), \theta = mgu(G, H)\}$. This last property was one of the main initial motivation of the proposed abstract semantics, enabling logic programs optimizations. Similarly, $bin\_unf(P)$ gives a goal independent representation of the success patterns of P.

But we can extract more information from the binary unfoldings of a program P: universal left termination of an atomic goal G with respect to P is identical to universal termination of G with respect to $bin\_unf(P)$. Note that the selection rule is irrelevant for a binary program and an atomic query, as each subsequent query has at most one atom. The following result lies at the heart of Codish's approach to termination [COD 99, GEN 01]:

Theorem 1 (Codish and Taboch, 99) *Let P be a program and G an atomic goal. Then G left loops with respect to P iff G loops with respect to $bin\_unf(P)$.*

As an immediate consequence of Theorem 1 frequently used in our proofs, assume that we detect that G loops with respect to a subset of the binary clauses of $T_P^\beta \uparrow i$, with $i \in N$. Then G loops with respect to $bin\_unf(P)$ (which can be an infinite set of binary clauses) hence G left loops with respect to P.

Example 1 *Consider the following program P:*

```
p(X,Z) :- p(Y,Z),q(X,Y).    p(X,X).    q(a,b).
```

The binary unfoldings of P are:

$$\begin{array}{lcl}
T_{P'}^\beta \uparrow 0 & = & \varnothing \\
T_{P'}^\beta \uparrow 1 & = & \{p(x,z) \leftarrow p(y,z), p(x,x) \leftarrow true, q(a,b) \leftarrow true\} \cup T_{P'}^\beta \uparrow 0 \\
T_{P'}^\beta \uparrow 2 & = & \{p(a,b) \leftarrow true, p(x,y) \leftarrow q(x,y), p(x,y) \leftarrow q(z,y)\} \cup T_{P'}^\beta \uparrow 1 \\
T_{P'}^\beta \uparrow 3 & = & \{p(x,b) \leftarrow q(x,a), p(x,b) \leftarrow q(y,a)\} \cup T_{P'}^\beta \uparrow 2 \\
T_{P'}^\beta \uparrow 4 & = & T_{P'}^\beta \uparrow 3 = bin_unf(P')
\end{array}$$

The mere existence of the clause $p(x,z) \leftarrow p(y,z) \in T_P^\beta \uparrow 1$ implies that $\{p(x,b)\} \cup \{p(x,z) \leftarrow p(y,z)\}$ loops. Hence $\{p(x,b)\} \cup P$ left loops.

3. Optimal termination conditions

Let P be a logic program and p be a relation symbol $\in \Pi_P$, with $arity(p) = n$. First, we describe the language $\mathcal{L}_{term}$ presented in Section 1 for abstracting sets of atomic queries:

Definition 1 (Mode) *A* mode *m_p for p is a subset of $[1,n]$, and denotes the following set of atomic goals: $[m_p] = \{p(t_1,\ldots,t_n) \in TB_{\mathcal{L}} | \, \forall i \in m_p \; Var(t_i) = \varnothing\}$ The set of all modes for p, i.e. $2^{[1,n]}$, is denoted $modes(p)$.*

Note that if $m_p = \varnothing$ then $[m_p] = \{p(t_1,\ldots,t_n) \in TB_{\mathcal{L}}\}$. Since a logic procedure may have multiple uses, we generalize:

Definition 2 (Multi-mode) *A* multi-mode *for* p *is a set of modes for* p*, and denotes the following set of atomic queries:* $[M_p] = \cup_{m \in M_p}[m]$.

Note that if $M_p = \varnothing$, then $[M_p] = \varnothing$. Now we can define what we mean by termination and looping condition:

Definition 3 (Terminating mode, termination condition) *A* terminating mode m_p *for* p *is a mode for* p *such that any query* $\in [m_p]$ *left terminates with respect to* P*. A* termination condition TC_p *for* p *is a a set of terminating modes for* p*.*

Definition 4 (Looping mode, looping condition) *A* looping mode m_p *for* p *is a mode for* p *such that there exists a query* $\in [m_p]$ *which left loops with respect to* P*. A* looping condition L_p *for* p *is a set of looping modes for* p*.*

As left termination is instantiation-closed, any mode that is "below" (less general than) a terminating mode is also a terminating mode for p. Similarly, as left looping is generalization-closed, any mode that is "above" (more general than) a looping mode is also a looping mode for p. Let us be more precise:

Definition 5 (Less_general, more_general) *Let* M_p *be a multi-mode for the relation symbol* p*. We set:*

$$\begin{aligned} less\_general(M_p) &= \{m \in modes(p) \mid \exists m' \in M_p \; m' \subseteq m\} \\ more\_general(M_p) &= \{m \in modes(p) \mid \exists m' \in M_p \; m \subseteq m'\} \end{aligned}$$

We are now equipped to present a definition of optimality for termination conditions:

Definition 6 (Optimal termination condition) *An* optimal *termination condition* TC_p *for* p *is a termination condition for* p *such that there exists a looping condition* L_p *verifying:* $modes(p) = less\_general(TC_p) \cup more\_general(L_p)$.

Otherwise stated, given a termination condition TC_p, if each mode which is not less general than a mode of TC_p is a looping mode, then TC_p *characterizes* the operational behavior of p w.r.t. left termination and our language for defining sets of queries.

Example 2 *Consider the program* ***APPEND:***

```
append([],Ys,Ys).
append([X|Xs],Ys,[X|Zs]) :- append(Xs,Ys,Zs).
```

A well-known termination condition is $TC_{append} = \{\{1\},\{3\}\}$. *Indeed, any query of the form* **append(t,Ys,Zs)** *or* **append(Xs,Ys,t)**, *where t is a ground term* (i.e. *such that* $Var(t) = \varnothing$), *left terminates. We have:*

$$less\_general(TC_{append}) = \{\{1\},\{3\},\{1,2\},\{1,3\},\{2,3\},\{1,2,3\}\}$$

On the other hand, **append(Xs,[],Zs)** *left loops. Hence* $L_{append} = \{\{2\}\}$ *is a looping condition and* $more\_general(L_{append}) = \{\varnothing,\{2\}\}$. *Since* $modes(append) = less\_general(TC_{append}) \cup more\_general(L_{append})$, *we conclude that the termination condition* TC_{append} *is optimal.*

We have already presented a tool for inferring termination conditions in [MES 01]. We now describe the concepts underlying the inference of looping modes.

4. Neutral arguments for left derivation

A basic idea in the work we present lies in identifying arguments in clauses which we can disregard when unfolding a query. For instance, the second argument of the non-unit clause of `append` in Example 2 is such a candidate. Moreover, a very common programming technique called *accumulator passing* (see for instance e.g. [O'K 90], p. 21–25), always produces such patterns.

We first give a technical tool to describe specific arguments inside a program and present a generalization of the relation "is an instance of". In Subsection 4.2, we formalize the concept of derivation neutrality. Subsection 4.3 gives the main result, in the form of a generalized Lifting Theorem, with an application to loop checking.

4.1. *Sets of positions*

Definition 7 (Set of positions) *A* set of positions *is a mapping* τ:

$$\begin{array}{rcl} \Pi & \longrightarrow & 2^N \\ p & \longmapsto & I \subseteq [1, arity(p)] \end{array}$$

Example 3 (Example 2 continued) *If we want to spot the second argument of the relation symbol append, we set* $\tau := \langle append \longmapsto \{2\}\rangle$.

Definition 8 (τ-instance and τ-generalization) *Let* τ *be a set of positions. We make use of the following relations:*

– *The relation* $=_\tau$*:*

$$A =_\tau B \quad \textit{iff} \quad \begin{cases} A = p(s_1, \ldots, s_n) \\ B = p(t_1, \ldots, t_n) \\ \forall i \in [1, n] \setminus \tau(p),\ t_i = s_i \end{cases}$$

$$A_1, \ldots, A_n =_\tau B_1, \ldots, B_m \quad \textit{iff} \quad \begin{cases} n = m \\ \forall i \in [1, n],\ A_i =_\tau B_i \end{cases}$$

– *The relation "is a* τ*-instance of": Q is a* τ*-instance of* Q' *iff there exists a substitution* η *such that* $Q =_\tau Q'\eta$*.*

– *The relation "is a* τ*-generalization": Q is a* τ*-generalization of* Q' *iff* Q' *is a* τ*-instance of Q.*

Example 4 (Example 3 continued) *Since* $\tau = \langle append \longmapsto \{2\}\rangle$*, we do not care of what happens to the second argument of append:* $append([1], 2, [3, 4])$ *is a* τ*-instance of* $append([1|x], f(x), [3|z])$*, with* $\eta = \{x/[], z/[4]\}$*. Otherwise stated,* $append([1|x], f(x), [3|z])$ *is a* τ*-generalization of the atom* $append([1], 2, [3, 4])$*.*

Finally we give a bunch of obvious definitions:

Definition 9 (Ordering sets of positions)

– $\tau \subseteq \tau'$ *if for each relation symbol p in* Π*,* $\tau(p) \subseteq \tau'(p)$*.*

– $\tau \subset \tau'$ *if* $\tau \subseteq \tau'$ *and* $\tau \neq \tau'$*.*

– τ_{min} *is the set of positions verifying: for each p in* Π*,* $\tau_{min}(p) = \varnothing$ *and* τ_{max} *is the set of positions verifying: for each p in* Π*,* $\tau_{max}(p) = [1, arity(p)]$*.*

4.2. *DN sets of positions*

We give here a precise definition of the kind of arguments we are interested in. The name "derivation neutral" stems from the fact that τ-arguments do not play any rôle in the derivation process. The next subsection formalizes this intuition.

Definition 10 (Derivation Neutral) *A set of positions* τ *is* DN *for a clause* $p(s_1, \ldots, s_n) \leftarrow Body$ *if:*

$$\forall i \in \tau(p), \quad \begin{cases} s_i \textit{ is a variable} \\ s_i \textit{ occurs only once in } p(s_1, \ldots, s_n) \\ \textit{for each } q(t_1, \ldots, t_m) \in Body,\ \textit{if } s_i \in Var(t_j) \textit{ then } j \in \tau(q)\ . \end{cases}$$

A set of positions is DN for a logic program *P if it is DN for each clause of P.*

Example 5 (Example 4 continued) *The set of positions* $\tau = \langle append \longmapsto \{2\}\rangle$ *is DN for the recursive clause defining* append, *but is* not *DN for the program* `APPEND` *since* `Ys` *appears twice in the unit clause.*

4.3. *Left derivation and DN sets of positions*

Our goal here is to generalize the Lifting Theorem of Logic Programming (see Sections 3.4 and 3.5 of [APT 97], p. 56–60) in the following sense: while lifting a left derivation, we may safely ignore derivation neutral arguments which can be instantiated to any terms. As a consequence, loop detection with DN sets of positions generalizes loop detection with the subsumption test (take $\tau := \langle p \longmapsto \varnothing\rangle$ for any p). Proofs can be found in the long version of this paper, available at `www.univ-reunion.fr/~gcc/papers`, which also includes an experimental evaluation of the approach.

Theorem 2 **(τ-Lifting)** *Let* $\xi := Q \underset{c_1}{\Longrightarrow} Q_1 \underset{c_2}{\Longrightarrow} Q_2 \underset{c_3}{\Longrightarrow} \cdots$ *be a left derivation and* Q' *be a* τ*-generalization of* Q. *Then there exists a left derivation*

$$\xi' : Q' \underset{c_1}{\Longrightarrow} Q'_1 \underset{c_2}{\Longrightarrow} Q'_2 \underset{c_3}{\Longrightarrow} \cdots$$

where for each $Q_i \in \xi$, *the corresponding* Q'_i *is a* τ*-generalization of* Q_i.

Example 6 *Let* P *be a logic program. Let* τ *be a DN set of positions for* P, *with* $\tau(p) = \{2\}$. *Assume that there exists a successful left derivation of* $\{p(s,t)\} \cup P$. *Then we hold a similar left derivation when generalizing* s, *whatever the second argument is: for any term* s' *(including* s*) which generalizes* s, *for* any *term* $u \in TU_{\mathcal{L}}$, *there exists a left derivation of* $\{p(s',u)\} \cup P$.

5. DN sets of positions for binary programs

We present in this section an algorithm for computing DN sets of positions. We shall show in the next section that we can incrementally build selected sets of binary clauses, together with their corresponding DN sets of positions. So, although the algorithm below can be generalized to arbitrary logic programs, we only consider binary programs, *i.e.* finite sets of binary clauses. Moreover, our interest lies in defining an *incremental* algorithm for computing DN sets of positions.

`dna`$(BinProg, \tau)$:

in: $BinProg$: a finite set of binary clauses and τ: a set of positions
out: a DN set of positions $\tau' \subseteq \tau$

$\tau' := \tau$
while `dna_one_step`$(BinProg,\tau') \neq \tau'$ **do**
  $\tau' :=$`dna_one_step`$(BinProg,\tau')$
return τ'

`dna_one_step`$(BinProg, \tau)$:

$\tau' := \tau$
for each $p(s_1, \ldots, s_n) \leftarrow q(t_1, \ldots, t_{n'}) \in BinProg$ **do**
  $E := \{i \in [1, n] \mid s_i$ is a variable that occurs only once in $p(s_1, \ldots, s_n)\}$
  $F := \varnothing$
  for each $i \in \tau'(p) \cap E$ **do**
    for each $j \in [1, n'] \setminus \tau'(q)$ **do**
      if $s_i \in Var(t_j)$ **then** $F := F \cup \{i\}$
  $\tau'(p) := (\tau'(p) \cap E) \setminus F$
return τ'

Example 7 *dna*$(\{append([X|Xs], Ys, [X|Zs]) \leftarrow append(Xs, Ys, Zs)\}, \tau_{max}) = \langle append \mapsto \{2\}\rangle$.

6. Inferring looping modes

Before we dive into algorithms, let us try to give the intuitions. Assume we hold a binary program $BP \subseteq bin\_unf(P)$, τ a DN set of positions for BP, and an atom $q(u_1, \ldots, u_{n'})$ which loops with respect to BP. We consider an n-ary relation symbol p, a binary clause $p(s_1, \ldots, s_n) \leftarrow q(t_1, \ldots, t_{n'}) \in bin\_unf(P)$, and we would like to prove that the mode m_p is looping.

If $q(t_1, \ldots, t_{n'})$ is a τ-generalization of $q(u_1, \ldots, u_{n'})$, then $p(s_1, \ldots, s_n)$ loops. Now, to show that m_p is a looping mode, we can try to instantiate the variables of $\{s_i | i \in m_p\}$ by a grounding substitution σ. The looping behavior is preserved if the impact of σ only affects the arguments of $q(t_1, \ldots, t_{n'})$ which are neutral with respect to derivation. Hence the condition (**c**) of Subsection 6.2: $Var(\{s_i \mid i \in m_p\}) \cap Var(\{t_i \mid i \notin \tau(q)\}) = \varnothing$. We conclude by applying Theorem 1. Now assume that $q = p$ with $n' = n$. The reasoning above is of course valid.

Let P be a logic program, parametric for the subsections which follow.

6.1. *Looping modes from one binary clause*

`unit_loop`(m_p, c):

in: m_p: a mode of p and c: a binary clause $\in bin\_unf(P)$

out: a pair $(\tau, \{c\})$, where τ is a DN set of positions for $\{c\}$, if c allows to classify m_p as a looping mode or the boolean **false**

$p(s_1, \ldots, s_n) \leftarrow q(t_1, \ldots, t_{n'}) := c$

$\tau := \mathtt{dna}(\{c\}, \tau_{max})$

if $p(s_1, \ldots, s_n)$ is a τ-instance of $q(t_1, \ldots, t_{n'})$ /* p=q, n=n' */
and $Var(\{s_i \mid i \in m_p\}) \cap Var(\{t_i \mid i \notin \tau(p)\}) = \varnothing$

then return $(\tau, \{c\})$

else return false

Termination of `unit_loop` relies on termination of `dna`. Partial correctness follows from partial correctness of `dna` and the result below.

Theorem 3 *Let $p \in \Pi_P$, m_p be a mode of p, and $c \in bin\_unf(P)$.
If* `unit_loop`*$(m_p, c) \neq$ false, there exists $A \in [m_p]$ such that A left loops w.r.t. P.*

6.2. *Looping modes from a set of binary clauses*

We now introduce a data structure which we call *dictionary*. It is a set of tuples $(Atom, \tau, BinProg)$ where $Atom \in TB_{\mathcal{L}}$, $BinProg$ is a set of binary clauses and τ a set of positions. Moreover:

Definition 11 (D) *A dictionary Dict enjoys the property **D** if Dict is a finite set such that for any $(Atom, \tau, BinProg) \in Dict$ we have: $BinProg$ is a finite subset of $bin\_unf(P)$, τ is DN for $BinProg$, and Atom loops w.r.t. $BinProg$.*

Termination of `loop_with_dict` (see Figure 1) comes from finiteness of *Dict* and termination of `dna`. Partial correctness follows from partial correctness of `dna` and:

Theorem 4 *Let $p \in \Pi_P$, m_p be a mode of p, and $c \in bin\_unf(P)$.
If Dict satisfies **D** and* `loop_with_dict`*$(m_p, c, Dict) \neq$ **false** then there exists $A \in [m_p]$ such that A left loops w.r.t. P.*

`loop_with_dict`(m_p, c, *Dict*):

in: m_p: a mode of p, c: a binary clause $\in bin\_unf(P)$ and
Dict: a dictionary satisfying **D**

out: a pair $(\tau, BinProg)$, where τ is a DN set of positions for $Binprog \subseteq bin\_unf(P)$, which allows to classify m_p as a looping mode or the boolean **false**

1: $p(s_1, \ldots, s_n) \leftarrow q(t_1, \ldots, t_{n'}) := c$
2: **for each** $\big(q(u_1, \ldots, u_{n'}), \tau, BinProg\big) \in Dict$ **do**
3:     **if** $\left\{ \begin{array}{l} q(u_1, \ldots, u_{n'}) \text{ is a } \tau\text{-instance of } q(t_1, \ldots, t_{n'}) \text{ and} \\ \text{(c)} Var(\{s_i \mid i \in m_p\}) \cap Var(\{t_i \mid i \notin \tau(q)\}) = \varnothing \end{array} \right.$
4:     **then return** $(\mathtt{dna}(BinProg \cup \{c\}, \tau), BinProg \cup \{c\})$
5: **return false**

Figure 1. *The function* `loop_with_dict`.

6.3. *Looping modes for a predicate*

`infer_looping_modes_pred`(*BinProg*, p, *Dict*):

in: *BinProg*: a finite set of binary clauses $\subseteq bin\_unf(P)$,
p: a relation symbol $\in \Pi_P$ and *Dict*: a dictionary satisfying **D**

out: a pair $(L_p, Dict')$ where L_p is a looping condition for p and $Dict'$ is a dictionary satisfying **D**

1: $M_p := \mathtt{modes}(p)$, $L_p := \varnothing$ and $Dict' := Dict$
2: **for each** $c := p(s_1, \ldots, s_n) \leftarrow B \in BinProg$ **with** $B \neq true$ **do**
3:     **for each** $m_p \in M_p$ **do** /*NB: M_p is modified lines 6 and 11 */
4:         **if** $\mathtt{unit\_loop}(m_p, c) \neq$ **false then**
5:             $(\tau, BP) := \mathtt{unit\_loop}(m_p, c)$
6:             $M_p := M_p \backslash \mathtt{more\_general}(m_p)$ /* cf. Definition 5 */
7:             $L_p := L_p \cup \{m_p\}$
8:             $Dict' := Dict' \cup \big\{\big(p(s_1, \ldots, s_n), \tau, BP\big)\big\}$
9:         **elsif** $\mathtt{loop\_with\_dict}(m_p, c, Dict') \neq$ **false then**
10:             $(\tau, BP) := \mathtt{loop\_with\_dict}(m_p, c, Dict')$
11:             $M_p := M_p \backslash \mathtt{more\_general}(m_p)$
12:             $L_p := L_p \cup \{m_p\}$
13:             $Dict' := Dict' \cup \big\{\big(p(s_1, \ldots, s_n), \tau, BP\big)\big\}$
14: **return** $(L_p, Dict')$

Figure 2. *Inference of looping modes for a predicate symbol.*

The function we use to infer looping modes for a predicate symbol is given in Figure 2. The correctness of our algorithms relies on:

Lemma 1 ***D*** *always holds for* $Dict'$.

Concerning termination, note that calls to `modes`, `unit_loop`, `more_general` and `loop_with_dict` fulfill their specifications hence terminate. Since both M_p and $BinProg$ are finite sets, termination is ensured. Partial correctness is a consequence of Lemma 1 and partial correctness of `unit_loop` and `loop_with_dict`.

6.4. *Looping modes for a logic program*

The top-level function we use to infer looping modes for each predicate symbol of any logic program P is given in Figure 3. Notice that Π_P is finite and, for any non-negative integer max, $T_P^\beta \uparrow max$ is a finite set $\subseteq bin\_unf(P)$. Line 2, $Dict$ is initialized to $\varnothing$ which satisfies **D**. Hence all calls to `infer_looping_modes_pred` fulfill their specification. This shows termination and partial correctness of the function `infer_looping_modes_prog`. We point out that correctness is independent of

---

`infer_looping_modes_prog`(P, max):

in: P: a logic program and max: an non-negative integer
out: a set of pairs (p, L_p) where, for each $p \in \Pi_P$, L_p is a looping condition for p

1: $BinProg :=$ the binary clauses of $T_P^\beta \uparrow max$
2: $Dict := \varnothing$ and $Res := \varnothing$
3: **for each** $p \in \Pi_P$ **do**
4:     $(L_p, Dict) :=$ `infer_looping_modes_pred`($BinProg, p, Dict$)
5:     $Res := Res \cup \{(p, L_p)\}$
6: **return** Res

Figure 3. *The top-level function for inferring looping modes.*

whether the relation symbols are analyzed according a topological sort of the strongly connected components of the call graph of P. However, $Dict$ is always increasing and, due to the definition of binary unfoldings, inference of looping modes is much more efficient if relation symbols are processed bottom-up.

6.5. *Running the algorithm*

Example 8 *We consider the program* ***APPEND3:***

```
append3(X,Y,Z,T):-append(X,Y,W),append(W,Z,T).
```

augmented by the ***APPEND*** *program. Here are some elements of* $T^{\beta}_{APPEND3} \uparrow 2$*:*

```
append([A|B],C,[A|D]):-append(B,C,D).        % C1
append3(A,B,C,D):-append(A,B,E).             % C2
append3([],A,B,C):-append(A,B,C).            % C3
```

The dictionary Dict, built from the binary clause ***C1*** *while processing* **append***:*

$$\{(append([x_1|x_2], x_3, [x_1|x_4]),\\ \tau_1 = \langle append \longmapsto \{2\}\rangle,\\ \{append([x_1|x_2], x_3, [x_1|x_4]) \leftarrow append(x_2, x_3, x_4)\})\}$$

shows the looping mode $\{2\}$*, including the query:* **append([A|B],void,[A|C])** *with all its* τ_1*-generalizations. For* **append3***, from the binary clauses* ***C2*** *and* ***C3****, the updated dictionary* $Dict' = Dict \cup$

$$\{(append3(x_1, x_2, x_3, x_4),\\ \tau_2 = \langle append3 \longmapsto \{2,3,4\}, append \longmapsto \{2\}\rangle,\\ \{append3(x_1, x_2, x_3, x_4) \leftarrow append(x_1, x_2, x_5),\\ append([x_1|x_2], x_3, [x_1|x_4]) \leftarrow append(x_2, x_3, x_4)\}),\\ (append3([], x_1, x_2, x_3),\\ \tau_3 = \langle append3 \longmapsto \{3\}, append \longmapsto \{2\}\rangle,\\ \{append3([], x_1, x_2, x_3) \leftarrow append(x_1, x_2, x_3),\\ append([x_1|x_2], x_3, [x_1|x_4]) \leftarrow append(x_2, x_3, x_4)\})\}$$

allows the elimination of the looping modes $\{2,3,4\}$ *and* $\{1,3\}$ *including*

- *the query* **append3(A,void,void,void)** *with all its* τ_2*-generalizations and*
- *the query* **append3([],A,void,B)** *with all its* τ_3*-generalizations.*

Note that we do not have to guess the constant $[]$ *for the last query as it appears naturally in the binary unfoldings of* ***APPEND3****.*

7. Proving optimality of termination conditions

It turns out that a slight modification of `infer_looping_modes_prog` enables to propose a function which may prove the optimality (see Definition 6) of termination conditions (as computed by a tool for termination inference, e.g. cTI [MES 01] or TerminWeb [GEN 01]). For each pair $(p, \varnothing)$ in the set the function returns, we can conclude that the corresponding TC_p is the optimal termination condition which characterizes the operational behavior of p with respect to $\mathcal{L}_{term}$. Termination and partial correctness rely on similar arguments than those in Subsections 6.3 and 6.4.

$\texttt{optimal\_tc}(P, max, \{TC_p\}_{p \in \Pi_P})$:

in: P: a logic program, max: an non-negative integer and $\{TC_p\}_{p \in \Pi_P}$: a set of termination conditions

out: a set of pair (p, M_p) where, for each $p \in \Pi_P$, M_p is the multi-mode of p with no information with respect to its left behavior

note: If for each $p \in \Pi_P$, $M_p = \varnothing$, then $\{TC_p\}_{p \in \Pi_P}$ is optimal

$BinProg := T_P^{\beta} \uparrow max$, $Dict := \varnothing$ and $Res := \varnothing$
for each $p \in \Pi_P$ **do**
    $(L_p, Dict) := \texttt{infer\_looping\_modes\_pred}(BinProg, p, Dict)$
    $M_p := \texttt{modes}(p) \setminus (\texttt{less\_general}(TC_p) \cup \texttt{more\_general}(L_p))$
    $Res := Res \cup \{(p, M_p)\}$
return Res

Example 9 *We apply our algorithm to the program **APPEND3** of Subsection 6.5 (see also Example 2). We get, for **append**:*

$$\begin{aligned}
L_{append} &= \{\{2\}\} \\
\mathit{more_general}(L_{append}) &= \{\varnothing, \{2\}\} \\
TC_{append} &= \{\{1\}, \{3\}\} \\
\mathit{less_general}(TC_{append}) &= \{\{1\}, \{3\}, \{1,2\}, \{1,3\}, \{2,3\}, \{1,2,3\}\}, \\
M_{append} &= \{\}
\end{aligned}$$

*For **append3**, we have:*

$$L_{append3} = \{\{1,3\}, \{2,3,4\}\}$$

$$
\begin{aligned}
\mathit{more\_general}(L_{append3}) &= \{\varnothing, \{1\}, \{2\}, \{3\}, \{4\}, \{1,3\}, \{2,3\}, \{2,4\}, \\
&\quad \{3,4\}, \{2,3,4\}\} \\
TC_{append3} &= \{\{1,2\}, \{1,4\}\} \\
\mathit{less\_general}(TC_{append3}) &= \{\{1,2\}, \{1,4\}, \{1,2,3\}, \{1,2,4\}, \{1,3,4\}, \\
&\quad \{1,2,3,4\}\} \\
M_{append3} &= \{\}
\end{aligned}
$$

Hence in both cases, we have characterized the left behavior of the predicates by using two complementary tools.

8. Conclusion

To our best knowledge, there is no other automated analysis dealing with optimality proofs of termination conditions for logic programs. But loop checking in logic programming is a subject related to non-termination, where Bol [BOL 91] sets up some solid foundations (see also [SKO 97]). A loop check is a device to prune derivations when it seems appropriate. A loop checker is defined as *sound* if no solution is lost. It is *complete* if all infinite derivations are pruned. A complete loop check may also prune finite derivations. Bol shows that even for function-free programs (also known as Datalog programs), sound and complete loop checks are out of reach. If such a mechanism is to be included into a logic programming system, then Bol advocates and studies sound loop checkers. Completeness is shown only for some restricted classes of function-free programs. Loop checking is also important for partial deduction [KOM 82]. In this case, Bol emphasizes complete loop checkers, which were also studied in [BRU 92, SHE 01].

The main difference with our work is that we want to pinpoint *some* infinite derivations that we build bottom-up. We are not interested in completeness nor in soundness. Moreover, in [DEV 93], the undecidability of the halting problem for programs with one binary clause and one atomic query is shown. This clearly puts an upper bound on what one can expect to do.

Nonetheless, we point out that the combination of termination inference and non-termination inference may give a strong result for the program being analyzed. Although the two methods are both incomplete, when their results are complementary, it implies that each analysis is optimal. Altogether they can sometimes characterize the operational behavior of logic programs with respect to the left most selection rule and the language used to describe classes of atomic queries.

More work is needed to refine the implementation into an efficient analyzer. In particular, the binary unfoldings need to be either computed with care or abstracted, due to the potential exponential number of binary clauses it may generate. How to take the predefined predicates into account is another problem to solve. Finally we have started to adapt the approach to constraint logic programming. For rational trees, [De 89] provides an undecidable necessary and sufficient condition for the existence of a query which loops with respect to a binary clause. Moving to other constraint structures seems a worth-while topic.

9. References

[APT 82] APT K. R., VAN EMDEN M. H., "Contributions to the theory of Logic Programming", *Journal of the ACM*, vol. 29, num. 3, 1982, p. 841–862.

[APT 97] APT K. R., *From Logic Programming to Prolog*, Prentice Hall, 1997.

[ART 96] ARTS T., ZANTEMA H., "Termination of logic programs using semantic unification", *Logic Program Synthesis and Transformation*, vol. 1048 of *Lecture Notes in Computer Science*, Springer-Verlag, Berlin, 1996, TALP can be used online at `http://bibiserv.techfak.uni.biekefeld.de/talp/`.

[BOL 91] BOL R., "Loop Checking in Logic Programming", PhD thesis, CWI, Amsterdam, 1991.

[BRU 92] BRUYNOOGHE M., DE SCHREYE D., MARTENS B., "A General Criterion for Avoiding Infinite Unfolding during Partial Deduction", *New Generation Computing*, vol. 11, num. 1, 1992, p. 47–79.

[COD 99] CODISH M., TABOCH C., "A semantic basis for the termination analysis of logic programs", *Journal of Logic Programming*, vol. 41, num. 1, 1999, p. 103-123.

[De 89] DE SCHREYE D., BRUYNOOGHE M., VERSCHAETSE K., "On the existence of non-terminating queries for a restricted class of Prolog-clauses", *Artificial Intelligence*, vol. 41, 1989, p. 237–248.

[DER 01] DERSHOWITZ N., LINDENSTRAUSS N., SAGIV Y., SEREBRENIK A., "A General Framework for Automatic Termination Analysis of Logic Programs", *Applicable Algebra in Engineering, Communication and Computing*, vol. 12, num. 1/2, 2001, p. 117-156.

[DEV 93] DEVIENNE P., P.LEBÈGUE, ROUTIER J.-C., "Halting problem of one binary Horn clause is undecidable", *LNCS*, vol. 665, Springer-Verlag, 1993, p. 48–57, Proc. of STACS'93.

[GAB 94] GABBRIELLI M., GIACOBAZZI R., "Goal independency and call patterns in the analysis of logic programs", *Proceedings of the ACM Symposium on applied computing*, ACM Press, 1994, p. 394–399.

[GEN 01] GENAIM S., CODISH M., "Inferring Termination Condition for Logic Programs using Backwards Analysis", *Proceedings of Logic for Programming, Artificial intelligence and Reasoning*, Lecture Notes in Computer Science, Springer-Verlag, Berlin, 2001, TerminWeb can be used online from `http://www.cs.bgu.ac.il/~codish`.

[KOM 82] KOMOROWSKI H. J., "Partial Evaluation as a Means for Inferencing Data Structures in an Applicative Language : a Theory and Implementation in the Case of Prolog", *Proc. of the 9th POPL*, 1982, p. 255–267.

[LIN 97] LINDENSTRAUSS N., "TermiLog: a system for checking termination of queries to Logic Programs", 1997, `http://www.cs.huji.ac.il/~naomil`.

[MES 96] MESNARD F., "Inferring left-terminating classes of queries for constraint logic programs by means of approximations", MAHER M. J., Ed., *Proc. of the 1996 Joint Intl. Conf. and Symp. on Logic Programming*, MIT Press, 1996, p. 7–21.

[MES 00] MESNARD F., NEUMERKEL U., "cTI: a tool for inferring termination conditions of ISO-Prolog", april 2000, `http://www.complang.tuwien.ac.at/cti`.

[MES 01] MESNARD F., NEUMERKEL U., "Applying static analysis techniques for inferring termination conditions of logic programs", COUSOT P., Ed., *Static Analysis Symposium*, vol. 2126 of *Lecture Notes in Computer Science*, Springer-Verlag, Berlin, 2001, p. 93–110.

[O'K 90] O'KEEFE R., *The Craft Of Prolog*, MIT Press, 1990.

[SHE 01] SHEN Y.-D., YUAN L.-Y., YOU J.-H., "Loops Checks for Logic Programs with Functions", *Theoretical Computer Science*, vol. 266, num. 1-2, 2001, p. 441–461.

[SKO 97] SKORDEV D., "An Abstract Approach to Some Loop Detection Problems", *Fundamenta Informaticae*, vol. 31, 1997, p. 195–212.

[SPE 97] SPEIRS C., SOMOGYI Z., SØNDERGAARD H., "Termination Analysis for Mercury", VAN HENTENRYCK P., Ed., *Proc. of the International Static Analysis Symposium*, vol. 1302 of *LNCS*, Springer-Verlag, 1997, p. 160–171.

Explications conviviales pour la programmation par contraintes

Samir Ouis* — Narendra Jussien* — Olivier Lhomme**

* *École des Mines de Nantes*
4 rue Alfred Kastler – BP 20722
F-44307 Nantes Cedex 3

{souis, jussien}@emn.fr

** *ILOG*
1681, route des Dolines
F-06560 Valbonne

olhomme@ilog.fr

RÉSUMÉ. *Dans cet article, nous présentons un ensemble d'outils pour fournir des explications conviviales dans un système de programmation par contraintes avec explications. L'idée est de représenter les contraintes d'un problème sous forme hiérarchique (un arbre). Les utilisateurs sont alors représentés comme un ensemble de noeuds compréhensibles dans cet arbre (une* coupe*). Les explications classiques (les ensembles de contraintes du système) doivent juste être projetées sur cette représentation pour être compréhensibles par n'importe quel utilisateur. Nous présentons ici les intérêts principaux de cette idée.*

ABSTRACT. *In this paper, we introduce a set of tools for providing user-friendly explanations in an explanation-based constraint programming system. The idea is to represent the constraints of a problem as an hierarchy (a tree). Users are then represented as a set of understandable nodes in that tree (a* cut*). Classical explanations (sets of system constraints) just need to get projected on that representation in order to be understandable by any user. We present here the main interests of this idea.*

MOTS-CLÉS : *programmation par contraintes, explications, implémentation*

KEYWORDS: *constraints programming, explanations, implementation*

1. Introduction

Les systèmes classiques de programmation par contraintes (comme Ilog Solver, Chip de Cosytec, gnuProlog de l'INRIA...) sont impuissants face à des systèmes de contraintes n'admettant pas de solution. La plupart du temps, seul un laconique *pas de solution* est affiché. L'utilisateur doit lui-même trouver les causes : le problème initial n'admet pas de solution, une mauvaise modélisation, un bug dans le solveur...

Pour aider à la diffusion de la programmation par contraintes, il est indispensable de palier ce défaut. En particulier, il faut être capable de guider l'utilisateur en délimitant la portion de programme (*i.e.* un ensemble de contraintes du système) qui conduit à une situation à laquelle il ne s'attendait pas. Une approche prometteuse dans cette voie semble être l'utilisation d' *explications* : il s'agit d'un ensemble de contraintes expliquant une conséquence du solveur (retrait de valeur, contradiction,...). La construction de telles explications a fait l'objet de plusieurs travaux, par exemple [JUS 01, JUN 01] pour les plus récents. Malheureusement, ces explications sont très peu conviviales : il s'agit d'ensemble de contraintes de bas niveau et seul le développeur les comprend. D'où le besoin d'outils de *traduction*. De toute évidence, l'aide du développeur est requise. Lors du développement d'une application, un expert a besoin de *traduire* le problème d'une représentation haut niveau (la compréhension de l'utilisateur du problème) à une représentation bas niveau (les contraintes du système). Nous notons cette traduction par la traduction `utilisateur` → `système`.

Pour les explications conviviales, nous avons besoin d'une traduction dans l'autre sens : depuis les contraintes bas niveau (adaptées au solveur) vers des contraintes compréhensibles par l'utilisateur (plus haut niveau d'abstraction). Nous notons cette traduction `système` → `utilisateur`. Cette dernière n'est jamais explicitement codée dans le système. Demander à un développeur de fournir un tel traducteur en complément du système déjà réalisé n'est pas une bonne idée : cela peut lui sembler bizarre et cela risque de modifier sa façon de coder pour lui faciliter la tâche. Nous ne voulons pas de ces modifications. D'où l'idée d'un système automatique simple.

Dans cet article, nous présentons un système automatique pour produire des explications conviviales. Nous rappelons d'abord quelques utilités des explications dans la programmation par contraintes. Ensuite, nous montrons comment notre système fonctionne sur des applications hiérarchiques puis nous présenterons une implémentation. Nous conclurons cet article avec quelques applications potentielles de nos explications conviviales et quelques travaux liés.

2. La notion d'explication

Nous considérons des CSP représentés par un couple (V, C). V est un ensemble de variables et C un ensemble de contraintes portant sur ces variables. Les domaines des variables sont vus ici comme des contraintes unaires. D'autre part, l'énumération est gérée comme une série d'ajouts et de retraits de contraintes spécifiques : les contraintes d'*énumération*. Nous ne nous limitons pas aux affectations de valeur à une variable mais acceptons tout type de contraintes d'énumération (par exemple contraintes de séquencement entre tâches dans le domaine de l'ordonnancement).

Une *explication de contradiction* (également appelée *nogood* [SCH 94]) est un sous-ensemble inconsistant du système courant de contraintes, *i.e.* la restriction du CSP à ce sous-ensemble de contraintes ne possède pas de solution. L'équation 1 présente la décomposition que l'on peut faire classiquement d'un tel *nogood* : un ensemble de contraintes initiales (ici $C' \subset C$) est un ensemble de contraintes d'énumération actuellement intégrées au système de contraintes (ici $ce_1, \ldots, ce_k$).

$$\neg\,(C' \wedge ce_1 \wedge \ldots \wedge ce_k) \quad [1]$$

On peut avoir une vision plus opérationnelle des explications de contradiction en réécrivant l'équation 1 obtenant ainsi l'expression suivante :

$$C' \wedge \left(\bigwedge_{i \in [1..k] \backslash j} ce_i \right) \rightarrow \neg ce_j \quad [2]$$

Dans le cas où ce_j est de la forme $v = a$, la partie gauche de l'implication est appelée une *explication de retrait* car elle justifie le retrait de la valeur a du domaine de la variable v. Elle est notée : $\texttt{expl}(v \neq a)$.

On peut considérer les opérations de filtrage dans un CSP comme la production de nouvelles contraintes (principalement du type $v \neq a$) auxquelles on peut associer une explication (la plus simple d'entre elles étant le système courant de contraintes mais on verra plus tard que l'on peut faire mieux).

On peut produire des explications à partir d'explications existantes. En effet, supposons $(ce_1 \vee \ldots \vee ce_j)$ l'ensemble des choix possibles pour une décision donnée (valeurs possibles, séquencements possibles, ...). Alors, s'il existe des explications $C'_1 \rightarrow \neg ce_1$, ..., $C'_j \rightarrow \neg ce_j$, on peut en déduire $\neg(C'_1 \wedge \ldots \wedge C'_j)$. En particulier, à partir du domaine vide d'une variable v on peut en déduire une explication de contradiction :

$$\neg \left(\bigwedge_{a \in d(v)} \texttt{expl}(v \neq a) \right) \quad [3]$$

Notons qu'une explication de contradiction peut ne plus contenir de contraintes d'énumération, caractéristique d'un problème sur-contraint.

Il existe généralement plusieurs explications différentes pour un retrait donné. On pourrait vouloir en calculer et en conserver plusieurs mais ceci conduirait à une complexité spatiale éventuellement exponentielle. Une autre approche consiste à *oublier* une partie des *nogoods* : ceux qui ne sont plus *pertinents*[1] dans l'état courant de la recherche. De cette façon, la complexité spatiale de l'enregistrement reste polynômiale.

1. Un nogood est dit *pertinent* si toutes les contraintes le constituant – en particulier les décisions prises lors de l'énumération – sont encore valides dans l'état courant du système [Bay 96].

Nous avons choisi de ne pas calculer plusieurs explications pour un même retrait de valeur. Nous ne conserverons donc qu'une seule explication de retrait à la fois.

Les explications sont utilisées dans plusieurs contextes [JUS 00a, JUS 01] tels que :

– le débogage de problèmes en fournissant des explications de contradiction ;

– la résolution de problèmes dynamiques en fournissant les effets passés des contraintes ;

– la résolution de problèmes sur-contraints en combinant les deux approches précédentes ;

– la définition de nouveaux algorithmes de recherche tels que **mac-dbt** [JUS 00b] et **path-repair** [JUS 00c].

[JUS 01] présente la notion de programmation par contraintes avec explications (*e-constraints*) pour faire référence aux explications et à leurs utilisations dans la programmation par contraintes.

3. Hypothèse : applications hiérarchiques

Le travail présenté dans cet article repose sur une hypothèse simple : tous les aspects d'une application à base de contraintes peuvent être représentés d'une façon hiérarchique.

3.1. *Un problème : une hiérarchie de contraintes*

L'exemple 1 présente un simple problème de contraintes : l'organisation d'une conférence.

> **Exemple 1 (Le problème de la conférence) :**
> Michael, Peter et Alan organisent un séminaire de deux jours pour écrire un rapport de leur travaux. Pour être efficace, Peter et Alan doivent présenter leur travail à Michael et Michael doit présenter son travail à Alan et Peter (actuellement Peter et Alan travaillent dans le même laboratoire). Chaque présentation prend une demi-journée. Dès le début, Michael signale qu'il lui paraît important d'avoir vu ce qu'ont à dire Peter et Michael avant de faire ses présentations. Ensuite, Michael signale qu'il aimerait autant ne pas venir la quatrième demi-journée. Enfin, Michael signale qu'il tient beaucoup à ne pas présenter ses travaux à Peter et Alan en même temps.

Un modèle de contraintes pour ce problème est décrit dans l'exemple 2. On remarque que le modèle proposé pour le problème de la conférence admet une représentation hiérarchique. Une représentation graphique est donnée (*cf.* figure 1).

Nous prétendons qu'il est toujours possible d'attacher chaque contrainte dans un problème donné à un seul père d'abstraction. Cette hypothèse générale peut apparaître comme étant fortement restrictive, mais nous n'avons jamais réussi à trouver un contre-exemple : on trouve toujours une autre façon de représenter le problème de manière hiérarchique.

En effet, deux remarques viennent étayer cette position. Lorsqu'on voudrait utiliser un treillis plutôt qu'un arbre pour représenter un problème donné, il existe toujours la possibilité de *remonter* les informations dans le treillis fournissant ainsi un arbre. Par exemple, si on veut modéliser le fait qu'à la fois Peter et Alan refusent d'avoir une présentation des travaux de Michael au même moment, ce qui conduit à un treillis puisqu'on aurait une information partagée sur Michael, on peut tout simplement reformuler les contraintes pour les voir sous l'angle de Michael. Par ailleurs, dans tous les cas, la modélisation réalisée n'est qu'une vision abstraite. Concrètement, lors de l'implémentation, on ne pose pas deux fois une même contrainte (on ne peut tout simplement pas le faire dans les solveurs existants). On obtient alors naturellement un arbre : le déroulement effectif de la mise en place des contraintes dans le programme. C'est bien cet arbre qui nous intéresse dans un cadre de débogage car c'est lui qui correspond à la réalité du problème résolu. Notre hypothèse hiérarchique s'en trouve donc justifiée.

Comme nous venons de le voir, la mise en place effective des contraintes est une étape obligée dans un programme classique avec contraintes. La définition de nouvelles procédures de mise en place est le moyen qui nous intéresse pour mettre en place nos mécanismes d'abstraction (*cf.* exemple 3).

Exemple 2 (Un modèle de contraintes pour le problème de la conférence) :
Soit Ma, Mp, Am, Pm les variables représentant les quatre présentations (M et m désignent respectivement les présentations dans lesquelles Michael est orateur et auditeur). Les domaines des variables sont $[1, 2, 3, 4]$ (1 exprime la matinée du premier jour et 4 exprime l'après-midi du deuxième jour).
Le problème est composé de plusieurs contraintes : contraintes implicites concernant l'organisation des présentations et les contraintes exprimées par Michael.
Les contraintes implicites peuvent être exprimées comme suit :

– Un orateur ne peut être auditeur dans la même demi-journée. Cette contrainte est modélisée par : c_1 : $Ma \neq Am$, c_2 : $Mp \neq Pm$, c_3 : $Ma \neq Pm$ et c_4 : $Mp \neq Am$.

– Aucune personne ne peut assister à deux présentations en même temps. Celle-ci est modélisée par c_5 : $Am \neq Pm$.
Les contraintes de Michael peuvent être exprimées :

– Michael souhaite présenter ses travaux après les présentations de Peter et Alan. Ce qui s'exprime par : c_6 : $Ma > Am$, c_7 : $Ma > Pm$, c_8 : $Mp > Am$ and c_9 : $Mp > Pm$.

– Michael ne souhaite pas venir lors de la 4eme demi-journée peut s'écrire : c_{10} : $Ma \neq 4$, c_{11} : $Mp \neq 4$, c_{12} : $Am \neq 4$ and c_{13} : $Pm \neq 4$.

– Michael ne veut pas présenter ses travaux à Peter and Alan en même temps s'écrit : c_{14} : $Ma \neq Mp$.

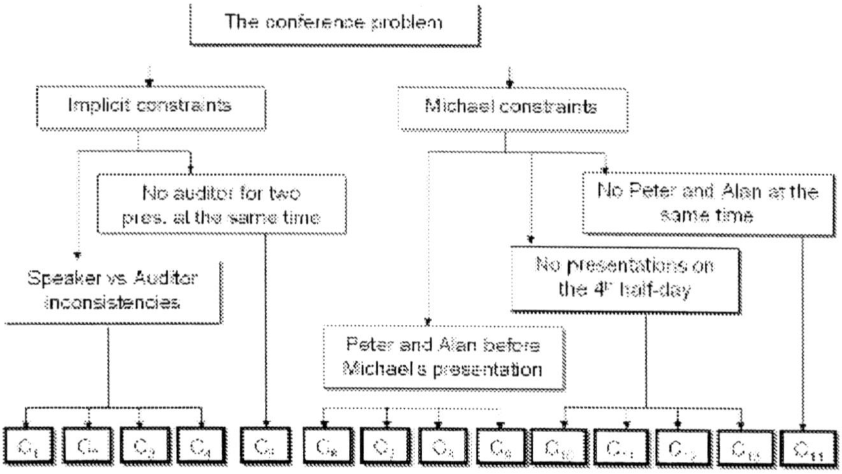

Figure 1. *Une vue hiérarchique du problème de la conférence*

3.2. *L'élaboration du traducteur* ***système → utilisateur***

En développant une application de programmation par contraintes, le développeur doit explicitement établir la hiérarchie sous-jacente de son problème. Seules les feuilles de cette structure (les contraintes bas niveau) sont utilisées par le solveur.

Les feuilles peuvent être trop bas niveau pour un utilisateur typique de la l'application finale. Cependant, il peut comprendre des niveaux plus hauts dans la hiérarchie. L'hypothèse hiérarchique permet d'obtenir une représentation idoine du problème sans effort de la part du développeur. Une fois construite, cette représentation peut être utilisée pour interagir avec n'importe quel utilisateur via des explications conviviales. De telles explications sont fournies en utilisant des procédures qui traduisent les contraintes bas niveau en des noeuds compréhensibles de la hiérarchie. Ces procédures sont complètement indépendantes du problème et peuvent être incorporées directement dans le solveur.

La perception qu'un utilisateur a d'un problème peut être considérée comme un ensemble de nœuds dans l'arbre de la hiérarchie : un nœud est compréhensible par cet utilisateur si et seulement si il est présent dans cet ensemble de nœuds. Nous appellerons cet ensemble une **coupe** selon la vue hiérarchique du problème considéré. Dans notre exemple, pour chaque utilisateur on obtient (*cf.* figure 2) :

– Le responsable de salle des réunions du département de faculté a seulement une vue très partielle : il ne veut pas connaître les voeux de Michael et les contraintes implicites. La seule partie du problème dont elle veut s'occuper est la partie globale du problème. Sa vue du problème serait donc : The conference problem.

– John qui organise en réalité les réunions trouve Michael trop compliqué. Il ne veut pas s'occuper de ses nombreux voeux. Mais, il comprend les contraintes implicites et doit faire face à ces dernières. Donc, sa vue du problème serait : Speaker vs. Auditor, Auditor vs. 2 pres. et Michael constraints.

– Michael ne veut pas s'occuper des contraintes implicites. Bien sûr. il sait exactement ce qu'il veut. Donc, sa vue du problème serait : The conference problem, P&A before, Not 4th $1/2$ day et P&A not same time.

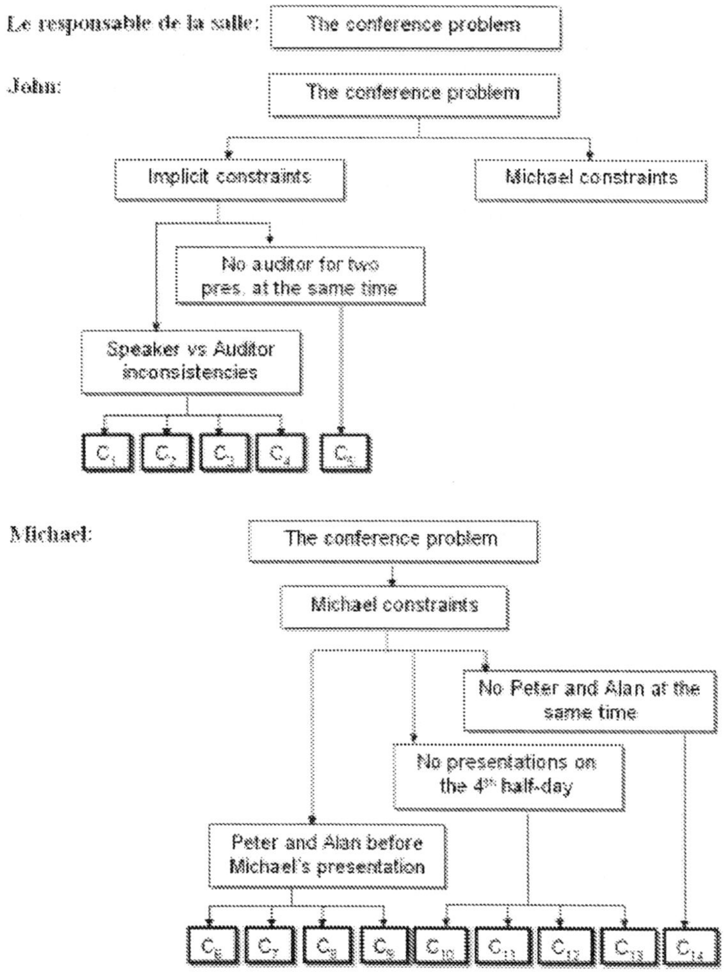

Figure 2. *Différentes vues du problème de la conférence*

Une explication conviviale peut être obtenu simplement en projetant les contraintes bas niveau de l'explication sur la compréhension de l'utilisateur selon la hiérarchie du problème.

Notre exemple, le problème de conférence n'admet aucune solution. Une explication de cette situation fournie par un système d'explications est : $\{c_5, c_6, c_7, c_8, c_9, c_{10}, c_{11}, c_{12}, c_{14}\}$.

En voici des versions plus conviviales :

– Pour le responsable de la salle des réunions, l'explication est simple. Il n'y a aucune solution possible pour le problème en raison de son ensemble de contraintes. La projection donne : The conference problem. Elle signale donc à John qu'il y a un problème.

– John regarde l'explication de son point de vue. La projection donne : Auditor vs. 2 pres. et Michael constraints. Les voeux de Michael sont trop contraignants. John lui demande de reconsidérer ses voeux.

– Michael regarde l'explication de son point de vue. La projection donne : The conference problem, P&A before, not $4^{th}1/2$ day et P&A not same time. Il sait que l'ensemble de ses voeux est un problème. Il peut renoncer à n'importe quel souhait. Par exemple, Michael renonce à la contrainte de la quatrième demi-journée. Ensuite, le solveur fournit une solution.

On remarque que l'entrée de l'utilisateur doit aussi être traduite en des contraintes bas niveau. Une étape de projection dans l'autre sens est donc nécessaire. Il y a deux options : la suppression de toutes les contraintes concernées ou seulement les contraintes qui apparaissent dans l'explication. Dans notre exemple, nous pouvons relaxer toutes les contraintes de c_{10} à c_{13}. Mais relaxant c_{13} serait inutile dans notre cas, puisque cette contrainte n'apparaît pas dans l'explication.

De plus, choisir de relaxer uniquement les contraintes concernées peut aider à aller dans le sens d'une relaxation *partielle* de contraintes. Il s'agirait alors en quelque sorte de *méta contraintes molles* (codées à l'aide d'un ensemble de contraintes bas niveau dont certaines seraient relaxées).

4. Implémentation : extension du système PaLM

4.1. *Introduction à PaLM*

`PaLM` est un système de programmation par contraintes fournissant et utilisant des explications [JUS 00a]. Il est écrit à l'aide de la bibliothèque `choco` [LAB 00]. `choco` est la couche contrainte du langage de programmation `claire` [CAS 99]. `PaLM` fournit des outils pour manipuler les explications : une classe spécifique, des méthodes de sauvegarde, méthode d'accès ... `PaLM` calcule des explications pendant la propagation et peut même les utiliser pour guider la recherche [JUS 01] (déjà testé avec succès dans `mac-dbt` [JUS 00b] et aussi dans `path-repair` [JUS 00c]).

Le système `PaLM` manipule des variables représentées par des domaines énumérés ou seulement par des intervalles. Il fournit un ensemble classique de contraintes arithmétiques de base aussi bien que des contraintes symboliques (comme *allDifferent*, *element*...).

PaLM est conçu pour manipuler (automatiquement) des problèmes sur-contraints. Si un utilisateur veut définir sa propre stratégie pour traiter de tels problèmes (comme ce qui a été fait pour le problème de conférence), PaLM fournit des exceptions spécifiques qui peuvent être récupérées en utilisant les mécanismes `try/catch` de `claire`.

Le système PaLM est disponible sur `www.e-constraints.net`.

4.2. *Des outils interactifs*

4.2.1. *Ajout des informations sur la structure*

L'idée principale est de fournir des outils interférant le moins possible avec le code original de l'application. Nous avons donc introduit la notion de `UFbox` (User-Friendly box) qui regroupe des ensembles de contraintes dans une hiérarchie. Le regroupement de contraintes est fait en spécifiant simplement les limites des boîtes en utilisant deux méthodes : `startUFBox` et `endUFBox`. Cela explique pourquoi nous avons besoin de l'hypothèse hiérarchique : la modification de code est minimale.

Considérons le problème de conférence présenté dans l'exemple 1 et modélisé dans l'exemple 2. L'exemple 3 montre un codage de ce problème en `choco`.

Comme nous pouvons le constater, une hiérarchie implicite apparaît dans le codage du problème : il est plus facile de maintenir un tel programme si l'ajout de contraintes est structuré comme exprimé dans la phase de modélisation.

Pour utiliser les `UFboxes` afin de mettre en œuvre les idées de cet article, on a besoin d'ajouter quelques informations lors de l'ajout des contraintes. L'exemple 4 montre le code obtenu. Remarquons que `startUFBox` a besoin de trois paramètres : le problème courant, une courte description dont le but de faciliter la définition de la représentation de l'utilisateur (*cf.* section suivante) et une représentation textuelle de l'ensemble de contraintes.

4.2.2. *Représentation de l'utilisateur*

Nous fournissons aussi des outils pour représenter l'utilisateur à l'aide des descriptions courtes précisées lors de la définition de `UFboxes` : la méthode `setUserRepresentation` prend une liste de descriptions courtes pour définir ensuite la coupe dans l'arbre hiérarchique.

De plus, les outils de projection nous permettent de traduire une explication donnée selon la représentation de l'utilisateur.

Finalement, grâce aux capacités de PaLM face aux problèmes dynamiques, des outils sont fournis pour gérer l'ajout dynamique ou la suppression de `UFboxes` (*c'est-*

Exemple 3 (Le codage du problème de la conférence avec choco) :

```
[conference(): void
 -> let pb := makeProblem("conference problem",4)
        vars := createConferenceVariables(pb)
    in (
       postImplicitConstraints(pb, vars),
       postMichealConstraints(pb, vars),
       solve(pb)
    )]

 // creating the variables
[createConferenceVariables(pb: Problem): list[IntVar] -> ... ]

 // posting Michael constraints
[postMichaelConstraints(pb: Problem, vars: list[IntVar]): void -> ...]


[postImplicitConstraints(pb: Problem, vars: list[IntVar]): void
 -> postSpeakerAuditorIncompatibilityConstraints(pb, vars),
    postNotTwoPresentationsAtTheSameTimeConstraints(pb, vars) ]

// posting the constraint c5
[postNotTwoPresentationsAtTheSameTimeConstraints(pb: Problem, vars: list[IntVar])
 -> ... ]

[postSpeakerAuditorIncompatibilityConstraints(pb: Problem, vars: list[IntVar]): void
 -> post(pb, vars[1] !== vars[2]), // constraint c1
    post(pb, vars[3] !== vars[4]), // constraint c2
    post(pb, vars[1] !== vars[4]), // constraint c3
    post(pb, vars[3] !== vars[2])] // constraint c4
```

Exemple 4 (L'ajout des UFboxes) :

```
[conference(): void
 -> let pb := makePalmProblem("conference problem",4) // switch to PaLM
        vars := createConferenceVariables(pb)
    in (
       postImplicitConstraints(pb, vars),
       postMichealConstraints(pb, vars),
       setUserRepresentation(pb, list("IC","PAB","N4D","NPA")), // representing Michael
       solve(pb)
    )]

...

[postImplicitConstraints(pb: Problem, vars: list[IntVar]): void
 -> startUFBox(pb,"IC","Implicit constraints"),
       postSpeakerAuditorIncompatibilityConstraints(pb, vars),
       postNotTwoPresentationsAtTheSameTimeConstraints(pb, vars),
    endUFBox(pb)]

...

[postSpeakerAuditorIncompatibilityConstraints(pb: Problem, vars: list[IntVar]): void
 -> startUFBox(pb,"SAIC","Speaker Auditor Incompatibility Constraint"),
       post(pb, vars[1] !== vars[2]), // constraint c1
       post(pb, vars[3] !== vars[4]), // constraint c2
       post(pb, vars[1] !== vars[4]), // constraint c3
       post(pb, vars[3] !== vars[2]), // constraint c4
    endUFBox(pb)]
```

à-dire, les ensembles de contraintes considérés comme étant une seule contrainte – pour les relaxations).

4.2.3. *Exemple*

L'exemple 5 montre l'utilité des `UFboxes`. Comme on peut le constater, seules des informations compréhensibles par l'utilisateur sont fournies. Dans cet exemple, la représentation de Michael dans le problème de conférence est utilisée. Face à une contradiction (le problème est sur-contraint), Michael doit interagir avec l'explication de cette contradiction. Il veut laisser Peter ou Alan donner une présentation avant lui (relaxant le bloc `PAB` dans l'exemple). Malheureusement, ce n'est pas suffisant[2] et Michael accepte d'assister à la quatrième demi-journée (en relaxant le bloc `N4D`). Cette fois une solution est obtenue. Remarquons que seulement une seule contrainte de cette boîte nécessite d'être relaxée.

L'exemple 5 montre une autre caractéristique de notre système. Une fois un problème résolu, le système permet de rétablir des contraintes relaxées auparavant. `PaLM` présente l'ensemble des `UFboxes` relaxées pour les réexaminer. Michael veut remettre le bloc `PAB`. Une solution est trouvée. Remarquons que de nouvelles contraintes sont relaxées (de la boîte `N4D` qui est toujours relaxée).

5. Application

Les explications conviviales peuvent être un outil précieux dans les situations suivantes :

– **Débogage**
Les explications peuvent aider à se concentrer sur les parties pertinentes de l'ensemble de contraintes lors de l'identification d'une contradiction. Les explications conviviales sont vraiment nécessaires pour interagir avec l'utilisateur : les ensembles de contraintes doivent être traduits selon la compréhension de l'utilisateur.

– **Résolution de problèmes sur-contraints**
Comme vu dans l'exemple (le problème de la conférence), les explications conviviales (comme dans le cas du débogage ci-dessus) aident l'utilisateur à compremdre les raisons profondes de l'abscence de solution de son problème. De plus, les explications conviviales s'accordent bien avec les environnements distribués comme le cas de notre exemple : une simple explication est présenté à différentes personnes qui ont des différentes vues sur le problème. Les explications ne sont pas modifiées, seule la projection qui fournit des explications selon chaque utilisateur l'est. Remarquons que la résolution de problèmes sur-contraints peut être vu comme un problème de débogage !

– **Analyse dynamique du comportement d'un solveur**
Comme dans le cas des explications classiques, les explications conviviales peuvent

2. Rappelons que les explications ne peuvent pas nous informer sur LA contrainte à relaxer, mais se concentrent seulement sur un sous-ensemble de contraintes appropriées.

Exemple 5 (Utilisation des UFboxes) :

```
palm> conference()
eval[0]> Variables : (Am:[1..4], Pm:[1..4], Ma:[1..4], Mp:[1..4])

=== Conference problem : description
+....[PB] The complete problem
+......[IC] Implicit constraints
+........[SAIC] Speaker-auditor incompatibility constraint
+........[N2P] Not two presentations at the same time
+......[MC] Michael constraints
+........[PAB] Peter and Alan before Michael
+........[N4D] No presentation on the 4th half-day
+........[NPA] Not Peter and Alan at the same time

Solving the problem ...

!!! A contradiction occurred because of :
1: [IC] Implicit constraints
2: [PAB] Peter and Alan before Michael
3: [N4D] No presentation on the 4th half-day
4: [NPA] Not Peter and Alan at the same time

** Which block would you like to relax ? (1-4 0-none)   2
PALM: Removing constraint Mp >= Pm + 1 from PAB
PALM: Removing constraint Mp >= Am + 1 from PAB
PALM: Removing constraint Ma >= Pm + 1 from PAB
PALM: Removing constraint Ma >= Am + 1 from PAB

!!! A contradiction occurred because of :
1: [IC] Implicit constraints
2: [N4D] No presentation on the 4th half-day
3: [NPA] Not Peter and Alan at the same time

** Which block would you like to relax ? (1-3 0-none)   2
PALM: Removing constraint Am !== 4 from N4D

!!! A solution has now been obtained
!!! (Am:4, Pm:1, Ma:2, Mp:3)

!!! The following blocks have been relaxed
  1 : [PAB - 4 cts] Peter and Alan before Michael
  2 : [N4D - 4 cts] No presentation on the 4th half-day
Which one would you like to set back ? (1-2 0-none) 1

In order to do that some constraints need to be removed:
PALM: Removing constraint Pm !== 4 from P4D
PALM: Removing constraint Mp !== 4 from P4D

!!! A solution has now been obtained
!!! (Am:1, Pm:2, Ma:3, Mp:4)
```

expliquer des situations spécifiques lors la recherche. Donc, elles peuvent être utilisées pour analyser le comportement du solveur selon différents utilisateurs : développeur, utilisateur final, manager...

6. Travaux liés

[GOU 00] ont présenté la notion *s-box* dans la programmation logique par contraintes. *s-box* sont utilisés pour structurer le store des contraintes en considérant des ensembles de contraintes comme des simples contraintes. Il faut noter que *s-box* présente deux principaux inconvénients :

– la considération d'un ensemble de contraintes comme une contrainte simple est relativement facile dans le cas des contraintes numériques : il suffit juste d'unir leur projection. Ce n'est pas aussi facile avec d'autres types de contraintes.

– l'inconvénient principal revient au comportement des *s-box*. En effet, le comportement du solveur est modifié dès qu'un ensemble de contraintes est remplacé par une simple contrainte. Ceci oblige la propagation à rester dans une *s-box* et lui interdit de changer de *s-box* avant l'achèvement de cette dernière. Cela modifie complètement le comportement du solveur.

Notre proposition par contre limite le regroupement de contraintes au seul niveau *représentation*. Les contraintes bas niveau restent concrètement inchangées et indépendantes.

[SQA 96] ont récemment présenté des explications conviviales pour les problèmes de puzzles logiques. L'idée est de fournir une *trace* lisible du mécanisme de résolution en générant des déclarations lisibles pour chaque événement du solveur. Les explications produites sont généralement tout à fait semblables à celles calculées à la main bien qu'un peu plus longue. Cependant, les explications sont associées à des contraintes bas niveau et ce travail ne gère pas des ensembles de contraintes.

Notre proposition elle le fait et permet, de plus, de manipuler en même temps plusieurs vues pour un seul problème.

7. Conclusion

Dans cet article, nous avons présenté la notion d'explication conviviale. L'idée principale est de considérer des programmes de contraintes sous forme hiérarchique puis ajouter des informations sur cette hiérarchie. Donc, les utilisateurs peuvent être modélisés comme une coupe dans l'arbre représentant la hiérarchie et les explications peuvent être projetées selon la représentation du problème.

Notre proposition a été implémentée dans le système `PaLM` et montre des propriétés intéressantes : la possibilité de gérer plusieurs utilisateurs, adaptabilité à des systèmes distribués, possibilité de gérer en des boites simples des contraintes de haut niveau, généralité de l'approche, ...

Nos travaux actuels se concentrent sur l'utilisation réelle de nos explications conviviales. Notre première expérience sera réalisée dans le système `ptidej` [ALB 01].

8. Bibliographie

[ALB 01] ALBIN-AMIOT H., COINTE P., GUÉHÉNEUC Y.-G., JUSSIEN N., « Instantiating and Detecting Design Patterns : Putting Bits and Pieces Together », *16th IEEE conference on Automated Software Engineering (ASE'01)*, San Diego, USA, novembre 2001.

[Bay 96] BAYARDO JR. R. J., MIRANKER D. P., « A complexity analysis of space-bounded learning algorithms for the constraint satisfaction problem », *AAAI'96*, 1996.

[CAS 99] CASEAU Y., JOSSET F.-X., LABURTHE F., « CLAIRE : combining sets, search and rules to better express algorithms », SCHREYE D. D., Ed., *Proc. of the 15th International Conference on Logic Programming, ICLP'99*, MIT Press, 1999, p. 245–259.

[GOU 00] GOUALARD F., BENHAMOU F., « *Debugging constraint programs by store inspection* », vol. 1870 de *Lecture Note in Computer Science*, chapitre Analysis and visualization tools for constriant programming (11), Springer Verlag, 2000.

[JUN 01] JUNKER U., « QUICKXPLAIN : Conflict Detection for Arbitrary Constraint Propagation Algorithms », rapport, 2001, Ilog SA.

[JUS 00a] JUSSIEN N., BARICHARD V., « The PaLM system : explanation-based constraint programming », *Proceedings of TRICS : Techniques foR Implementing Constraint programming Systems, a post-conference workshop of CP 2000*, Singapore, septembre 2000, p. 118–133.

[JUS 00b] JUSSIEN N., DEBRUYNE R., BOIZUMAULT P., « Maintaining Arc-Consistency within Dynamic Backtracking », *Principles and Practice of Constraint Programming (CP 2000)*, n° 1894 Lecture Notes in Computer Science, Singapore, septembre 2000, Springer-Verlag, p. 249–261.

[JUS 00c] JUSSIEN N., LHOMME O., « Local search with constraint propagation and conflict-based heuristics », *Seventh National Conference on Artificial Intelligence – AAAI'2000*, Austin, TX, USA, août 2000, p. 169–174.

[JUS 01] JUSSIEN N., « e-constraints : explanation-based Constraint Programming », *CP01 Workshop on User-Interaction in Constraint Satisfaction*, Paphos, Cyprus, 1 décembre 2001.

[LAB 00] LABURTHE F., « CHOCO : implementing a CP kernel », *CP00 Post Conference Workshop on Techniques for Implementing Constraint programming Systems (TRICS)*, Singapore, septembre 2000.

[SCH 94] SCHIEX T., VERFAILLIE G., « Nogood Recording fot Static and Dynamic Constraint Satisfaction Problems », *International Journal of Artificial Intelligence Tools*, vol. 3, n° 2, 1994, p. 187–207.

[SQA 96] SQALLI M. H., FREUDER E. C., « Inference-Based Constraint Satisfaction Supports Explanation », *AAAI : National Conference on Artificial Intelligence*, 1996, p. 318–325.

Analyse automatisée de traces d'exécution de programmes CLP(FD)

Mireille Ducassé* — **Ludovic Langevine****

* *IRISA/INSA, Campus universitaire de Beaulieu, F- 35042 Rennes Cedex*
Mireille.Ducasse@irisa.fr

** *INRIA Rocquencourt, BP 105, F-78153 Le Chesnay*
Ludovic.Langevine@inria.fr

RÉSUMÉ. *Le comportement opérationnel des programmes* clp(fd) *n'est pas facile à comprendre. Nous proposons une approche où des vues de haut niveau des exécutions peuvent être construites au dessus de traceurs bas niveau. Nous présentons un module qui peut analyser à la volée des traces d'exécution. Les développeurs d'applications et les utilisateurs terminaux peuvent programmer facilement des outils d'analyse de traces sans avoir à connaître les détails d'implémentation ni du solveur ni du traceur. La plus grande partie du filtrage de traces peut se faire sans stocker ni même générer la trace. L'analyse peut donc être très efficace. Le schéma d'analyse avait été initialement conçu pour des programmes Prolog. Il a été ici étendu pour prendre en compte le* store *de contraintes. Nous présentons également deux exemples significatifs d'analyses de traces dédiées à* clp(fd). *Cette étude démontre que le schéma d'analyse proposé est suffisamment générique pour s'adapter à un large éventail de modèles de traces et, donc, de langages.*

ABSTRACT. *The operational behavior of* clp(fd) *programs is not easy to understand. We propose an approach where high-level views of executions are built on top of low-level tracers. We describe an analysis module which can analyze on the fly execution traces. Application programmers or end-users can easily program trace analysis tools without knowing any details about the implementation of the solveur or the trace. Most of the trace filtering can be done without storing or even generating any trace information.* The analysis can thus be very efficient. *The analysis scheme was initially designed for the analysis of Prolog. It has been extended in order to cope with the constraint store of* clp(fd). *In this article we give two significant examples of* clp(fd) *dedicated analyses. This study shows that the scheme is generic enough to accommodate a wide range of trace models and, thus, of languages.*

MOTS-CLÉS : *Génie logiciel, analyse de programmes, analyse de traces, débogage, visualisation*

KEYWORDS: *Software engineering, program analysis, trace analysis, debugging, visualization*

1. Introduction

Les programmes clp(fd) peuvent résoudre des problèmes complexes mais sont difficiles à développer et maintenir. En particulier, leur comportement opérationnel est difficile à comprendre. Les traceurs d'exécution peuvent donner des informations précises sur les exécutions, mais ils sont calqués sur la sémantique opérationnelle du langage tracé. Cela donne, en général, une image de l'exécution de trop bas niveau. En particulier, les créateurs d'applications et les utilisateurs n'ont pas besoin de connaître tous les détails des étapes d'exécution. Ils ont besoin d'observer de manière abstraite le comportement des programmes. Par exemple ils veulent savoir précisément comment les contraintes se propagent.

Néanmoins, les traceurs et les traces de bas niveau sont très utiles car ils donnent une image fidèle des exécutions. Nous proposons une approche où des vues abstraites sont construites à partir de traces de bas niveau. Un module d'analyse filtre et, en général, traite les traces d'exécution produites par un traceur. Un langage d'interrogation de traces permet aux utilisateurs de poser directement des requêtes sur des exécutions. Les programmeurs d'applications peuvent aussi fournir des programmes d'explication dédiés à leurs applications. Les réalisateurs de solveurs peuvent fournir des programmes d'explication dépendants de leurs solveurs. Tout cela peut se faire sans avoir à connaître les détails d'implémentation ni du solveur ni du traceur. Il suffit de connaître le modèle de trace et les quelques primitives que nous présentons dans la suite.

Des outils intéressants de visualisation d'exécutions clp(fd) existent, voir par exemple [DER 00], toutefois leur implémentation est toujours *ad hoc*. Ils peuvent difficilement être portés d'un système à l'autre. Avec notre schéma, des analyses de traces peuvent être portées d'un système à l'autre à condition que les deux systèmes offrent des traceurs basés sur des modèles de trace suffisamment proches.

En outre, nos mécanismes permettent d'analyser la trace *à la volée* sans stocker d'informations. Ils testent les valeurs des variables et contraintes telles qu'elles apparaissent dans les structures de données du solveur. La génération effective de traces est dirigée par l'analyse : le traceur ne produira que les informations nécessaires à l'analyse. Il ne produira donc beaucoup d'informations que si l'analyse l'exige. Dans ce cas, nous pouvons supposer que le problème à résoudre est difficile et que la personne demandant l'analyse est prête à payer le prix nécessaire. Une conséquence directe, et très importante, est que le modèle de trace peut être aussi riche qu'on le veut, puisque le prix de cette richesse sera payé seulement si l'information est utilisée.

Les bases des mécanismes d'analyse ont été initialement conçues pour l'analyse de programmes Prolog [DUC 99b]. Elles avaient été étendues afin de prendre en compte les variables globales de C [DUC 99a]. Dans ce document, nous les étendons encore pour prendre en compte le *store* de contraintes de clp(fd), et nous les appliquons à trois analyses consacrées à clp(fd). La première[1] donne une vue graphique de l'arbre de recherche (semblable à l'abstraction principale de [SCH 97].) La seconde donne

1. Non présentée dans cet article par manque d'espace

une vue 3D sur la mise à jour des variables ; cette vue est semblable à celle proposée par [CAR 00]. La troisième donne une vue originale de la procédure d'énumération (*labelling*) à l'aide de l'outil graphique général ESieve [BAU 02]. Chaque analyse est programmée en moins de 100 lignes.

La contribution de cet article est triple. Premièrement, il donne un raffinement pour clp(fd) des mécanismes d'analyse de traces conçus pour Prolog. Deuxièmement, il présente une vue originale de la propagation de contraintes. Troisièmement, il valide notre conjecture selon laquelle nos mécanismes d'analyse de traces sont indépendants du modèle de trace et donc du langage tracé. Dans la suite, la section 2 rappelle un modèle de trace que nous avons conçu pour modéliser la propagation de contraintes en clp(fd). La section 3 décrit nos mécanismes d'analyse de traces. La section 4 explique comment nous avons utilisé ces mécanismes pour mettre en œuvre deux vues graphiques abstraites. La section 5 discute les travaux connexes.

2. Un modèle de trace pour clp(fd)

Une exécution de programme peut être représentée par un flot d'événements élémentaires, appelé une trace d'exécution. Un modèle de trace spécifie, premièrement, quels sont les événements d'intérêt et, deuxièmement, quelle information leur est attachée. Nous donnons quelques détails sur ces deux aspects dans la suite pour un modèle possible d'exécutions clp(fd). Ce modèle prend essentiellement en compte les variables et les contraintes, un peu à la manière de Müller [MüL 00]. Une présentation complète de ce modèle et de sa sémantique peut être trouvée dans [LAN 02].

Type des événements. Spécifier les événements d'intérêt consiste à définir quelles étapes de l'exécution doivent être tracées. Dans les débogueurs pour la programmation en logique les types des événements sont traditionnellement appelés *ports*. Les traceurs pour Prolog fournissent des ports qui modélisent le flot de contrôle de l'exécution. Pour les exécutions clp(fd), nous proposons des ports qui modélisent *la propagation des contraintes*. Nous introduisons les types d'événements suivants, ils font référence à des événements intervenant sur le *store* de contraintes. tell : une nouvelle contrainte est ajoutée au *store* ; reduce : un domaine est réduit par une contrainte ; suspend : une contrainte est suspendue ; true : une contrainte est complètement résolue ; reject : une contrainte est rejetée car elle a vidé un domaine ; wake-up : une contrainte est mise dans la queue de propagation ; select : une contrainte de la queue de propagation est devenue active ; told : une contrainte est enlevée du *store* ; solution : l'état des domaines est une solution.

Attributs des événements. Dans notre modèle, la plupart des attributs sont communs à tous les événements. Ces attributs sont **chrono** : le numéro de l'événement (commençant à 1) ; **depth** : la profondeur de l'exécution, commençant à 0, elle est incrémentée à chaque tell et décrémentée à chaque told ; **port** : le type de l'événement comme présenté ci-dessus ; **domains** : l'ensemble des valeurs des domaines des variables avant que l'événement ait lieu ; **store** : le contenu du *store* de contraintes ;

```
sorted([X, Y, Z]) :-
    [X, Y, Z] : : 1..3,          % Au début, tous les domaines sont égaux à [1..3]
    X ## Y, X #>= Y, Y #> Z,     % 3 contraintes : x ≠ y, x ≥ y et y > z
    labeling([X, Y, Z]).         % phase d'énumération, avec une stratégie first fail

 1 [1] Tell     X##Y  X:[1,2,3] Y:[1,2,3]
 2 [1] Suspend X##Y  X:[1,2,3] Y:[1,2,3]
 3 [2] Tell     X#>=Y X:[1,2,3] Y:[1,2,3]
 4 [2] Suspend X#>=Y X:[1,2,3] Y:[1,2,3]
 5 [3] Tell     Y#>Z  Y:[1,2,3] Z:[1,2,3]
 6 [3] Reduce   Y#>Z  Y:[1,2,3] Z:[1,2,3] Y[1]
```

Figure 1. *Une portion de la trace de l'exécution du programme* `sorted([X, Y, Z])`

constraint : la contrainte concernée, représentée par un quadruplet : un unique identificateur généré au moment de son tell, une représentation abstraite, identique à sa formulation dans le programme source, une représentation concrète (e.g. `diffN(X, Y, N)` pour `X ## Y + N` ou `X - N ## Y`) et le contexte d'invocation, c'est à dire le but Prolog qui à effectué le tell. Pour certains ports, des attributs spécifiques sont ajoutés. Par exemple, les événements reduce ont trois attributs additionnels : la variable mise à jour, les valeurs enlevées pour cette variable, et les types des mises à jour.

La figure 1 montre le code source du programme `sorted(L)`. Le programme trie trois nombres entre 1 et 3 d'une manière très naïve. En suivant la convention de plusieurs systèmes, les opérateurs de contraintes sont préfixés par un "#". La figure montre aussi les six premiers événements de la trace d'exécution. Tous les événements sont listés mais seulement avec quelques attributs : `chrono`, `depth`, `port`, `constraint` (représentation abstraite) et `domains`. Aux événements reduce, sont ajoutés la variable mise à jour ainsi que le type de la mise à jour et les valeurs enlevées.

3. Un schéma d'analyse de traces

Dans cette section nous décrivons un schéma pour analyser la séquence d'événements qui constitue la trace. Les événements sont considérés un par un. On appelle *événement courant* celui concerné par l'analyse à un instant donné. Une fois l'analyse de cet événement terminé le focus peut être déplacé sur un événement ultérieur dans la séquence. Nous proposons un langage d'interrogation de traces qui est Prolog augmenté par quelques primitives. Nous introduisons ces primitives dans la suite.

3.1. *Filtrage des événements*

La primitive `fget` permet d'avancer dans la séquence d'événements, elle filtre aussi les événements selon un motif.

```
:- fget(depth = 2).
:- fget(port=reduce and updated_var='X'
                    and update=[emptied]).
:- fget(port in [select, reduce]).
:- fget(-), print_event, fail.
```

Figure 2. *Exemples de requêtes avec la primitive* `fget`

`fget(EventPattern)` avance dans la trace jusqu'à ce que, soit la fin de la trace soit atteinte, soit un événement corresponde au motif demandé (`EventPattern`). Dans le premier cas, la primitive `fget` échoue, dans le second cas elle réussit et l'événement courant est l'événement trouvé.

`EventPattern` est une conjonction de conditions. Chaque condition est de la forme `Nom_d'attribut Opérateur valeur_d'attribut`, où l'opérateur peut être, soit = (unification), soit `in` (un élément appartient à un ensemble.)

La figure 2 montre quatre exemples de requêtes. La première requête s'arrête au prochain événement dont la profondeur est 2. La deuxième requête s'arrête au prochain événement reduce où la variable 'X' vient juste d'être vidée. La troisième requête s'arrête au prochain événement dont le port est soit select soit reduce. Grâce au retour arrière de Prolog, la quatrième requête affiche une trace exhaustive. En effet, `fget(-)` récupère l'événement suivant; `print_event` affiche tous les attributs de l'événement courant; `fail` force le retour arrière sur `fget(-)`. Cette dernière, qui est resatisfiable, récupère l'événement ultérieur qui correspond à `EventPattern`. Ce processs est itéré jusqu'à ce que la fin de la trace soit atteinte.

Attributs d'EventPattern. Idéalement tous les attributs d'événement devraient pouvoir être utilisés dans le motif `EventPattern`. Néanmoins, certains de ces attributs sont de longueur variable et d'une grande complexité, par exemple le *store*. Il est donc difficile de les spécifier complètement dans un `EventPattern`. De plus, leur *matching* compliquerait de manière significative l'algorithme de filtrage dont le but est d'être aussi rapide que possible (voir la discussion de la section 3.5). En conséquence, nous proposons un compromis : certains attributs ne peuvent pas être utilisés dans `EventPattern`, mais ils peuvent quand même être récupérés. Plus précisément, parmi les attributs décrits à la section 2, `domains` et `store` ne peuvent pas apparaître dans `EventPattern`. Nous montrons à la section 3.3 que ce compromis ne réduit pas le pouvoir d'expression des requêtes.

3.2. *Récupération de l'événement courant*

Tous les attributs de l'événement courant peuvent être récupérés. Les attributs d'`EventPattern` peuvent être récupérés avec la primitive `current`. Les autres attributs, `domain` et `store`, représentent des ensembles d'éléments, ils sont appelés *attributs composés* dans la suite. Récupérer la totalité de chaque ensemble en une fois

```
:- current(chrono=Ch and depth=4 and port=Po and contrainst=Co).
:- current_data(type=var and ident=19 and domain=D and name=N).
:- current_data(type=const and ident=Id and repr=diffN(_,_,_)).
```

Figure 3. *Exemples de requêtes avec les primitives* `current` *et* `current_data`

serait trop coûteux. Nous proposons donc une deuxième primitive, `current_data`, qui récupère les attributs composés élément par élément.

`current(EventPattern)` : vérifie que les attributs de l'événement courant correspondent à `EventPattern`. `EventPattern` est de la même forme que pour la primitive `fget`.

`current_data(DataPattern)` : vérifie qu'à l'événement courant il existe au moins un élément des attributs composés qui correspond à `DataPattern`. Comme `fget`, `current_data` est resatisfiable.

`DataPattern` est une conjonction de conditions. Chaque condition est de la forme `Nom_de_champ = valeur_de_champ`, où l'opérateur = représente l'unification.

Pour chaque type d'attributs composés, les champs sont différents, sauf le `type` qui spécifie quel attribut composé est concerné. Pour `domains` le type des éléments est `var`(iable) et les champs sont `ident`(ifier), `name`, `domain`. Pour `store` le type des éléments est `const`(raint) et les champs sont `ident`(ifier), `source`, `repr`(ésentation), `context`.

Pour les deux primitives `current` et `current_data`, les valeurs des attributs qui sont spécifiées comme des variables Prolog dans le motif sont unifiées avec leur valeur courante effective.

La figure 3 montre des exemples de requêtes avec les primitives `current` et `current_data`. La première requête vérifie que la profondeur courante est bien 4 et, si c'est le cas, respectivement unifie les variables `Ch`, `Po` et `Co` avec la valeur des attributs `chrono`, `port` et `contrainst`. La deuxième requête récupère le nom et l'état du domaine de la dix-neuvième variable. La troisième requête récupère l'identificateur d'une contrainte de type `diffN` s'il en existe une dans le *store*.

3.3. *Filtrage généralisé*

Nous avons expliqué plus haut que les attributs composés d'un événement ne peuvent pas être utilisés dans la primitive de filtrage `fget`. Cela ne veut pas dire que le filtrage ne peut pas les utiliser. En effet, grâce au mécanisme de retour arrière de Prolog, la primitive `current_data` peut être utilisée pour raffiner le filtrage effectué par la primitive `fget`. Cela est illustré par les exemples de la figure 4. La première requête s'arrête au prochain événement correspondant au tell d'une contrainte `diffN` où

```
:- fget(port = tell and constraint = (_,_,diffN(X,Y,N),_)),
    current_data(type = var and ident = 12 and domain = [1,2]).

:- fget(port in [reject, solution]),
   ( current_data(type = var and ident = N and domain = D),
     printf("%w :: %w \n", [N,D]),  fail
   ; printf("no more variable \n", []) ).
```

Figure 4. *Exemples de requêtes avec les primitives* `fget` *et* `current_data`

la 12ème variable a un domaine égal à `[1,2]`. Quand `fget` trouve un événement correspondant à un tell d'un contrainte `diffN`, `current_data` est appelée. Elle s'assure que la 12ème variable a un domaine égal à `[1,2]`. Si la vérification échoue, la requête revient en arrière sur `fget` qui essaie de trouver un événement ultérieur correspondant au filtre. Si `fget` réussit `current_data` est appelée de nouveau, et ainsi de suite jusqu'à ce que, soit la fin de l'exécution soit atteinte, soit un événement correspondant à la fois au filtre de `fget` et à celui de `current_data` soit trouvé. Tous les mécanismes de Prolog peuvent être utilisés dans les requêtes. Par exemple, la deuxième requête s'arrête au prochain événement tell ou reject. Puis une construction "repeat-fail" est utilisée pour récupérer toutes les variables existant à cet instant et leur domaine afin de les afficher. Quand plus aucune variable n'est trouvée la requête le signale. On peut noter que les informations sur les variables et les domaines pourraient être affichées de manière plus sophistiquée. Ce point est illustré dans les exemples de la section 4.

3.4. *Mécanismes de filtrage des événements*

Les événements sont filtrés en parallèle avec l'exécution du programme tracé. Deux processus sont exécutés, un pour l'exécution tracée et un pour l'analyse de traces (appelé LSD dans la suite). Le processus LSD exécute un interprète Prolog. Quand une exécution tracée est lancée, LSD est avisé au moment où le premier événement arrive, l'exécution tracée est alors suspendue. LSD exécute une requête localement jusqu'à ce que la primitive `fget/1` soit rencontrée. Alors l'exécution tracée reprend et LSD est suspendu à son tour. Quand l'événement requis est atteint, l'exécution tracée s'arrête et LSD reprend la main jusqu'à une nouvelle occurrence de la primitive `fget/1`, et ainsi de suite.

La figure 5 illustre ce fonctionnement. Supposons que le programmeur veuille interroger la trace de l'exécution du programme donné figure 1. Quand l'exécution atteint le premier événement, elle avise LSD qui invite le programmeur à saisir une requête. Le programmeur entre un but afin de chercher un événement à profondeur 4 (`fget([depth = 4])`). Cet événement doit être affiché (`print`). LSD rend la main à l'exécution tracée pour l'exécution du filtrage. Quand l'exécution tracée atteint l'événement suivant, elle vérifie si la profondeur courante est égale à 4. On peut noter que cette vérification est strictement locale au processus tracé qui peut accéder aux struc-

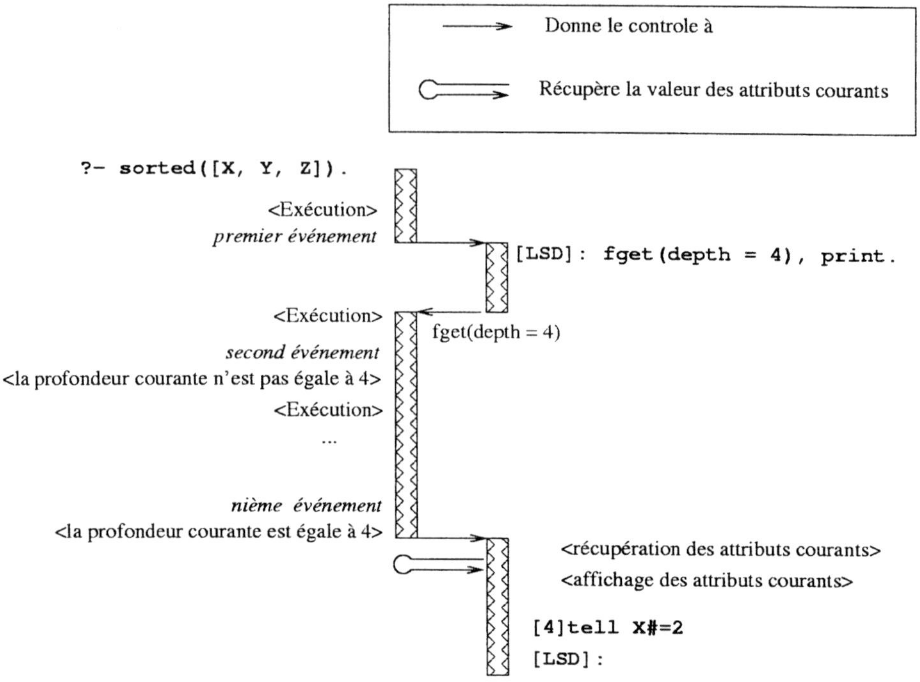

Figure 5. *Illustration des mécanismes de filtrage*

tures de données du solveur. Comme la profondeur courante n'est pas celle requise, l'exécution tracée reprend jusqu'à l'événement suivant. La profondeur est de nouveau vérifiée localement. L'avance dans la trace et les vérifications des attributs sont effectuées tour à tour jusqu'au premier événement dont la profondeur est 4. LSD est avisé et reprend la main. Les attributs de l'événement courant sont récupérés par la commande `print` qui affiche les informations correspondantes. L'exécution de la requête est terminée. Le programmeur peut alors en entrer une autre.

3.5. *Un bon compromis entre efficacité et puissance d'expression*

Le schéma décrit plus haut est un bon compromis entre efficacité et puissance d'expression. En effet, le filtrage est effectué dans le processus tracé. Cela a deux avantages majeurs. Premièrement, les attributs n'ont pas besoin d'être créés, ils sont présents dans le processus tracé et il suffit de les tester. Une création ou une copie d'information entre processus est plus coûteuse de plusieurs ordres de magnitude qu'un test. Deuxièmement, seulement deux changements de contexte de processus sont nécessaires pour un appel de `fget`, un pour changer de la session d'analyse à la session tracée, et un pour revenir à la session d'analyse quand un événement requis est trouvé.

Les changements de contexte peuvent être très coûteux, les éviter est une bonne politique. En conséquence une requête qui n'utilise qu'un `fget` sera très efficace.

Néanmoins, `fget` toute seule n'offre pas toute la puissance nécessaire. Comme illustré précédemment, une recherche sophistiquée demande d'utiliser `current_data`. Dans ce cas, davantage de changements de contexte auront lieu et de grosses quantités d'information pourraient être copiées. Cela étant, `current_data` est conçue de telle manière que les informations puissent être récupérées élément par élément. De cette manière seules les parties utiles des attributs composés seront récupérées.

Ainsi, le filtrage simple est très efficace. Le coût du filtrage généralisé dépend de la quantité d'attributs composés qui doit être vérifiée et du nombre d'événements où la vérification doit être effectuée. Si la plus grande partie de la recherche peut être faite par `fget`, les requêtes sophistiquées peuvent tout de même être très efficaces. Il faut noter que quel que soit le temps pris par une requête, ce temps sera toujours nettement plus court que celui pris par une recherche équivalente faite à la main avec un traceur plus rudimentaire.

4. Exemples d'analyse de traces clp(fd)

Pour valider notre approche nous avons construit des exemples d'analyse de traces écrites en Prolog étendu par les primitives présentées ci-dessus : la reconstruction d'un arbre de recherche, un affichage graphique de la réduction du domaine des variables et un affichage *customisable* de l'énumération. Le calcul de la première analyse et celui de la troisième sont entièrement effectués à la volée. La seconde analyse s'effectue en deux étapes : la première étape est synchronisée avec l'exécution tracée, elle donne une première vue qui est stockée dans un fichier intermédiaire. La seconde étape traite les données collectées dans ce fichier et en génère un second. Par manque de place seules les deuxième et troisième analyses sont décrites dans la suite. Un exemple d'arbre de recherche résultat de la première analyse peut être trouvé dans [LAN 02].

4.1. *Génération d'une vue 3D de la mise à jour des variables*

Une de nos expérimentations est la génération d'une vue de la mise à jour des variables à la TRIFID [CAR 00]. Comme illustré par la figure 6 cette vue montre en trois dimensions l'évolution des domaines pendant l'exécution d'un programme resolvant le problème des 40 reines [2]. L'axe de la profondeur représente les variables, 40 reines devant être positionnées sur l'échiquier. L'axe des ordonnées représente la taille des domaines, initialement chaque reine peut prendre une position parmi 40. L'axe des abscisses représente le temps. On peut dire que la stratégie d'énumération

2. Bien que cela ne soit pas visible ici, des couleurs ont été introduites pour afficher des événements spécifiques comme dans la vue de [SIM 00].

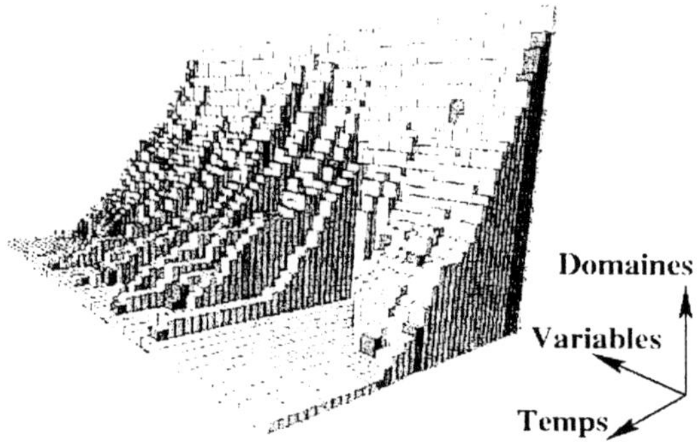

Figure 6. *Vue 3D de la mise à jour des variables pour le problème des 40 reines*

utilisée dans cette exécution est plutôt bonne car les domaines décroissent rapidement et uniformément.

L'analyse utilise un fichier texte intermédiaire. Chaque ligne représente un instant de l'exécution et est composée de deux colonnes par variable : la taille de son domaine à ce point de l'exécution et un entier qui indique comment le domaine a été modifié à la dernière étape d'exécution. Puis ce fichier est traité par un programme écrit en C que nous avons pu réutiliser. Il fabrique un fichier VRML qui peut être affiché par n'importe quel visionneur VRML.

La majeure partie du code source de l'analyse est donnée dans la figure 7. L'idée essentielle de l'analyse de traces est de gérer un flag pour chaque variable. Ce flag indique comment le domaine a été réduit par le dernier choix. Les flags sont mis à jour à chaque réduction (événements reduce) et réinitialisés quand une ligne est copiée dans le fichier. Ces flags sont gérés avec des variables globales. Ce système est contrôlé par trois prédicats : `reset_flags/0`, `update_flag(V,U)` qui prend en compte la mise à jour `U` de la variable `V` et `get_flag(V,F)` qui donne la valeur courante `F` du flag de `V`.

Le prédicat principal de l'analyse est `upView(File)`. Tout d'abord, il ouvre un nouveau fichier pour rendre le résultat et initialise les flags (lignes n° 2 et n° 3). Puis l'exécution est conduite jusqu'à la première addition de contrainte (n° 4). Les listes de toutes les variables et de leurs domaines sont récupérées (n° 6-7). Cet état initial est copié dans le fichier par le prédicat `dump_domains/1` (n° 8). Une boucle *repeat-fail* (n° 9-21) est utilisée pour traiter le reste de la trace. À chaque événement pertinent (réduction, addition de contrainte, échec ou solution) l'exécution est stoppée (n° 9). Si l'événement courant correspond à une réduction de domaine, le type de mise à jour est envoyé au système de flag pour être enregistré (n° 13). À une solution, un échec ou une addition de contrainte les domaines sont copiés avec les flags correspondants par `dump_domains/1` (n° 16). Les flags sont ensuite réinitialisés. Après le dernier événement, `fget/1` échoue et le fichier intermédiaire est fermé (n° 23).

```
upView(File):-
  open(File, write, updateView),
  reset_flags,
  fget(port=tell and constraint=(_,_,_,recherche)),
  record_labeling,
  setof(V, current_data(type=var and ident=V), AllVars),
  get_domains(AllVars, InitDoms),
  dump_domains(InitDoms),
  ( fget(port in [reduce, tell, solution, reject]),
    current(port = Port),
    (   Port = reduce
     -> current(updated_var = Var and update = Update),
        update_flag(Var, Update)
     ;  %Port in [tell,solution,reject]
        get_domains(AllVars, DomState),
        dump_domains(DomState),
        reset_flags,
        ( Port = tell
          -> record_labeling
          ;  true ),
       fail)
 ;
  close(updateView)).


dump_domains(DomState):-
  member((V,Dv), DomState)
  dom_size(Dv, Size),
  get_flag(V, Flag),
  printf(updateView, "%d %d ",[Size,Flag]),
  fail
 ;
  printf(updateView,"\n",[]).


record_labeling:-
  current(constraint = (Id,_,_,_)),
  const_vars(Id, [V]),
  update_flag(V, labeled).
```

Figure 7. *Code source de la vue 3D des mises à jour des variables*

4.2. *Observation* customisable *de la procédure d'énumération*

Une autre analyse donne des résultats statistiques sur le comportement de la procédure d'énumération. L'affichage de ces résultats est hautement *customisable*. Pour chaque choix fait par la procédure d'énumération, l'analyse enregistre la variable affectée, sa valeur, et plusieurs statistiques sur la propagation induite : nombre de

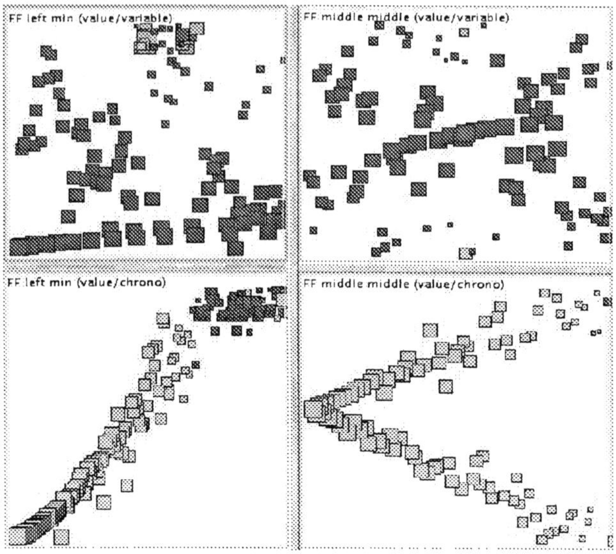

Figure 8. *Comparaison, grâce à deux vues* customisées, *de deux stratégies d'énumération pour résoudre le problème des 100 reines*

contraintes réveillées, nombre de réductions élémentaires de domaine, nombre d'événements de propagation, nombre de solutions et d'échecs dans le sous arbre induit. Ces statistiques reflètent l'efficacité de la propagation et la pertinence du choix.

Ces données sont copiées dans un fichier qui peut être traité par le logiciel ILOG ESieve [BAU 02]. À partir des statistiques calculées par l'analyse de traces, cet outil permet à l'utilisateur de *customiser* l'affichage d'une manière très flexible afin de trouver des vues pertinentes. Il peut aider les programmeurs à évaluer l'efficacité d'une stratégie, à trouver des corrélations entre plusieurs facteurs ou à comparer des stratégies.

Par exemple, la figure 8 présente une comparaison de deux stratégies pour le problème des 100 reines. À gauche, la stratégie *first-fail* qui place les reines en partant d'un coin de l'échiquier et à droite, une stratégie qui place les reines en partant du milieu de l'échiquier. Pour chaque stratégie, deux vues complémentaires sont affichées. La vue du haut montre l'emplacement des choix : le nombre des variables affectées est sur l'axe horizontal et la valeur est sur l'axe vertical. C'est donc une vue de l'échiquier. Les carrés rouges (sombres) signifient qu'un choix amène à un autre point de choix, les carrés verts et bleus (clairs) reflètent respectivement des échecs et la première solution. La taille du carré représente le nombre d'événements de propagation induits par le choix. Cette vue montre que la première stratégie place les reines depuis le coin en bas à gauche jusqu'au coin en haut à droite avant d'échouer dans la moitié haute alors que la seconde stratégie place les reines de manière plus homogène et bénéficie de la nature symétrique de ce problème. La vue du bas est chronologique :

l'axe horizontal montre le numéro du nœud correspondant de l'arbre de recherche, l'axe vertical montre la valeur choisie pour étiqueter une variable. Les carrés bleus (clairs) sont des nœuds qui amènent à une solution et les rouges (foncés) sont dans un sous-arbre d'échec. On peut observer que la première stratégie échoue sur un petit nombre de valeurs dans la partie haute de l'échiquier.

Le code de cette analyse est long de 30 lignes et ne peut pas être donné ici par manque d'espace. Il est similaire en essence au code présenté dans la figure 7. Ce qui mérite d'être souligné ici est la synergie entre deux outils puissants et flexibles. ESieve peut donner un grand nombre de vues graphiques et notre outil peut facilement récupérer et formater les information requises sur l'exécution.

5. Travaux connexes

Comme déjà mentionné dans l'introduction, les outils de visualisation existants sont *ad hoc*. Nous avons montré dans la section 4.1 qu'un module d'analyse générique comme le notre pouvait filtrer et générer les informations nécessaires à certaines de ces analyses. Il faut cependant noter que l'outil *Oz explorer* permet une exploration interactive de l'arbre de recherche [SCH 97]. Pour étendre notre analyse il faudrait intégrer l'interaction à l'outil graphique. Müller [MüL 00] offre des capacités de filtrage qui semblent proches de celles offertes par notre primitive `fget`.

Dans la suite de cette section nous donnons quelques points de comparaison avec les outils d'analyse générique d'exécutions. Les deux primitives `current` et `current_data` qui permettent de récupérer l'état courant sont très importantes dans notre schéma. Cela est cohérent avec Duel [GOL 93] dont la fonctionnalité principale est de permettre aux utilisateurs d'examiner les états des exécutions. Duel fournit un interpréteur ad hoc avec des « générateurs » pour les expressions à plusieurs solutions. Notre schéma utilise Prolog dont le mécanisme de retour arrière fournit gratuitement les capacités des générateurs.

Notre primitive de filtrage a des similitudes avec la récupération dans une base de données relationnelle. Elle en a cependant beaucoup d'avantages sans en avoir les inconvénients. En effet, les systèmes existants basés sur une véritable base de données (par exemple Omega [POW 83] et TraceView [MAL 91]) ont de sérieux problèmes de performances. Premièrement, ils ne peuvent commencer l'analyse que lorsque *toute* l'information relative à une exécution a été stockée. Dans notre schéma, l'analyse se fait à la volée, elle commence au premier événement. De plus, les parties coûteuses ne sont calculées que si elles sont nécessaires. Notre approche est donc beaucoup plus efficace.

6. Conclusion

Dans cet article nous avons présenté un schéma d'analyse de traces, adapté avec succès à clp(fd). Nous avons décrit deux exemples non-triviaux de vues abstraites d'exécutions construits au dessus de ce schéma. Le premier, une présentation graphique de la réduction des variables, est adapté de la littérature. Le dernier, une observation *customisable* de la procédure d'énumération, tire parti de notre schéma et d'un puissant outil graphique. Les deux exemples ont pu être implantés en une centaine de lignes de code. Notre schéma d'analyse de traces est donc applicable à des modèles de traces très différents. Prolog avec son flot de contrôle sophistiqué, C avec ses structures de données globales et clp(fd) avec son flot de données sophistiqué représentent un large éventail de paradigmes de programmation. Le succès de l'adaption de notre schéma d'analyse de trace à ces trois langages montre sa généricité.

Remerciements

Ces travaux sont partiellement financés par le projet RNTL OADymPPaC, http ://contraintes.inria.fr/OADymPPaC/. Les auteurs remercient Thomas Baudel, Pierre Deransart et Rachid Zoumman. T. Baudel nous a aidé à utiliser son outil. R. Zoumman a implémenté les procédures C qui génèrent le code VRML utilisé par une de nos analyses. P. Deransart a encadré ce travail sur VRML et il a donné des commentaires fructueux sur une version préliminaire de cet article.

7. Bibliographie

[BAU 02] BAUDEL T., « Visualisations compactes : une approche déclarative pour la visualisation d'information », *Actes du congrès Interaction Homme Machine*, ACM Press, Novembre 2002.

[CAR 00] CARRO M., HERMENEGILDO M., « The VIFID/TRIFID tool », [DER 00], chapitre 10.

[DER 00] DERANSART P., HERMENEGILDO M., MALUSZYNSKI J., *Analysis and visualization tools for constraint programming*, vol. 1870 de *Lecture Notes in Computer Science*, Springer-Verlag, 2000.

[DUC 99a] DUCASSÉ M., « Coca : An automated debugger for C », *Proceedings of the 21st International Conference on Software Engineering*, ACM Press, May 1999, p. 504-513.

[DUC 99b] DUCASSÉ M., « Opium : An extendable trace analyser for Prolog », *The Journal of Logic programming*, vol. 39, 1999, p. 177-223, Special issue on Synthesis, Transformation and Analysis of Logic Programs, A. Bossi and Y. Deville (eds), Also Rapport Technique INRIA 3257.

[GOL 93] GOLAN M., HANSON D., « DUEL- A very high-level debugging language », *Proceedings of the Winter USENIX Technical Conference*, San Diego, January 1993, Also Research Report CS-TR-399-92, Princeton University.

[LAN 02] LANGEVINE L., DERANSART P., DUCASSÉ M., JAHIER E., « Prototypage de traceurs CLP(FD) », RUEHER M., Ed., *Actes des Journées Francophones de Programmation en Logique avec Contraintes*, HERMES science publications, Mai 2002.

[MAL 91] MALONY A., HAMMERSLAG D., JABLONOWSKI D., « Traceview : A trace visualization tool », *IEEE Software*, , 1991, p. 19-28.

[MüL 00] MÜLLER T., « Practical Investigation of Constraints with Graph Views », DECHTER R., Ed., *Proceedings of the Sixth International Conference on Principles and Practice of Constraint Programming*, vol. 1894 de *Lecture Notes in Computer Science*, Singapore, 2000, Springer-Verlag, p. 320–336.

[POW 83] POWELL M., LINTON M., « A database model of debugging », JOHNSON M., Ed., *ACM SIGSOFT/SIGPLAN Software Engineering Symposium on high-level debugging*, ACM, March 1983, p. 67-70.

[SCH 97] SCHULTE C., « Oz explorer : a visual constraint programming tool », NAISH L., Ed., *Proceedings of the Fourteenth International Conference on Logic Programming*, MIT Press, 1997, p. 286-300.

[SIM 00] SIMONIS H., AGGOUN A., « Search-tree visualisation », [DER 00], chapitre 7.

Prototypage de traceurs CLP(FD)

Un modèle de trace et son expérimentation

Ludovic Langevine[*] — Pierre Deransart[*] — Mireille Ducassé[**] — Erwan Jahier[**]

[*] *INRIA Rocquencourt – BP 105 – F-78 153 Le Chesnay Cedex*

{Ludovic.Langevine, Pierre.Deransart}@inria.fr

[**] *IRISA/INSA – Campus universitaire de Beaulieu – F-35 042 Rennes Cedex*

Mireille.Ducasse@irisa.fr, Erwan.Jahier@imag.fr

RÉSUMÉ. *Les outils d'observation des exécutions sont utiles pour développer et maintenir des programmes logiques avec contraintes. Les outils actuels, conçus de manière* ad hoc, *sont difficilement portables d'une plate-forme à l'autre. L'analyse d'une trace d'exécution peut donner d'intéressantes vues de l'exécution. Dans cet article, nous proposons un modèle de trace pour la résolution de contraintes par réduction de domaine. Ce modèle de trace, le premier proposé pour clp(fd), ne prétend pas être le modèle ultime. Afin de l'expérimenter, nous proposons un prototype de traceur sous la forme d'un méta-interprète. De plus, nous montrons que le modèle proposé contient les informations nécessaires à la production de vues utiles et bien connues. Ce travail pose les bases de l'analyse générique d'exécutions pour clp(fd).*

ABSTRACT. *Developing and maintaining CLP programs requires visualization and explanation tools. However, existing tools are built in an ad hoc way. Therefore porting tools from one platform to another is very difficult. We have shown in previous work that, from a fine-grained execution trace, a number of interesting views about logic program executions could be generated by trace analysis. In this article, we propose a trace model for constraint solving by narrowing. This trace model is the first one proposed for clp(fd) and does not pretend to be the ultimate one. We propose an instrumented meta-interpreter in order to experiment with the model. Furthermore, we show that the proposed trace model contains the necessary information to build known and useful execution views. This work sets the basis for generic execution analysis of clp(fd) programs.*

MOTS-CLÉS : *Programmation par contraintes, domaines finis, trace d'exécution, modèle de trace, traceur, débogage, mise au point*

KEYWORDS: *Constraint programming, finite domains, execution trace, trace model, tracer, debugging, tuning*

1. Introduction

Les outils de visualisation et d'explication des exécutions facilitent la mise au point de programmes logiques avec contraintes. Différents outils d'aide à la mise au point ont déjà été réalisés, notamment par dans le projet européen DiSCiPl [DER 00]. Par exemple, l'outil *CHIP Search-Tree* [SIM 00] permet à l'utilisateur d'étudier l'action d'une procédure de recherche et le modèle S-Box [GOU 00] offre à l'utilisateur des représentations graphiques hiérarchisées du *store* de contraintes. Cependant, les implantations existantes sont *ad hoc* : porter un outil d'une plate-forme à l'autre revient à dupliquer à chaque fois l'effort de conception et d'implantation.

Nous avons déjà montré que les exécutions de programmes pouvaient être observées par analyse d'une trace d'exécution [DUC 99]. Ici, nous voulons produire une trace pouvant être utilisée par différents outils de débogage pour la programmation logique par contraintes, restreinte aux domaines finis (clp(fd)). Les outils donnent des vues pertinentes d'une exécution clp(fd), par exemple l'arbre de recherche ou l'évolution des domaines durant la recherche. Chaque outil sélectionne dans la trace les éléments utiles à la construction de sa vue. La trace doit donc contenir toutes les informations potentiellement utiles. Dans cette approche, les outils peuvent être développés simultanément et réutilisés sur différentes plates-formes [1].

Cette approche implique de définir un modèle de trace reflétant le comportement de différents solveurs. Pour cela, nous partons d'un modèle général de résolution de contraintes sur les domaines finis basé sur [BEN 94] et [FER 00]. Ce modèle est formalisé par une sémantique opérationnelle. Cette formalisation nous permet de définir rigoureusement les événements de trace, comme cela avait été fait pour Prolog [JAH 00]. Cette approche formelle nous rend indépendant de toute plate-forme.

Implanter un traceur est une tâche ardue, surtout au sein de solveurs hautement optimisés. Avant de commencer une implantation réelle, il est essentiel d'élaborer et d'expérimenter le modèle de trace. Pour nos premières expérimentations, le modèle formel est implanté sous forme d'un méta-interprète instrumenté qui en est l'exact reflet. Le méta-interprète proposé permet de valider expérimentalement le modèle : il constitue un prototype de traceur dont l'efficacité n'est pas critique. Comme dans [JAH 00], le méta-interprète est une spécification exécutable des traces et il peut ensuite être utilisé pour valider un véritable traceur. L'approche méta-interprète pour tracer les programmes clp(fd) a déjà été utilisée dans l'outil APT de Carro et Hermenegildo [CAR 00a]. Cependant, nous proposons ici une trace décrivant finement la propagation, comme dans le modèle informel de Müller [MüL 00].

Tracer finement une exécution clp(fd) peut générer une grande quantité de données. La trace doit être filtrée et analysée avant tout transfert d'information afin de ne fournir aux outils de débogage que l'information minimale nécessaire. Pour valider le modèle de trace, nous avons construit un analyseur de trace [DUC 02] pour calculer

1. Nos partenaires du projet OADymPPaC utiliseront notre modèle de trace pour concevoir des outils dans les plates-formes CHIP [COS 98], CLAIRE [CAS 99] et GNU Prolog [GNU 01].

des vues d'exécutions. Nous avons ainsi montré que le modèle proposé permettait la reproduction de plusieurs outils existants.

La contribution de cet article est à la fois la définition rigoureuse d'un modèle de trace pour clp(fd) et la méthodologie d'expérimentation et de validation de ce modèle. Il pose les bases de l'analyse générique d'exécutions de programmes clp(fd).

Dans cet article, la définition formelle du modèle d'exécution de clp(fd) fait l'objet de la section 2. De ce modèle à 8 types d'événements, la section 3 déduit un format de trace. La section 4 donne les principes de la construction d'un méta-interprète instrumenté pour expérimenter le modèle. L'expérimentation de la trace proposée est brièvement décrite à la section 5.

2. Sémantique opérationnelle de la programmation par contraintes

Dans cette section, nous proposons un modèle d'exécution pour la programmation par contraintes sur les domaines finis. La sémantique opérationnelle de la programmation par contrainte combine deux axes : le contrôle et la propagation. Le contrôle dépend du langage hôte du solveur, la propagation correspond au *narrowing*. Bien que les notions introduites ici soient peu dépendantes du langage, le contrôle est celui de clp(fd).

Notations de base. Dans la suite, $\mathcal{P}(A)$ est l'ensemble des parties de A ; $r|_w$ est la *restriction* de la relation $r \subseteq A \times B$ à $w \subseteq A$: $r|_w = \{(x,y) \mid x \in w \wedge (x,y) \in r\}$. Les notations suivantes se rapportent aux variables et contraintes : $\mathcal{V}$ est l'ensemble des variables de domaine du problème ; $\mathcal{D}$ est un ensemble fini contenant toutes les valeurs possibles pour les variables de $\mathcal{V}$; D est une fonction de $\mathcal{V}$ dans $\mathcal{P}(\mathcal{D})$, qui à chaque variable x associe son domaine courant, noté D_x ; min_x et max_x représentent respectivement les bornes inférieure et supérieure de D_x ; $\mathcal{C}$ est l'ensemble des contraintes du problème ; $\mathbf{var}$ est une fonction de $\mathcal{C}$ dans $\mathcal{P}(\mathcal{V})$, qui associe à chaque contrainte $C \in \mathcal{C}$ l'ensemble des variables qu'elle implique, $\mathbf{var}(C)$.

2.1. *Opérateurs de réduction*

Lors de la propagation, l'évolution des domaines est une suite de retraits de valeurs inconsistantes. À chaque pas, pour une contrainte donnée, un ensemble de valeurs inconsistantes est retiré d'un domaine et un seul. Cet ensemble de valeurs à retirer est calculé par des algorithmes dits de consistance locale présentés par exemple par Marriott et Stuckey [MAR 98]. Suivant Ferrand et al. [FER 00], nous définissons des *opérateurs de réduction*. L'application de tous les opérateurs de réduction d'une contrainte donne l'opérateur de *narrowing* introduit par Benhamou [BEN 94].

Définition 2.1 (Opérateur de réduction). *Un* opérateur de réduction red_C^x *est une fonction associée à une contrainte C et une variable x. Étant donnés les domaines des variables de C, elle retourne le domaine D_x sans les valeurs jugées inconsistantes.*

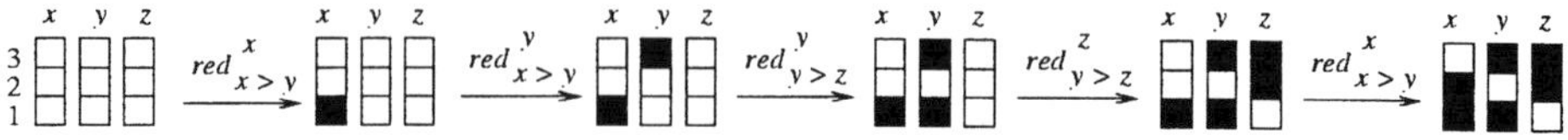

Figure 1. *Application des opérateurs de réduction au système* $\{x > y; y > z\}$.

L'ensemble des valeurs retirées par cet opérateur est noté Δ_x *:*
$red_C^x(D|_{\mathbf{var}(C)}) = D_x - \Delta_x$. □

Il y a un opérateur de réduction attaché à C par variable de $\mathbf{var}(C)$. Généralement, pour des raisons d'efficacité, un opérateur ne retire pas toutes les valeurs inconsistantes (on parle de consistance partielle).

L'évolution des domaines lors de la propagation est vue comme une séquence d'application des opérateurs de réduction des contraintes du *store*. Ils sont appliqués jusqu'à l'obtention d'un point fixe [FER 00], fin de la propagation. La figure 1 montre l'évolution d'un système à trois variables x, y et z, et deux contraintes, $x > y$ et $y > z$. Initialement, les domaines sont tels que $D_x = D_y = D_z = \{1, 2, 3\}$, représentés par trois colonnes de carrés blancs. Considérant la première contrainte, il s'avère que x ne peut prendre la valeur "1", $\text{red}^x_{x>y}$ supprime alors cette valeur de D_x. Un carré noir marque ce retrait. De même, $\text{red}^y_{x>y}$ retire 3 du domaine de y. Ensuite, considérant la contrainte $y > z$, les opérateurs $\text{red}^y_{y>z}$ et $\text{red}^z_{y>z}$ retirent respectivement les ensembles $\{1\}$ et $\{2, 3\}$ de D_y et D_z. Finalement, une seconde application de $\text{red}^x_{x>y}$ réduit D_x au singleton $\{3\}$. Le point fixe, solution du problème, est ainsi obtenu : $\{x = 3, y = 2, z = 1\}$.

2.2. *Conditions de réveil et de résolution*

Une notion essentielle pour la propagation de contraintes est la *queue de propagation*. Cette queue contient toutes les contraintes dont les opérateurs de réduction doivent être appliqués. À chaque pas, une contrainte est sélectionnée dans la queue suivant une certaine stratégie (par exemple, priorité aux contraintes portant sur deux variables). Les opérateurs de réduction de la contrainte sélectionnée sont appliqués, ce qui peut donner lieu à des réductions de domaines. Quand le domaine d'une variable est modifié, le système met dans la queue certaines contraintes *réveillées* par cette réduction. Quand la queue devient vide, le point fixe a été atteint et la propagation termine. Il y a donc trois opérations fondamentales : la *sélection* d'une contrainte, la *réduction* de domaine et le *réveil* de contrainte.

Il n'est pas nécessaire de réveiller une contrainte à chaque réduction du domaine d'une de ses variables. Ainsi, il n'est pertinent de réveiller la contrainte $x > y$ que lorsque le minimum de D_x ou le maximum D_y est modifié. La politique de réveil de contraintes est définie par des *conditions de réveil.*

Définition 2.2 (Condition de réveil). *La* condition de réveil *d'une contrainte C est un prédicat dépendant des modifications de* $D|_{\mathbf{var}(C)}$. *C'est une condition nécessaire* *au retrait de valeur par un opérateur de réduction de C.*

La condition de réveil de C se note awake(C). □

Un autre type de condition permet d'éviter des réveils inutiles. Si une contrainte C est vérifiée, c'est-à-dire que l'état des domaines de ses variables est tel qu'elle ne peut être violée dans la suite du calcul, aucun retrait ne pourra plus être fait par C. La contrainte est alors dite *résolue* et n'est plus réveillée à moins d'un retour à un point de choix antérieur. Par exemple, la contrainte $x \neq y$ est résolue dès que $D_x \cap D_y = \emptyset$.

Définition 2.3 (Condition de résolution). *La* condition de résolution *d'une contrainte C est une condition portant sur l'état de $D|_{\mathtt{var}(C)}$. Elle est vérifiée seulement si toute valuation issue de $D|_{\mathtt{var}(C)}$ satisfait C.*

La condition de résolution de C se note solved(C). □

Dans la suite, une contrainte primitive est définie par ces trois caractéristiques : ses opérateurs de réduction, sa condition de réveil et sa condition de résolution. La section 4 donnera des exemples de définition de contraintes primitives.

2.3. *Structure du* store *de contraintes*

Le *store de contraintes* S est l'ensemble de toutes les contraintes prises en compte par le solveur à un moment donné. L'exécution commence avec un *store* vide. Puis les contraintes sont ajoutées ou retirées une à une par le contrôle. Dans ce *store*, les contraintes peuvent avoir différents statuts représentés par une partition du *store* en cinq sous-ensembles (A, S, Q, T et R) que nous allons détailler.

A est l'ensemble des contraintes *actives*. Dans la suite nous considérerons que A contient au plus une contrainte. La contrainte active est la seule en mesure d'opérer des réductions de domaines. S est l'ensemble des contraintes *suspendues*. Une contrainte suspendue peut être « réveillées » et placée dans la *queue*[2] *de propagation* Q, où les contraintes attendent d'être activées. T est l'ensemble des contraintes résolues (*true*), qui ne peuvent plus opérer de réduction. R est l'ensemble des contraintes rejetées, c'est-à-dire violées par l'état des domaines. En pratique, R est vide ou réduit à un singleton puisque dès qu'une contrainte est violée, le *store* est considéré comme insatisfiable et le contrôle stoppe la propagation.

2.4. *Propagation*

La propagation peut se décrire comme une suite d'opérations sur le *store*, schématisées par la figure 2. La propagation commence avec une contrainte active. Celle-ci applique ses opérateurs de réduction autant que possible. Chaque application d'un opérateur de réduction est un événement reduce. Il réduit le domaine d'une variable et une seule. Si la contrainte apparaît insatisfiable, elle est rejetée (événement reject). Une contrainte rejetée indique un échec. Si aucun rejet n'a lieu et qu'aucune réduction

2. Le terme de *queue* vient de l'usage. En fait il s'agit d'un ensemble.

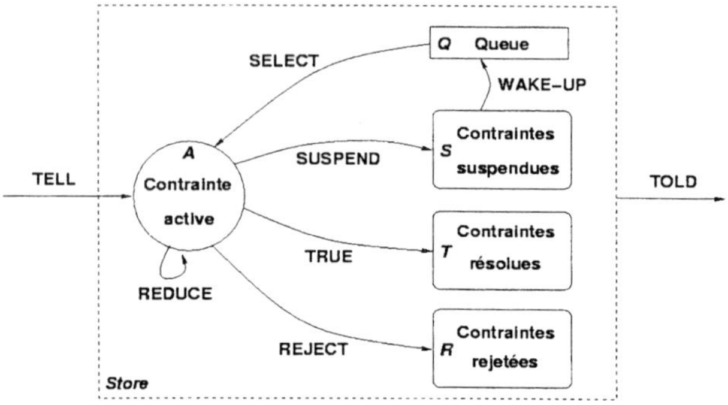

Figure 2. *Événements dans le* store *de contraintes*

$$\textbf{select} \quad \frac{C \in Q \ \wedge \ A = \emptyset \ \wedge \ R = \emptyset}{Q \leftarrow Q - \{C\},\ A \leftarrow \{C\}}$$

$$\textbf{reject} \quad \frac{C \in A \ \wedge \ \exists x \in \mathbf{var}(C) \cdot (D_x = \emptyset)}{A \leftarrow A - \{C\},\ R \leftarrow \{C\}}$$

$$\textbf{wake-up} \quad \frac{C \in S \ \wedge \ \text{awake}(C) \ \wedge \ R = \emptyset}{S \leftarrow S - \{C\},\ Q \leftarrow Q \cup \{C\}}$$

$$\textbf{reduce} \quad \frac{C \in A \ \wedge \ x \in \mathbf{var}(C) \ \wedge \ \Delta_x \neq \emptyset \ \wedge \ R = \emptyset}{D_x \leftarrow D_x - \Delta_x} \quad \{\Delta_x = D_x - red_C^x(D|_{\mathbf{var}(C)})$$

$$\textbf{true} \quad \frac{C \in A \ \wedge \ \text{solved}(C) \ \wedge \ R = \emptyset}{A \leftarrow A - \{C\},\ T \leftarrow T \cup \{C\}}$$

$$\textbf{suspend} \quad \frac{C \in A \ \wedge \ R = \emptyset}{A \leftarrow A - \{C\},\ S \leftarrow S \cup \{C\}}$$

Figure 3. *Événements de propagation. Format :* ***Nom*** $\frac{Conditions}{Actions}$ $\{Définitions$

$$\textbf{tell(C)} \quad \frac{A = \emptyset}{push\ \langle\{C\}, S, Q, T, R, D\rangle}$$

$$\textbf{told} \quad \frac{}{pop}$$

Figure 4. *Événements de contrôle*

ne peut plus être faite, la contrainte est soit résolue (true), soit suspendue (suspend). Une contrainte résolue ne sera plus réveillée. Une contrainte suspendue sera réveillée une fois sa condition de réveil satisfaite. Une contrainte réveillée est placée dans la queue de propagation (wake-up) pour être ensuite activée (select). La propagation termine lorsqu'il n'y a plus de contrainte active et que la queue est vide, ou lors d'un échec.

La propagation est formalisée par les règles données en figure 3, dans un style proche des *evolving algebras* de Guerevitch [GUR 91]. Chaque règle spécifie un type d'événement du solveur. Les règles sont appliquées par ordre de priorité (de haut en bas), afin d'alléger les conditions. Chaque événement modifie l'état du système : $\langle A, S, Q, T, R, D \rangle$. Un événement peut avoir lieu quand sa précondition (partie haute de la règle) est satisfaite et quand aucun événement de plus haute priorité n'est possible (ce qui évite des conditions redondantes). Par exemple, un suspend n'est fait que si aucun true n'est possible. De même, si un reduce réveille des contraintes, tous les wake-up sont faits avant le reduce suivant. Le système de règles reste indéterministe : par exemple le choix de C pour les événements select ou wake-up n'est pas figé. Ces stratégies dépendent du solveur.

Les règles sont appliquées tant qu'il reste des contraintes dans A ou Q, après quoi plus aucune application n'est possible et la propagation termine. Si R est non vide, le *store* est « rejeté » car au moins une contrainte est violée. Sinon, on considère que le *store* est globalement consistant. La suite du calcul est déterminée par le contrôle qui va soit ajouter de nouvelles contraintes, soit revenir à un état précédent.

2.5. *Contrôle*

L'évolution du *store* décrite jusqu'alors suppose que l'ensemble des contraintes est invariant, i.e. seul le statut des contraintes est modifié. C'est le langage hôte du solveur qui permet de construire et gérer le *store* (ajouter et retirer des contraintes) tandis que le solveur encapsule la propagation.

Pour clp(fd), nous restreignons la partie contrôle à deux événements : l'ajout d'une contrainte C dans le *store* et son activation (événement tell(C)) et la restauration d'un état antérieur du *store* et des domaines (événement told), comme illustré par la figure 2. Cela est formalisé par une pile d'états du système en figure 4. L'opération *push* empile un nouvel état en introduisant la contrainte C comme contrainte active tandis que *pop* restaure l'état précédent. Le solveur travaille, lui, sur l'état en sommet de pile.

3. Définition de la trace

Une exécution est représentée par une trace, séquence d'événements. Un événement correspond à un pas élémentaire de l'exécution : l'application d'une règle sémantique. Un événement se représente par un tuple d'attributs. Suivant la terminologie des traces Prolog, le type d'un événement est appelé *port*.

La plupart des attributs sont communs à tous les événements. Pour certains ports, des attributs spécifiques sont ajoutés. Par exemple, les événements de type reduce ont trois attributs spécifiques : la variable x dont le domaine est réduit, l'ensemble Δ_x des valeurs retirées et le type de modification faite (par exemple modification du minimum ou du maximum). Les attributs sont nommés et définis dans le tableau 1.

	Attributs communs à tous les événements
`chrono`	Numéro de l'événement (débutant à 1)
`depth`	Profondeur de l'exécution, débutant à 0, elle est incrémentée à chaque tell et décrémentée à chaque told
`port`	Type de l'événement (reduce, wake-up, suspend, true, reject, select, tell ou told, cf. sections 2.4 et 2.5).
`constraint`	La contrainte concernée, représentée par un quadruplet : un **identifiant unique** généré au tell ; une **représentation abstraite**, identique à la formalisation du programme source ; une **représentation concrète** (par exemple `diffN(X, Y, N)` pour `X ## Y + N` ou `X - N ## Y`) ; le **contexte d'invocation**, i.e. le but Prolog qui a effectué le tell.
`domains`	L'état des domaines des variables avant l'événement
`store`	Le contenu du *store* représenté par les 5 sous-ensembles décrits en section 2.3. Chaque sous-ensemble est représenté par une liste de paires (identifiant de contrainte, représentation externe). A, S, Q, T et R sont nommés respectivement `store_A`, `store_S`, `store_Q`, `store_T` et `store_R`.
	Attributs spécifiques pour les événements reduce
`updated_var`	Variable modifiée
`withdrawn`	Domaine retiré
`update`	Liste des mises à jour, de la forme `(variable -> type)`, avec `type` $\in$ { `ground`, `min`, `max`, `empty`, `any` }, (cf. section 4).
	Attribut spécifique pour les événements wake-up
`cause`	Partie de la condition de réveil vérifée, liste de mises à jour de même forme que celles de l'attribut `update`.

Tableau 1. *Attributs des événements*

Les attributs sont nombreux et contiennent des données volumineuses. Leur finalité est de fournir l'information utile à des programmes d'analyse automatisée de trace. Dans un affichage par défaut, l'utilisateur ne voit que quelques attributs. Mais, comme détaillé Opium [DUC 02] l'analyse de trace sera principalement faite à la volée. Seuls les attributs nécessaires à une analyse donnée seront fournis par le traceur et **aucune** trace ne sera stockée. Il n'y a donc pas de restriction *a priori* sur le nombre et la taille des attributs.

La figure 5 présente le code du programme `sorted(L)`, tri naïf de trois nombres entre 1 et 3. Suivant la convention de nombreux systèmes, les opérateurs de contraintes sont préfixés par un #. Ce programme est accompagné de la trace de son exécution. Tous les événements sont listés avec quelques attributs : le numéro, la profondeur

```
sorted([X, Y, Z]) :-
   [X, Y, Z] : : 1..3,          % Initialement, Dx = Dy = Dz = [1..3]
   X ## Y, X #>= Y, Y #> Z, % 3 contraintes : x ≠ y, x ≥ y et y > z
   labelling([X, Y, Z]).     % phase d'énumération, strategie first fail
```

```
 1[1]Tell     X##Y  X:[1..3] Y:[1..3]|21[4]True     X#>=Y X:[2]    Y:[2]
 2[1]Suspend  X##Y  X:[1..3] Y:[1..3]|22[4]Select   X##Y  X:[2]    Y:[2]
 3[2]Tell     X#>=Y X:[1..3] Y:[1..3]|23[4]Reduce   X##Y  X [2]
 4[2]Suspend  X#>=Y X:[1..3] Y:[1..3]|24[4]Reject   X##Y  X:[]     Y:[2]
 5[3]Tell     Y#>Z  Y:[1..3] Z:[1..3]|25[4]Told     X#=2  X:[]
 6[3]Reduce   Y#>Z  Y [1]            |26[4]Tell     X#=3  X:[2,3]
 7[3]Wake-up  X#>=Y X:[1..3] Y:[2,3] |27[4]Reduce   X#=3  X [2]
 8[3]Reduce   Y#>Z  Z [3]            |28[4]Wake-up  X##Y  X:[3]    Y:[2,3]
 9[3]Suspend  Y#>Z  Y:[2,3]  Z:[1,2] |29[4]True     X#=3  X:[3]
10[3]Select   X#>=Y X:[1..3] Y:[2,3] |30[4]Select   X##Y  X:[3]    Y:[2,3]
11[3]Reduce   X#>=Y X [1]            |31[4]Reduce   X##Y  Y [3]
12[3]Suspend  X#>=Y X:[2,3]  Y:[2,3] |32[4]Wake-up  Y#>Z  Y:[2]    Z:[1,2]
13[4]Tell     X#=2  X:[2,3]          |33[4]True     X##Y  X:[3]    Y:[2]
14[4]Reduce   X#=2  X [3]            |34[4]Select   Y#>Z  Y:[2]    Z:[1,2]
15[4]Wake-up  X#>=Y X:[2]    Y:[2,3] |35[4]Reduce   Y#>Z  Z [2]
16[4]Wake-up  X##Y  X:[2]    Y:[2,3] |36[4]True     Y#>Z  Y:[2]    Z:[1]
17[4]True     X#=2  X:[2]            |37[4]Told     X#=3  X:[3]
18[4]Select   X#>=Y X:[2]    Y:[2,3] |38[3]Told     Y#>Z  Y:[2,3]  Z:[1,2]
19[4]Reduce   X#>=Y Y [3]            |39[2]Told     X#>=Y X:[1..3] Y:[1..3]
20[4]Wake-up  Y#>Z  Y:[2]    Z:[1,2] |40[1]Told     X##Y  X:[1..3] Y:[1..3]
```

```
chrono     = 14              depth   = 4
port       = REDUCE
constraint = (4, X#=2, assign(var(1, X), 2), labelling([X, Y, Z]))
domains    = [X::[2..3], Y::[2..3], Z::[1..2]]
withdrawn  = X::[3]
update     = [X->any, X->ground, X->max]
store_A    = [(4, X#=2)]     store_S = [(2, X#>=Y), (3, Y#>Z), (1, X##Y)]
store_Q    = []              store_T = []    store_R = []
```

Figure 5. *Trace d'exécution du programme* `sorted([X, Y, Z])`, *chaque événement est présenté avec les attributs (numéro, [profondeur], port, contrainte C,* $D|_{\texttt{var}(C)}$*). Pour les* reduce, $D|_{\texttt{var}(C)}$ *est remplacé par la variable* x *réduite et la liste des valeurs retirées* Δ_x*. L'événement n°14 est donné avec tous ses attributs.*

et le port de l'événement, la contrainte concernée et les domaines de ses variables. Pour les reduce, la variable modifiée et les valeurs retirées sont données à la place des domaines. Les deux premières contraintes sont postées (tell) et suspendues sans réduction (événements n° 1 à n° 4). Le tell de `Y #> Z` (n° 5) provoque deux retraits de valeurs, '1' de D_y (n° 6) et '3' de D_z (n° 8). La première réduction modifiant la borne inférieure de D_y, elle réveille la contrainte suspendue `X #>= Y` (n° 7). Après ces deux réductions, la contrainte est suspendue (n° 9). La contrainte en attente est sélectionnée (n° 10). À l'événement n° 12, les domaines sont $D_x = \{2, 3\}, D_y = \{2, 3\}$ et $D_z =$

Contrainte C	Opérateurs $red_C^x(D|_{\mathtt{var(c)}}) = D_x - \Delta_x$	Résolution solved(C)	Réveil awake(C)
$x = y$	$\Delta_x = D_x - D_y$ $\Delta_y = D_y - D_x$	$D_x = D_y = \{v\}$	$x_{\mathrm{any}} \vee y_{\mathrm{any}}$
$x \neq y$	$\Delta_x = \begin{cases} \{v\} \cap D_x & \text{si } D_y = \{v\} \\ \emptyset & \text{sinon} \end{cases}$ $\Delta_y = \begin{cases} \{v\} \cap D_y & \text{si } D_x = \{v\} \\ \emptyset & \text{sinon} \end{cases}$	$D_x \cap D_y = \emptyset$	$x_{\mathrm{ground}} \vee y_{\mathrm{ground}}$
$x > y$	$\Delta_x = \{v \in D_x, v \leq min_y\}$ $\Delta_y = \{v \in D_y, v \geq max_x\}$	$min_x > max_y$	$x_{\mathrm{max}} \vee y_{\mathrm{min}}$

Tableau 2. *Caractéristiques de trois des contraintes primitives implantées dans le méta-interprète.*

$\{1, 2\}$ (non affiché). La phase d'énumération débute alors. Le premier choix est l'ajout de la contrainte `X #= 2` (n° 13). `X` est clos à 2 ce qui résout la contrainte (n° 17). La propagation résout deux autres contraintes, mais conduit à $D_y = \{3\}, D_z = \{1, 2\}$ et $D_x = \emptyset$, il y a donc échec (n° 24). Un autre choix est alors fait, `X #= 3` (n° 26) et conduit à l'unique solution `{X :3, Y :2, Z :1}`.

4. Dériver un traceur à partir de la sémantique opérationnelle

Afin de valider expérimentalement le modèle de trace défini en section 3, nous dérivons de la sémantique opérationnelle de la section 2, un interprète clp(fd) en Prolog que nous instrumentons pour générer la trace. L'interprète résultant ne prétend pas être un solveur clp(fd) efficace, mais il est fidèle à la sémantique formelle. Cette fidélité vient d'une traduction purement syntaxique des règles sémantiques en code Prolog exécutable. En section 2, nous laissions les contraintes primitives indéfinies. Nous proposons de définir trois contraintes primitives avec, pour chacune, ses opérateurs de réduction, sa condition de résolution et sa condition de réveil. Ensuite nous montrons comment traduire les contraintes primitives et les règles sémantiques en Prolog. [LAN 01] décrit plus complètement le méta-interprète et ses performances.

4.1. *Définition des contraintes primitives*

Définir une contrainte primitive implique la définition de ses opérateurs de réduction, de sa condition de résolution et de sa condition de réveil (voir la section 2). Le tableau 2 illustre la définition de 3 contraintes primitives [3] : $x = y$, $x \neq y$ et $x > y$, x et y étant deux variables de domaine fini. Leurs opérateurs de réduction red_C^x sont dé-

3. Actuellement, les contraintes $x = y + n$ (n constante entière), $x \geq y$, $x + y = z$, $x \times y = z$, $x = n$ et $x \neq n$ sont également implantées.

```
cd_reduction(diff(X,Y),D,Y,[Vx]):-
  is_ground(X,D,Vx),
  get_domain(Y,D,Dy),
  member(Vx, Dy).
cd_reduction(diff(X,Y),D,X,[Vy]):-
  is_ground(Y,D,Vy),
  get_domain(X,D,Dx),
  member(Vy,Dx).
```

```
cd_awake(diff(X,Y),Cond):-
  Cond=[X->ground,Y->ground]).

cd_solved(diff(X,Y),D):-
  get_domain(X,D,Dx),
  get_domain(Y,D,Dy),
  d_intersection(Dx,Dy,[]).
```

Figure 6. *Définition de la contrainte primitive $x \neq y$: ses deux opérateurs de réduction, sa condition de résolution et sa condition de réveil.*

finis par Δ_x et Δ_y, ensembles des valeurs à retirer respectivement des domaines de x et y pour assurer la consistance locale. À noter que nous présentons ici des opérateurs assurant une consistante locale totale.

La contrainte d'égalité entre deux variables x et y ($x = y$) retire de D_x et D_y les valeurs n'apparaissant que dans un des deux domaines. La contrainte n'est résolue qu'une fois les variables closes à une même valeur v. Toute modification de D_x ou D_y peut donner lieu à de nouveaux retraits. La contrainte doit donc être réveillée à chaque modification. La contrainte $x \neq y$ ne peut réduire de domaine que si x ou y est clos. Par contre, la contrainte est résolue dès que les deux domaines sont disjoints.

4.2. *Structures de données*

Une variable de domaine fini est représentée par un terme contenant un numéro unique et le nom de la variable dans le source (si disponible). Une instance d'une contrainte primitive est représentée par un quadruplet avec son numéro, sa représentation dans le source, sa représentation concrète et son contexte d'invocation. Cette structure est construite quand le méta-interprète rencontre la contrainte dans le source. L'état du solveur est lui représenté par un sextuplet : `(A, S, Q, T, R, D)`, respectivement les sous-ensembles du *store* A, S, Q, T et R définis en section 2 et l'état des domaines D. Ce dernier est une liste de paires variable-domaine, chaque domaine étant représenté par une liste triée d'entiers.

Afin de représenter les conditions de réveil et les réductions de domaines, nous définissons cinq types de modifications de domaines, se référant chacun à une variable x : x_{min} et x_{max} représentent les modifications des bornes inférieures et supérieures de D_x, x_{any} représente une modification quelconque de D_x, x_{ground} exprime l'instanciation de x et x_{empty} signale que D_x a été vidé. Ces modifications sont représentées concrètement par `X -> min`, `X -> max`, `X -> any`, `X -> ground` et `X -> empty`.

```
1 reject(St0, St) :-
    St0 = ([C], S, Q, T, [], D),
    St  = ( [], S, Q, T,[C], D),
    get_varC(C, VarC),
5   member(X, VarC),
    get_domain(X, D, []),
    trace(reject, C, St0, -, -, -).
```

```
  reduce(St0, St, M) :-
    St0 = ([C], S, Q, T,[],D0),
10  St  = ([C], S, Q, T,[], D),
    get_varC(C, VarC),
    member(X, VarC),
    internal(C, Ci),
    cd_reduction(Ci, D, X, Wx),
15  update_domain(X,Wx,D0,D,M),
    trace(reduce,C,St0,X,Wx,M).
```

Figure 7. *Traduction des règles* reject *et* reduce *dans le méta-interprète*

4.3. *Traduction des contraintes primitives*

La figure 6 présente l'implantation de $x \neq y$. `diff(X,Y)` est la forme interne de cette contrainte. Trois prédicats permettent de définir une contrainte primitive. Ils définissent respectivement ses opérateurs de réduction, sa condition de résolution et sa condition de réveil. Cela permet la traduction naturelle des définitions déclaratives des contraintes, comme celles du tableau 2. `cd_reduction(+C, +D, +X, -Wx)`[4] calcule la liste `Wx` (Δ_x dans le tableau 2) des valeurs à retirer du domaine de la variable `X` dans l'état des domaines `D` pour la contrainte `C`. cd_reduction échoue si aucun retrait n'est possible. `cd_solved(+C, +D)` réussit si et seulement si la contrainte `C` est résolue dans l'état des domaines `D`. Enfin, `cd_awake(+C, -Cond)` renvoie la liste des modifications de domaines devant entraîner le réveil de la contrainte `C`.

4.4. *Traduction des règles sémantiques*

De chaque règle des figures 3 et 4 on déduit un prédicat de même nom à deux arguments : l'état du solveur avant et après l'événement traduit. La traduction est principalement syntaxique, sauf pour tell et told où la sauvegarde et la restauration de l'état du solveur sont implicitement faites par le mécanisme de retour arrière de Prolog. La figure 7 illustre la traduction des règles sémantiques reject et reduce. Chaque prédicat est défini par une clause unique dont le dernier but fait appel au système de trace. Cet appel est de la forme `trace(Port,C,St0,O1,O2,O3)`, ce qui indique au traceur que le solveur effectue l'événement de type `Port` dans l'état initial `St0` avec la contrainte `C`. Les trois derniers arguments sont des attributs spécifiques à certains ports. Pour la première règle, il s'agit juste de s'assurer que la liste des variable de la contrainte active `C` (`VarC`) contient une variable de domaine vide (ligne 6). Dans la deuxième règle, on cherche une variable `X` de `VarC` telle quel l'opérateur de réduction de `C` pour `X` fasse un retrait de valeurs `Wx` (Δ_x dans le modèle formel). Le domaine est modifié en conséquence (ligne 15). La réduction est caractérisée par `M`.

4. Suivant l'usage, + dénote un argument d'entrée et - un argument de sortie.

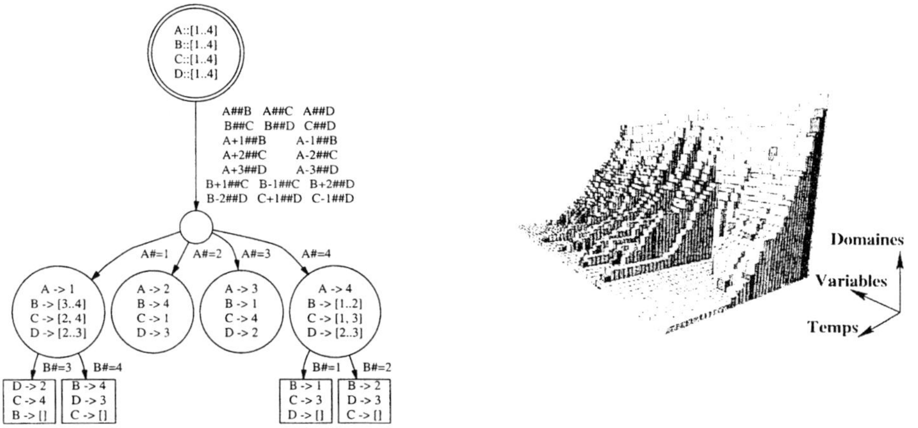

Figure 8. *Deux vues de l'exécution du problème des n-reines, obtenues par analyse de trace.*

C'est le contenu de `M` qui va être confronté aux conditions de réveil lors de l'événement wake-up.

Intégré à un méta-interprète Prolog classique, le méta-interprète ainsi obtenu reflète fidèlement le solveur abstrait et produit une trace conforme au modèle proposé : il s'agit bien d'un prototype de traceur.

5. Expérimentation de la trace

Un analyseur de trace connecté au prototype de traceur nous a permis de réaliser une première expérimentation, détaillée dans [DUC 02]. Deux exemples de vues générées automatiquement sont présentées en figure 8. La première reflète la résolution du problème des 4 reines : l'analyse automatisée des ports tell, told et reduce a générée une image *postscript* de l'arbre de recherche. La racine représente l'état initial des domaines, le premier arc abstrait les contraintes posées avant la recherche, qui ne conduisent à aucune réduction. Ensuite, chaque arc est un choix de la procédure de recherche. Le fils résultant contient l'état des domaines affectés par ce choix. La recherche donne donc deux noeuds internes menant chacun à deux échecs (rectangles) et deux feuilles solution (cercles).

La seconde vue est une vision 3D de l'évolution des domaines d'une autre instance du problème ($n = 40$), semblable à celle donnée par l'outil TRIFID [CAR 00b]. En ordonnées sont indiquées les tailles des domaines, en abscisses le temps (à droite le début de l'exécution, à gauche la première solution), les variables sont disposées sur le troisième axe. Des couleurs (niveaux de gris ici) signalent à chaque fois quelle modification le domaine a subie (par exemple énumération, clôture par propagation ou modification du minimum). La stratégie appliquée ici tire partie de la symétrie du problème afin d'obtenir la solution rapidement : les reines sont placées du centre de l'échiquier vers les bords. Pour construire une telle vue, le traceur fournit à l'analyseur l'état de tous les domaines à chaque événement tell et reject ainsi qu'à la première solution. Chaque événement donne une ligne de fichier texte avec pour chaque variable un couple (*taille du domaine*, type de modification). Ce fichier est ensuite converti en vue VRML.

6. Discussion et Conclusion

Cet article définit pour la première fois de nouveaux ports pour tracer les solveurs clp(fd). Différents outils de mise au point peuvent extraire de cette trace les informations utiles à chacun et les analyser. Cette généricité implique que toute l'information potentiellement utile soit dans le modèle de trace. Pourtant, cette richesse ne pénalise en rien l'efficacité grâce au schéma d'analyse utilisé.

Ne prétendant pas présenter ici un modèle parfait, nous proposons une méthodologie pour l'expérimenter et l'améliorer. Cette méthodologie se décompose en trois étapes : définition d'un modèle formel de trace, implantation d'un prototype de traceur et enfin expérimentation de la trace avec différents outils de débogage. Cette expérimentation permet de valider l'intérêt des ports et des attributs prévus par le modèle, et l'éventuelle absence d'informations vitales pour certains outils. Le modèle peut alors être corrigé en conséquence. Le méta-interprète est facile à modifier, ce qui permet des cycles d'expérimentation très courts.

La formalisation du modèle de trace nous permet de clairement définir les ports. L'implantation du méta-interprète en Prolog standard nous assure la correction du prototype vis-à-vis du modèle formel. Cette méthodologie est suffisamment efficace sur de petits exemples et est utilisable en pratique (cf. les mesures de performances dans [LAN 01]). Le traitement d'exemples plus grands et réalistes nécessitera l'implantation d'un traceur dans une plate-forme existante.

Remerciements

Ce travail a été partiellement financé par le projet RNTL OADymPPaC.

7. Bibliographie

[BEN 94] BENHAMOU F., « Interval constraint logic programming », PODELSKI A., Ed., *Constraint Programming : Basics and Trends*, Springer-Verlag, Lecture Notes in Computer Science 910, 1994, p. 1-21.

[CAR 00a] CARRO M., HERMENEGILDO M., « Tools for Search-Tree Visualisation : The APT Tool », Deransart et al. [DER 00], chapitre 9.

[CAR 00b] CARRO M., HERMENEGILDO M., « The VIFID/TRIFID Tool », Deransart et al. [DER 00], chapitre 10.

[CAS 99] CASEAU Y., JOSSET F.-X., LABURTHE F., « Claire : combining sets, search and rules to better express algorithms », SCHREYE D. D., Ed., *Proc. of the 15th Int. Conference on Logic Programming*, MIT Press, 1999, p. 245-259.

[COS 98] COSYTEC, « CHIP++ Version 5.2. Documentation volume 6 », http ://www.cosytec.com, 1998.

[DER 00] DERANSART P., HERMENEGILDO M., MAŁUSZYŃSKI J., Eds., *Analysis and Visualisation Tools for Constraint Programming*, N° 1870 LNCS, Springer Verlag, 2000.

[DUC 99] DUCASSÉ M., « Abstract views of Prolog executions with Opium », BRNA P., DU BOULAY B., PAIN H., Eds., *Learning to Build and Comprehend Complex Information Structures : Prolog as a Case Study*, Cognitive Science and Technology, chapitre 10, p. 223–243, Ablex, 1999.

[DUC 02] DUCASSÉ M., LANGEVINE L., « Analyse automatisée de traces d'exécution de programmes CLP(FD) », RUEHER M., Ed., *Actes des Journées Francophones de Programmation en Logique avec Contraintes*, HERMES science publications, Mai 2002.

[FER 00] FERRAND G., LESAINT W., TESSIER A., « Value Withdrawal Explanation in CSP », DUCASSÉ M., Ed., *AADEBUG'00 (Fourth International Workshop on Automated Debugging)*, 2000, p. 188–201, The COmputer Research Repository (CORR) cs.SE/0012005.

[GNU 01] GNU-PROLOG, « A clp(fd) system based on Standard Prolog (ISO) developed by D. Diaz », 2001, http ://gprolog.sourceforge.net/ Distribué sou licence.

[GOU 00] GOUALARD F., BENHAMOU F., « Debugging Constraint Programs by Store Inspection », Deransart et al. [DER 00], chapitre 11.

[GUR 91] GUREVITCH Y., « Evolving Algebras, A Tutorial Introduction », *Bulletin of the European Association for Theoretical Computer Science*, vol. 43, 1991, p. 264–284.

[JAH 00] JAHIER E., DUCASSÉ M., RIDOUX O., « Specifying Prolog Trace Models with a Continuation Semantics », LAU K.-K., Ed., *Proc. of LOgic-based Program Synthesis and TRansformation*, London, July 2000, Springer-Verlag, Lecture Notes in Computer Science 2042.

[LAN 01] LANGEVINE L., DERANSART P., DUCASSÉ M., JAHIER E., « Tracing Execution of CLP(FD) Programs : A Trace Model and an Experimental Validation Environment », RR n° 4342, 2001, Inria.

[MAR 98] MARRIOTT K., STUCKEY P., *Programming with Constraints : An Introduction*, The MIT Press, Cambridge, Massachussets, 1998.

[MüL 00] MÜLLER T., « Practical Investigation of Constraints with Graph Views », DECHTER R., Ed., *Proceedings of the Sixth International Conference on Principles and Practice of Constraint Programming*, vol. 1894 de *Lecture Notes in Computer Science*, Singapore, 2000, Springer-Verlag, p. 320–336.

[SIM 00] SIMONIS H., AGGOUN A., « Search-Tree Visualisation », Deransart et al. [DER 00], chapitre 7.

Résolution d'un problème de conception de réseau avec Parallel Solver

Raphaël Bernhard* — Jacques Chambon* — Claude Lepape — Laurent Perron** — Jean Charles Régin****

*France Télécom R&D**
905 rue Albert Einstein
F-06921 Sophia-Antipolis

{raphael.bernard, jacques.chambon}@francetelecom.com

*ILOG SA***
9 rue de Verdun
F-94253 Gentilly Cedex

{clepape,lperron,jcregin}@ilog.fr

RÉSUMÉ. *L'activité de conception d'un réseau pour un client donné nécessite la prise en compte de diverses contraintes dépendant du contexte et du client considéré. Dans cet article, nous rendons public un « benchmark » permettant d'évaluer des algorithmes sur de multiples variantes d'un problème de conception de réseau donné. Nos premières expériences montrent que des résultats satisfaisants peuvent être obtenus en intégrant des algorithmes de graphes au sein d'un outil de programmation par contraintes comme ILOG Solver. Par ailleurs, une meilleure répartition et la parallélisation de l'effort de recherche (grâce à ILOG Parallel Solver) permettent d'améliorer significativement ces résultats.*

ABSTRACT. *Designing a customized communications network requires addressing a wide variety of constraints that depend on the specific context and wishes of the intended client. In this article, we make public a benchmark for the evaluation of algorithms on multiple variations of a network design problem. Our initial experiments reveal that good results can be obtained through the integration of graph algorithms and a constraint programming engine like ILOG Solver. Significant improvements over these results can be obtained through a customized search procedure and the parallelization of the search using ILOG Parallel Solver.*

MOTS-CLÉS : *Conception de réseau, graphes, contraintes, parallélisme, procédure de recherche, génération de colonnes, programmation entière*

KEYWORDS: *Network Desing, Graphs, Constraints, Parallelism, Search Procedure, Column Generation, Integer Programming*

1. Introduction

Les moyennes et grandes entreprises échangent de plus en plus de données sur les réseaux connectant leurs sites. Par conséquent l'achat ou l'évolution d'un réseau est devenu un élément stratégique pour ces entreprises. Elles y consacrent une part toujours plus importante de leur budget de fonctionnement et ceci les obligent à être de plus en plus exigeantes vis à vis des opérateurs de réseau : lors de l'achat ou d'évolutions de leur réseau, elles font jouer fortement la concurrence et imposent aux opérateurs des contraintes qui ne peuvent pas toujours être anticipées par ce dernier.

Pour répondre à cette demande, France Télécom a développé une famille d'outils d'optimisation. A partir d'une demande de trafic à écouler entre un ensemble de sites, ces outils cherchent à minimiser la facture du client en jouant sur des paramètres tels que le débit et la longueur des liens, la manière de router le trafic, etc. Très généralement, à une offre commerciale correspond un outil d'optimisation ad-hoc, développé à ce jour au moyen de techniques de recherche opérationnelle. Cette démarche permet de disposer d'outils efficaces sur le plan du temps de calcul et de la qualité du résultat, mais elle est insuffisante sur deux points :

– Le temps de développement des outils ad-hoc est très largement supérieur au temps de réactivité du marché.

– Ces outils ne sont pas prévus pour prendre en compte des contraintes additionnelles non anticipées, que le client peut imposer dans son cahier des charges.

Dans le cadre du projet RNRT ROCOCO, nous étudions la possibilité de combiner l'approche « recherche opérationnelle » (RO) pour son efficacité en temps de calcul avec l'approche « programmation par contraintes » (PPC). L'objectif recherché vise à apporter une solution aux deux points soulevés ci-dessus :

– Un outil d'optimisation ne diffère d'un autre que par l'ensemble des contraintes qu'il prend en compte, et tous deux sont bâtis sur un noyau commun.

– Les contraintes spécifiques à chaque client sont prises en compte par simple adjonction de contraintes supplémentaires exprimées en PPC. Ces contraintes s'ajoutent naturellement au modèle initial, car leur formalisme d'expression est déclaratif et non-intrusif.

Un premier prototype de noyau commun a été élaboré. Ce prototype s'appuie sur des algorithmes de graphe intégrés à l'outil de programmation par contraintes ILOG Solver[SOL 01]. Ce prototype permet de décrire très aisément des contraintes supplémentaires spécifiant, par exemple, que tous les sites du réseau calculé doivent avoir exactement deux liens incidents et deux liens émergents. Ceci se traduit par la simple adjonction de quelques lignes dans le programme. L'effet de cette contrainte est de forcer l'outil à générer une topologie de boucle. Ainsi, cette simple manipulation logicielle permet de disposer, le temps d'une compilation, d'un outil couvrant l'offre commerciale concernant les boucles optiques haut débit.

Il est évident que ce type d'approche offre une très grande souplesse en terme de génie logiciel. Cependant, il faut impérativement éviter que cela ne se fasse trop aux dépens des performances et de la qualité des résultats. Afin de mesurer ces éléments, un « benchmark » a été mis au point représentant un ensemble de cas de réseau client dont il faut minimiser le coût sous différentes contraintes. Contrairement à la plupart des benchmarks utilisés en recherche opérationelle, l'objectif est ici non pas d'obtenir les meilleures performances possibles pour une version délimitée du problème, mais d'obtenir les meilleures performances en moyenne pour une multitude de variantes du problème, correspondant à la présence ou à l'absence de diverses contraintes additionnelles.

Les premiers résultats expérimentaux ont montré que notre prototype initial donnait, de ce point de vue, de bons résultats. L'analyse de ces résultats nous a néanmoins amené à rechercher diverses améliorations dans la manière de conduire la recherche. Deux types d'amélioration ont été considérés :

– l'utilisation de la version parallèle d'ILOG Solver, permettant d'utiliser la puissance des machines multi-processeurs ;

– la définition d'un réglage « fin » de la procédure de recherche, sur la base de diverses caractéristiques de l'arbre de recherche dévéloppé par le prototype initial.

L'objectif de cet article est de présenter les résultats qui nous paraissent susceptibles d'intéresser l'ensemble de la communauté RO et PPC. Ceci comprend :

– le benchmark, que nous avons décidé de rendre public (Section 2) ;

– le type de couplage que nous avons été amené à réaliser entre programmation par contraintes et algorithmes de graphe (Section 3) ;

– la facilité d'utilisation de la version parallèle d'ILOG Solver (Section 4) ;

– les réglages de la recherche qui nous a permis d'améliorer significativement la qualité des solutions obtenues en un temps de calcul donné (Section 5).

2. Le benchmark

Description du problème

Soit $G = (X, U)$ un graphe orienté, constitué d'un ensemble de n sommets X et d'un ensemble de m arcs U, où chaque arc (i, j) est un couple de sommets distincts.

A ce graphe est associé un ensemble de d demandes. Chaque demande associe à un couple de sommets (p, q) une valeur entière représentant une quantité de flot à transporter de p vers q. Un unique chemin de p vers q doit être choisi pour « router » cette demande. Autrement dit, chaque demande doit être satisfaite en utilisant un et un seul chemin de transport.[1] Dans la plupart des cas, une et une seule demande (p, q, Dem_{pq}) est associée à tout couple de sommets (p, q), i.e., une seule demande représente l'ensemble des transports à effectuer de p vers q. Le nombre de demandes est alors égal à $n * (n - 1)$ et, pour tout couple de sommets (p, q), la quantité Dem_{pq} doit être routée de p à q par un unique chemin. Bien que dans le cas général plusieurs demandes puissent être associées aux mêmes nœuds de départ et d'arrivée p et q (auquel cas ces demandes peuvent être routées par des chemins différents), nous utiliserons par abus de notation un triplet (p, q, Dem_{pq}) pour représenter une telle demande.

Une fonction $Bmax$ associe à chaque demande (p, q, Dem_{pq}) une limite $Bmax_{pq}$ sur le nombre de bonds, i.e., sur le nombre d'arcs utilisés pour router la demande. En particulier, si $Bmax_{pq} = 1$, la demande de p vers q doit être routée directement sur l'arc (p, q).

Une fonction $Tmax$ associe à chaque nœud i une limite $Tmax_i$ sur la quantité de flux traitée par i. Ceci inclut :

– Le trafic au départ de i, i.e., $\sum_{q \neq i} Dem_{iq}$.

– Le trafic arrivant à i, i.e., $\sum_{p \neq i} Dem_{pi}$.

– Le trafic transitant par i, c'est-à-dire la somme des demandes Dem_{pq}, $p \neq i$, $q \neq i$, pour lesquelles le chemin choisi passe par i.

Notons que le trafic transitant par le nœud i n'est compté qu'une fois. La limite $Tmax_i$ ne s'applique donc pas à la somme des flux entrant dans i et sortant de i. Par contre, il est possible de se ramener à une contrainte sur le flux entrant dans i (qui doit être limité à $Tmax_i - \sum_{q \neq i} Dem_{iq}$) ou, de manière équivalente, à une contrainte sur le flux sortant de i (qui doit être limité à $Tmax_i - \sum_{p \neq i} Dem_{pi}$).

Deux fonctions Pin et $Pout$ associent à chaque nœud i un nombre maximal de ports d'entrée (Pin_i) et de sortie ($Pout_i$).

Pour chaque arc (i, j), K_{ij} capacités possibles $Capa^k_{ij}$, $1 \leq k \leq K_{ij}$, sont données. Nous posons par ailleurs $Capa^0_{ij} = 0$. Une et une seule de ces $K_{ij} + 1$ capacités doit être choisie. Cependant, il peut être autorisé de multiplier cette capacité par un entier compris entre une valeur minimale $Wmin^k_{ij}$ et une valeur maximale $Wmax^k_{ij}$ données. Le problème de dimensionnement consiste donc non seulement à choisir pour chaque arc (i, j) une capacité $Capa^k_{ij}$, mais aussi à choisir le coefficient multiplicateur w^k_{ij} retenu. Notons que la capacité $Capa^k_{ij}$ doit nécessairement être retenue dès lors que $Wmin^k_{ij}$ est supérieur ou égal à 1. Il ne peut donc exister qu'un seul k avec $Wmin^k_{ij} > 0$, sinon le problème n'admet pas de solution.

Les choix effectués pour les arcs (i, j) et (j, i) sont liés de la manière suivante : si la k-ième capacité $Capa^k_{ij}$ est retenue avec un coefficient multiplicateur $w^k_{ij} \neq 0$ pour

1. C'est ce qu'on appelle le problème du monoroutage : un seul chemin doit être déterminé pour chaque demande. Ce problème diffère sur ce point du problème de multiflot, qui en est une relaxation.

l'arc (i, j), alors la k-ième capacité $Capa^k_{ji}$ doit être retenue pour l'arc (j, i), avec le même coefficient multiplicateur $w^k_{ji} = w^k_{ij}$.

Une fonction $Cost$ associe à chaque niveau de capacité possible d'un arc (i, j) et de son arc inverse (j, i) une valeur entière $Cost^k_{ij}$, qui représente le coût de la capacité. Ce coût n'est à comptabiliser qu'une fois pour les deux arcs (i, j) et (j, i). Cependant, lorsqu'un coefficient multiplicateur est associé à une capacité, le même coefficient multiplicateur est appliqué au coût.

Une fonction Sec à valeurs booléennes détermine pour chaque demande si le routage de cette demande doit être sécurisé. $Sec_{pq} = 1$ signifie que le routage doit être sécurisé. $Sec_{pq} = 0$ signifie que la sécurisation n'est pas nécessaire. Lorsque le routage doit être sécurisé, il est interdit de passer par un nœud ou par un arc non sécurisé. Pour chaque nœud i, un indicateur de risque $Risk_i$ indique si le nœud est sécurisé ou non. De même, pour chaque arc (i, j) et chaque k, $1 \leq k \leq K_{ij}$, un indicateur de risque $Risk^k_{ij}$ indique si l'arc dans la configuration k est lui aussi sécurisé. Autrement dit, si $Sec_{pq} = 1$, il est interdit de passer par un nœud intermédiaire tel que $Risk_i = 1$ et il est interdit de passer par un lien tel que $Risk^k_{ij} = 1$.[2]

Le problème consiste à determiner le chemin à associer à chaque demande et les capacités à affecter aux arcs de façon à satisfaire toutes les demandes, à assurer que pour tout arc la capacité choisie (pondérée par le coefficient multiplicateur retenu) est supérieure à la somme des quantités transportées par l'arc, et enfin à minimiser la somme des coûts.

Six paramètres booléens sont utilisées pour créer de multiples variantes (plus précisément, $2^6 = 64$ variantes) d'un même jeu de test.

– Le paramètre sec indique que les contraintes de sécurité doivent être prises en compte.

– Le paramètre $nomult$ interdit l'utilisation de multiplicateurs de capacités. Pour tout arc (i, j), deux cas doivent être distingués : si le fichier de données fournit un $Wmin^k_{ij}$ supérieur ou égal à 1, le choix de $Capa^k_{ij}$ avec le multiplicateur $w^k_{ij} = Wmin^k_{ij}$ est imposé ; sinon, le choix de $Capa^k_{ij}$ est libre, mais $w^k_{ij} \leq 1$ est imposé.

– Le paramètre $symdem$ impose la propriété de symétrie des routages : pour toute demande de p à q, s'il existe une demande de q à p, alors les chemins choisis pour router ces deux demandes doivent être symétriques.[3]

– Le paramètre $bmax$ indique que les contraintes de nombre de bonds pour chaque demande doivent être prises en compte. Ces contraintes sont ignorées lorsque $bmax$ n'est pas positionné.

---

2. Le fichier de données ne fournit qu'un seul indicateur $Risk^k_{ij}$ pour les deux arcs (i, j) et (j, i). Autrement dit, on a toujours $Risk^k_{ij} = Risk^k_{ji}$.

3. De même, au cas où il existe plusieurs demandes entre les mêmes sommets p et q, le positionnement de $symdem$ à $vrai$ impose d'agréger ces demandes et de les router sur le même chemin.

– Le paramètre $pmax$ indique que les contraintes de nombre de ports à chaque nœud doivent être prises en compte. Ces contraintes sont ignorées lorsque $pmax$ n'est pas positionné.

– Le paramètre $tmax$ indique que les contraintes de trafic maximal à chaque nœud doivent être prises en compte. Ces contraintes sont ignorées lorsque $tmax$ n'est pas positionné.

Un vecteur de six bits suffit à spécifier une configuration de ces paramètres. Par exemple, le vecteur « 011000 » indique que seuls les paramètres $nomult$ et $symdem$ sont positionnés à $vrai$.

Fichiers de données

Vingt-et-un fichiers de données, répartis en trois séries, sont disponibles sur simple demande. Chaque fichier est repéré par un indicateur de série (A, B ou C) et un entier indiquant le nombre de nœuds du réseau considéré.

La série A comprend les instances de plus petite taille, de 4 à 10 nœuds. Les valeurs optimales des 64 variantes de A04, A05, A06 et A07 sont connues. Par contre, nous ne disposons de solutions prouvées optimales que pour 44 variantes de A08, une variante de A09 et une variante de A10, cette dernière ayant été obtenue en une semaine de temps de calcul avec ILOG CPLEX[CPL 01].

Les séries B et C comprennent des instances de plus grande taille, de 10, 11, 12, 15, 16, 20 et 25 nœuds. Les instances de la série C ont comparativement aux autres peu de choix de capacité par arc. Des solutions prouvées optimales ne sont connues que pour 12 variantes de C10. La plupart des résultats de cet article ont été obtenus avant que l'ensemble du benchmark ne soit constitué. Aussi, nous ne donnerons des résultats que pour la série A et pour les instances à 10, 11 et 12 nœuds des séries B et C, ces dernières étant limitées à 8 variantes, celles où les paramètres sec, $pmax$ et $tmax$ sont fixés à 0.

Chaque fichier de données se compose de $1 + n + m/2 + d$ lignes.

La première ligne comporte trois entiers :

– Le nombre de nœuds n. Les nœuds seront numérotés de 0 à $n - 1$.

– Le nombre d'arcs bidirectionnels $m/2$, compris entre $n - 1$ et $n * (n - 1)/2$.

– Le nombre de demandes d.

Les n lignes suivantes contiennent chacune cinq entiers :

– Un numéro de nœud i.

– La quantité maximale $Tmax_i$ de trafic traité par i. Cette donnée n'est à prendre en compte que si le paramètre booléen $tmax$ est positionné à $vrai$.

– L'indicateur de risque $Risk_i$. Cette donnée n'est à prendre en compte que si le paramètre booléen sec est positionné à $vrai$.

– Le nombre Pin_i de ports d'entrée du nœud i. Cette donnée n'est à prendre en compte que si le paramètre booléen $pmax$ est positionné à $vrai$.

– Le nombre $Pout_i$ de ports de sortie du nœud i. Cette donnée n'est à prendre en compte que si le paramètre booléen $pmax$ est positionné à $vrai$.

Les $m/2$ lignes suivantes contiennent chacune :

– Deux numéros de nœuds i et j, avec $i < j$.

– Le nombre K_{ij} de capacités possibles sur l'arc (i, j).

– $6 * K_{ij}$ entiers donnant successivement pour chaque capacité : la valeur de la capacité $Capa_{ij}^k$, la valeur de la capacité $Capa_{ji}^k$, le coût $Cost_{ij}^k$, le coefficient multiplicateur minimal $Wmin_{ij}^k$, le coefficient multiplicateur maximal $Wmax_{ij}^k$, et l'indicateur de risque $Risk_{ij}^k$.

Les d lignes suivantes fournissent pour chaque demande :

– Le numéro p du nœud de départ.

– Le numéro q du nœud d'arrivée.

– La quantité Dem_{pq} à acheminer de p à q.

– Le nombre de bonds maximal $Bmax_{pq}$ autorisé pour router cette demande. Cette donnée n'est à prendre en compte que si le paramètre booléen $bmax$ est positionné à $vrai$.

– L'indicateur de sécurisation de la demande Sec_{pq}. Cette donnée n'est à prendre en compte que si le paramètre booléen sec est positionné à $vrai$.

Nous donnons ci-dessous à titre d'exemple le contenu du fichier A04.

```
4 6 12
0 256 1   2   2
1 256 0 256 256
2 256 1   2   2
3 256 0 256 256
0 1 3 64 64 6423 0 3 0 128 128 11853 0 1 1 256 256 22779 0 1 0
0 2 3 64 64 5496 0 3 0 128 128  9999 0 1 1 256 256 19071 0 1 0
0 3 3 64 64 3865 0 3 0 128 128  6831 0 1 1 256 256 12829 0 1 0
1 2 3 64 64 4698 0 3 0 128 128  8403 0 1 1 256 256 15879 0 1 0
1 3 3 64 64 5838 0 3 0 128 128 10683 0 1 1 256 256 20439 0 1 0
2 3 3 64 64 4884 0 3 0 128 128  8775 0 1 1 256 256 16623 0 1 0
0 1 65 2 1
1 0 65 2 1
0 2 23 2 0
2 0 23 2 0
0 3 14 2 0
3 0 14 2 0
1 2 42 2 0
2 1 42 2 0
```

```
1 3  7 2 0
3 1  7 2 0
2 3  4 2 0
3 2  4 2 0
```

Cette instance comprend 4 nœuds, $6 * 2$ arcs (graphe complet) et 12 demandes.

Chaque nœud a une capacité de traitement limitée à 256. Les nœuds 0 et 2 sont sécurisés et ne disposent que de deux ports d'entrée et de deux ports de sortie.

Pour chaque arc, 3 capacités sont possibles, de valeurs 64, 128 et 256, dans les deux sens. Les coefficients multiplicateurs possibles vont de 0 à 3 pour la capacité 64 et de 0 à 1 pour les capacités 128 et 256. Les capacités égales à 128 sont sécurisées. Seuls les coûts diffèrent selon les arcs.

Chaque demande doit être routée par un chemin de longueur inférieure ou égale à 2 arcs (si $bmax$ est $vrai$). Les communications entre les nœuds 0 et 1 doivent être sécurisées (si sec est $vrai$)

Notons que sur cette instance il n'est jamais optimal de multiplier la capacité 64 par 2 (sauf pour sécuriser), puisque le coût d'une capacité de 128 est toujours inférieur au double du coût d'une capacité de 64. Par contre, le triple du coût de la capacité 64 est inférieur au coût de la capacité 256, d'où un intérêt potentiel à utiliser le multiplicateur pour introduire une capacité de 192. Cette possibilité n'est envisageable que si la paramètre $nomult$ est positionné à $faux$.

Remarques

D'autres versions de la contrainte de sécurité pourront être envisagées dans le futur. Telle que nous l'avons définie dans le présent benchmark, la contrainte de sécurité est particulièrement forte : les demandes pour lesquelles $Sec_{pq} = 1$ peuvent être acheminées sur leur route nominale même si tous les nœuds et tous les arcs sécurisés tombent simultanément en panne. Une variante plus réaliste consisterait à définir pour tout risque de panne non négligeable (considéré individuellement) des routages de remplacement permettant d'acheminer les demandes telles que $Sec_{pq} = 1$. La formulation exacte du problème serait néanmoins beaucoup plus complexe. C'est pourquoi nous nous sommes limités, pour la constitution du présent benchmark, à une version plus simple, mais moins réaliste, de la contrainte de sécurité.

Notons également qu'une autre version du benchmark, plus proche du problème de multi-flot, pourrait être définie en relachant la contrainte de mono-routage, i.e., en autorisant le flux d'un nœud p à un nœud q à se répartir en plusieurs chemins. La contrainte de symétrie impose alors aux flux de p à q et de q à p d'emprunter les mêmes chemins dans les mêmes proportions, tandis que la contrainte sur le nombre de bonds s'applique à tous les chemins utilisés.

Notons enfin que le problème du dimensionnement de réseau avec mono-routage a été peu étudié. Rothlauf, Goldberg et Heinzl [ROT 02] ont travaillé sur des problèmes similaires à 15, 16 et 26 nœuds, fournis par Deutsche Telekom, mais en obligeant le réseau solution à être un arbre. Gabrel, Knippel et Minoux [GAB 99] ont développé une méthode exacte pour résoudre des problèmes de dimensionnement de réseaux de 8 à 20 nœuds avec fonctions de coût en escalier, mais en considérant un routage de type multiflot. De fait, les problèmes avec multiflot ont été les plus étudiés, avec divers types de fonctions de coût, par exemple un coût fixe et un coût proportionnel au trafic comme dans [GEN 94].

Enfin, toutes le variantes doivent être résolues dans un temps fixe de 10 minutes.

3. Programmation par contraintes et graphes

Comme indiqué précédemment, le formalisme de la programation par contraintes nous a paru particulièrement adapté au problème de l'ajout de contraintes additionnelles. Une utilisation naïve d'un outil de programmation par contraintes comme ILOG Solver ne permet néanmoins pas de résoudre le problème dans des conditions d'efficacité satisfaisantes : les premières expériences menées par France Télécom R&D ont montré qu'à partir de 8 nœuds, il pouvait être difficile de générer des solutions à moins de 20% de l'optimum en un temps de calcul limité à quelques minutes. Il nous a donc paru nécessaire de tirer plus amplement parti de la structure du problème, et notamment du fait qu'il s'agit, pour l'essentiel, de choisir des chemins pour router des communications dans un graphe.

Nous avons donc en quelque sorte introduit un nouveau type de variable représentant un chemin d'un nœud « source » donné vers un nœud « puits » donné. Plus précisément, un chemin est défini par deux variables ensemblistes, représentant l'ensemble des nœuds et l'ensemble des arcs du chemin, et un ensemble de contraintes entre ces deux variables ensemblistes :

– Si un arc appartient au chemin, ses deux extrémités appartiennent au chemin.

– Un et un seul arc sortant de la source du chemin doit appartenir au chemin.

– Un et un seul arc entrant dans le puits du chemin doit appartenir au chemin.

– Si un nœud différent de la source et du puits appartient au chemin, alors un et un seul arc entrant dans ce nœud et un et un seul arc sortant de ce nœud doivent appartenir au chemin.

Plusieurs contraintes globales ont par ailleurs été implantées de manière à détecter les nœuds et les arcs devant appartenir à un chemin donné (pour des raisons de connexité), éliminer les nœuds et les arcs ne pouvant pas appartenir à un chemin donné, raisonner sur le nombre de nœuds et d'arcs d'un chemin, et relier les « variables chemins » ainsi définies aux variables définissant la capacité et le niveau de sécurité (risqué ou non) des nœuds et des arcs du réseau.

La plus importante de ces contraintes globales identifie les nœuds et les arcs par lesquels un chemin doit impérativement passer, en tenant compte des informations disponibles sur le nombre maximal $Bmax$ d'arcs du chemin. L'algorithme utilisé pour propager cette contrainte est le suivant :

– Utilisation de l'algorithme de Ford (cf. [GON 95]) pour identifier le plus court chemin admissible (en nombre d'arcs) entre la source et chaque nœud du graphe ;

– Utilisation de l'algorithme de Ford pour identifier le plus court chemin admissible (en nombre d'arcs) entre chaque nœud du graphe et le puits ;

– Utilisation des longueurs de chemins ainsi calculées pour éliminer les nœuds par lesquels ne peut passer aucun chemin de longueur inférieure ou égale à $Bmax$ arcs ;

– Utilisation des longueurs de chemins ainsi calculées pour marquer les nœuds qui peuvent trivialement être contournés par un chemin de longueur inférieure ou égale à $Bmax$ arcs ;

– Utilisation pour chaque nœud non marqué de l'algorithme de Ford dans le but de déterminer s'il existe un chemin de la source au puits de longueur inférieure ou égale à $Bmax$ arcs ne passant pas par le nœud considéré.

L'utilisation de cet algorithme s'est avérée globalement rentable, malgré sa complexité en O($n * m * Bmax$), soit O(n^4) dans le pire des cas.

Nous avons par ailleurs utilisé un algorithme de plus court chemin en tant qu'heuristique pour guider la recherche de bonnes solutions. La stratégie utilisée est extrêmement simple. A chaque étape de la résolution, on choisit le chemin non instancié pour lequel l'expression $2 * dem_{pq} + dem_{qp}$ est la plus forte. Ceci permet de pondérer l'importance donnée à une demande de p vers q par le poids de la demande inverse qui, même lorsque le paramètre $symdem$ n'est pas positionné, a dans la solution optimale de fortes chances de suivre un chemin de q vers p symétrique de celui suivi de p de q. Nous déterminons alors le chemin le moins coûteux (marginalement compte-tenu des demandes déjà routées) pour router cette demande. Un point de choix est alors créé : dans la première branche, la demande est contrainte à passer par le dernier arc de ce chemin qui n'est pas encore imposé ; en cas de backtrack, cet arc est au contraire interdit pour cette demande. Lorsqu'un chemin est totalement instancié, nous passons à la demande suivante. Une nouvelle solution est obtenue lorsque tous les chemins sont instanciés. La recherche continue alors en contraignant le coût des nouvelles solutions à être strictement inférieur au coût de la meilleure solution déjà trouvée.

Pour favoriser l'obtention rapide de bonnes solutions, nous avons encapsulé cette procédure de résolution dans un mécanisme de « Slice-Based Search » (SBS), une implantation du « Discrepancy Bounded Depth First Search » [BEC 00] dans lequel un maximum de recalculs sont évités.

Le tableau ci-dessous résume les résultats obtenus. Pour chaque instance, nous sommons les valeurs obtenues pour chaque paramétrage après un maximum de 10 minutes de temps de calcul sur un PC Pentium III à 700 MHz. Comme indiqué précédemment, 64 paramétrages sont retenus pour les instances de la série A et 8 pour les instances des séries B et C. Le tableau fournit pour chaque instance, la somme des meilleures bornes inférieures connues (lorsque ce nombre est significatif), la somme des coûts des meilleures solutions connues, la somme des coûts des solutions trouvées par notre algorithme (PPC) et la somme des coûts des solutions trouvées par deux autres algorithmes à base de programmation linéaire en nombre entiers (une variante du modèle MIP précédent) et de génération de colonnes (GC), toujours avec une limite de 10 minutes de temps de calcul. Un « fail » dans le tableau signifie qu'il existe au moins un paramètrage pour lequel l'algorithme ne donne aucune solution en 10 minutes. Le tableau fournit également pour chaque algorithme l'écart relatif moyen aux meilleures solutions connues. Notons que quand la taille du problème augmente, le MIP ne parvient pas toujours à générer au moins une solution entière. L'algorithme de PPC est le plus robuste. Cependant, sur les séries B et C, les résultats ne sont pas toujours satisfaisants en terme d'écart. En particulier, sur B11, B12 et C12, la PPC ne fournit pas les meilleurs résultats en moyenne.

Instance	Σ BI	Σ BS	Σ PPC	Ecart PPC	Σ MIP	Ecart MIP	Σ GC	Ecart GC
A04	1782558	1782558	1782558	0.00%	1782558	0.00%	1782558	0.00%
A05	2351778	2351778	2351778	0.00%	2351778	0.00%	2351778	0.00%
A06	2708264	2708264	2708264	0.00%	2708264	0.00%	2708264	0.00%
A07	3290590	3290590	3290940	0.01%	3337284	1.42%	3310007	0.60%
A08	4002083	4050151	4076785	0.69%	4417611	9.06%	4263830	5.11%
A09	4374737	4966858	5027246	1.25%	5934187	19.44%	5621264	12.85%
A10	4958292	5843478	5934297	1.57%	fail	fail	fail	fail
B10		155748	172255	10.62%	174494	12.04%	176625	13.40%
B11		271080	320356	19.20%	302226	12.46%	300317	11.70%
B12		207424	235412	13.49%	235031	13.32%	227387	9.62%
C10		102824	104686	1.84%	106183	3.24%	105578	2.72%
C11		169124	179078	5.90%	184485	9.11%	199265	17.83%
C12		310788	360673	16.20%	fail	fail	348666	12.26%

Une étude des paramétrages posant le plus de difficulté à chacun de ces algorithmes montre que comparativement :

– les contraintes qui posent le plus de difficultés à l'algorithme de génération de colonnes sont les contraintes de sécurité (sec), de nombre de ports maximal ($pmax$) et de trafic maximal ($tmax$) ; par contre, la présence de la contrainte de nombre de bonds ($bmax$) est un élément favorable ;

– la contrainte qui pose le plus de difficultés à l'algorithme de programmation par contraintes est la contrainte de trafic maximal ;

– les contraintes qui posent le plus de difficultés au MIP sont les contrainte de nombre de bonds et de trafic maximal ;

– l'algorithme de programmation par contraintes semble tirer comparativement moins bien parti que les deux autres de la contrainte de chemins symétriques ($symdem$), alors que dans les trois cas le nombre de chemins est divisé par deux.

4. Parallélisation

ILOG Parallel Solver[PER 99] est un produit inclus dans Ilog Solver. Il implante un parallélisme-*ou* basé sur la notion de recalcul d'états[KER 89]. Il est basé sur un paradigme de mémoire partagée et n'utilise pas la notion d'ordinateurs distribués.

Il procède comme suit : Chaque agent se partage le même modèle du problème et possède chacun sa propre copie des objets de calcul. Pendant la recherche de solution, ils se partagent et explorent le même arbre de recherche. Enfin, en cas de famine, un mécanisme de balancement de charge s'assure qu'aucun agent ne reste sans travail alors qu'il reste des portions de l'arbre à explorer. Finalement, en fin de recherche, tous les agents se synchronisent et terminent la recherche en même temps. Pour plus de détails, se reporter à [PER 99].

Le passage de ILOG Solver à ILOG Parallel Solver ne requiert que l'ajout de quelques lignes au prototype initial. Le tableau ci-dessous résume les résultats obtenus sur les séries B et C avec ILOG Parallel Solver. Ces résultats ont été obtenus avec la même limite de 10 minutes sur un quadri-pentium III Xeon à 700 Mhz. Dans la moitié des cas, on trouve avec ILOG Parallel Solver en 2 minutes 30 des solutions meilleures que la version séquentielle en 10 minutes. Enfin, le gain de la parallélisation est net.

Instance	B10	B11	B12	C10	C11	C12	Moyenne
Ecart Solver	10.62%	19.20%	13.49%	1.84%	5.90%	16.20%	**11.20%**
Ecart //Solver	6.32%	13.12%	11.86%	0.99%	3.85%	13.32%	**8.24%**

5. Réglage de la recherche

Nous avons implanté deux variations par rapport à la procédure de recherche DBDFS[BEC 00]. La procédure originale implante le méchanisme suivant : Les nœuds ouverts de l'arbre sont rangés dans une queue de priorité avec leur évaluation. Cette évaluation est égale au résultat de la division entière du nombre de déplacements à droite que comporte le chemin de la racine de l'arbre jusqu'au nœud à evaluer, par la largeur donnée en paramètre à l'évaluateur de nœuds.

En utilisant le mécanisme de trace de ILOG Solver, nous avons constaté que pour de nombreuses bonnes solutions, les déplacements à droite se trouvaient en haut de l'arbre. Or les demandes étant traités par ordre décroissant de poids, ils correspondent donc aux demandes prépondérantes pour le coût total. Nous avons donc implanté une évaluation qui dépend de la profondeur totale de l'arbre. Dans tous les cas, on calcule une somme de poids d'un nœud et on retourne le résultat divisé par 2 et arrondi à l'entier inférieur.

Dans le premier cas, le poids d'un nœud est la somme des poids de chaque mouvement vers la droite dans le chemin qui relie le sommet de l'arbre au nœud. Le poids d'un mouvement droit est égal à 1 si on est dans le premier cinquième de l'arbre, 4 dans la partie entre le cinquième et la moitié haute de l'arbre et ∞ dans la moitié inférieure.[4]

Dans le deuxième cas, le poids d'un déplacement vers la droite dépend de la profondeur totale de l'arbre. Il croit avec la profondeur du nœud. Mais il s'adapte selon la profondeur totale pour essayer de toujours remettre en cause les décisions prises en haut de l'arbre. Par exemple, si la profondeur totale est inférieure à 60, un mouvement vers la droite pèse 1 dans le premier tiers de l'arbre, 4 dans le deuxième tiers et ∞

4. Ce qui correspond effectivement à ne pas considérer les nœuds ayant un déplacement vers la droite dans la moitié inférieure de l'arbre.

dans le dernier tiers. Par contre, si la profondeur de l'arbre est supérieure à 240, un mouvement vers la droite pèse 1 dans le premier septième de l'arbre, puis 3 jusqu'à au cinquième de l'arbre, 6 jusqu'au tiers et ∞ en dessous. Le tableau suivant résume les résultats obtenus avec ILOG Solver et ILOG Parallel Solver pour ces deux variantes.

Instance	B10	B11	B12	C10	C11	C12	Moyenne
Var 1, Séq	8.18%	13.72%	11.57%	2.01%	6.58%	15.64%	**9.60%**
Var 1, //	3.10%	10.36%	11.43%	1.70%	2.98%	11.97%	**6.92%**
Var 2, Séq	6.91%	13.85%	12.41%	1.92%	6.42%	14.89%	**9.40%**
Var 2, //	3.50%	7.68%	11.81%	1.73%	3.66%	12.99%	**6.89%**

6. Conclusion

Dans cet article, nous avons présenté un benchmark original, permettant de tester la robustesse d'un algorithme vis à vis de l'ajout de nouvelles contraintes, avec pour objectif d'obtenir les meilleures performances en moyenne. Nos premières expériences montrrent que des résultats satisfaisants en moyenne peuvent être obtenus en intégrant des algorithmes de graphes au sein d'un outil de programmation par contraintes comme ILOG Solver. De plus, les résultats obtenus ont pu être significativement améliorés, d'une part en passant de ILOG Solver à ILOG Parallel Solver, d'autre part en répartissant plus finement l'effort de recherche.

Ces résultats restent néanmoins fortement améliorables, comme le montrent certains écarts moyens, supérieurs à 10%. De nombreuses idées, complémentaires ou concurrentes à notre approche actuelle, sont susceptibles de donner lieu à de nouveaux travaux de recherche : renforcement de la propagation des contraintes, notamment des contraintes portant directement sur le coût de la solution ; répartition adaptative de l'effort de recherche entre le haut et le bas de l'arbre de recherche ; utilisation d'algorithmes d'optimisation locale ou évolutionnaires ; amélioration et parallélisation de notre algorithme de génération de colonnes ; amélioration par des heuristiques ou des coupes et parallélisation de notre algorithme de programmation linéaire en nombres entiers ; définition d'une stratégie hybride donnant plus ou moins d'importance à chaque technique de base en fonction de la taille du problème et des contraintes considérées.

Comme nous l'avons déjà indiqué, les fichiers de données sont à la disposition de la communauté scientifique, ainsi que les différents éléments permettant de tester de nouveaux algorithmes et de les comparer aux résultats que nous avons présentés.

7. Remerciements

Les travaux présentés dans cet article ont été financés en partie par le MENRT, dans le cadre du projet RNRT ROCOCO. Nous tenons particulièrement à remercier nos partenaires, notamment Dominique Barth du laboratoire PRiSM et Claude Lemaréchal de l'INRIA Rhône-Alpes, ainsi que Christian de Sainte-Marie, Alain Chabrier et Philippe Réfalo pour leurs contributions au projet.

Nous tenons tout particulièrement à remercier la société Intel pour le prêt du quadri-processeur qui nous a permis de mener à bien ces expériences réussies sur la parallélisation de la résolution de ce problème de conception de réseau.

8. Bibliographie

[BEC 00] BECK J. C., PERRON L., « Discrepancy-Bounded Depth First Search », *Proceedings of CP-AI-OR 00*, March 2000.

[CPL 01] CPLEX, « ILOG CPLEX 7.5 User's Manual and Reference Manual », ILOG, S.A., 2001.

[GAB 99] GABREL V., KNIPPEL A., MINOUX M., « Exact Solution of Multicommodity Network Optimization Problems with General Step Cost Functions », *Operations Research Letters*, vol. 25, 1999, p. 15-23.

[GEN 94] GENDRON B., CRAINIC T. G., « Relaxations for Multicommodity Capacitated Network Design Problems », rapport, 1994, Centre de Recherche sur les Transports, Université de Montréal.

[GON 95] GONDRAN M., MINOUX M., *Graphes et algorithmes*, Eyrolles, 1995.

[KER 89] CHASSIN DE KERGOMMEAUX J., CODOGNET P., ROBERT P., SYRE J.-C., « Une programmation logique parallèle : Systèmes non-déterministes », *TSI*, vol. 04, 1989, p. 285-305.

[PER 99] PERRON L., « Search procedures and parallelism in constraint programming », JAFFAR J., Ed., *Proceedings of the Fifth International Conference on Principles and Practice of Constraint Programming (CP99)*, Springer-Verlag, 1999, p. 346-360.

[ROT 02] ROTHLAUF F., GOLDBERG D. E., HEINZL A., « Network Random Keys : A Tree Representation Scheme for Genetic and Evolutionary Algorithms », *Evolutionary Computation*, vol. 10, n° 1, 2002, p. 75-97.

[SOL 01] SOLVER, « ILOG Solver 5.2 User's Manual and Reference Manual », ILOG, S.A., 2001.

9. Annexe : Une formulation linéaire en nombres entiers

Une formulation linéaire simple du problème introduit une variable binaire x_{ij}^{pq} pour chaque demande (p, q, Dem_{pq}) et chaque arc $(i, j) \in U$. Cette variable prend la valeur 1 si l'arc (i, j) est utilisé pour transmettre la demande de p à q, et prend la valeur 0 sinon.

Pour chaque arc $(i, j) \in U$, on introduit K_{ij} variables entières w_{ij}^k, $1 \leq k \leq K_{ij}$. La variable w_{ij}^k désigne le multiplicateur associé à la k-ième capacité possible de l'arc (i, j). Pour i et j donnés, un seul w_{ij}^k peut être différent de 0. Pour modéliser cette contrainte, on introduit une variable booléenne y_{ij}^k qui vaut 1 si c'est la k-ième capacité qui est choisie, et 0 sinon.[5]

5. Notons que, lorsque $pmax$ est $faux$, les variables w_{ij}^k peuvent être supprimées en introduisant toutes les capacités intermédiaires susceptibles d'être obtenues par multiplication et en supprimant toutes les combinaisons dominées en termes de coût (et de sécurité). Ainsi, dans l'exemple précédent, il suffirait d'introduire la capacité 192 pour chaque arc. L'intérêt d'une

Les contraintes communes à toutes les versions du problème sont alors les suivantes :

– Toute demande (p, q, Dem_{pq}) part de son site de départ : $\sum_{j:(p,j)\in U} x^{pq}_{pj} = 1$

– Toute demande (p, q, Dem_{pq}) finit à son site d'arrivée : $\sum_{i:(i,q)\in U} x^{pq}_{iq} = 1$

– Toute demande (p, q, Dem_{pq}) suit un chemin unique :
$\forall (i,j) \in U, x^{pq}_{ij} \in \{0,1\}$
$\forall i \in \{1,\ldots,n\}, x^{pq}_{ip} = 0$
$\forall i \in \{1,\ldots,n\}, x^{pq}_{qi} = 0$
$\forall i \in \{1,\ldots,n\}, i \neq p, i \neq q, \sum_{j:(i,j)\in U} x^{pq}_{ij} = \sum_{j:(j,i)\in U} x^{pq}_{ji}$

– Pour tout arc (i,j), une seule capacité peut être choisie :
$\forall k \in \{1,\ldots,K_{ij}\}, y^k_{ij} \in \{0,1\} \sum_{k\in\{1,\ldots,K_{ij}\}} y^k_{ij} \leq 1$

– Pour tout arc (i,j), un et un seul coefficient multiplicateur w^k_{ij} est choisi non nul entre $Wmin^k_{ij}$ et $Wmax^k_{ij}$:
$\forall k \in \{1,\ldots,K_{ij}\}, w^k_{ij} \in \{Wmin^k_{ij}, Wmin^k_{ij}+1,\ldots,Wmax^k_{ij}\}$
$\forall k \in \{1,\ldots,K_{ij}\}, y^k_{ij} \leq w^k_{ij} \leq Wmax^k_{ij} y^k_{ij}$

– Pour tout arc (i,j), les capacités installées sur les arcs (i,j) et (j,i) sont cohérentes : $\forall k \in \{1,\ldots,K_{ij}\}, w^k_{ij} = w^k_{ji}$

– La demande totale routée par tout arc (i,j) est inférieure ou égale à sa capacité :
$\sum_{p,q\in\{1,\ldots,n\}} Dem_{pq} x^{pq}_{ij} \leq \sum_{k\in\{1,\ldots,K_{ij}\}} Capa^k_{ij} w^k_{ij}$

Le coût est défini comme suit : $\sum_{(i,j)\in U: i<j} \sum_{k\in\{1,\ldots,K_{ij}\}} Cost^k_{ij} w^k_{ij}$

Les contraintes additionnelles ci-dessous sont à ajouter selon la valeur des paramètres :

– Si sec est $vrai$: pour toute demande (p, q, Dem_{pq}) telle que $Sec_{pq} = 1$ et pour tout nœud $i \neq p$ tel que $Risk_i = 1$, ajouter la contrainte $\sum_{j:(i,j)\in U} x^{pq}_{ij} = 0$. Cette contrainte interdit de router la demande par le nœud intermédiaire i.

– Si sec est $vrai$: pour toute demande (p, q, Dem_{pq}) telle que $Sec_{pq} = 1$ et pour tout arc (i,j), ajouter la contrainte $x^{pq}_{ij} + \sum_{k:Risk^k_{ij}=1} y^k_{ij} \leq 1$. Cette contrainte interdit de router la demande par l'arc (i,j) si la capacité choisie sur l'arc (i,j) n'est pas sécurisée.

– Si $nomult$ est $vrai$: pour tout arc (i,j), s'il existe $k \in \{1,\ldots,K_{ij}\}$ tel que $Wmin^k_{ij} \geq 1$, ajouter la contrainte $w^k_{ij} = Wmin^k_{ij}$; sinon, ajouter la contrainte $\sum_{k\in\{1,\ldots,K_{ij}\}} w^k_{ij} \leq 1$. Notons que les variables y^k_{ij} peuvent alors être supprimées (sauf si sec est positionné à $vrai$).

– Si $symdem$ est $vrai$: pour tout arc (i,j) et toute paire de demandes (p, q, Dem_{pq}) et (q, p, Dem_{qp}), ajouter la contrainte $x^{pq}_{ij} = x^{qp}_{ji}$.

– Si $bmax$ est $vrai$: pour toute demande (p, q, Dem_{pq}), ajouter la contrainte $\sum_{(i,j)\in U} x^{pq}_{ij} \leq Bmax_{pq}$.

– Si $pmax$ est $vrai$: pour tout nœud i, ajouter les contraintes $\sum_{j:(j,i)\in U} \sum_{k:Capa^k_{ji}\neq 0} w^k_{ji} \leq Pin_i$ et $\sum_{j:(i,j)\in U} \sum_{k:Capa^k_{ij}\neq 0} w^k_{ij} \leq Pout_i$.

– Si $tmax$ est $vrai$: pour tout nœud i, ajouter la contrainte $\sum_{p\neq i} \sum_{q\neq i} \sum_{j:(i,j)\in U} Dem_{pq} x^{pq}_{ij} + \sum_{p\neq i} Dem_{pi} + \sum_{q\neq i} Dem_{iq} \leq Tmax_i$.

---

telle transformation du problème dépend évidemment du nombre de valeurs additionnelles introduites.

Modélisation de systèmes biologiques en programmation concurrente par contraintes hybrides

Alexander Bockmayr — Arnaud Courtois

Université Henri Poincaré, LORIA
B.P. 239, F-54506 Vandœuvre-lès-Nancy, France
{bockmayr,acourtoi}@loria.fr

RÉSUMÉ. *La* biologie des systèmes *représente un nouveau domaine qui vise à la compréhension des systèmes biologiques à différents niveaux. Nombre de recherches ont démarré, ayant pour but de comprendre comment les différentes parties d'un système biologique interagissent pour constituer des fonctions complexes. Les modèles informatiques, qui peuvent aider à analyser ou prédire le devenir temporel d'un système, jouent un rôle crucial en biologie. L'objectif de cet article est de montrer que la programmation concurrente par contraintes hybrides [GUP 98] peut être une alternative prometteuse aux approches de modélisations existantes en biologie systémique.* `Hybrid cc` *est un langage de programmation déclaratif, compositionnel, qui permet de modéliser et simuler la dynamique de systèmes hybrides, c.-à-d. des systèmes pouvant changer d'état de façon discrète ou continue. Nous montrons que* `Hybrid cc` *peut modéliser de façon naturelle une grande variété de phénomènes biologiques comme l'atteinte de seuil, la cinétique, les interactions génétiques, ou les voies de régulation biologiques.*

ABSTRACT. Systems biology *is a new area in biology that aims at achieving a systems-level understanding of biological systems. Lots of research is still necessary to understand how the different parts of a biological system interact in order to perform complex biological functions. Computational models that help to analyze, explain or predict the behavior of biological systems play a crucial role in biology. The goal of this paper is to show that hybrid concurrent constraint programming [GUP 98] may be a promising alternative to existing modeling approaches in systems biology.* `Hybrid cc` *is a declarative compositional programming language, which allows one to model and simulate the dynamics of hybrid systems, which exhibit both discrete and continuous change. We show that* `Hybrid cc` *can be used naturally to model a variety of biological phenomena, such as reaching thresholds, kinetics, gene interaction or biological pathways.*

MOTS-CLÉS : *programmation logique ; contraintes ; concurrence ; systèmes hybrides ; biologie moléculaire.*

KEYWORDS: *logic programming; constraints; concurrency; hybrid systems; molecular biology.*

1. Introduction

Des progrès énormes ont été effectuées en biologie moléculaire durant la dernière décennie. Les projets actuels de génome, transcriptome ou protéome produisent une quantité de données en progression exponentielle. La mémorisation, la maintenance et l'accès à ces données représentent à eux seuls un défi au niveau informatique. Mais le travail réel, ayant un impact considérable en médecine et en pharmacologie, consiste à exploiter ces données et comprendre comment les gènes, ARN, protéines d'un organisme interagissent pour constituer des fonctions biologiques complexes.

La biologie des systèmes [KIT 01], un domaine nouveau en biologie, étudie simultanément des interactions complexes à différents niveaux d'information biologique - ADN, ARNm, protéines, voies d'information, réseaux - afin de comprendre leur organisation de fonctionnement (voir [IDE 01] pour un exemple récent).

Le développement de modèles informatiques pour les systèmes biologiques joue un rôle crucial [BOW 01]. Nombre de projets comme BioSpice, Cellerator, DBSolve, E-Cell, Gepasi, Jarnac, ProMot/DIVA, StochSim et Virtual Cell visent à modéliser et simuler des processus biologiques. Systems Biology Workbench [HUC 02] est une plateforme destinée à permettre l'interaction entre ces outils. D'un point de vue langage de programmation, une question fondamentale se pose : quelle est la sémantique sous-jacente à ces différentes approches, quelles sont les combinaisons possibles entre elles ?

Cet article présente la programmation concurrente par contraintes hybrides [GUP 98] comme une alternative prometteuse aux approches existantes. `Hybrid cc` est une plateforme très puissante de modélisation de systèmes hybrides. C'est un langage de programmation compositionnel déclaratif, basé sur le paradigme `cc`. Un des avantages majeurs de `Hybrid cc` d'être basé sur une sémantique bien définie, avec peu de primitives.

Cet article sera organisé comme suit. La sect. 2 rappellera brièvement les approches de modélisation en biologies cellulaire et moléculaire. Nous soulignerons le rôle qu'y jouent les systèmes hybrides. La sect. 4, au coeur de la discussion, montrera l'utilisation de `Hybrid cc` en tant que langage de modélisation de haut niveau. Comment exprimer naturellement en `Hybrid cc` des phénomènes biologiques variés. La sect. 5 concluera la discussion et présentera nos travaux futurs. Les résultats présentés proviennent de [BOC 01] et [COU 01].

2. Approches de modélisations existantes

Une grande variété de formalismes de modélisation de systèmes biologiques est proposée dans la litérature, voir les articles de synthèse [BOW 01, JON 01]. D'après [GIB 01b], on peut distinguer trois grandes approches : discrète, continue, stochastique, ainsi que leurs diverses combinaisons.

Les modèles discrets sont basés sur des variables et changements d'états discrets. Un exemple typique en est les réseaux booléens [KAU 93], modélisant des réseaux de régulation génétique. A chaque gène est associée une variation booléenne signifiant son activité pendant un état. Les réseaux qualitatifs [THI 98] étendent ces réseaux à l'aide de la logique multivaluée. Chaque variable prend ses valeurs dans un domaine fini, et représente le niveau d'expression d'un gène. Plusieurs auteurs utilisent des concepts et outils pour la vérification formelle, comme les réseaux de Petri [RED 93], ou le π-calcul [REG 01].

Les modèles continus sont utilisés depuis longtemps en biomathématique [VOI 00]. Ils sont basés sur des équations différentielles qui modélisent généralement les réactions biochimiques. En principe, tout système d'équations chimiques et de contraintes physiques peut être transformé en un système d'équations différentielles non linéaires ordinaires, dont les variables représentent des concentrations de molécules.

Le besoin de modéliser des phénomènes tant discrets que continus pousse à s'intéresser aux systèmes dynamiques hybrides [SCH 00]. Leur intérêt a été notamment décrit par [MAT 00] et [ALU 01], qui y voient un lien fort avec les systèmes hybrides rencontrés couramment en ingénierie des systèmes industriels.

L'aspect stochastique est une autre caractéristique fondamentale des systèmes biologiques. On peut distinguer des distributions discrètes ou continues ; les probabilités peuvent apparaître explicitement à l'aide de constantes ou variables aléatoires. Elles peuvent être également implicites dans des équations de cinétique chimique, ou comme dans le modèle présenté en Sect. 4.2. Typiquement, les probabilités sont usitées pour simplifier la représentation de processus (p.e. la simulation du choix entre lyse et lysogénie d'un phage λ dans une population [GIB 01a]). Elles servent également à la simulation d'un bruit stochastique réaliste, ou pour les simulations de masse de type Monte Carlo.

3. Utilisation de la programmation concurrente par contraintes hybrides

La programmation par contraintes, issue de la programmation logique, a débuté aux alentours de 1985. Dans un programme l'utilisateur spécifie des contraintes, afin de définir des relations entre les variables qui décrivent l'état d'un système. Le solveur de contraintes value les variables de façon à satisfaire le système de contraintes, ou d'inférer de nouvelles contraintes.

En programmation concurrente par contraintes (cc), différents processus s'exécutent de façon concurrente. Ils interagissent *via* un *pot de contraintes*. Celui-ci contient toutes les contraintes actuellement déterminées. Un processus peut déclarer (*tell*) une nouvelle contrainte, ou requêter (*ask*) le pot pour savoir si une contrainte peut être inférée par l'information actuelle du système, auquel cas une action est commise [SAR 93].

Agents	Propositions
c	c est actuellement vraie
`if` c `then` A	si c est vrai, alors A est déclarée
`if` c `else` A	si c est fausse ou indéterminée, alors A est déclarée
`new` X `in` A	une instance $A[T/X]$ est déclarée
A, B	A et B sont déclarées
`hence` A	A est copiée à tout instant à partir de la prochaine phase
`always` A	revient à (A, `hence` A)
`when(`c`)` A	revient à `(if` c `then` A`, hence (if` c `then` A`))`
`unless(`c`)` A `else` B	revient à `(if` c `then` B`, if` c `else` A`)`

Tableau 1. *Combinateurs de* `Hybrid cc`

Le concept `cc` a été dérivé sous différentes formes :

– `Timed cc` [SAR 94],

– `Timed default cc` [SAR 96],

– `Hybrid cc` [GUP 95, GUP 98, CAR 98a].

Une limitation majeure du solveur `cc` original est qu'il ne peut détecter que la présence d'information, non son absence. C'est pourquoi [SAR 94] a proposé d'utiliser le paradigme `cc` dans une séquence de phases d'exécution à temps discret. Un combinateur a été ajouté, `hence` A, qui copie A dans chaque phase suivant la phase actuelle. A chaque début de phase, `cc` est appelé : il en résulte un langage de programation réactif synchrone, `Timed cc`. Toutefois il reste le problème de la détection instantanée d'information négative. `Default cc` résoud ce point en étendant `cc` par un combinateur de requête négative, `if` a `else` A, qui impose la contrainte A à moins que a puisse être déterminée comme vraie. Logiquement, A est une action par défaut. Cette introduction des phases (`Timed cc`) et du défaut a conduit à `Timed Default cc` [SAR 96].

`Hybrid cc` est une extension de `Default cc` au temps continu. Les contraintes peuvent désormais utiliser une équation (différentielle) continue, et l'opérateur `hence` est interprété en temps continu. La table 1 résume les combinateurs du paradigme `Hybrid cc`. A noter que `Hybrid cc` utilise des primitives de noms à peu près identiques.

En `Hybrid cc`, l'évolution d'un système se passe de manière continue par morceaux : une alternance de phases continues et ponctuelles (*i.e.* changements d'état, au cours desquels `Default cc` est appelé). Pendant la phase continue, le calcul se fait sur les équations. La durée de cette phase d'intervalle est calculée dans la phase ponctuelle précédante : elle termine lorsqu'un statut conditionnel est modifié (voir [GUP 95] pour les détails). La version actuelle de `Hybrid cc` supporte deux types de contraintes : les équations différentielles ordinaires, et les contraintes algébriques (non-linéaires). Les équations différentielles sont intégrées notamment par la méthode de Runge-Kutta 5ème ordre à pas adaptif, modifiée pour s'appliquer aux variables-intervalles [CAR 98a]. Les contraintes algébriques sont résolues par utilisation des techniques de propagation, éclatement d'intervalles, méthode de Newton-Raphson et Simplexe. Les excellentes performances de `Default cc` sont décrites et comparées à celles d'autres solveurs dans [CAR 98b].

4. Modélisation de systèmes biologiques

4.1. *Caractéristiques typiques des systèmes biologiques. Liens avec* `Hybrid cc`

L'objectif de cette section est de montrer que `Hybrid cc` est adéquat à la modélisation et à la simulation de systèmes biologiques dynamiques. La table suivante donne un aperçu des caractéristiques importantes des systèmes biologiques.

Biologie	`Hybrid cc`
atteinte de seuils	événements discrets
temps, concentrations	variables continues
cinétique	équations différentielles
interactions génétiques	concurrence
devenir stochastique	nombres aléatoires

L'atteinte de seuil. Les seuils sont utilisés pour déterminer quand un processus doit être suspendu ou activé. Ils peuvent être employés dans le contexte d'un raisonnement qualitatif, dans le but de (semi-)discrétiser un phénomène continu. Ils peuvent permettre de raffiner un modèle en spécifiant des dynamiques contextuelles (voir Sect. 4.3). Le type de réactivité désiré dépendra de la classe de langage : `Timed cc` est synchrone, `Default cc` est asynchrone, `Hybrid cc` est instantané en temps continu.

Le temps, les concentrations. Ces grandeurs seront quantifiées par des variables continues. Quand une concentration atteindra un certain seuil, elle déclenchera un changement d'état.

La cinétique. Représentée par des lois biochimiques, elle dépend directement de variables continues comme les concentrations et le temps.

Les interactions . Les interactions entre agents peuvent être directes (p.e. molécule/gène) ou indirectes (p.e. gène/gène, molécule/facteur/cible). Elles reflètent la concurrence au niveau biologique, exprimable de façon très naturelle par un langage de programmation concurrente.

L'aspect stochastique. Le choix probabiliste entre plusieurs voies d'évolution temporelle du système, le bruit stochastique sont des techniques couramment employées pour modéliser un système biologique [BOW 01]. Les probabilités peuvent être utilisées sous forme discrète, ou hybride (p.e. les équations différentielles de Langevin,

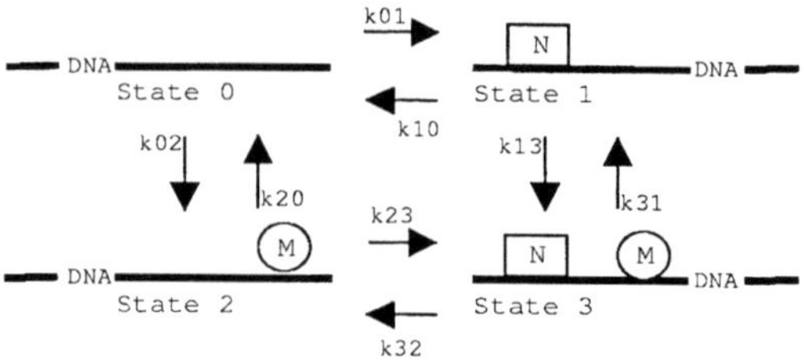

Figure 1. *Transitions et états possibles*

complétées par un bruitage stochastique qui décrit une fluctuation aux limites déterministes d'un état).

La section suivante présente quelques modèles de systèmes dynamiques effectués en `Hybrid cc`. Notre but est de montrer l'aspect naturel et déclaratif de cette forme de programmation.

4.2. *Devenir stochastique d'un complexe ADN-protéine.*

Ce premier modèle représente le méchanisme - instable - de liaison entre deux familles de protéines et un segment de brin d'ADN [GIB 01b]. Le système est composé de m protéines M, et n protéines N. En tout quatre états et huit réactions sont possibles (voir Fig. 1). Chaque réaction est marquée par un coefficicent d'affinité. "+" dénote une réaction, "·" une complexation :

$$N + DNA \underset{k_{10}}{\overset{k_{01}}{\rightleftharpoons}} N \cdot DNA \qquad N + M \cdot DNA \underset{k_{32}}{\overset{k_{23}}{\rightleftharpoons}} N \cdot M \cdot DNA$$

$$M + DNA \underset{k_{20}}{\overset{k_{02}}{\rightleftharpoons}} M \cdot DNA \qquad M + N \cdot DNA \underset{k_{31}}{\overset{k_{13}}{\rightleftharpoons}} M \cdot N \cdot DNA$$

Nous considérerons un modèle à temps discret. Les probabilités $P_i(t + \Delta t)$ de se trouver à l'état i au temps $t + \Delta t$ dépendent de celles au temps t :

$$\begin{pmatrix} P_0(t+\Delta t) \\ P_1(t+\Delta t) \\ P_2(t+\Delta t) \\ P_3(t+\Delta t) \end{pmatrix} = A \cdot \begin{pmatrix} P_0(t) \\ P_1(t) \\ P_2(t) \\ P_3(t) \end{pmatrix}$$

avec la matrice de transition :

$$A = \begin{bmatrix} 1 - nk_{01}\Delta t - mk_{02}\Delta t & k_{10}\Delta t & k_{20}\Delta t & 0 \\ nk_{01}\Delta t & 1 - k_{10}\Delta t - mk_{13}\Delta t & 0 & k_{31}\Delta t \\ mk_{02}\Delta t & 0 & 1 - k_{20}\Delta t - nk_{23}\Delta t & k_{32}\Delta t \\ 0 & mk_{13}\Delta t & nk_{23}\Delta t & 1 - k_{31}\Delta t - k_{32}\Delta t \end{bmatrix}.$$

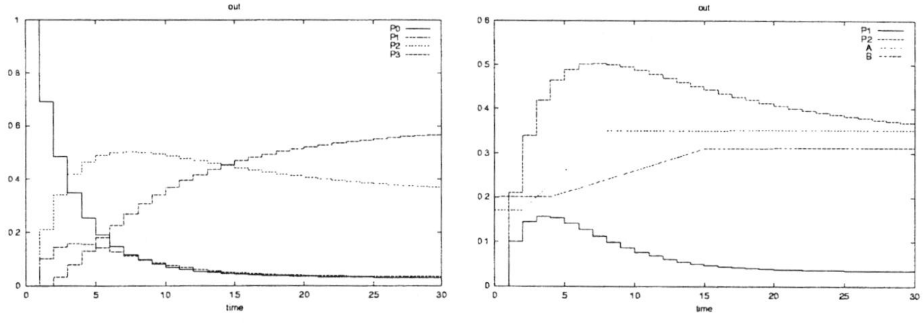

Figure 2. *a) Probabilités $P_0, \ldots, P_3$* *b) Produit de A et B relatif aux P_i*

On notera qu'une transition de l'état 0 à 3 (resp. 1 à 4) est impossible. Ce phénomène est exprimé directement en `Hybrid cc`. Il suffit d'ajouter une horloge de synchronisation. La constante `dt` représente l'intervalle de temps Δt, `prev(x)` représente la valeur précédante de x. Les contraintes $P_i' = 0$ (dérivée nulle par rapport au temps) imposent une variation en escalier pour P_i, voir Fig. 2a).

```
/* Define constants  */
#define dt  1         // interval length (delta t)
#define k01 0.02      //
...
/* Define variables */
interval clock; interval P0; ... ; interval P3;
/* Initialization (no binding) */
clock=dt; clock' = -0.5;
P0=1; P1=0; P2=0; P3=0;
/* Clock update */
always { if (clock=0) { clock' = .5;}
         else {clock'' = -1/dt;}
}
/* Compute probabilities */
always { if (clock=0) {
P0=((1-(n*k01*dt)-(m*k02*dt))*prev(P0))+(k10*dt*prev(P1))+(k20*dt*prev(P2));
P1=(n*k01*dt*prev(P0))+((1-(k10*dt)-(m*dt*k13))*prev(P1))+(k31*dt*prev(P3));
P2=(m*k02*dt*prev(P0))+((1-(k20*dt)-(n*dt*k23))*prev(P2))+(k32*dt*prev(P3));
P3=(m*k13*dt*prev(P1))+(n*k23*dt*prev(P2))+((1-(k31*dt)-(k32*dt))*prev(P3));
}
   else { P0' = 0; P1' = 0; P2' = 0; P3' = 0; }
}
/* Output */
sample(P0,P1,P2,P3);
```

Ce modèle basique peut être étendu : par exemple la protéine A (resp. B) sera produite dans l'état 1 (resp. 2). Il suffit d'ajouter les contraintes suivantes (voir la Fig. 2b, qui illustre le résultat) :

```
always { unless(P1>0.1)  {A'=0.0001;}  else {A'=0.03;};
         unless(P2>0.45) {B'=0.00015;} else {B'=0.01;}; }
```

Une autre possibilité est de considérer $\Delta t \rightarrow 0$. Le comportement du modèle continu obtenu est similaire à celui observé ci-dessus.

4.3. *Un modèle continu multimode*

Les lois cinétiques des réactions chimiques dépendent de la concentration des réactifs. A très hautes ou très faibles concentrations, les équations différentielles sont imprécises. Dans l'exemple suivant, le système d'équations différentielles varie contextuellement aux atteintes de seuils. Ce modèle hybride peut être vu comme un raffinement des réseaux qualitatifs discrets.

Nous modélisons en `Hybrid cc` un phénomène de bioluminescence de V. fischeri [ALU 01]. Cette bactérie marine vit en petite ou grande densité. Lorsque la population augmente et quelle passe un certain seuil de densité (*quorum*), on observe alors une réaction bioluminescente intense. Cette réaction dépend de la concentration de la molécule intermembranaire A_i.

La description des différentes catégories de molécules x, nous utiliserons l'équation générique suivante, où v_s est la vitesse de synthèse, v_d la vitesse de dégradation, v_r la vitesse de réaction et v_t la vitesse de transport (diffusion) de la protéine x :

$$\frac{dx}{dt} = v_s - v_d \pm v_r \pm v_t.$$

Suit un modèle mathématique d'une bactérie parmi une population [ALU 01]. Les équations différentielles sont A_i-dépendantes. A_i peut être en concentrations faible, moyenne, haute. x_7 (resp. x_9) représente les concentrations de A_i interne (resp. externe). Les concentrations des autres molécules sont décrites par les variables $(x_1, x_2, x_3, x_4, x_5, x_6, x_8)$. Les autres symboles sont des constantes.

$$\begin{aligned}
\frac{dx_1}{dt} &= \begin{cases} \eta_1(\frac{c}{2} - x_1), & \text{if } 0 \leq x_7 \leq A_i^- \\ \frac{\eta_1}{4}(3c + \frac{x_8^{\nu_{81}}}{\kappa_{81}^{\nu_{81}} + x_8^{\nu_{81}}} - 4x_1), & \text{if } A_i^- < x_7 \leq A_i^+ \\ -\eta_1 \cdot x_1, & \text{if } A_i^+ < x_7 \end{cases} \\
\frac{dx_2}{dt} &= \begin{cases} -\eta_2 \cdot x_2, & \text{if } 0 \leq x_7 \leq A_i^- \\ \eta_2(3c + \frac{x_8^{\nu_{82}}}{\kappa_{82}^{\nu_{82}} + x_8^{\nu_{82}}} - x_2), & \text{if } A_i^- < x_7 \end{cases} \\
&\vdots \\
\frac{dx_7}{dt} &= -\eta_7 \cdot x_7 + r_4 \cdot x_4 - r_{mem}(x_7 - x_9) - r_{37,R} \cdot x_3 \cdot x_7 \\
\frac{dx_9}{dt} &= -\eta_7 \cdot x_9 + r_4 \cdot x_4 - r_{mem}(x_7 - x_9) + u
\end{aligned}$$

Cette fois encore le modèle mathématique se traduit directement en `Hybrid cc`. Chaque type de molécule est représenté par un agent indépendant. Les interactions entre agents sont contrôlées par `Hybrid cc`.

```
#include "storeval.hcc"
/* Definition of constants */
   #define Ai_min 0.1 ... #define rmem 0.02
/* Definition of variables */
   interval x1; ... ; interval lum; interval pert;
/* Initialization */
   x1=0; ... ; lum=0; storeval(pert,0);
/* Constraints and combinators */
   always { if (x7<Ai_min) x1'=mu1*((0.5*c)-x1);
     if ((x7>=Ai_min)&&(x7<Ai_plus))
        x1'=(mu1/4)*((3*c)+((x8^ksi81)/((k81^ksi81)+(x8^ksi81)))-(4*x1));
     if (x7>=Ai_plus) x1'=-mu1*x1;}
   always { if (x7<Ai_min) x2'=-mu2*x2;
     if (x7>=Ai_min) x2'=mu2*(((x8^ksi82)/((k82^ksi82)+(x8^ksi82)))-x2);}
   ...
   always { x9'=(-mu7*x9)+(rmem*(x7-x9))+pert;}
/* Perturbation */
   when(time=200) storeval(pert,0.9);
   when(time=400) storeval(pert,0);
/* Luminescence  */
   always { lum'=x5'+x6';}
/* Output */
   sample(pert,x1,x2,x3,x4,x5,x6,x7,x8,x9,lum);
```

Pour simplifier, l'intensité lumineuse sera proportionnelle à x_5 et x_6. Afin de simuler la poussée de population, nous introduisons une perturbation artificielle de concentration externe x_9 pendant l'intervalle de temps $[200, 400]$. La perturbation est déclarée par la fonction `storeval` qui fixe une variable jusqu'à son prochain changement. La Fig. 3 montre l'évolution de x_1, qui dépend de x_7, ainsi que l'intensité lumineuse causée par l'augmentation virtuelle de la population pendant l'intervalle $[200, 400]$. On peut observer le changement de dynamique de x_1 lorsque x_7 atteint un seuil bas ou haut.

4.4. *Un exemple typique de programmation concurrente par contraintes hybrides*

L'exemple suivant résume dans un seul modèle toutes les caractéristiques de systèmes biologiques décrites précédemment (Sec. 4.1). Nous considérons ici la différentiation d'une population de cellules épidermiques de *X. laevis* [GHO 01]. Chaque cellule interagit avec ses voisins, assimilables à des agents concurrents. Les concentrations mesurées varient continuement, et sont décrites par des équations différentielles. Des transitions discrètes s'opèrent quand un certain seuil est atteint. Enfin, l'initialisation des différentes cellules se fait à l'aide d'un bruit stochastique.

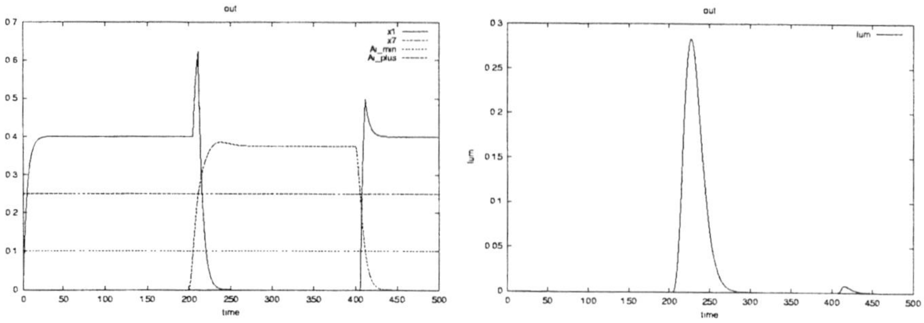

Figure 3. *Simulation de bioluminescence de V. Fischeri*

Les cellules sont arrangées de façon hexagonale (voir Fig. 4a), et peuvent donc avoir $2, 3, 4$ ou 6 voisins. Dans chaque cellule, nous considérerons les concentrations v_D, v_N de deux protéines, Delta et Notch. La capacité de production de Notch u_N d'une cellule dépend de la production en Delta des voisins. (u_N est haut si les ${v_D}^i$ sont hauts) :

$$u_N = \sum_{i=1}^{k} {v_D}^i, \text{ avec } k \in \{2, 3, 4, 6\}.$$

La capacité de production u_D dépend de la concentration intracellulaire v_N (u_D est haut quand v_N est faible) :

$$u_D = -v_N.$$

Chaque cellule peut être dans un parmi quatre états différents, selon les seuils h_D, h_N.

Etat 1 :	Delta et Notch inhibés :	$u_D < h_D$ et $u_N < h_N$
Etat 2 :	Delta exprimé, Notch inhibé :	$u_D \geq h_D$ et $u_N < h_N$
Etat 3 :	Delta inhibé, Notch exprimé :	$u_D < h_D$ et $u_N \geq h_N$
Etat 4 :	Delta et Notch exprimés :	$u_D \geq h_D$ et $u_N \geq h_N$

La production des protéines Delta et Notch dépend de l'état de la cellule :

Etat 1 :	$v'_D = -\lambda_D \cdot v_D,$	$v'_N = -\lambda_N \cdot v_N$
Etat 2 :	$v'_D = R_D - \lambda_D \cdot v_D,$	$v'_N = -\lambda_N \cdot v_N$
Etat 3 :	$v'_D = -\lambda_D \cdot v_D,$	$v'_N = R_N - \lambda_N \cdot v_N$
Etat 4 :	$v'_D = R_D - \lambda_D \cdot v_D,$	$v'_N = R_N - \lambda_N \cdot v_N$

Ici λ_D, λ_N sont les vitesses constantes de dégradation de protéines. R_D et R_N sont les vitesses de production.

Nous générons automatiquement le programme `Hybrid cc` suivant à partir des dimensions de la surface étudiée.

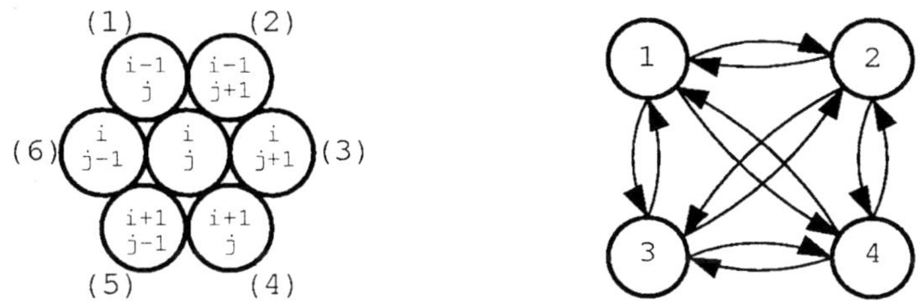

Figure 4. *a) Disposition hexagonale* *b) Etats et transitions*

```
#include "parameters.hcc"
%module   "HCC_lib_math"
/* Declaration of variables */
   interval ud_1_1, un_1_1, vd_1_1, vn_1_1, state_1_1, ud_2_1, ...
/* Auxiliary functions */
   interval coeff_rd(interval ud) {
       if (ud<hd) return=0;
       else return=1; }
   interval coeff_rn(interval un) {
       if (un<hn) return=0;
       else return=1; }
/* Initialization (with stochastic noise) */
   vd_1_1 = HCC_noise(1,30) ; vn_1_1 = HCC_noise(1,30) ; ...
/* Constraints and Combinators */
   always {
       un_1_1  =  vd_1_2  + vd_2_1; un_1_2  = ...
       ud_1_1  = -vn_1_1;           ud_1_2  = ...

       vd_1_1' = (coeff_rd(ud_1_1)*rd) - lambda_d * vd_1_1; vd_1_2' = ...
       vn_1_1' = (coeff_rn(un_1_1)*rn) - lambda_n * vn_1_1; vn_1_2' = ...

       if ((ud_1_1 < hd) && (un_1_1 < hn)) state_1_1 = 1; ...
   }
/* Output */
sample(state_1_1, state_1_2, state_2_1, ...);
```

Les indices des variables correspondent à la figure 4. Les concentrations intracellulaires de Delta et Notch sont initialisées avec un bruit stochastique de $\pm 30\%$ autour de la valeur 1. La figure 5a) illustre une transition qui a un impact sur la concentration de Delta d'une cellule au bord d'un réseau 15x15. La figure 5b) montre l'état bistable atteint à la fin de la simulation. On observe que chaque cellule est soit dans l'état 2 marqué par $*$, soit dans l'état 3, marqué par o (l'effet "poivre-et-sel"). Bien que très simplifié, le modèle hybride résultant est qualitativement très réaliste.

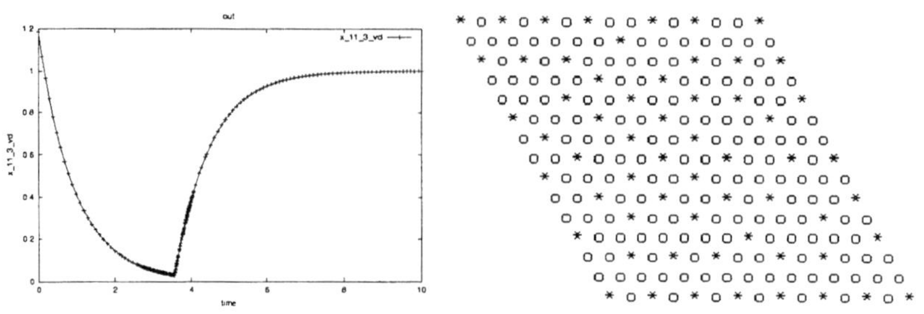

Figure 5. *a) Transition dans une cellule du bord b) Etat stable*

4.5. *Apports de* `Hybrid cc` *pour la modélisation de systèmes biologiques*

En plus des avantages qu'apporte un langage de classe `Timed Default cc` [SAR 96], les caractéristiques suivantes de `Hybrid cc` semblent particulièrement utiles dans le contexte qui nous concerne.

Caractéristiques de `Hybrid cc`	Intérêt pour la biologie
Agents concurrents	Séparation claire des différents processus Possibilités de raffiner le modèle
Programmation déclarative	Seules les contraintes sont à spécifier Contrôle géré implicitement par `Hybrid cc`
Contraintes	Expression possiblement incomplète du système Définition de la granularité de l'analyse
Equations différentielles	Description des réactions biochimiques et variations continues
Modularité	Isolation du noyau d'un modèle, cruciale pour les modèles fortement contexte-dépendants Réutilisabilité
Réaction asynchrone	Importante pour les systèmes réactifs

5. Conclusion et perspectives

`Hybrid cc` représente une alternative prometteuse aux outils de simulation existants en biologie des systèmes, aussi bien d'un point de vue théorique que pratique. `Hybrid cc` est un langage de programmation très expressif, compositionnel, basé sur le paradigme de la programmation par contraintes. Il présente l'avantage de ne pas être spécialisé vis-à-vis d'un domaine de modélisation ou d'analyse : ainsi un modèle théorique ou un formalisme n'a pas à être adapté à `Hybrid cc`, et sera déclaré sans concession. Il permet au biologiste de modéliser des systèmes biologiques de façon naturelle et déclarative, sans avoir à gérer le fonctionnement de la simulation. Enfin il offre à l'informaticien l'avantage d'être un langage de programmation basé sur une sémantique bien fondée.

Plusieurs directions découlent de cette recherche. Nous avons tiré de la littérature les exemples présentés dans ce papier, afin d'illustrer l'intérêt de `Hybrid cc` pour modéliser les systèmes biologiques. Ils sont relativement petits. Nous avons commencé récemment un projet en collaboration avec l'Institut Pasteur de Paris, afin de développer en `Hybrid cc` un exemple bien plus complexe de certains aspects du cycle cellulaire chez les mammifères. Nous espérons que ce travail n'aidera pas seulement à comprendre un phénomène biologique, mais aura également un impact sur le langage `Hybrid cc`. Par exemple nous pouvons nous apercevoir que le solveur de contraintes de `Hybrid cc` ou que le langage lui-même doivent être étendus. Nous pensons en particulier à des extensions stochastiques, telles celles utilisées dans `Probabilistic cc` [GUP 99].

6. Bibliographie

[ALU 01] ALUR R., BELTA C., IVANCIC F., KUMAR V., MINTZ M., PAPPAS G. J., RUBIN H., SCHUG J., « Hybrid Modeling and Simulation of Biomolecular Networks », *Hybrid Systems : Computation and Control, HSCC 2001, Rome, Italy*, Springer, LNCS 2034, 2001, p. 19-32.

[BOC 01] BOCKMAYR A., COURTOIS A., « Modeling biological systems in hybrid concurrent constraint programming (Abstract) », *2nd Int. Conf. Systems Biology, ICSB'01, Pasadena, CA*, 2001.

[BOW 01] BOWER J. M., BOLOURI H., Eds., *Computational modeling of genetic and biochemical networks*, MIT Press, 2001.

[CAR 98a] CARLSON B., GUPTA V., « Hybrid CC and interval constraints », *Hybrid Systems : Computation and Control, HSCC'98*, Springer, LNCS 1386, 1998, p. 80 - 95.

[CAR 98b] CARLSON B., GUPTA V., « Hybrid cc with Interval Constraints », *HSCC*, 1998, p. 80-95.

[COU 01] COURTOIS A., « Modélisation de systèmes biologiques en programmation par contraintes », Rapport de DEA (in French), juillet 2001, Univ. Henri Poincaré, LORIA.

[GHO 01] GHOSH R., TOMLIN C., « Lateral Inhibition through Delta-Notch Signaling : A Piecewise Affine Hybrid Model », *Hybrid Systems : Computation and Control, HSCC 2001, Rome, Italy*, Springer, LNCS 2034, 2001, p. 232-246.

[GIB 01a] GIBSON M. A., BRUCK J., « A probabilistic model of a prokaryotic gene and its regulation », Bower, Bolouri [BOW 01], chapitre 2, p. 49-71.

[GIB 01b] GIBSON M. A., MJOLSNESS E., « Modeling the activity of single genes », Bower, Bolouri [BOW 01], chapitre 1, p. 1-48.

[GUP 95] GUPTA V., JAGADEESAN R., SARASWAT V., BOBROW D. G., « Programming in Hybrid Constraint Languages », *Hybrid Systems II*, Springer, LNCS 999, 1995, p. 226-251.

[GUP 98] GUPTA V., JAGADEESAN R., SARASWAT V., « Computing with Continuous Change », *Science of computer programming*, vol. 30, n° 1-2, 1998, p. 3-49.

[GUP 99] GUPTA V., JAGADEESAN R., PANANGADEN P., « Stochastic Processes as Concurrent Constraint Programs », *26th ACM Conf. Principles of Programming Languages, POPL'99, San Antonio, CA*, ACM, 1999, p. 189 - 202.

[HUC 02] HUCKA M., FINNEY A., SAURO H. M., BOLOURI H., DOYLE J., KITANO H., « The ERATO Systems Biology Workbench : Enabling Interaction and Exchange Between Software Tools for Computational Biology », *Pacific Symposium on Biocomputing*, vol. 7, 2002.

[IDE 01] IDEKER T., THORSSON V., RANISH J. A., CHRISTMAS R., BUHLER J., ENG J. K., BUMGARNER R., GOODLETT D. R., AEBERSOLD R., HOOD L., « Integrated Genomic and Proteomic Analyses of a Systematically Perturbed Metabolic Network », *Science*, vol. 292, 2001, p. 929 - 934.

[JON 01] DE JONG H., « Modeling and simulation of genetic regulatory systems : a literature review », vol. 9, n° 1, 2001, p. 69 - 105.

[KAU 93] KAUFFMAN S. A., *The origins of order*, Oxford Univ. Press, 1993, See also J. Theor. Biol. 22 : 437, 1969.

[KIT 01] KITANO H., Ed., *Foundations of system biology*, MIT Press, 2001.

[MAT 00] MATSUNO H., DOI A., NAGASAKI M., MIYANO S., « Hybrid Petri Net Representation of Gene Regulatory Network », *Pacific Symposium on Biocomputing*, vol. 5, 2000, p. 338-349.

[RED 93] REDDY V. N., MAVROVOUNIOTIS M. L., LIEBMAN M. N., « Petri Net Representation in Metabolic Pathways », *Intelligent Systems for Molecular Biology, ISMB'93*, AAAI Press, 1993, p. 328-336.

[REG 01] REGEV A., SILVERMAN W., SHAPIRO E., « Representation and Simulation of Biochemical Processes Using the π-Calculus Process Algebra », *Pacific Symposium on Biocomputing*, vol. 6, 2001, p. 459-470.

[SAR 93] SARASWAT V. A., *Concurrent constraint programming*, ACM Doctoral Dissertation Awards, MIT Press, 1993.

[SAR 94] SARASWAT V. A., JAGADEESAN R., GUPTA V., « Foundations of timed concurrent constraint programming », *9th Symp. Logic in Computer Science, LICS'94, Paris*, IEEE, 1994, p. 71 - 80.

[SAR 96] SARASWAT V. A., JAGADEESAN R., GUPTA V., « Timed Default Concurrent Constraint Programming », *Journal of Symbolic Computation*, vol. 22, n° 5/6, 1996, p. 475-520.

[SCH 00] VAN DER SCHAFT A., SCHUMACHER H., *An introduction to hybrid dynamical systems*, Springer, Lecture Notes in Control and Information Sciences, Vol. 251, 2000.

[THI 98] THIEFFRY D., THOMAS R., « Qualitative Analysis of Gene Networks », *Pacific Symposium on Biocomputing*, vol. 3, 1998, p. 77-88.

[VOI 00] VOIT E. O., *Computational analysis of biochemical systems*, Cambridge Univ. Press, 2000.

Representation of soft constraints by hard constraints

Jean-Charles Régin[1], Jean-François Puget[2] and Thierry Petit[1/3]
{regin, puget, tpetit}@ilog.fr, {tpetit}@lirmm.fr

[1]ILOG, 1681, route des Dolines, 06560 Valbonne, FRANCE
[2]ILOG, 9, rue de Verdun, BP 85, 94253 Gentilly Cedex, FRANCE
[3]LIRMM (UMR 5506 CNRS), 161, rue Ada, 34392 Montpellier Cedex 5, FRANCE

RÉSUMÉ. La plupart des algorithmes dédiés à la résolution de problèmes sur-contraints, tel que PFC-MRDAC, sont basés sur la recherche d'un support pour chaque valeur de chaque variable. La sémantique des contraintes molles est utilisée seulement pour accélérer la recherche d'un tel support, mais pas globalement pour prouver l' existence ou l'absence de tel support. Ces algorithmes n'utilisent pas les algorithmes de filtrage associés avec ces contraintes.

Dans ce papier nous présentons un schéma original où une contrainte molle est représentée par une contrainte dure dans le but de bénéficier automatiquement des performances de l'algorithme de filtrage associé à cette contrainte, et des mécanismes d'incrémentalité fournis par les solvers existants. L'algorithme PFC-MRDAC (via la contrainte de satisfaisabilité d'une somme de contraintes) et celui de recherche d'ensembles de conflits disjoints sont adaptés à ce nouveau schéma.

ABSTRACT. Most of the current algorithms dedicated to the resolution of over-constrained problems, as PFC-MRDAC, are based on the search for a support for each value of each variable taken independently. The semantics of soft constraints is only used to speed-up such a search, but not to globally deduce the existence or the absence of support. These algorithms do not use the filtering algorithms associated with the soft constraints.

In this paper we present a new schema where a soft constraint is represented by an hard constraint in order to automatically benefit from the pruning performance of the algorithm associated with this constraint and from the incrementality mechanism provided with existing solvers. The PFC-MRDAC (via the Satisfiability Sum constraint) algorithm and the search for disjoint conflict sets are then adapted to this new schema.

MOTS-CLÉS : Contrainte molle, problème sur-contraint, algorithmes de filtrage

KEYWORDS: Soft Constraints, Over-constrained Problems, Filtering Algorithms

1. Introduction

A constraint network (CN) consists of a set of variables, each of them associated with a domain of possible values, and a set of constraints linking the variables and defining the set of allowed combinations of values. The search for an assignment of values to all variables that satisfies all the constraints is called the Constraint Satisfaction Problem (CSP). Such an assignment is a solution of the CSP.

Unfortunately, the CSP is an NP-Hard problem. Thus, many works have been carried out in order to try to reduce the time needed to solve a CSP. Some of the suggested methods turn the original CSP into a new one, which has the same set of solutions, but which is easier to solve. The modifications are done through filtering algorithms, that remove from domains values which cannot belong to any solution of the current CSP. If the cost of such an algorithm is less than the time required by the backtrack algorithm to discover many times the same inconsistency, then the solving will be accelerated.

It often happens that a CSP has no solution. In this case we say that the problem is over-constrained, and the goal is then to find a good compromise. One of the most usual theoretical frameworks is called the Maximal Constraint Satisfaction Problem (Max-CSP). A solution of a Max-CSP is a total assignment that minimizes the number of constraint violations.

Almost all existing techniques for solving Max-CSP, as PFC-MRDAC [LAR 99], consider that the filtering algorithm associated with a constraint can be used only to speed up the search for, or the proof of absence of, a support. Since the constraints are soft (i.e. they can violated) it is considered that no propagation is possible. Only two existing approaches exploit the semantics: the search for conflict sets (i.e. a set of soft constraints which leads to a failure if all these constraints are considered hard) [RÉG 01] and the design of specific filtering algorithms for global soft constraints [PET 01], for instance the alldiff constraint. Our goal is to explain how a filtering algorithm associated with a constraint can be used in an efficient way even if the constraint can be violated.

In this paper, we propose a general schema, called S2H (Soft to Hard), which is able to use the filtering algorithms with soft constraints. The originality of our approach is to represent each soft constraint by an hard constraint and to manage the detection of failures. Each hard constraint is defined on new variables which are linked to the variables involved in a soft constraint by a specific hard constraint. This specific hard constraint will take into account the possible failure of the hard constraint representing the soft one. This approach has two advantages: first it can be easily used by any constraint programming solver system provided that the failure can be catched, second we immediately and automatically benefit from the pruning performance of the filtering algorithm associated with the soft constraint, because this is managed by the solver. The main interest of this approach is that it could lead to an improvement of the resolution of real world applications involving soft constraints similar as the improvement obtained with solvers when the filtering algorithms associated with constraints have been introduced.

Furthermore, we give two possible instantiations of this schema corresponding to two different filtering algorithms that have been proposed to improve the resolution of over-constrained problems: the partition based filtering and the conflict sets based filtering.

This paper is organized as follows. First we recall some notions about constraint programming, and the principle of the filtering algorithms associated with the Satisfiability sum constraint which deals with the soft constraints of a problem. Then, we emphasize on an example the usefulness of the semantics of a constraint. Next, the S2H-Schema is presented in details. We explain how the S2H-Schema can be instantiated in order to efficiently implement the best filtering algorithm for over constrained problems. At last, we discuss about the implementation of the S2H-Schema in a solver.

2. Background

2.1. Constraint network

A constraint network $\mathcal{N}$ is defined as a set of n variables $X = \{x_1, \ldots, x_n\}$, a set of domains $\mathcal{D} = \{D(x_1), \ldots, D(x_n)\}$ where $D(x_i)$ is the finite set of possible values for variable x_i, and a set $\mathcal{C}$ of constraints between variables. A constraint C on the ordered set of variables $X(C) = (x_{i_1}, \ldots, x_{i_r})$ is a subset $T(C)$ of the Cartesian product $D(x_{i_1}) \times \cdots \times D(x_{i_r})$ that specifies the allowed combinations of values for the variables $x_{i_1}, \ldots, x_{i_r}$. An element of $D(x_{i_1}) \times \cdots \times D(x_{i_r})$ is called a tuple on $X(C)$. $|X(C)|$ is the arity of C. A value a for a variable x is often denoted by (x, a). A tuple τ on $X(C)$ is valid if $\forall (x, a) \in \tau, a \in D(x)$. C is consistent iff there exists a tuple τ of $T(C)$ which is valid. A value $a \in D(x)$ is consistent with C iff $x \notin X(C)$ or there exists a valid tuple τ of $T(C)$ in which a is the value assigned to x.

2.2. Satisfiability Sum Constraint

Max-CSP can be expressed by a satisfiability sum constraint [RÉG 01]:

Definition 1 Let $\mathcal{C} = \{C_i, i \in \{1, \ldots, m\}\}$ be a set of constraints, and $S[\mathcal{C}] = \{s_i, i \in \{1, \ldots, m\}\}$ be a set of variables and *unsat* be a variable, such that a one-to-one mapping is defined between $\mathcal{C}$ and $S[\mathcal{C}]$. A Satisfiability Sum Constraint is the constraint $ssc(\mathcal{C}, S[\mathcal{C}], unsat)$ defined by:

$$[unsat = \sum_{s_i=1}^{m} s_i] \wedge \bigwedge_{i=1}^{m} [(C_i \wedge (s_i = 0)) \vee (\neg C_i \wedge (s_i = 1))]$$

Notation 1 Given a $ssc(\mathcal{C}, S[\mathcal{C}], unsat)$, a variable x, a value $a \in D(x)$ and $\mathcal{K} \subseteq \mathcal{C}$:
- $max(D(unsat))$ is the highest value of current domain of $unsat$;
- $min(D(unsat))$ is the lowest value of current domain of $unsat$;
- $minUnsat(\mathcal{C}, S[\mathcal{C}])$ is the minimum value of $unsat$ consistent with $ssc(\mathcal{C}, S[\mathcal{C}], unsat)$;
- $minUnsat((x,a), \mathcal{C}, S[\mathcal{C}])$ is equal to $minUnsat(\mathcal{C}, S[\mathcal{C}])$ when $x = a$;
- $S[\mathcal{K}]$ is the subset of $S[\mathcal{C}]$ equal to the projection of variables $S[\mathcal{C}]$ on $\mathcal{K}$;
- $X(\mathcal{C})$ is the union of $X(C_i), C_i \in \mathcal{C}$.

The variables $S[\mathcal{C}]$ are used in order to express which constraints of $\mathcal{C}$ must be violated or satisfied: value 0 assigned to $s \in S[\mathcal{C}]$ expresses that its corresponding constraint C is satisfied, whereas 1 expresses that C is violated[1]. Variable $unsat$ represents the objective, that is, the number of violations in $\mathcal{C}$, equal to the number of variables of $S[\mathcal{C}]$ whose value is 1. Note that no hypothesis is made on the arity of constraints $\mathcal{C}$. And if a value is assigned to $s_i \in S[\mathcal{C}]$, then a filtering algorithm associated with $C_i \in \mathcal{C}$ (resp. $\neg C_i$) can be used in a way similar to classical CSPs. Similarly if all values of a variable x are not consistent with C_i (resp. $\neg C_i$) then $s_i = 1$ (resp. 0).

Throughout this formulation, a solution of a Max-CSP is an assignment that satisfies the ssc with the minimal possible value of $unsat$. A lower bound of the objective of a Max-CSP corresponds to a necessary consistency condition of the ssc.
From the definition of $minUnsat(\mathcal{C}, S[\mathcal{C}])$ we have:

Property 1 If $minUnsat(\mathcal{C}, S[\mathcal{C}]) > max(D(unsat))$ then $ssc(\mathcal{C}, S[\mathcal{C}], unsat)$ is not consistent.

Thus, any lower bound of $minUnsat(\mathcal{C}, S[\mathcal{C}])$ provides a necessary condition of consistency of a ssc.
The different domain reduction algorithms established for Max-CSP correspond to specific filtering algorithms associated with the ssc.

2.3. Ssc: Partition Based Filtering

A possible way for computing a lower bound is to perform a sum of independent lower bounds of violations, one per variable (See [LAR 99].) For each variable a lower bound can be defined by:

Definition 2 Given x a variable, a a value of $D(x)$, $\mathcal{K}$ a set of constraints of $\mathcal{C}$,
$\#inc((x,a), \mathcal{K}) = |\{C \in \mathcal{K} \text{ s.t. } (x,a) \text{ is not consistent with } C\}|$.
$\#inc(x, \mathcal{K}) = min_{a \in D(x)}(\#inc((x,a), \mathcal{K}))$.

---

1. An extension of the model can be performed [PET 00], in order to deal with Valued CSPs [BIS 99]. Basically it consists of defining larger domains for variables in $S[\mathcal{C}]$.

The sum of these minima with $\mathcal{K} = \mathcal{C}$ cannot lead to a lower bound of the total number of violations, because some constraints can be taken into account more than once[2]. In this case, the lower bound can be overestimated, and an inconsistency could be detected while the *ssc* is consistent. Consequently, for each variable, an independent set of constraints must be considered.
Such a result is obtained by associating with each constraint C one and only one variable x involved in the constraint: C is then taken into account only for computing the $\#inc$ counter of x. Therefore, the constraints are partionned w.r.t the variables that are associated with:

Definition 3 Given a set of constraints $\mathcal{C}$, a var-partition of $\mathcal{C}$ is a partition $\mathcal{P}(\mathcal{C}) = \{P(x_1), ..., P(x_k)\}$ of $\mathcal{C}$ in $|X(\mathcal{C})|$ sets such that $\forall P(x_i) \in \mathcal{P}(\mathcal{C}) : \forall C \in P(x_i), x_i \in X(C)$.

Given a var partition $\mathcal{P}(\mathcal{C})$, the sum of all $\#inc(x_i, P(x_i))$ is a lower bound of the total number of violations, because all sets belonging to $\mathcal{P}(\mathcal{C})$ are disjoint; thus we have:

Definition 4 $\forall \mathcal{P}(\mathcal{C}) = \{P(x_1), ..., P(x_k)\}$,
$LB(\mathcal{P}(\mathcal{C})) = \sum_{x_i \in X(\mathcal{C})} \#inc(x_i, P(x_i))$.

Property 2 $\forall \mathcal{P}(\mathcal{C}) = \{P(x_1), ..., P(x_k)\}$, If $LB(\mathcal{P}(\mathcal{C})) > max(D(unsat))$ then $ssc(\mathcal{C}, S[\mathcal{C}], unsat)$ is not consistent.

The quality of such a lower bound depends on the var-partition that is choosen. The lower bound of Property 2 can also be used to detect some inconsistent values of a variable x:

Theorem 1 $\forall \mathcal{P}(\mathcal{C})$ a var-partition of $\mathcal{C}$, $\forall x \in X(\mathcal{C}), \forall a \in D(x)$, if $\#inc((x, a), P(x)) + LB(\mathcal{P}(\mathcal{C} - P(x))) > max(D(unsat))$ then a can be removed from its domain.

2.4. Ssc: Conflict Set Based Filtering

Some inconsistencies are not taken into account by the previous filtering algorithm because it is based on counters of direct violations of constraints by values. Therefore another filtering algorithm based on successive computations of disjoint conflict sets were proposed in [RÉG 01].

Definition 5 A conflict set is a subset $\mathcal{K}$ of $\mathcal{C}$ which satisfies: $minUnsat(\mathcal{K}, S[\mathcal{K}]) > 0$.

---

2. For instance, given a constraint C and two variables x and y involved in C, C can be counted in $\#inc(x, \mathcal{C})$ and also in $\#inc(y, \mathcal{C})$.

A conflict set leads to at least one violation in $\mathcal{C}$. Consequently, if there are q disjoint conflict sets of $\mathcal{C}$ then q is a lower bound of $minUnsat(\mathcal{C}, S[\mathcal{C}])$. They must be disjoint to guarantee that all violations are independent.

Property 3 Let $\mathcal{Q}$ be a set of disjoint conflict sets of $\mathcal{C}$. If $|\mathcal{Q}| > max(D(unsat))$ then $ssc(\mathcal{C}, S[\mathcal{C}], unsat)$ is not consistent.

3. Exploitation of the constraint semantics

The use of the semantics of a constraint is one of the main strength of constraint programming, especially to define specific filtering algorithm associated with the constraint. [Van 92] have emphasized this interest by proposing AC-5 algorithm. Notably, this paper shows that the complexity of arc consistency algorithms can be reduced by taking into account the semantics of the constraint. Another interest is the possibility to define global constraints and to benefit from this globality. The alldiff constraint [RÉG 94] is a well known example of such an algorithm.

To summarize, the semantics of a constraint can be used to:

– search for a support for a value. This search can be speed-up in regards to the test of validity of all possible combinations of values in the domains of the variables involved in the constraint.

– design a filtering algorithm for the constraint. Under some conditions, this filtering algorithm will be able to remove in one step, all the values in the domain of the variables involved in the constraint that are not consistent with the constraint.

– detect efficiently and incrementally some inconsistent values with the constraint.

In order to emphasize these points, we consider the simple constraint: $x < y$. Assume that domains of thc variables x and y are respectively $D(x) = [0..100]$ and $D(y) = [0..100]$ ($[i..j]$ represents all the integer values between i and j.) Suppose that arc consistency has to be achieved for this constraint. In other words, the values of $D(x)$ and $D(y)$ which do not belong to a solution of $x < y$ have to be removed. With a general arc consistency algorithm, like AC-2001, a support (i.e. a valid tuple) will be searched for each value of $D(x)$ and for each value of $D(y)$. The number of tests needed by AC-2001 to achieve arc-consistency for this constraint is in $O(|D(x)|^2)$.

Now, by studying the constraint two properties can be defined:

1) the values of $D(x)$ that are consistent with the constraint are the values less than $max(D(y))$

2) the values of $D(y)$ that are consistent with the constraint are the values greater than $min(D(x))$

From these properties, arc consistency can be achieved by applying the two rules: all the values of $D(x)$ greater than $max(D(y)) - 1$ can be removed and all the values of $D(y)$ lower than $min(D(x)) + 1$ can be removed. Therefore, arc-consistency can be achieved in $O(1)$ plus the time needed to remove a value[3] which is at most $O(D(x) + D(y))$. Thus, this approach is quite better than the previous one.

This method has another advantage: arc consistency can be maintained during the search for a solution in an efficient way. In other words, the computations can be incrementally done. The previous properties to achieve arc consistency involve only the minimum value of $D(x)$ and the maximum value of $D(y)$. Hence, while these values do not change, all the values of the domains are consistent with the constraint and no work needs to be done. With a general algorithm, each consequence of each suppression of value from its domain is studied, and even if a new support can be found very quickly this search is useless most of the time for this constraint. Hence, we can gain a factor of $O(|D(x)| + |D(y)|)$.

Consequently, the use of the semantics of the constraint to design specific filtering algorithm and to maintain arc consistency (or other property) during the search for solution have an important interest in constraint programming.

4. The S2H Schema

The main issue of algorithms dedicated to the resolution of over constrained problems is the necessity to detect if a given value is consistent with a constraint. Indeed, it is necessary to know which values are violated by a soft constraint, for instance to update $\#inc$ counters.

In existing solvers, each constraint is associated with a filtering algorithm, which is able to remove some values that are not consistent with the constraint, and to perform this operation only when an event, which can lead to some removal, arises. Using the filtering algorithm to detect some inconsistent values is an efficient way, better than systematically and individually check for consistency as it is shown in Section 3. Moreover, solvers usually provide a way to automatically notify a variable that one of its values has been removed when applying a filtering algorithm and a way to call some filtering algorithms only when some events on the domain of variables happen. Thus, if a constraint is considered as hard, then we can use the solver in order to update data structures only when specific values are removed.

A soft constraint should not necessarily be satisfied in all solutions whereas an hard constraint should have to. Thus, if we want to represent a soft con-

---

3. Some solvers are able to remove all the values of a domain that are less than a given value in $O(1)$

straint by an hard constraint, then we are faced to the following two main problems:

– The deductions made by a filtering algorithm are not necessary valid because the constraint is not mandatory satisfied. Hence, these modifications cannot be effective on the variables on which the soft constraint is defined.

– The hard constraint corresponding to a soft constraint can fail and this failure is not a reason to backtrack.

The S2H (Soft to Hard) Schema deals with these problems. Consider a set $\mathcal{S}$ of soft constraints. Roughly, the principle of this schema is to copy the variables involved in constraints of $\mathcal{S}$ and then to add to the solver as hard constraints the constraints of $\mathcal{S}$ defined on the copied variables. Then some mechanisms are added in order to be able to update the copied variables when the original variables are modified, to use the modifications which occur on the domains of the copied variables and to catch some possible failure of a constraint of $\mathcal{S}$. If such a failure happens, then the S2H schema is able to remove all the hard constraints corresponding to the soft ones that have been added and to continue the search as if these hard constraints have never been added.

The S2H schema is based on 2 operations:

1) creation: the hardening of soft constraints operation is applied

2) catch of a failure and deletion: if certain constraints fail then the solver does not consider that a global inconsistent state is detected. Then, some hard constraints must be removed from the solver in order to continue the search.

4.1. Hardening of soft constraints

Definition 6 Given $\mathcal{S}$ a set of soft constraints involving the variables $X(\mathcal{S}) = \{x_1, ..., x_k\}$, Obj an object, 2 notification methods: Copy2Obj, Fail2Obj. The hardening of soft constraints is the operation which consists in:

1) for each variable $x \in X(\mathcal{S})$ creating a new variable $dcopy(x, \mathcal{S})$, called the directed copy of x.

2) for each constraint $C \in \mathcal{S}$ adding to the problem as hard constraint the constraint $hard(C)$ which is the constraint C defined on the directed copies of the variables of $X(C)$. $Hard(\mathcal{S})$ denotes the set of these constraints.

3) adding between each pair of variables $\{x, dcopy(x, \mathcal{S})\}$ a constraint $x \supseteq dcopy(x, \mathcal{S})$ stating that $D(x) \supseteq D(dcopy(x, \mathcal{S}))$. $DcopyCt(\mathcal{S})$ denotes the set of these constraints.

4) for each variable $dcopy(x, \mathcal{S})$ linking the notification method Copy2Obj to $dcopy(x, \mathcal{S})$. This method is called each time the domain of $dcopy(x, \mathcal{S})$ is modified by a constraint $hard(C)$ of $Hard(\mathcal{S})$ and notifies Obj of the modifications. The parameters of this method are Obj,x,a and the constraint C.

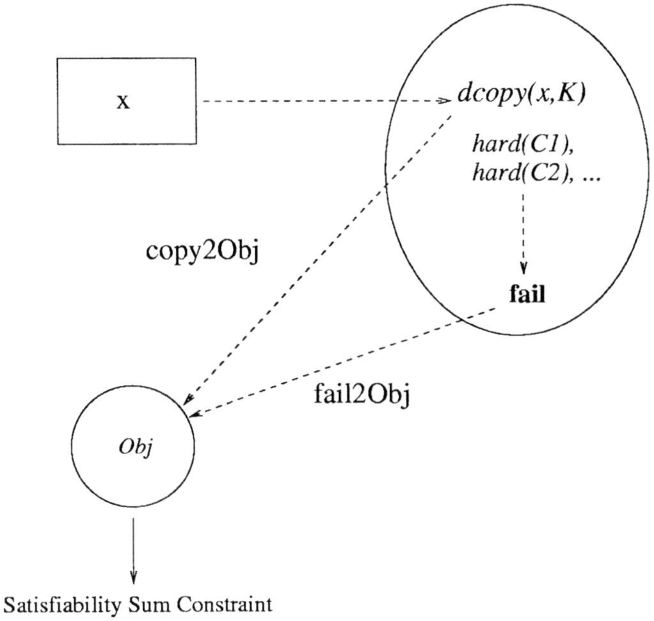

Figure 1. Hardening of soft constraints

5) for each constraint $C_H \in Hard(\mathcal{S}) \cup DcopyCt(\mathcal{S})$ linking the notification method Fail2Obj to C_H. This method is called when the constraint C_H fails. The parameters of this method are Obj, $\mathcal{S}$.

The constraint $x \supseteq dcopy(x, \mathcal{S})$ ensures that, when x is modified, $dcopy(x, \mathcal{S})$ is accordingly modified. The notification methods are used to update some data structures required to efficiently implement the filtering algorithms associated with the Satisfiability sum constraint. These data structures are encapsulated in the Obj object (See Figure 1.)

More precisely, each time a value a is removed from the domain of $dcopy(x, \mathcal{S})$, a directed copy of x, Copy2Obj is called. It notifies the object Obj that the constraint C is violated by (x, a). Thus, this method performs a link from the directed copy of variable to the variable. Since the hardening of a soft constraint is an hard constraint we benefit from its pruning performance and from its incremental mechanism of triggering of the filtering algorithm associated with it. Therefore, there is no need to ask for each value the constraints it violates. This result is automatically obtained by using the notification method.

Similarly, if a constraint in $Hard(\mathcal{S}) \cup DcopyCt(\mathcal{S})$ fails, then Fail2Obj is called. This method notifies the object Obj that a constraint in $\mathcal{S}$ will be violated if $\mathcal{S}$ is considered as a set of hard constraints. In this case, some operations have to be done, because a failure is detected which is more complex than the deletion of one value of a domain.

4.2. Catch of the failure and deletion

Our problem is to manage a possible failure of the hard representation of a soft constraint, and to be able to continue the search as if these constraints had never been added. Thus, the solver must be able to perform three operations during the search for solutions:

- to catch a failure,
- to delete some hard constraints
- to continue.

These operations can be implemented in different ways. This is the purpose of section 6. However, we can further detail the meaning of these operations and the problems that it can cause.

Catching the failure means that a failure of a constraint should not systematically be considered as a global detection of an inconsistency. That is, it should be possible to automatically interfere in the mechanism of failure detection used by the solver. Some failures are global, some others not.

The deletion of a constraint means that the constraint has no longer to be considered during the search for a solution. Usually, this is not the constraint in itself which is an issue. This is rather the deconnection of this constraint with the solver. The filtering algorithm associated with it must no longer be called. Thus, all the links between it and the variables must be broken. If one constraint added by the application of the hardening operator fails, then all the constraints added by the same application have to be removed. The failure which is detected represents, indeed, an inconsistency of all the constraints added and not only of this specific constraint.

At last, a continuation is possible if the constraints for which the failure has to be catched have been clearly identified and separated from the rest of the problem in the sense that a local failure of these constraints is not consider as a global failure. Moreover, we are not interested in the previous deductions made from the hardening mecanism, because these deductions remain valid w.r.t the S2H Schema and also because this is managed by the object *Obj*. If some deductions are no longer to valid (i.e if some undo operations had to be done) then it is the object *Obj* which must deal with this issue. This is when the object is notified of the failure that the undo operations must be done. For our purpose, this problem does not arise. Therefore, the deletion of hard constraints representing soft ones only consists in breaking the link between all the original variables and their directed copies. And, there is no specific problem which can prevent the solver from continuing the search for solutions.

Of course, all these operations must be reversible. When the current node of the tree search will be abandonned then all works performed for this node must be ignored, the previous state must be correctly restored.

5. Instantiation of the S2H Schema

An instantiation of the S2H Schema is defined by the object Obj and the notification methods Copy2Obj and Fail2Obj. All the other parts of this schema are handle by the solver.

5.1. Partition based filtering

The filtering algorithm is based on Theorem 1. Thus, its implementation is based on the computation of $\#inc$ counters and especially on the update of these counters.

The S2H method is instantiated for each soft constraint (i.e. $\mathcal{S} = \{C\}$) but all these instantiations share the same object Obj. So, the object Obj is unique. This objet associates with each value a of each variable x on which a soft constraint is defined the list of constraints that are violated by (x, a). The notification methods are then defined as follows:

- Copy2Obj method: when Copy2Obj(Obj, x, a, C) is called, constraint C is added to the list of constraints that are violated by (x, a). Then $\#inc$ counter associated with (x, a) and x are accordingly modified.
- Fail2Obj method: when Fail2Obj$(Obj, \{C\})$ is called, for each value a of each variable x involved in C, C is added to the list of constraints that are violated by (x, a)

Furthermore, object Obj is also in charge of the $\#inc$ counters in regards to the current var-Partition. This object will notify the Satisfiability sum constraint of the modification of $\#inc$ counters. The ssc will then manage the possible domain reductions based on the application of Theorem 1.

5.2. Conflict Set based filtering

The S2H Schema can help us to efficiently implement the conflict sets based filtering algorithm, notably, to maintain incrementally the number of disjoint conflict sets detected.

First, we recall some principles on the computation of disjoint conflict sets, then we present the instantiation of S2H-Schema to improve the current implementation.

Consider that $\mathcal{Q} = \{CS_1, .., CS_k\}$ is a set of disjoint conflict sets of $\mathcal{C}$. Our goal is to find a set of disjoint conflict sets of greatest size (cf property 3). It is possible that, during the search for solutions, some new conflict sets can be found and thus the lower bound of the number of constraints that will be violated can be increased.

There are several ways to try to improve the number of disjoints conflict sets detected:

1) by recomputing the conflict sets from scratch,

2) by studying the set of constraints of $\mathcal{C}$ which do not belong to any set contained in $\mathcal{Q}$. This set of constraints can form some new conflict sets,

3) by refining the detection of conflict sets within the conflict sets of $\mathcal{Q}$.

The first possibility seems not realistic. In fact, the computation of disjoint conflict sets is costly. Determining if a set of constraints $\mathcal{S}$ satisfies the condition of definition 5 is a NP-complete problem. Indeed, it consists of checking the global consistency of the constraint network $\mathcal{N}[\mathcal{S}]$ defined by $\mathcal{S}$ and by the set of variables involved in the constraints of $\mathcal{S}$. However, the identification of some conflict sets is sufficient. Instead of performing global consistency, we can easily identify a subset of constraints of a set $\mathcal{S}$ which forms a conflict set. The idea is to successively add the constraints of $\mathcal{S}$ into a solver until a failure occurs. All the constraint that have been added until this failure form a conflict set. A set of disjoint conflict sets is then obtained by repeating the previous algorithm on the constraints that are not yet member of a computed conflict set (each computation starts from scratch). It is also possible to refine this detection of conflict as mentionned in [RÉG 01].

The problem of the approach 1. is that the mecanism is not obviously incremental. Nevertheless, we can use the previous computations to try to improve point 2 and 3 mentionned before.

The set of constraints $\mathcal{C}$ can be splitted into different parts: one for each conflict set of $\mathcal{Q}$ and one for the constraints of $\mathcal{Q}$ which are not involved in any conflict set of $\mathcal{Q}$. We will denote by $NDCS$ (not detected conflict set) this latter set of constraint. More formally, $\mathcal{C}$ can be written: $\mathcal{C} = CS_1 \cup ... \cup CS_k \cup NDCS$.

First, consider the $NDCS$ set. The S2H-Schema can be used to efficiently detect during the search for solutions if this set contains a conflict set. The S2H method is instantiated as follows:
- $\mathcal{S} = NDCS$
- Copy2Obj method is not used
- Fail2Obj method: when Fail2Obj$(Obj, \mathcal{S})$ is called, object Obj notifies the Satisfiability sum constraint that a new conflict set has been detected. Then, we search whether the set of constraints S contains some disjoint conflict sets by using the algorithm presented before, and the set of disjoint conflict sets is

accordingly updated.

The constraints which do not belong to a conflict set form the new $NDCS$ set. The S2H-Schema is then applied to this new set.

The Satisfiability sum constraint will then manage the possible domain reductions based on the application of property 3 or the filtering algorithm given in [RÉG 01].

Now, consider a conflict set $CS = \{C_1, ..., C_k\}$. If this conflict set has been computed by using the algorithm we mentioned before, then we know that the set of constraints $\{C_1, ..., C_{k-1}\}$ is not detected as a conflict set by the solver. This means that this set is an $NDCS$ and we can applied the the previous method on it. Therefore, for each conflict set an instantiation of S2H-Schema will be used in order to detect some subsets of conflict sets which also form a conflict set. Moreover, if a failure is detected in a set $\{C_1, ..., C_{k-1}\}$, then the constraint C_k is released. That is, C_k is no longer a member of a conflict set, and C_k is added to the $NDCS$ set of $\mathcal{C}$. Then, this addition may lead to a failure of the $NDCS$ set. In this case, the previous algorithm is applied. The current instantiation of the S2H-Schema for $NDCS$ is accordingly modified in order to take into account C_k[4]. Furthermore, the S2H-Schema is used to maintain the detection of subset of the conflict sets that have been newly detected.

6. Implementation of the S2H Schema

Notification methods are usually easy to implement. In fact, most of the solvers provide the user with methods that are called when certain events on the domain of a variable occur. For instance, in ILOG Solver, IlcDemon instances are especially well suited to be used for this purpose. In this case, we just have to define one IlcDemon per variable, and to link this demon to each modification of the directed copy of the variable (IlcWhenDomain event in ILOG Solver.) Then, each IlcDemon will be triggered when the domain of the corresponding variable will be modified.

The hardening of soft constraints, the catch of the failure and the deletion of some hard constraints is often a difficult task. We propose to give some details on the implementation problems and to give some possible general solutions which concern most of the solvers.

Generally, a solver works as follows. At the top level, the constraints are added, and the filtering algorithms associated with them are called. If a filtering removes some values of some variables, then a propagation is triggered, that is the filtering algorithms associated with the constraints involving a modified

4. Either the current instantiation of the S2H-Schema for $NDCS$ is modified, or it is deleted and a new one is created.

variables are called again and so on. Then, the search for a solution starts. This search creates choice points (i.e node of a tree search). In other words, a decision is made and the corresponding constraint, which is usually an assignement, is added to the solver. The propagation mechanism is then triggered. When there is nothing to propagate (the current choice point is a success), a new choice point is made. On the other hand, if a failure occurs the current choice is abandonned. The consequences are:

- Everything that has been allocated since the choice point is destroyed.
- All filtering algorithms must be immediatly stopped.
- All the propagation queues are emptied.
- A backtrack/undo is done.

Thus, every solver is able to perform these kind of operations.

In order to manage the operations required by any instantiation of S2H-Schema: catch of the failure, deletion of constraints and continuation, we propose to study three kinds of possibilities:

1) Creation of a new choice point
2) Use of an independent solver in parallel.
3) Internal addition and catch of the failure

In next paragraphs we discuss these solutions, through the example of a set of constraint $\mathcal{S}$ containing the constraint C: $x < y$, on which the hardening of soft constraint operation is applied.

6.1. Creation of a new choice point

The directed copy of variables and the constraint $hard(C)$ are defined within the very same solver but they are encapsulated inside a new choice point. For instance, this operation can be easily done in ILOG Solver by using function IloSolver: : solve.

The three operations mentioned in section 4.2 are easily managed because when a failure occurs the solver has just to abandonned the choice point. The main drawback of this method is that the constraints added inside the new choice point are added from scratch. Therefore, no incremental mechanism can be used. Moreover, it is necessary to create a choice point for each instantiation of S2H-Schema. This fact can be prohibitive to implement the partition based filtering algorithm. This is not the kind of result we aim to obtain.

There is also a possible variation of this idea: the hard constraints defined by the hardening operations will be solved by calling again the solver. That is, we directly call the solver by defining a new choice point which consists in adding the constraints to it. This solution is the same as the previous one, except that no copy is made. In this case the directed copy of constraints is not used. It does not solve exactly the initial problem because for each node of the tree search a new problem is solved. This resolution can trigger the propagation of other constraints which can involve variables different from x or y. Moreover, after every modification of every variable, it is necessary to create again a new choice point for each constraint involving a modified variable.

Note that in these two methods there is no problem with respect to the failure of a constraint of $DcopyCt(\mathcal{S})$ because these constraints can lead to a failure only by emptying a domain of a directed copy variable that is defined in the new choice point.

6.2. Use of an Independent Solver in Parallel

The principle is to define the directed copy of variables and $hard(C)$ into another solver. The constraints between a variable and its directed copy is defined in the initial solver.

The advantage is that there is no problem due to failure of $dcopy(x, \mathcal{S}) < dcopy(y, \mathcal{S})$ because this constraint is defined in a specific solver. There is also no problem of continuation of the main solver. The deletion $hard(C)$ is simply done by stopping to call the other solver.

However, a main difficulty is the necessity to ensure a simultaneous backtracking of the two solvers and also to implement the notification methods which are defined on variables of different solvers. For instance, assume that initial domains are $D(x) = [0, 10], D(dcopy(x, \mathcal{S}) = [0, 10]$. Assume that domains are reduced as follows: $D(x) = [3, 7]$ and $D(dcopy(x, \mathcal{S})) = [3, 7]$. If a backtrack occurs, then we will have $D(x) = [0, 10]$. The problem is then to backtrack also the second solver, that is, to update $D(dcopy(x, \mathcal{S})) = [0, 10]$.

Moreover, this solution requires to have one solver for each instantiation of S2H-Schema.

6.3. Internal Addition and Catch of Failure

The addition of constraints performed by the hardening of soft constraints are made in the same solver. If $(dcopy(x, \mathcal{S}) < dcopy(y, \mathcal{S}))$ or a constraint of $DcopyCt(\{C\})$ fails[5], then this failure has to be catched, and all the constraints added by the hardening of soft constraints operation must be removed. This means that:

5. It is important to consider that a constraint of $DcopyCt(\{C\})$ can fail. Fortunately such a constraint can lead to a failure only by emptying a domain of a directed copy variable.

– The current code in which the failure occurs has to be abandoned.

– The parent constraint of the failing constraint and all the descendant constraints of the parent constraint has to be abandoned.

– A global failure must not be triggered.

– Some hard constraints have to be removed.

The last point is fundamental. The implementation of this solution depends on the management of the failure by the solver and on the management of the addition/removal of constraints.

This solution can be particularly difficult to implement in a constraint solver, but it is clearly the most promising with respect to efficiency and memory consumption. It also benefits from all the advantages of a solver.

6.4. Summary

The following table recapitulates the advantages and the drawbacks of each method.

Method	Advantages	Drawbacks
Independent Solver	No problem of failure	Requires simultaneous backtracks and synchronisation Hard to implement No incrementality Requires One Solver per instantiation
Creation of a New Choice Point	No problem of failure	Hard Constraint always added from scratch No incrementality Requires One Choice Point per instantiation
Internal Addition And Catch of Failure	Incremental. Simple. Easy to use	Requires to change classical behavior of a solver

7. Conclusion

In this paper, we have proposed a general schema, called S2H (Soft to Hard), which is able to exploit the filtering algorithm associated with a constraint even if this constraint is soft. The advantage of this approach is double: first it can be easily used by any constraint programming solver system provided that the failure can be catched, second we immediately and automatically benefit from the pruning performance of the filtering algorithm associated with the soft constraint because this is managed by the solver.

Furthermore, two instantiations of this schema have been presented, corresponding to the two different filtering algorithms that have been proposed to improve the resolution of over-constrained problems: the partition based filtering and the conflict sets based filtering. And, efficient implemention of these algorithms are now available.

The implementation of the S2H-Schema in a solver is also discussed.

This new schema allows to perform some general tests of the best known techniques for solving Max-CSP on real world applications.

8. Acknowledgements

The work of ILOG authors was partially supported by the IST Programme of the Commission of the European Union through the ECSPLAIN project (IST-1999-11969).

9. Bibliographie

[BIS 99] Bistarelli S., Montanari U., Rossi F., Schiex T., Verfaillie G., Fargier H., « Semiring-Based CSPs and Valued CSPs: Frameworks, Properties, and Comparison », Constraints, vol. 4, 1999, p. 199-240.

[LAR 99] Larrosa J., Meseguer P., Schiex T., « Maintaining reversible DAC for MAX-CSP », Artificial Intelligence, vol. 107, 1999, p. 149-163.

[PET 00] Petit T., Régin J.-C., Bessière C., « Meta Constraints on Violations for Over-Constrained Problems », Proceeding, 2000, p. 358–365.

[PET 01] Petit T., Régin J.-C., Bessière C., « Specific Filtering Algorithms for Over-Constrained Problems », CP 2001, proceedings Seventh International Conference on Principles and Practice of Constraint Programming, 2001, p. 451–463.

[RÉG 94] Régin J.-C., « A filtering algorithm for constraints of difference in CSPs », Proceedings AAAI-94, Seattle, Washington, 1994, p. 362–367.

[RÉG 01] Régin J.-C., Petit T., Bessière C., Puget J.-F., « New Lower Bounds of Constraint Violations for Over-Constrained Problems », CP 2001, proceedings Seventh International Conference on Principles and Practice of Constraint Programming, 2001, p. 332–345.

[Van 92] Van Hentenryck P., Deville Y., Teng C., « A generic arc-consistency algorithm and its specializations », Artificial Intelligence, vol. 57, 1992, p. 291–321.

Amortized Non-Systematic Search Algorithms

Olivier Lhomme

ILOG
1681, route des Dolines
F-06560 Valbonne

olhomme@ilog.fr

RÉSUMÉ. *Certains algorithmes non systématiques travaillent sur des instanciations partielles des variables et peuvent ainsi utiliser les techniques de propagation de contraintes. Appelons les "algorithmes NSPA" pour* Non-systematic Search with Partial Assignments. *Les algorithmes NSPA, que ce soit pour des problèmes d'optimisation ou de satisfiabilité, se révèlent souvent plus efficaces pour les problemes de grande taille que les algorithmes systématiques. Nous montrons dans cet article que, pourtant, ces algorithmes ont souvent un surcoût à payer dû au grand nombre d'instanciations partielles qu'ils visitent. Nous developpons l'idée que l'on peut les rendre plus efficaces en amortissant ce coût et proposons des algorithmes NSPA amortis.*

ABSTRACT. *Some non systematic search algorithms can deal with partial assignments of variables, and then can use constraint propagation techniques. Let us called them NSPA algorithms* (Non-systematic Search with Partial Assignments). *For satisfiability or optimization problems, such NSPA algorithms scale a lot better than systematic algorithms. We show in this paper that naive NSPA algorithms have to pay a severe overhead due to the way they visit partial assignments. Amortizing the visits of partial assignments is an important property which we introduce and analyse in this paper. Then, we propose some new NSPA algorithms that satisfy that property.*

MOTS-CLÉS : *search, CSP, randomization*

KEYWORDS: *search, CSP, randomization*

1. Introduction

Search algorithms in AI are traditionnaly presented with the concepts of states (or nodes) and operators. An operator transforms one state into another state. In some algorithms, *e.g.*, standard tree search for CSPs, the concepts of *partial* state and *complete* state also exist. Partial state can be extended, complete states cannot. Furthermore, some computations need to be done at each complete state to decide whether it is a solution state or not. Computations may also be done at partial states in order to try to detect early the states that are terminal in the following sense :

Definition 1 (terminal state) *A state s is terminal if and only if either all complete states that extend s are solutions or all complete states that extend s are non-solutions.*

For the sake of simplicity, in the rest of paper we will focus on CSP search algorithms, although the results are more general and apply to other kinds of search algorithms. A wellknown CSP search algorithm is the MAC algorithm (Maintaining Arc-Consistency) [SAB 94]. It is a backtrack-based algorithm in which a partial state corresponds to a partial assignment of the variables and a complete state is an assignment of all the variables. The MAC algorithm performs a depth first search (DFS) with arc-consistency maintenance at each state. Arc-consistency filtering [MAC 77] is applied at each state.

The biggest problem of such backtracking-based search algorithms is that they are typically cursed with early mistakes in the search, *i.e.*, a wrong variable value can cause a whole subtree to be explored with no success. An approach of avoiding early mistakes is to modify a systematic algorithm in such a way that it abandons its systematicity. For example, *Iterative Sampling* [LAN 92], *Limited Discrepancy Search* (LDS) [HAR 95] with a bound on the allowed number of discrepancies, *Constrained Local Search* (CLS) [PRE 00] are such algorithms. Those algorithms are non systematic but can deal with partial assignments of variables, and then can use constraint propagation techniques. Let us called them NSPA algorithms *(Non-systematic Search with Partial Assignments)*. For large scale –satisfiability or optimization – problems, such NSPA algorithms may be far more efficient to find the first solution or a good solution than a systematic algorithm.

Consider *Iterative Sampling* as an example of NSPA algorithms. *Iterative Sampling* tries to extend a current partial assignment and performs a propagation step after each assignment. It restarts from the initial state each time a dead end is reached. To reach a terminal state, one has to follow a path among some partial states. Consider all the paths that are generated by *Iterative Sampling*. Those paths, if their number is large enough, have a lot of sub-paths that are common. The question that comes to mind is : is it possible to share the common sub-paths ? Such a sharing will allow the computations done during constraint propagation to be factorized and thus cpu time to be saved. Intuitively, the more the partial states are shared the better, and when a partial state is used, it should be exploited as much as possible. In that paper, we introduce and analyse the concept of amortizing the visits of partial assignments by sharing them.

2. Amortizing computations during search

First of all, let us introduce a family of magic search algorithms.

Definition 2 ($magic(A)$) *Let A be a search algorithm. We denote $magic(A)$ a (magic) search algorithm that is able to consider only the terminal states that are visited by A.*

If a state can be visited several times in A it is also counted several times in $magic(A)$.

Now, we can introduce the concept of amortized search algortihm.

Definition 3 (amortized search algorithm) *Let A be a search algorithm, let k be a constant, and let $cost$ be a function that measure the cost*[1] *of A. A is amortized of order k iff $cost(A) \leq k * cost(magic(A))$.*

A search algorithm is amortized means that *for any CSP* the cost of considering terminal plus non-terminal states is at most k times the cost of terminal states. This condition may seem too strong. For example, consider a problem with n variables for which the search algorithm A can find a solution without backtrack. There will be n non terminal states for only one terminal state. Thus, A will not be amortized, although it has a quite ideal behavior for a search algorithm. Indeed, amortization of non-terminal states is a long-term concept : it needs there are enough terminal states that can support the cost of non-terminal ones. When A works ideally on a problem as in the above example, it cannot be amortized but there is no need for it. On the contrary, when A explores a lot of terminal states, the interest of amortization appears. In practice, an algorithm will be amortized under some assumptions.

In the next section, we will give some examples of amortized search algorithms.

3. Examples of amortized search algorithms for CSP

In order to study some examples of amortized search algorithms, we will use a simple model, named *SimpleModel*. In that model, we will do several assumptions over the CSP to be solved and over some characteristics of the search algorithm under consideration.

Definition 4 (SimpleModel) *The following assumptions hold :*

---

1. For example $cost$ may be the number of visited states, the number of computations done, the cpu time,...

– The problem has n variables. $n = n_1 + n_2$ *where* n_1 *is the number of variables to assign. That is to say, there may be more variables in the CSP, but we consider only* n_1 *decision variables.*

– Each decision variable has d possible values in its domain.

– At each state of the search, a decision variable is assigned a value.

– A filtering method, for example one achieving arc-consistency, is applied at each state of the search.

– The filtering algorithm cannot reduce any domain except after n_1 *variables have been assigned. Any assignment of the* n_1 *decision variables is a terminal state with no solution.*

We will discuss the limitations of this search model and their consequences later. For now, just notice that, of course, if the filtering technique reduces a domain at a partial state, the size of the tree becomes smaller. Thus, applying the filtering technique may be worth even if the algorithm is not amortized, but in *SimpleModel*, we are in an almost worst case : a filtering technique does not reduce any domain except after n_1 assignemnts. Our aim is not at studying interest of filtering techniques to reduce the search space but to measure how we could hope to improve the search algorithm by amortizing the computations done at partial states.

3.1. *A systematic amortized algorithm*

Consider a systematic tree search algorithm A that reaches each state once and only once (depth first search or breadth first search for example). Let us assume that we satisfy the hypothesis of *SimpleModel*. Thus $L = d^{n_1}$ is the number of leaves (terminal states), and the tree has $1+d+...+d^{n_1}$ states. Thus the cost of A in number of states, with $d > 1$, is : $cost(A) = 1+d+...+d^{n_1} = (d^{n_1+1}-1)/(d-1)$. When d^{n_1} increases $cost(A)$ tends to $d^{n_1} * d/(d-1) = d/(d-1) * cost(magic(A))$. For a d being constant (and different from 1), $d/(d-1)$ is also a constant and thus we can see that A is amortized.

3.2. *A non amortized algorithm*

Consider now *iterative sampling*. This is a non systematic search algorithm. To compute its complexity w.r.t *SimpleModel*, just assume it is stopped after reaching d^{n_1} terminal states.

The number of visited states w.r.t *SimpleModel* is $cost(iterativesampling) = (n_1+1)*d^{n_1} = (n_1+1)*magic(iterativesampling)$. Thus *iterative sampling* is not amortized. This is not surprising since *iterative sampling* does not share non-terminal states. And yet, *iterative sampling* is quite efficient for some problems [GOM 98]. In the next section we propose, among others, an algorithm that can be seen as an amortized version of iterative sampling, and thus may improve it by a factor of $(n_1 + 1)$.

```
procedure Iterative Sampling
   label 1
   propagate
   while some variables are not intantiated
         choose randomly an uninstantiated var x
         choose randomly a value v in the domain of x
         assign(x, v)
         propagate
         if failure
              backtrack to the root state
              go to 1
   end while
```

Figure 1. *Iterative Sampling*

4. Amortized non systematic search algorithms

In that section and the following, we will see practical applications of the concept of the amortization of search.

– The first kind of application, which is the main practical result of the paper, concerns the design of non-systematic search algorithms with partial assignment (NSPA) that are amortized.

– The other kind of application of search amortization concerns already existing amortized search algorithms (systematic or not) and addresses the question : how can we improve the amortization ?

We think that, for a search algorithm, being amortized is a really important characteristic. We propose several amortized non-systematic search algorithms that use constraint filtering in the following subsections.

4.1. *Amortized random search algorithms*

We propose an algorithm, called *Amortized Random Backtracking*, that is amortized and that performs a probabilistic exploration of the search space. The core idea of the Amortized Random Backtracking algorithm is the following : consider a depth first search as a starting point. When a failure is encountered, instead of backtracking to the previous variable assignment, choose randomly a depth with a probability that depends on that depth. And then backtrack to the variable at that depth in the search tree (see Figure 2).

The probability for each possible backtracking point must be carefully tuned if one wants to be amortized. This property can be obtained as follows : Let p be a number between 0 and 1. The probability to backtrack to the depth i when a failure is encountered in the depth *depth* is :

– $p(i, depth) = (1-p) * p^{depth-i}$, for i between 0 and $depth$,

– $p(i, depth) = p^{depth+1}$ for $i = -1$ meaning that the search is finished.

The proposition 2, which states that Amortized Random Backtracking is amortized, is the main result of this section. In order to prove it, we first need to compute the average number of visited children of a state.

Proposition 1 *The average number of visited children of a state in Amortized Random Backtracking wrt* SimpleModel *is* $1/p$.

Proof *A given visited state with children has at least one child that is visited. Let $Nb(p)$ be the number of visited children (when a given child is visited several times, it counts as different children).*
$Nb(p) = 1.p + 2.(1-p)*p + ... + i(1-p)^{i-1}*p + ... = p*(1 + ... + i(1-p)^{i-1} + ...)$.
We have $i(1-p)^{i-1} = -((1-p)^i)'$. *Thus* $(1 + ... + i(1-p)^{i-1} + ...) = -(1 + ... + (1-p)^i + ...)'$. *And we have* $(1 + ... + (1-p)^i + ...) = 1/p$.
Thus $Nb(p) = p * (-1 * (1/p)') = p * 1/p^2 = 1/p$.

Now, we are able to prove Proposition 4.

Proposition 2 *Amortized Random Backtracking is amortized.*

Proof *The distribution $p(i, depth)$ defined above can be seen equivalently as follows. Consider a backtrack to the variable assignement at level i. A chronological backtracking would try the next value in the domain of the variable i if one exists, and would backtrack to level $i-1$ otherwise. Amortized Random Backtracking backtracks to the level $i-1$ with a probability p or chooses another value at level i with a probability $1-p$.*

Thus we have a tree where each subtree has the same structure. Note that there is no domain reduction before the last assignment in SimpleModel, *and that two events that correspond to the assignment of two variables are independant. Thus the average number of visited children can be multiplied. From Proposition 1, we thus have that the average number of visited states at depth i is $(1/p)^i$. Hence, the average number of visited leaves in Amortized Random Backtracking wrt* SimpleModel *is $(1/p)^{n_1}$. The total number of visited states in average is*

$$\frac{1-(1/p)^{n_1+1}}{1-1/p}$$

When $(1/p)^{n_1}$ increases, this total number tends to $(1/p)^{n_1} * (1/p)/(1/p-1) = (1/p)/(1/p-1)*cost(magic(AmortizedRandomBacktracking))$. The probability p being constant, we can see that Amortized Random Backtracking is amortized.

We thus may hope an average improvement up to a factor of n_1 compared with iterative sampling. For large scale problems, this gain is quite important. Notice that the parameter p can be used to precisely tune the coverage of the tree.

The *R2D2* algorithm (Round Robin with Depth Depending probability)(Figure 3) is a variation of Amortized Random Backtracking for uniform distribution. It keeps

```
procedure Amortized Random Backtracking
  while some variables are not intantiated
    choose randomly an uninstantiated var x
    choose randomly a value in the domain of x : v
    assign(x, v)
    propagate
    iffailure
      choose the depth i < depth with a probability p(i, depth)
      backtrack to the depth i
  end while
```

Figure 2. *Amortized Random Backtracking algorithm*

```
procedure R2D2
  while some variables are not intantiated
    take the first uninstantiated variable x
    choose a value in in a circular way in the domain of x
      starting with the PreviousVal[x] : v
    PreviousVal[x] = v
    assign(x, v)
    propagate
    if failure
      choose i < depth with a probability p(i, depth)
      backtrack to the depth i
      let y be the variable instantiated a depth i
      PreviousVal[y]++
      move y at the end of the uninstantiated variables list
  end while
```

Figure 3. *R2D2 algorithm*

the previous tried values in the variables that have been instanciated after the backtracking point. It chooses values in a circular way. R2D2 also moves the variable of the backtracking point at the end of the variable to be instanciated. This makes more easy to have a uniform distribution even for very low value of $1/p$.

Of course the Amortized Random Backtracking or R2D2 algorithms should be called in a loop that decreases the parameter p at each iteration (see Figure 4).

4.2. *Amortized heuristic-driven-search*

For some problem, a good heuristic is known. The Limited Discrepancy Search (LDS) allows to explore first the complete states that are close to the solution given by the heuristic. However, it is not amortized.

Could we have a heuristic-driven algorithm, using constraint filtering, and that is non-systematic and amortized ? Indeed, we already have a such algorithm : Amortized

```
procedure main
  loop
      R2D2(p)
      if solution found
         exit
      else
         decrease p
  end loop
```

Figure 4. *Main loop to call Amortized Random Backtracking or R2D2*

Random Backtracking. Amortized Random Backtracking randomly chooses values to assign to the variables. And we have the freedom to choose the distribution with wich a value is chosen in the domain of the variable.

Thus, if a given heuristic can be expressed as a distribution for the possible values of a variable (the events are : we take this value), it suffices to give this distribution to Amortized Random Backtracking. This will allow the user of the algorithm to state that the effort spent with the value 36 for variable x should be 3 times the effort spent with the value 21. Of course, the choice of the values in two variables are considered as independant, that is the constraints of the problem are not taken into account for the distribution as the constraints may make this distribution to be not possible.

5. Improving amortization

As we have seen, amortized algorithms need there are enough terminal states to amortize non-terminal ones. This is not the case for thin tree. For example, consider again a complete tree search algorithm A based on a depth first search as in the amortized example of Section 3. Let us assume that we satisfy the hypothesis of *SimpleModel.* Let $L = d^n$ be the number of complete states. When d tends to 1, the complexity of A tends to $1/(d-1)$ times the complexity of the algorithm $magic(A)$.

A naive question is : what if we modify the CSP in such a way that the tree becomes thicker ?

First, we need to introduce the *average branching factor* of a search :

Definition 5 (Average branching factor of a search) *The average branching factor of a search is the average number of children of the partial states.*

For example, a balanced search tree of depth n with branching factor d, has d^n leaves. Note that the average branching factor is greater or equal to 1.

Now we can answer the question. For example, to meke the tree thicker, we can divide the number of decision variables by 2, and square the branching factor. This is always possible : for instance, this can be done at the algorithmic level simply by propagating constraints not at every assignment but at every two assignments. We can see on the above formula that this transformation would improve the amortization factor for thin trees, without impact on the amortization for thick trees. However, of course, there is a drawback : for cases in which the propagation reduces some domains, the algorithm may consider those reductions later. Let us modify *SimpleModel* such that it takes into account reduction of domains. Let $r \leq 1$ be the average ratio of reduction of the domain of variable i due to assignment of variable $i - 1$.

Given a CSP and a search algorithm, if we are able to find the ratio r and to build a realistic model of the complexity F of the filtering algorithm, we may be able to find *a priori* a good strategy of interleaving assignments and propagation. For example, we may find, thanks to the concept of amortization, that propagating every three assignments is the most efficient at the top of the search tree, that it is better to propagate contraints every assignment at the middle of the tree, and finally that at the end of the tree, the better is to not propagate at all except at the last state.

Example 1 *Le d_i be the size of the domain of variable i after assigning variable $i-2$. From the definition of the ratio r, after assigning variable $i - 1$, the size of the domain of variable i equals $r * d_i$. The example is built to keep a constant branching factor d in the algorithm A : we assume we have, for each i, $r * d_i = d$.*

Let A' be the improved version of A : A' propagates constraints not at every assignment but at every two assignments. A' will consider $d * d/r$ as branching factor : every two variables has a greater domain than in A. The cost of A is $(d^{n+1} - 1)/(d - 1)$, the complexity of A' is $(d^{2(n/2+1)} - 1)/(d^2 - 1)$ plus the cost of d^2/r dead-ends that will be immediately detected : d^2/r. Thus the transformation of a thin tree in a thicker tree is worth doing in number of explored states when :

$$r \geq \frac{d^2}{(d^{n+1} - 1)/(d - 1) - (d^{2(n/2+1)} - 1)/(d^2 - 1)}$$

The study of amortization of an algorithm may give good insights to build heuristics.

6. Discussion and related work

We have considered that the cost function was the number of visited states. Generally, a cost function able to measure the cpu time is more interesting, but it may be difficult to find due to the need to measure the cpu time spent during the propagation. Nevertheless, in practice, the complexity of the propagation technique is increasing with the number of still unassigned variables and with the size of the domains. At the bottom of the tree, domains are smaller and unsassigned variables are less than at the top of the tree. Thus at the top of the tree, the cost of the propagation algorithm is greater than at the end of the tree.

And we have this interesting property :

Proposition 3 *If a search is amortized in number of states, then it is amortized in cpu time for a filtering technique that costs F, where F is a decreasing function when you go down in the tree.*

Thanks to that proposition, we see that it may be already sufficient to study amortization in number of visited states.

As for related work, we can cite *Iterative Sampling* [LAN 92] we have already mentionned. It is easy to see that, w.r.t *SimpleModel*, Amortized Random Backtracking is in average n_1 times more efficient to reach the same number of terminal states, where n_1 is the number of decision variables.

Another algorithm has some common points with Amortized Random Backtracking : CLS [PRE 00] is a randomization of *Dynamic Backtracking* [GIN 93]. When a dead end is reached, it backtracks to a randomly chosen variable. When it backtracks to a variable, it does not unassign the variables under this variable as *Dynamic Backtracking*. This is difficult to do a fair comparison w.r.t *SimpleModel* between CLS and Amortized Random Backtracking. CLS only apply forward checking, and we need to consider a more general filtering technique (e.g. arc-consistency). But in that case, CLS has to be modified because the cost of unpropagate constraints is not the same. And we would need a much more precise model than *SimpleModel*. This is outside the scope of this paper. Thus, for now, we will consider only the randomization part of CLS w.r.t *SimpleModel*. We modify CLS in CLS' where we backtrack and unassign all the variables under the backtracking point (like in backjumping see for example [PRO 93]). The probability with which the variable is chosen is not precised in CLS. If we take the same probability for all the already assigned variables, then we can show that CLS' is not amortized and that Amortized Random Backtracking is up to $n_1/2$ times in average more efficient to reach the same number of terminal states.

As *CLS* has been used with a great success for solving difficult problems [PRE 00], we feel optimistic on the interest of Amortized Random Backtracking. We are especialy optimistic for optimisation problem where a good randomization allows to improve more fastly the objective and to prune much more the search space. We have done a few experiments with R2D2. They look quite good, and we plan to perform more in-depth experiments.

7. Conclusion

We have shown in this paper, that naive NSPA[2] algorithms have to pay a severe overhead due the fact that they visit a lot of non-terminal state compared to terminal states. We have defined the concept of amortization that is able to measure whether the non-terminal states are amortized. Then, we have proposed in this paper some new NSPA algorithms that satisfy that property. Furthermore, we have also shown that the concept of amortization may also be useful to build heuristics.

2. *Non-systematic Search with Partial Assignments*

Acknowledgements

I would like to thank Ulrich Junker for many fruitful discussions on that topic.

8. Bibliographie

[GIN 93] GINSBERG M., « Dynamic Backtracking », *Journal of Artificial Intelligence Research*, vol. 1, 1993, p. 25–46.

[GOM 98] GOMES C., SELMAN B., KAUTZ H., « Boosting Combinatorial Search Through Randomization », *AAAI*, 1998, p. 431–437.

[HAR 95] HARVEY W. D., GINSBERG M. L., « Limited Discrepancy Search », *Proceedings IJCAI-95 ; Vol. 1*, Montréal, Québec, Canada, 1995, p. 607-615.

[LAN 92] LANGLEY P., « Systematic and nonsystematic Search strategies », *Artificial Intelligence Planning Systems*, 1992, p. 145–152.

[MAC 77] MACKWORTH A., « Consistency in Networks of Relations », *Artificial Intelligence*, vol. 8, n° 1, 1977, p. 99–118.

[PRE 00] PRESTWICH S., « A Hybrid Search Architecture », *Principles and PRactices of Constraint Programming*, 2000, p. 335–352.

[PRO 93] PROSSER P., « Hybrid Algorithms for the Constraint Satisfaction Problem », *Computational Intelligence*, vol. 9, n° 3, 1993, p. 268–299, (Also available as Technical Report AISL-46-91, Stratchclyde, 1991).

[SAB 94] SABIN D., FREUDER E., « Contradicting Conventional Wisdom in Constraint Satisfaction », BORNING A., Ed., *Principles and Practice of Constraint Programming*, vol. 874 de *Lecture Notes in Computer Science*, Springer, mai 1994, (PPCP'94 : Second International Workshop, Orcas Island, Seattle, USA).

Généralisations correctes pour l'induction mathématique

Pascal Urso, Emmanuel Kounalis

Université de Nice – Sophia Antipolis, Laboratoire I3S,
Dpt. d'informatique, Parc Valrose,
06108 Nice Cedex 2, FRANCE

urso@unice.fr, kounalis@unice.fr

RÉSUMÉ. *Prouver une propriété par induction requiert souvent de l'ingéniosité pour découvrir une* généralisation *permettant à la preuve d'aboutir. Beaucoup de tentatives de preuve par induction divergent sans une généralisation appropriée des conjectures à démontrer.*
L'objectif de cet article est de proposer un méthode pour découvrir automatiquement une forme généralisée des conjectures avant que les sous-conjectures d'induction ne soient générées et que l'échec ne commence. Cette méthode fonctionne dans la classe des théories monomorphiques (voir section 1). Cependant, contrairement à toutes les méthodes heuristiques proposées jusqu'à maintenant, nos généralisations sont ***correctes*** *: Une conjecture est un théorème inductif* ***si et seulement si*** *sa généralisation l'est aussi. Pour autant que nous le sachions, ceci est la première approche proposant des généralisations correctes pour l'induction mathématique.*

ABSTRACT. *In proving a property by induction, it often requires ingenuity to discover a* generalization *that enables the proof to go through. Many proofs by induction diverge without a suitable generalization of the goal to be proved.*
The aim of the present paper is to propose a method to find out automatically a generalized form of the goal before the induction sub-goals are generated and failure begin. The method works in the case of monomorphic theories (see Sect. 1). However, in contrast of all heuristic-based methods, our generalizations are ***sound:*** *A goal is an inductive theorem* ***if and only if*** *its generalization is an inductive theorem. As far as we know this is the first approach that proposes sound generalizations for mathematical induction.*

MOTS-CLÉS : *Induction, Preuve automatique de théorème, Généralisation*

KEYWORDS: *Mathematical Induction, Automated Theorem Proving, Generalization*

Introduction

Le besoin de preuve par induction apparaît dans de nombreuse applications telles que la théorie des nombres, la vérification de programmes et la synthèse de programmes.

Pour établir des conséquences inductives, les systèmes de preuves utilisent soit l'induction explicite, [AUB 79, BOY 79, ZHA 88], soit l'induction implicite [JOU 89, RED 90, BOU 95, BRO 96, DER 97, COM 00]. Quoiqu'il en soit, les preuves par induction divergent souvent. La raison en est qu'en essayant de prouver une propriété « faible », on obtient une hypothèse d'induction qui n'est pas assez générale pour impliquer la conclusion désirée. En essayant de prouver une propriété plus générale, nous obtenons une hypothèse d'induction plus « forte ». Il est paradoxalement plus facile de prouver une propriété plus générale que l'un de ses cas particulier.

Nous supposons connues les notions essentielles de la logique équationnelle et des systèmes de réécriture (Cf., pour plus de détails, [DER 90]). L'ensemble des *signatures* Σ est la paire $(\mathcal{S}, \mathcal{F})$ où $\mathcal{S}$ est un ensemble de *type* et $\mathcal{F}$ un vocabulaire fini de *symboles de fonctions*. L'*algèbre des termes*, notée $T(\mathcal{F}, \mathcal{X})$, où $\mathcal{X}$ est un ensemble énumérable de *variables* librement typées, est l'ensemble des termes bien typés. Si le vocabulaire de fonctions $\mathcal{F}$ contient au moins une *constante*, l'ensemble $T(\mathcal{F})$ des termes sans variable – dit *termes clos* – n'est pas vide. Si t est un terme et θ est une substitution (close) des variables de t, alors $t\theta$ est une *instance (close)* de t. Finalement, une équation est un élément de $T(\mathcal{F}, \mathcal{X}) \times T(\mathcal{F}, \mathcal{X})$ et est dénotée $t = s$.

L'apport d'une généralisation correcte peut être nécessaire même pour des conjectures d'apparence simple. Par exemple, considérons la tentative de preuve de cette forme d'associativité de la concaténation sur les listes.

$$ap(x, ap(x, x)) = ap(ap(x, x), x) \quad (1)$$

La fonction de concaténation (symbole ap) est définie par l'ensemble d'équations $\mathcal{A} = \{ap(c.l, m) = c.ap(l, m);\ ap(\varnothing, m) = m\}$. Le point (.) représentant ici le constructeur de listes et le symbole $\varnothing$ la liste vide.

La preuve commence par une simple induction sur x (car il n'y a pas d'autre alternative). La preuve du cas « de base » $ap(\varnothing, ap(\varnothing, \varnothing)) = ap(ap(\varnothing, \varnothing), \varnothing)$ est triviale.

Pour le cas « inductif », *l'hypothèse d'induction* est (1) et la conclusion d'induction est $ap(c.x, ap(c.x, c.x)) = ap(ap(c.x, c.x), c.x)$. Selon la théorie de $\mathcal{A}$, cette équation peut être simplifiée en :

$$c.ap(x, c.ap(x, c.x)) = c.ap(ap(x, c.x), c.x) \quad (2)$$

L'hypothèse d'induction ne peut être utilisée, donc une autre induction est effectuée. Malheureusement, ceci génère une *séquence divergente de sous-conjectures* qui font échouer la tentative de preuve. Le problème vient du fait que le système de preuve répète une induction sur x mais est incapable de simplifier le constructeur (.) introduit en second argument de ap. *Cet échec n'est pas du à un système de preuve particulier pas plus qu'au schéma d'induction utilisée.* L'équation (1) ne peut simplement pas être prouvée avec les seules définitions de $\mathcal{A}$ si aucune généralisation correcte n'est fournie. Par exemple,

$$ap(x, ap(y, z)) = ap(ap(x, y), z) \tag{3}$$

est une généralisation appropriée de (1), mais pas $ap(x, ap(y, z)) = ap(ap(y, z), x)$.

Notre approche propose de générer automatiquement des équations comme (3), et de montrer que (1) et (3) sont ***équivalentes***. En d'autres mots, une équation est un théorème inductif **si et seulement si** sa forme généralisée l'est aussi. Pour y parvenir nous essayons d'identifier les sous-termes des deux côtés d'une équation qui ont la même « influence » sur les formes normales de leurs instances closes. Veuillez noter que même les méthodes heuristiques de [BUN 93, IRE 96, KAP 96, KOU 99, WAL 96] ne parviennent pas à produire les généralisations nécessaires à la preuve de tous les exemples de cet article.

Cet article est organisé comme suit. Nous commencerons par un survol des concepts à la base de la réécriture et de l'induction. Ceci sera suivi, dans la section 2, par une description informelle de notre contribution à l'aide d'un exemple « non-trivial ». La section 3 apporte la définition de la « table des arguments libres ». Intuitivement, cette table indique pour chaque fonction les arguments qui peuvent être généralisés. Dans la section 4 nous montrerons comment calculer, dans un terme, les effets des sous-termes aux positions indiquées par la table sur les formes normales des instances closes de ces termes. Finalement, la section 5 fournit l'algorithme effectuant les généralisations, établit sa solidité par un théorème et donne des exemples de son application. Nous conclurons par une brève discussion sur les limitations et les possibles perspectives de notre contribution.

1. Concepts et systèmes de réécriture monomorphiques

Un système de réécriture *convergent sur les termes clos* $\mathcal{R}$ sur un ensemble de symboles de fonctions $\mathcal{F}_\mathcal{R}$ est *terminant* – selon un ordre de réduction $\succ$ – et *confluent sur les termes clos* – c.à.d. $\mathcal{R}$ possède la propriété de Church-Rosser sur les termes clos. La terminaison implique qu'il existe au moins une forme normal selon $\mathcal{R}$ pour tout terme. De plus, les éléments de l'ensemble $\mathcal{F}_\mathcal{R}$ peut être séparé en *constructeurs libres* $\mathcal{C}_\mathcal{R}$ et *fonctions définies* $\mathcal{D}_\mathcal{R}$, tels que tout terme clos puisse être rendu égal (selon $\mathcal{R}$) à un terme clos composé uniquement de constructeurs (*complétude suffisante*).

Si un ensemble d'axiomes $\mathcal{A}$ peut être compilé en un système de réécriture $\mathcal{R}$ convergent sur les termes clos, pour une substitution close σ, nous pouvons décider $t\sigma =_\mathcal{A} s\sigma$ en testant l'égalité syntaxique des formes normales $t\sigma$ et $s\sigma$ (c.à.d. Est-ce-que $t\sigma{\downarrow_\mathcal{R}} \equiv s\sigma{\downarrow_\mathcal{R}}$? où $t\sigma{\downarrow_\mathcal{R}}$ dénote la forme normale selon $\mathcal{R}$ de $t\sigma$). Selon cette définition, $t = s$ est un *théorème inductif* pour $\mathcal{R}$ convergent sur les termes clos –

noté $t =_{ind(\mathcal{R})} s$ – si et seulement si pour toute substitution close θ, $t\theta{\downarrow_{\mathcal{R}}} \equiv s\theta{\downarrow_{\mathcal{R}}}$ ([HUE 82]). Enfin, nous dénoterons $\{t\}{\downarrow_{\mathcal{R}}}$ l'ensemble des instances closes de t en forme normale selon $\mathcal{R}$.

Si t est un terme, $type(t)$ dénote le type de t et $dom(t)$ – le *domaine* de t – est l'ensemble des positions de t. La *racine* de t est la position notée ε et $p, q, \ldots$ représentent des positions dans t. La *longueur* de la position p est notée $|p|$ et $\leq$ est *l'ordre préfixe* sur les positions. Comme convention de notation, nous représenterons les positions comme des listes de chiffres entre 1 et 9. Le symbole d'un terme t indiqué par la position p est noté $t(p)$. Le sous-terme de t indiqué par p est noté t/p. Enfin, le remplacement dans t du sous-terme à la position p par le terme s est noté $t[s]_p$. Tout au long de cet article nous représenterons par des lettres minuscules (t, s, r, ...) des termes quelconques et par des lettres majuscules (A, B, T, ...) des termes clos en forme normale.

Les **systèmes de réécriture monomorphiques** sont un sous-ensemble des systèmes de réécriture convergent sur les termes clos selon signature $\mathcal{F}_{\mathcal{R}}$. Leur intérêt réside dans le fait que les termes clos en forme normale peuvent y être vus comme des « listes ».

Définition 1.1. Une signature Σ est *monomorphique* si il existe un ordre complet sur les types, qu'une seule constante par type T – dénotée $\perp_T$ – et si tout constructeur f possède, au plus, un argument du même type que f. Un système de réécriture $\mathcal{R}$ est *monomorphique* s'il est convergent sur les termes clos, suffisamment complet et si sa signature est monomorphique.

Exemple 1.1. Le système de réécriture ci-dessous est monomorphique.

$$\mathcal{R} = \begin{cases} g(a) \to a;\ g(h(x)) \to h(h(g(x)));\ g(f(x)) \to f(x) \\ d(b,y) \to y;\ d(i(a,y),z) \to i(a,d(y,i(a,z))) \end{cases}$$

Ce système appréhende deux types : les constructeurs a, h et f sont de type T_1 et les constructeurs b et i sont de type T_2. Chaque terme clos en forme normale selon $\mathcal{R}$ vérifie la propriété ci-dessus.

Ainsi, *un système de réécriture est monomorphique si chaque constructeur ne possède qu'un seul argument de son propre type*, cet argument est appelé réflexif.

Définition 1.2. Soit $\mathcal{R}$ un système de réécriture monomorphique et $t \in \mathcal{T}(\mathcal{C}_{\mathcal{R}}, \mathcal{X})$ un terme ; l'unique position $p \in dom(t)$ vérifiant $|p| = 1$ et $type(t/p) = type(t)$ est appelée *la position d'argument réflexive* du symbole à la racine de t et est notée $RA(\mathcal{R}, t(\varepsilon))$. Nous représentons par la notation $c[x]$ un *terme constructeur* tel que $c/RA(\mathcal{R}, c(\varepsilon)) = x$.

Exemple 1.2. Pour le système $\mathcal{R}$ ci-dessus, nous avons $RA(\mathcal{R}, h) = 1$, $RA(\mathcal{R}, f) = 1$, et $RA(\mathcal{R}, i) = 2$.

Comme il n'existe qu'une seule position d'argument réflexive par symbole de constructeur, pour chaque terme clos en forme normale, la constante du même type que le terme ne se trouve qu'à une seule position. Ceci permet de définir l'opérateur de « jointure » de deux termes clos en forme normale selon un système de réécriture monomorphique.

Définition 1.3. Soit $\mathcal{R}$ un système de réécriture monomorphique, et A et B deux termes du même type T clos en forme normale selon $\mathcal{R}$; la *jointure* de A et de B, dénotée $A \otimes B$, est le terme $A[B]_p$ tel que $A/p = \perp_T$.

Exemple 1.3. $i(a, i(h(a), \mathbf{b})) \otimes i(f(a), b) = i(a, i(h(a), i(f(a), b)))$.

2. Aperçu général de notre approche

Dans cette section, nous illustrons les idées essentielles sous-tendant notre méthode à l'aide d'un exemple considéré comme « difficile » pour les systèmes de preuve.

Le concept clé pour comprendre comment les formes normales des instances closes d'un terme sont engendrées par un système de réécriture est celui de « sous-terme libre ». Intuitivement, un sous-terme est libre s'il ne « crée » qu'une partie précise de chacune des instances closes en forme normale. En fait, un sous-terme libre n'influence, dans la séquence de réécriture amenant à la forme normale d'un terme, aucune autre partie.

Par exemple, pour le système de réécriture monomorphique $\mathcal{R} = \{ap(c.l, L) \rightarrow c.ap(l, L);\ ap(\varnothing, L) \rightarrow L;\ R(c.l, L) \rightarrow R(l, c.L);\ R(\varnothing, L) \rightarrow L\}$, le sous-terme y du terme $t = ap(x, R(\mathbf{y}, z))$ crée seulement la partie $c.b.a.$ de la forme normale selon $\mathcal{R}$ de l'instance close suivante : $ap(f.g.0, R(\mathbf{a.b.c.0}, d.e.0))\!\downarrow_{\mathcal{R}} = f.g.\mathbf{c.b.a.}d.e.0$.

Trouver les sous-termes libres dans une paire de termes t et s nous permet de simplifier la conjecture $t = s$. En effet, supposons que ces termes ont un sous-terme libre en commun qui crée, pour toute substitution close, une partie identique de la forme normale de chaque paire d'instances closes correspondantes. Nous pouvons alors *sans altérer sa validité, généraliser la conjecture* en remplaçant ce sous-terme par une nouvelle variable (voir théorème 5.1).

2.1. *Identification des sous-termes libres*

Pour identifier les sous-termes libres d'un terme nous devons étudier la définition des fonctions par le système de réécriture. En effet, ce sont ces définitions qui engendre toutes les formes normales des instances closes.

Pour analyser un système de réécriture $\mathcal{R}$, nous commençons par le découper en sous-ensembles, chacun définissant un symbole de fonction f (voir définition 3.1). Un terme dont la racine est f et dont tous les arguments sont clos et normalisés est noté $f(A_1, \ldots, A_n)$. Aussi, un sous-terme A_i libre pour le terme $f(A_1, \ldots, A_n)$ est appelé

« argument libre » de f. L'étude de chaque sous-ensemble de définition nous donne $TAL(\mathcal{R})$, la « *Table des arguments libres* » de $\mathcal{R}$[1]. $TAL(\mathcal{R})$ décrit les positions et les effets des arguments libres de chaque symbole de fonction de $\mathcal{F}_{\mathcal{R}}$.

Le système de réécriture que nous allons étudier est celui définissant « l'arithmétique de Péano » qui peut être exprimé sous la forme d'un système de réécriture convergent sur les termes clos et monomorphique.

$$\mathcal{R} = \{\ x + s(y) \rightarrow s(x+y);\ x + 0 \rightarrow x;\ x * s(y) \rightarrow (x*y) + x;\ x * 0 \rightarrow 0\ \}$$

Essentiellement, un argument est libre pour f s'il est copié au plus une fois dans chaque partie droite du sous-ensemble de définition de f. Nous distinguons quatre types de position d'arguments libres (voir définitions section 3.2)

Pour identifier les sous-termes libres et les parties qu'ils créent, nous devons non seulement comprendre comment les fonctions définies manipulent leurs arguments mais aussi quelle est la relation entre les symboles de fonctions d'un terme. Soit l'équation $t = s$ suivante :

$$x * (x + x) = (x * x) + (x * x) \tag{4}$$

Une combinaison de positions d'arguments libres peut amener à un sous-terme libre. Pour un terme t donné, nous distinguons deux catégories de chemins, ceux qui amènent à un sous-terme créant les débuts des formes normales des instances closes ($\{t\}\downarrow_{\mathcal{R}}$) : les « chemin hauts » ; et ceux qui amènent à un sous-terme créant les fins des éléments de $\{t\}\downarrow_{\mathcal{R}}$: les « chemins bas ».

Intuitivement, pour construire les chemins maximums hauts $CH(t)$ et bas $CB(t)$ d'un terme t, il suffit de descendre récursivement dans l'arbre des symboles décrivant le terme. Pour chaque racine-fonction du terme, on choisit la position impliquant la construction d'une partie correspondante – de début pour haut et de fin pour bas (voir définition 4.1). *Tout sous-terme dans une position préfixe d'un chemin maximum haut, ou bas, est libre.* Dans notre exemple, nous avons $CH(t) = 22$, $CB(t) = 21$, $CH(s) = 22$ et $CB(s) = 12$.

Les termes représentant les parties engendrées par les sous-termes libres se calculent de manière similaire en parcourant l'arbre du terme. Dans le cas des positions contextuelles et transversales (voir définition 4.2), la construction de la représentation prend en compte le contexte du sous-terme dans cette position. Nous définissons deux fonctions : $\mathbf{top(t,p)}$ calculant une représentation des parties de début de $\{t\}\downarrow_{\mathcal{R}}$ selon un chemin haut p, et $\mathbf{bot(t,p)}$ calculant une représentation des parties de fin de $\{t\}\downarrow_{\mathcal{R}}$ selon un chemin bas p. Dans notre exemple, nous avons $top(t,22) = top(s,22) = x * x$ et $bot(t,21) = bot(s,12) = x * x$.

1. Cette table est pré-compilée et peut donc être utilisée à tout moment durant la preuve d'une conjecture.

2.2. *Calcul des généralisations correctes*

Une fois les sous-termes libres et leurs parties associées identifiées, une ou plusieurs généralisations correctes sont possibles. En effet, de par la notion même de sous-terme libre, remplacer ces sous-termes ne modifie dans les formes normales closes du terme les contenant que la partie qu'ils engendrent.

Prenons une équation dont les deux côtés possèdent un sous-terme libre syntaxiquement identique et qui engendre deux parties dont les représentation sont syntaxiquement égales et placées au même endroit dans la forme normale du terme (début ou fin). Si l'on remplace ces sous-termes par une nouvelle variable, cela ne modifie que les parties engendrées ; comme ces parties sont égales, la validité de l'équation n'en est pas affectée (voir théorème 5.1).

Reprenons l'équation ci-dessus, $x * (x + x) = (x * x) + (x * x)$. Si l'on prend les chemins hauts 22 à gauche et 22 à droite, on obtient les conditions nécessaires pour une généralisation. En effet, le sous-terme libre est $x = t/22 = s/22$ et les parties engendrées sont $top(t, 22) = x * x$ à gauche et $top(s, 22) = x * x$ à droite. Le sous-terme libre peut donc être substitué par une nouvelle variable y.

De même, si l'on prend les chemins bas 21 à gauche et 12 à droite ; le sous-terme libre est x et les parties engendrées sont $bot(t, 21) = x * x$ et $bot(s, 12) = x * x$. Ce sous-terme peut lui aussi être substitué par une nouvelle variable z. La généralisation ainsi obtenue est alors :

$$x * (\mathbf{z} + \mathbf{y}) = (x * \mathbf{z}) + (x * \mathbf{y}) \tag{5}$$

Cette généralisation est nécessaire mais pas suffisante pour que la tentative de preuve aboutisse. En effet, si on effectue une induction[2] sur la variable y :

$$x * (z + s(y')) = (x * z) + (x * s(y')) \tag{6}$$

Si l'on simplifie cette équation selon $\mathcal{R}$ et l'hypothèse d'induction (5) :

$$((x * z) + (x * y')) + x = (x * z) + ((x * y') + x) \tag{7}$$

Équation qui est généralisée suivant les chemins haut 2 à gauche et 22 à droite, ainsi que les chemins bas 11 à gauche est 1 à droite en :

$$(\mathbf{w} + (x * y')) + \mathbf{v} = \mathbf{w} + ((x * y') + \mathbf{v}) \tag{8}$$

Cette nouvelle équation est « facile » à prouver car elle ne nécessite pas d'autre généralisation (ni lemme).

2. Comme le cas de base $x * (z + 0) = (x * z) + (x * 0)$ est trivial, nous ne le traiterons pas ici.

3. Table des arguments libres

Dans cette section, nous définissons formellement la notion de position d'argument libre. Chacune de ces définitions peut être vérifiée syntaxiquement. Rappelons qu'un sous-terme libre est un sous-terme situé à un chemin qui est une combinaison de positions d'arguments libres.

Ensuite, nous établirons les propriétés fondamentales de ces définitions (voir lemme 3.2). Le type d'une position d'argument libre d'un symbole de fonction f nous indique l'effet d'un sous-terme à cette position sur la forme normale de $f(A_1, \ldots, A_n)$.

3.1. *Définition de fonctions*

L'« ensemble de définition » d'un symbole de fonction $f \in \mathcal{D}_{\mathcal{R}}$ est l'ensemble des règles d'un système de réécriture dont la partie droite a pour racine f. Les « positions d'argument » d'une fonction f sont l'ensemble des positions de longueur 1 qui appartiennent au domaine de tous les termes qui ont pour racine f.

Définition 3.1. Soit $\mathcal{R}$ un système de réécriture. L'*ensemble de définition* de $f \in \mathcal{D}_{\mathcal{R}}$ est l'ensemble $\mathcal{R}_f = \{(l \to r) \in \mathcal{R} \mid l(\varepsilon) = f\}$. Les *positions d'argument* d'un symbole de fonction f sont les positions de l'ensemble $P_f = \{p \mid |p| = 1 \text{ et } \forall t \in T(\mathcal{F}, \mathcal{X}),\ t(\varepsilon) = f \implies p \in dom(t)\}$

La proposition suivante est essentielle, elle montre qu'un argument qui n'est pas « dupliqué » par la définition d'une fonction peut être remplacé sans affecter la structure du reste du terme. Ceci est le principe de la notion d'argument libre.

Proposition 3.1. *Soit un système de réécriture $\mathcal{R}$ convergent sur les termes clos et linéaire à gauche. Soit $f \in \mathcal{D}_{\mathcal{R}}$, $(l \to r) \in \mathcal{R}_f$ et $p \in dom(l)$ telle que $l/p \in \mathcal{X}$ et qu'il existe une seule position q telle que $l/p = r/q$. Alors, pour toute variable y et toute substitution θ close, $l[y]_p\theta{\downarrow}_{\mathcal{R}} = r[y]_q\theta{\downarrow}_{\mathcal{R}}$*

Démonstration. Pour toutes les démonstrations Cf. [URS 01]. □

3.2. *Type de positions d'argument de fonction*

Rappelons tout d'abord que dans un système de réécriture monomorphique, l'argument réflexif d'un symbole de constructeur f est noté $RA(\mathcal{R}, f)$ (voir définition 1.2). Les autres types de positions d'arguments libres se différencient par la manière dont est recopié l'argument de la partie droite à la partie gauche des règles de l'ensemble définition. Comme toutes ces définitions impliquent des arguments libres, elles suivent les conditions de la proposition 3.1.

3.2.1. *Arguments persistants*

Pour qu'un argument soit réellement persistant tout au long d'une séquence de réécriture, il faut que dans toutes les parties droites de l'ensemble définition, il se retrouve une place où il ne pourra être modifié par aucune fonction. Un argument en position « de queue » se retrouve donc dans la partie droite soit à la racine soit dans un chemin qui est une suite de positions *de queue, réflexive, ou identique à celle qu'il occupait initialement par rapport à la fonction.*

Définition 3.2. Dans un système de réécriture $\mathcal{R}$, pour une fonction $f \in \mathcal{D}_{\mathcal{R}}$, une position d'argument libre $p \in P_f$ est *de queue*, et se note $DP(\mathcal{R}, f)$, si $l/p \in \mathcal{X}$ et si $\forall l \to r \in \mathcal{R}_f$ il existe une seule position q telle que $l/p = r/q$ et

– Soit $q = \varepsilon$

– Soit $q = q_1 \ldots q_n$ avec $\forall i \leq n$, $|q_i| = 1$ et soit $q_i = RA(\mathcal{R}, r(q_1 \ldots q_{i-1}))$, soit $q_i = DP(\mathcal{R}, r(q_1 \ldots q_{i-1}))$, soit $q_i = p$ avec $r(q_1 \ldots q_{i-1}) = f$.

Exemple 3.1. $\mathcal{R}_{\Sigma I} = \{$ (1) $\Sigma I(0, y) \to y$; (2) $\Sigma I(s(x), y) \to \Sigma I(x, s(y + x))$ $\}$
Prenons la position d'argument 2 pour ΣI[3].
– Dans la règle (1), $l/2 = y$ et $r/\varepsilon = y$.
– Dans la règle (2), $l/2 = y$ et $r/211 = y$, nous avons donc $q = 211$ et
- $q_1 = 2$ avec $r(\varepsilon) = \Sigma I$
- $q_2 = 1 = RA(\mathcal{R}, s) = RA(\mathcal{R}, r(2))$
- $q_3 = 1 = DP(\mathcal{R}, +) = DP(\mathcal{R}, r(21))$
Donc $DP(\mathcal{R}, \Sigma I) = 2$.

3.2.2. *Arguments de récurrence*

Dans les systèmes de réécriture monomorphiques, dans la partie gauche des règles de définitions, à la position d'un argument utilisé pour définir inductivement la fonction, on peut trouver soit une constante – $\perp$ – soit un terme constructeur $c[x]$ (voir section 1). Le type de position d'argument libre est déterminé par la position qu'occupe le symbole de fonction dans la partie droite des règles de réécriture définissant f. Dans le cas d'une position d'argument « de tête », le symbole de fonction f se trouve en position réflexive.

Définition 3.3. Dans un système de réécriture monomorphique $\mathcal{R}$, pour une fonction $f \in \mathcal{D}_{\mathcal{R}}$, une position $p \in P_f$ est *de tête*, et se note $TP(\mathcal{R}, f)$, si $\forall l \to r \in \mathcal{R}_f$

– Soit $l/p = \perp_{type(l)}$

– Soit $l/p = c[x]$ et $r = c[l[x]_p]$

Exemple 3.2. $\mathcal{R}_+ = \{$ (1) $x + 0 \to x$; (2) $x + s(y) \to s(x + y)$; (3) $x + p(y) \to p(x + y)$ $\}$
– Dans la règle (1), $l/2 = 0$.
– Dans la règle (2), $l/2 = s(y)$ et $r = s(x + y) = s(l[y]_2)$.

3. $\Sigma I(n, 0)$ représente la somme des n premiers entiers naturels.

– Dans la règle (3), $l/2 = p(y)$ et $r = p(x+y) = p(l[y]_2)$.
Donc, $TP(\mathcal{R}, +) = 2$.

Dans le cas d'une position d'argument « contextuelle » (resp. « transversale ») le symbole de fonction se trouve en position de queue (resp. de tête).

Définition 3.4. Dans un système de réécriture monomorphique $\mathcal{R}$, pour une fonction $f \in \mathcal{D}_\mathcal{R}$ et une position $p \in P_f$ telle que $\forall l \to r \in \mathcal{R}_f$

– Soit $l/p = \bot_{type(l)}$ et $r = \bot_{type(l)}$

– Soit $l/p = c[x]$ et il existe une seule position q tel que $r/q = l[x]_p$. Alors p est une position :

- *transversale* et notée $SP(\mathcal{R}, f)$ si $q = TP(\mathcal{R}, r(\varepsilon))$
- *contextuelle* et notée $CP(\mathcal{R}, f)$ si $q = DP(\mathcal{R}, r(\varepsilon))$

Exemple 3.3. $\mathcal{R}_D = \{$ (1) $D(0) \to 0$; (2) $D(s(x)) \to s(s(0)) + D(x)$ $\}$
– Dans la règle (1), $l/1 = 0$ et $r = 0$
– Dans la règle (2), $l/1 = s(x)$ et $r/2 = D(x) = l[x]_1$.
Comme $2 = TP(\mathcal{R}, +)$, nous avons $SP(\mathcal{R}, D) = 1$

Exemple 3.4. $\mathcal{R}_{mf} = \{$ (1) $mf(x, 0) \to 0$; (2) $mf(x, s(y)) \to \Sigma I(x, mf(x, y))$ $\}$
– Dans la règle (1), $l/2 = 0$ et $r = 0$
– Dans la règle (2), $l/2 = s(y)$ et $r/2 = mf(x, y) = l[y]_2$.
Comme $2 = DP(\mathcal{R}, \Sigma I)$, nous avons $CP(\mathcal{R}, mf) = 2$

La *table des argument libres* d'un système de réécriture $\mathcal{R}$, notée $TAL(\mathcal{R})$, est un tableau à deux dimensions qui associe à chaque symbole de fonction f de $\mathcal{R}$, et à chaque type de position d'argument, l'indice de la position d'argument correspondante (s'il existe).

Par exemple, pour le système de réécriture $\mathcal{R}$ suivant, voir $TAL(\mathcal{R})$ tableau 1.

$$\left\{\begin{array}{ll}
x + s(y) \to s(x+y) & x + 0 \to x \\
exp(x, s(y)) \to exp(x, y) * x & exp(x, 0) \to s(0) \\
x * s(y) \to (x * y) + x & x * 0 \to 0 \\
m(x, s(y)) \to x + m(x, y) & m(x, 0) \to 0 \\
\Sigma(s(x)) \to s(x) + \Sigma(x) & \Sigma(0) \to 0 \\
\Sigma I(s(x), y) \to \Sigma I(x, s(y + x)) & \Sigma I(0, y) \to y \\
r(c.l) \to ap(r(l), c.\varnothing) & r(\varnothing) \to \varnothing \\
ap(c.l, L) \to c.ap(l, L) & ap(\varnothing, L) \to L \\
R(c.l, L) \to R(l, c.L) & R(\varnothing, L) \to L
\end{array}\right.$$

3.3. *Effet des positions d'arguments libres*

Le lemme ci-dessous montre comment l'argument A_i d'un terme $f(A_1, \ldots, A_n)$ (où chaque A_i est en forme normale close pour $\mathcal{R}$) influence la forme normale du

f	$RA(\mathcal{R}, f)$	$DP(\mathcal{R}, f)$	$TP(\mathcal{R}, f)$	$SP(\mathcal{R}, f)$	$CP(\mathcal{R}, f)$
s	1				
$+$		1	2		
$*$					2
e					
m				2	
Σ					
ΣI		2			
$.$	2				
ap		2	1		
r				1	
R		2			

Tableau 1. *Table des arguments libres* $TAL(\mathcal{R})$.

terme selon le type de position dans laquelle il est placé. Plus précisément, la forme normale du terme $f(A_1, \ldots, A_n)$

1) termine par le sous-terme A_i si i est une position de queue pour f.

2) commence par le sous-terme A_i si i est une position de tête pour f.

3) finit par une série régulière d'éléments construits par le début du sous-terme A_i si i est une position transversale pour f.

4) commence par une série régulière d'éléments construits par le début du sous-terme A_i si i est une position contextuelle pour f.

Lemme 3.2. *Soit $\mathcal{R}$ un système de réécriture monomorphique, pour un terme t, une position $p \in P_f$, une substitution close θ, et deux termes A et B clos en forme normale ;*

1) si $p = DP(\mathcal{R}, t(\varepsilon))$, $t[A]_p\theta{\downarrow_\mathcal{R}} = t[\perp_{type(t)}]_p\theta{\downarrow_\mathcal{R}} \otimes A$

2) si $p = TP(\mathcal{R}, t(\varepsilon))$, $t[A]_p\theta{\downarrow_\mathcal{R}} = A \otimes t[\perp_{type(t)}]_p\theta{\downarrow_\mathcal{R}}$

3) si $p = SP(\mathcal{R}, t(\varepsilon))$, $t[A \otimes B]_p\theta{\downarrow_\mathcal{R}} = t[B]_p\theta{\downarrow_\mathcal{R}} \otimes t[A]_p\theta{\downarrow_\mathcal{R}}$

4) si $p = CP(\mathcal{R}, t(\varepsilon))$, $t[A \otimes B]_p\theta{\downarrow_\mathcal{R}} = t[A]_p\theta{\downarrow_\mathcal{R}} \otimes t[B]_p\theta{\downarrow_\mathcal{R}}$

Exemple 3.5. Comme $DP(\mathcal{R}, +) = 1$, $TP(\mathcal{R}, +) = 2$, et $SP(\mathcal{R}, *) = 2$, nous avons, pour les termes clos en forme normale A, B et C :
– $A + s(s(0)) \rightarrow s(A + s(0)) \rightarrow s(s(A + 0)) \rightarrow s(s(A)) = s(s(0)) \otimes A$
– $C{*}s(s(B)) \rightarrow (C{*}s(B)){+}C \rightarrow ((C{*}B){+}C){+}C = (C{*}s(s(0))){\downarrow_\mathcal{R}}{\otimes}(C{*}B){\downarrow_\mathcal{R}}$

4. Parties hautes et basses

Dans cette section nous définissons formellement les chemin hauts et bas qui sont les chemin amenant à des sous-termes libres et les parties hautes et basses qui sont les représentation de parties engendrées par de tels sous-termes. Ces définitions nous permettent de découper un terme en parties de début et de fin.

Les chemins hauts et bas maximums sont les chemins « descendant » récursivement dans l'arbre représentant le terme suivant les positions définies dans la section 3.2. Cependant, il n'est pas toujours adéquat d'utiliser un chemin maximum. Par exemple, dans une généralisation, plus le sous-terme choisi est important, plus la conjecture obtenue sera générale et plus la tentative de preuve possède de chance d'aboutir.

Définition 4.1. Soit $\mathcal{R}$ un système de réécriture monomorphique, pour un terme t, le *chemin haut maximum* noté $CH(t)$, et le *chemin bas maximum* noté $CB(t)$ sont calculés récursivement ainsi[4] :

$$\begin{array}{rl}
\exists p \in \{RA(\mathcal{R},t(\varepsilon)), TP(\mathcal{R},t(\varepsilon)), CP(\mathcal{R},t(\varepsilon))\} & \Rightarrow CH(t) = pCH(t/p) \\
\exists p = SP(\mathcal{R},t(\varepsilon)) & \Rightarrow CH(t) = pCB(t/p) \\
& \text{sinon, } CH(t) = \varepsilon \\
\exists p \in \{RA(\mathcal{R},t(\varepsilon)), DP(\mathcal{R},t(\varepsilon)), CP(\mathcal{R},t(\varepsilon))\} & \Rightarrow CB(t) = pCB(t/p) \\
\exists p = SP(\mathcal{R},t(\varepsilon)) & \Rightarrow CB(t) = pCH(t/p) \\
& \text{sinon, } CB(t) = \varepsilon
\end{array}$$

Pour un terme toute position préfixe d'un chemin haut maximum est un *chemin haut* et toute position préfixe d'un chemin bas maximum est un *chemin bas*.

Exemple 4.1. $ap(r(ap(l,n)), R(n,l))$
- $CH(ap(r(ap(l,n)), R(n,l))) = 1CH(r(ap(l,n))) = 11CB(ap(l,n)) = 112CB(n) = 112$
- $CB(ap(r(ap(l,n)), R(n,l))) = 2CB(R(n,l)) = 22CB(l) = 22$

Exemple 4.2. $x * m(y, z + x)$
- $CH(x * m(y, z + x)) = 2CH(m(y, z + x)) = 22CB(z + x) = 221CB(z) = 221$
- $CB(x * m(y, z + x)) = 2CB(m(y, z + x)) = 22CH(z + x) = 222CH(x) = 222$

Le fait de savoir que les deux côtés d'une conjecture possèdent un même sous-terme libre qui engendre de chaque côté, une partie placée au même endroit, ne suffit pas à simplifier une conjecture. Il faut encore que les parties engendrées par ces sous-termes soit elles-même identiques. On ne calcule pas directement ces parties car ce sont des parties de la forme normale, mais on calcule une représentation.

4. Le caractère « particulier » du type de position SP est dû au fait qu'une fonction ayant un tel argument utilise la *fin* de la forme normale de l'argument pour construire le *début* de la forme normale du terme (voir lemme 3.2). Nous retrouverons cette particularité pour le calcul des parties.

Définition 4.2. Soit $\mathcal{R}$ un système de réécriture monomorphique, pour un terme t et un chemin haut p (resp. un chemin bas), la *partie haute* (resp. *la partie basse*) de t notée $top(t,p)$ est calculée récursivement ainsi

$$
\begin{array}{lll|l}
q = RA(\mathcal{R}, t(\varepsilon)) \Rightarrow & top(t, q.p) = t[top(t/q,p)]_q & & bot(t,q.p) = bot(t/q,p) \\
q = DP(\mathcal{R}, t(\varepsilon)) \Rightarrow & & & bot(t,q.p) = bot(t/q,p) \\
q = TP(\mathcal{R}, t(\varepsilon)) \Rightarrow & top(t, q.p) = top(t/q,p) & & \\
q = SP(\mathcal{R}, t(\varepsilon)) \Rightarrow & top(t, q.p) = t[bot(t/q,p)]_q & & bot(t,q.p) = t[top(t/q,p)]_q \\
q = TP(\mathcal{R}, t(\varepsilon)) \Rightarrow & top(t, q.p) = t[top(t/q,p)]_q & & bot(t,q.p) = t[bot(t/q,p)]_q \\
 & top(t,\varepsilon) = t & & bot(t,\varepsilon) = t
\end{array}
$$

Exemple 4.3. $ap(r(ap(l,n)), R(n,l))$
– $top(ap(r(ap(l,n)), R(n,l))), 112) = top(r(ap(l,n)), 12) = r(bot(ap(l,n), 2)) = r(bot(n,\varepsilon)) = r(n)$
– $bot(ap(r(ap(l,n)), R(n,l))), 22) = bot(R(n,l), 2) = bot(l,\varepsilon) = l$

Le théorème de découpage ci-dessous montre qu'un terme muni d'un chemin haut – ou bas – possède deux parties bien définies.

Théorème 4.1. *Soit $\mathcal{R}$ un système de réécriture monomorphique, pour un terme t, une position $p \in dom(p)$ et une substitution close θ*

– *Si p est un chemin haut alors $t\theta{\downarrow_{\mathcal{R}}} = top(t,p)\theta{\downarrow_{\mathcal{R}}} \otimes ntp(t,p)\theta{\downarrow_{\mathcal{R}}}$.*
– *Si p est un chemin bas alors $t\theta{\downarrow_{\mathcal{R}}} = nbt(t,p)\theta{\downarrow_{\mathcal{R}}} \otimes bot(t,p)\theta{\downarrow_{\mathcal{R}}}$.*

Ici, ntp (resp. nbt) représente le complément des parties top (resp. bot). Comme ces termes ne sont pas utilisés par notre algorithme de généralisation, nous illustrerons simplement la façon dont ils sont calculés avec un exemple. Cependant, une définition formelle se trouve dans [URS 01].

Exemple 4.4. $x * m(y, z + x)$
– $\mathbf{ntp(x * m(y, z + x), 222)} = x{*}\mathbf{ntp(m(y, z + x), 22)} = x{*}m(y, \mathbf{nbt(z + x, 2)})$
$= x * m(y, z + \mathbf{nbt(x,\varepsilon)}) = x * m(y, z + \mathbf{0})$
– $\mathbf{nbt(x * m(y, z + x), 221)} = x{*}\mathbf{nbt(m(y, z + x), 21)} = x{*}m(y, \mathbf{ntp(z + x, 1)})$
$= x * m(y, \mathbf{nbt(z,\varepsilon)} + x) = x * m(y, \mathbf{0} + x)$

5. Algorithme de généralisation

Dans cette section, nous formalisons l'algorithme de généralisation ainsi que le théorème établissant sa correction. Nous exposerons ensuite quelques exemples de telles généralisations.

Théorème 5.1. *Soit $\mathcal{R}$ un système de réécriture monomorphique, pour une équation $t = s$ et deux positions $p \leq CH(t)$ et $q \leq CH(s)$ (respectivement $p \leq CB(t)$ et $q \leq CB(s)$) telles que $t/p \equiv s/q$ et que $top(t,p) \equiv top(s,q)$ (respectivement $bot(t,p) \equiv bot(s,q)$)*

$t =_{ind(\mathcal{R})} s$ ***si et seulement si*** $t[x]_p =_{ind(\mathcal{R})} s[x]_q$, *avec x une nouvelle variable.*

Généralisation de $t = s$

Calculer $CH(t)$ et $CB(t)$, ainsi que $CH(s)$ et $CB(s)$;
Pour toutes les positions p préfixes de $CH(t)$ en ordre croissant de longueur
    Pour toutes les positions q préfixes de $CH(s)$ en ordre croissant de longueur
        Si $t/p \equiv s/q$ et $top(t,p) \equiv top(s,q)$ **Alors** $t[x]_p = s[x]_q$
          – où x est une nouvelle variable – est une généralisation de $t = s$;
Pour toutes les positions p préfixes de $CB(t)$ en ordre croissant de longueur
    Pour toutes les positions q préfixes de $CB(s)$ en ordre croissant de longueur
        Si $t/p \equiv s/q$ et $bot(t,p) \equiv bot(s,q)$ **Alors** $t[x]_p = s[x]_q$
          – où x est une nouvelle variable – est une généralisation de $t = s$;

Exemples de généralisation

1) $x + (x + x) = (x + x) + x$

$$\mathbf{Z} + (x + \mathbf{Y}) = (\mathbf{Z} + x) + \mathbf{Y}$$

2) $s(x) + \Sigma(x) = \Sigma I(x, s(x))$

$$\mathbf{Y} + \Sigma(x) = \Sigma I(x, \mathbf{Y})$$

3) $s(x + m(x, 0 + y)) = s(m(x, s(0) + y))$

$$s(x + m(x, \mathbf{Z} + y)) = s(m(x, s(\mathbf{Z}) + y))$$

4) $exp(x,y) * (exp(x,z) + exp(y,x)) = exp(x, y + z) + (exp(x,y) * exp(y,x))$

$$exp(x,y) * (exp(x,z) + \mathbf{W}) = exp(x, y + z) + (exp(x,y) * \mathbf{W})$$

5) $ap(r(l), r(l)) = r(ap(l,l))$

$$ap(r(\mathbf{M}), r(l)) = r(ap(l, \mathbf{M}))$$

6) $c.r(r(l)) = r(ap(r(l), c.\varnothing))$

$$ap(r(\mathbf{M}), r(l)) = r(ap(l, \mathbf{M}))$$

7) $R(l, R(l, \varnothing)) = ap(R(l, \varnothing), R(l, \varnothing))$

$$R(l, \mathbf{M}) = ap(R(l, \varnothing), \mathbf{M})$$

8) $R(l, c.\varnothing) = ap(r(l), c.\varnothing)$

$$R(l, \mathbf{M}) = ap(r(l), \mathbf{M})$$

6. Conclusion

Nous avons présenter dans cet article une première méthode pour construire des généralisations correctes d'équations pour en établir la validité inductive. Comme le montre les exemples, cette méthode peut être appliquée même quand les fonctions présentes ne possèdent pas de type reconnu d'argument libre (par exemple exp et ΣI). Cependant, le nombre et la définition des différents types de positions d'arguments libres pourrait être étendu par des recherches futures. De plus, l'algorithme présenté est suffisamment simple pour être implanté dans n'importe quel système de preuve logiciel (nous l'avons notamment implanté dans le système de preuve NICE).

Néanmoins, cette méthode possède une limitation importante qui porte sur les systèmes monomorphiques bien que ceux-ci peuvent représenter notamment l'arithmétique et les listes. Cette limitation devra être dépassée pour appréhender tous les systèmes convergents sur les termes clos.

7. Bibliographie

[AUB 79] AUBIN R., « Mechanizing Structural Induction », *Theorical Computer Science*, vol. 9, 1979, p. 329-362.

[BOU 95] BOUHOULA A., KOUNALIS E., RUSINOWITCH M., « Automated Mathematical Induction », *Journal of Logic and Computation*, vol. 5(5), 1995, p. 631-668.

[BOY 79] BOYER R., MOORE J., *A Computational Logic*, Academic Press, NY, 1979.

[BRO 96] BRONSARD F., REDDY U., HASKER R., « Induction Using Term Orders », *Journal of Automated Reasoning*, vol. 16, 1996, p. 3-37.

[BUN 93] BUNDY A., STEVENS A., VAN HERMELEN F., IRELAND A., SMAIL A., « Rippling : A Heuristic for Guiding Inductive Proofs », *Artificial Intelligence*, vol. 62, 1993, p. 185-253.

[COM 00] COMON H., *Inductionless Induction*, Handbook of Theorical Computer Science, 2000.

[DER 90] DERSHOWITZ N., JOUANNAUD J., « Rewriting Systems », VAN LEEUWEN J., Ed., *Handbook of Theorical Computer Science*, vol. B, p. 243-309, North-Holland, 1990.

[DER 97] DERSHOWITZ N., « Completion and its Applications », *Actes du Séminaire d'Informatique Théorique*, Paris, 1997.

[HUE 82] HUET G., HULLOT J., « Proofs by Induction in Equational Theories Without Constructor », *JCSS*, vol. 25 (2), 1982, page ? ?

[IRE 96] IRELAND A., BUNDY A., « Using Failure to Guide Inductive Proof », *Journal of Automated Reasoning*, vol. 16, 1996, p. 38-85.

[JOU 89] JOUANNAUD J., KOUNALIS E., « Automatic Proofs by Induction in Theories Without Constructor », *Information and Control*, vol. 82(1), 1989.

[KAP 96] KAPUR D., SUBRAMANIAM M., « Lemma Discovery in Automating Induction », *Proceedings of Thirteenth Int. CADE*, 1996.

[KOU 99] KOUNALIS E., URSO P., « Generalization Discovery for Proofs by Induction in Conditional Theories », *Proceedings of FLAIRS-99*, Orlando, FL, 1999, AAAI Press.

[RED 90] REDDY U., « Term Rewriting Induction », *Proceedings of Tenth Int. CADE*, 1990.

[URS 01] URSO P., « Généralisations et méthodes correctes pour l'induction mathématique. », PhD thesis, Université de Nice – Sophia Antipolis, Nice, France, 2001.

[WAL 96] WALSH T., « A Divergence Critic for Inductive Proof », *Journal of Artificial Intelligence Research*, vol. 4, 1996, p. 209-235.

[ZHA 88] ZHANG H., KAPUR D., KRISHNAMOORTHY M., « A Mechanizable Induction Principle for Equational Specification », *Proceedings of Ninth Int. CADE*, 1988.

Découverte de lemmes par instanciation de méta-variables dans les preuves par récurrence

M. Demba K. Bsaïes

Faculté des sciences de Tunis - DSI
BP 1060, Tunis-Belvédère, Tunisie

{moussa.demba, khaled.bsaies}@fst.rnu.tn

Résumé

Le cadre général de cet article est l'étude de stratégies pour la preuve par récurrence de formules implicatives de la forme $\forall \overline{x}\ \exists \overline{y}\ \Gamma(\overline{x}, \overline{y}) \Leftarrow \Delta(\overline{x})$ où Γ et Δ sont des conjonctions d'atomes, et $\overline{x}$ et $\overline{y}$ sont respectivement des vecteurs des variables universelles et existentielles. Dans les preuves par récurrence, il existe une étape où l'hypothèse d'induction est utilisée pour montrer la conclusion. Pour réussir cette étape il est en général nécessaire d'appliquer des transformations à la conclusion. Dans les cas simples, des dépliages des atomes de la conclusion suffisent pour ensuite utiliser l'hypothèse de récurrence. Dans d'autres cas, il est nécessaire d'appliquer des propriétés de façon à modifier la conclusion, ces propriétés s'appellent des *lemmes de simplification*. La stratégie proposée dans cet article permet de générer d'une manière automatique des lemmes de simplification, elle repose sur l'instanciation des méta-variables obtenues par les principes de récurrence. Les méta-variables sont des variables existententielles qui apparaissent dans les parties hypothèses des formules implicatives.

Mots Clés: preuve par récurrence, formules implicatives, découverte de lemmes.

1 Introduction

Le raisonnement par récurrence est un raisonnement couramment utilisé pour la vérification des propriétés des programmes. Une fois que le principe de récurrence est défini, une étape importante dans cette forme de raisonnement est l'application de l'hypothèse de récurrence pour démontrer la conclusion. L'un des problèmes majeurs est de transformer la conclusion pour rendre l'hypothèse d'induction applicable. Dans les cas simples une telle transformation peut être effectuée par des dépliages avec les définitions du programme. Cependant, dans d'autres cas un ou plusieurs lemmes supplémentaires sont nécessaires pour rendre l'hypothèse d'induction applicable. Dans cet article, nous présentons une méthode pour la génération automatique de lemmes. La méthode est basée sur une stratégie guidée par des règles de simplification. Pour rendre ces règles applicables, un certain nombre de formules intermédiaires doivent être générées sous forme de lemmes.

Notre stratégie consiste à appliquer d'abord la règle d'induction structurelle sur la formule de départ et dans l'étape inductive, on applique les règles de dépliages et de simplification (voir section règles de preuves). Si la formule obtenue n'est pas une formule triviale et que les méta-variables ne sont pas instanciées, on décompose (si possible) la formule en plusieurs sous-formules. Les sous-formules obtenues sont, en général, moins complexes que la formule décomposée. Si les sous-formules sont valides, elles sont considérées comme des lemmes de simplification et peuvent être utilisées pour prouver la formule décomposée.

Dans certains cas, la méthode est incapable de fournir des instances appropriées de l'hypothèse d'induction, ces cas arrivent souvent si dans l'étape inductive il n'y a pas de méta-variable (appelée aussi variable de non-induction), c'est à dire que la formule initiale n'a qu'une seule variable universelle. Dans de tels cas, il est nécessaire de généraliser la formule initiale en introduisant une ou plusieurs nouvelles variables universelles. Les positions où ces variables doivent être introduites sont déterminées à partir de l'analyse des échecs. Dans notre approche, un nouveau symbole de prédicat est ajouté dans la partie hypothèse de la formule pour préserver les relations entre les variables. Un programme définissant ce nouveau prédicat doit être alors synthétisé.

Cet article est organisé comme suit. Dans la section 2, nous introduisons quelques définitions et notations et le système de preuves que nous utilisons. Dans la section 3, nous décrivons la méthode proposée et dans la section 4, la procédure de génération de lemmes est présentée. Dans la section 5 nous comparons notre méthode avec les autres travaux et la section 6 conclut l'article.

2 Préliminaires

2.1 Notations et définitions

Nous donnons quelques définitions qui nous seront utiles par la suite:

Définition 2.1 (Mode d'un prédicat)
Soit p un symbole de prédicat d'arité n, un mode m pour p est un n-uplet $(m_1, ..., m_n)$ *avec* $m_i \in \{in,\ out\}$. *Si* $m_i = in$ *(resp.* $m_i = out$*) i est appelé une position entrée (resp. sortie) pour p. On dit qu'une variable x est dans une position entrée (resp. sortie) dans un atome* $p(t_1, ..., t_n)$*, si x apparaît dans* t_i *telle que* $m_i = in$ *(resp.* $m_i = out$*). Un prédicat p muni d'un mode m est dit modé. Une formule est dite modée si et seulement si tous ses prédicats sont modés.*

Notations 2.1
Si un terme t est utilisé dans une position sortie (resp. entrée), il est noté $\hat{t}$ *(resp.* $\check{t}$*). On note* $\nu(t_i)$ *les variables dans* t_i. *Soit* $A = p(t_1, ..., t_n)$ *un atome et* $m=(m_1, ..., m_n)$ *un mode de p.*
$\nu_{in}(A) = \bigcup_{1 \leq i \leq n}\{\nu(t_i),\ m_i = in\}$ *est l'ensemble des variables apparaissant dans une position entrée dans l'atome A.*
$\nu_{out}(A) = \bigcup_{1 \leq i \leq n}\{\nu(t_i),\ m_i = out\}$ *est l'ensemble des variables apparaissant dans une position sortie dans l'atome A.*

Les définitions de ν_{in} et ν_{out} s'étendent naturellement aux conjonctions d'atomes et formules. Par exemple, supposons que le prédicat "*plus*" est utilisé avec le mode $(in,\ in,\ out)$, l'atome $plus(x, y, z)$ est noté $plus(\check{x},\ \check{y},\ \hat{z})$.
Nous dénotons Γ, Δ,... des conjonctions d'atomes; A et B dénotent les atomes; π et ϕ dénotent les formules; et σ et θ dénotent les substitutions. Les variables existentielles dans une formule seront notées en majuscules et *pgu* dénote le plus général unificateur, et $\mathcal{M}(P)$ dénote le plus petit modèle de Herbrand du programme P.

Définition 2.2 (Formule conforme)
Étant donné la formule $\phi:\ \Gamma \Leftarrow \Delta$ *modée,* ϕ *est appelée conforme si les conditions suivantes sont vérifiées :*

1. $(\nu_{in}(\Gamma) \backslash \nu_{out}(\Gamma)) \bigcap \nu_{out}(\Delta) = \emptyset$
   Les variables qui sont uniquement en position entrée dans Γ *ne peuvent pas apparaître en position sortie dans* Δ.

2. $(\nu(\Delta)\backslash\nu(\Gamma)) \subseteq (\nu_{out}(\Delta) \bigcap \nu_{in}(\Delta))$
Les variables internes à Δ sont à la fois en position entrée et sortie.

Définition 2.3 (Relation de dépendance)
Soit $F : \Gamma \Leftarrow A_1, ..., A_m$ une formule modée, la relation D_F définie dans l'ensemble $\{A_1, ..., A_m\}$ par $\forall i, j \in [1, m]\ A_i D_F A_j \Leftrightarrow (\nu_{out}(A_i) \bigcap \nu_{in}(A_j)) \neq \emptyset$, est appelée relation de dépendance de F par rapport au mode de F.

Définition 2.4
- *Nous dirons qu'une variable x est produite par Γ si et seulement si $x \in (\nu_{out}(\Gamma)\backslash\nu_{in}(\Gamma))$, c'est à dire que x apparaît seulement en position sortie dans Γ.*
- *Un prédicat P est fonctionnel en X si et seulement si $Y = Z \Leftarrow P(X,Y) \wedge P(X,Z)$.*
- *Une clause unitaire est une clause dont la tête est non vide et dont le corps est vide.*

Par exemple dans la formule $mul(s(\check{x}), \check{y}, \hat{z}) \Leftarrow mul(\check{x}, \check{y}, \hat{t}) plus(\check{t}, \check{y}, \hat{z})$, z est la variable produite par les prédicats mul et $plus$.

Définition 2.5 (Formules implicatives triviales)
Une formule implicative est dite triviale, si elle s'écrit sous l'une des formes suivantes :

- $\Gamma \Leftarrow false$.
- *$true \Leftarrow \Gamma$ que l'on note aussi $\Leftarrow \Gamma$.*
- $\Gamma \Leftarrow \Gamma$.

Ces formules se réduisent trivialement à true.

2.2 Les règles de preuve

Le démonstrateur que nous présentons est basé sur les règles de l'exécution étendue de Prolog [12] et aussi sur le système décrit dans [3]. Il permet de prouver qu'une formule implicative est une propriété d'un programme. Nous décrivons le système que nous utilisons par des règles de preuves. Une règle de preuve s'applique à une formule implicative et génère un ensemble de formules implicatives. Soit P un programme défini et $\pi : \Gamma \Leftarrow \Delta$ une formule. Pour prouver que $\mathcal{M}(P) \models \pi$, on applique des règles à π jusqu'à obtenir un ensemble de formules que l'on sait être vraies dans $\mathcal{M}(P)$ (formules triviales). Nous décrivons les règles de preuve sous la forme de règles d'inférence $\frac{\pi}{S''}(NOM)$, où π est une formule et S'' est un ensemble de formules obtenues par l'application de la règle NOM sur π. Le processus de déduction est le suivant. A chaque étape, nous avons un ensemble S de formules à prouver. Nous choisissons une formule π de S et nous appliquons une règle de déduction à π, ensuite nous remplaçons la formule choisie par l'ensemble de formules S'' généré par la règle de déduction. Nous obtenons un nouvel ensemble S' de formule à prouver : $S' = (S \setminus \{\pi\}) \cup S''$. Avant de décrire les règles de preuves, nous donnons la notion de règles valides et règles conservatives.

Définition 2.6 (Règle valide et règle conservative)

Soit P un programme, $\frac{\pi}{S''}(NOM)$ une règle de preuve et $S' = (S \setminus \{\pi\}) \cup S''$. Cette règle est :

- *valide : si $\mathcal{M}(P) \models S'$ implique $\mathcal{M}(P) \models S$.*
- *conservative : si $\mathcal{M}(P) \models S'$ est équivalent à $\mathcal{M}(P) \models S$.*

Définition 2.7 (Règle de décomposition)

$$\frac{\pi \;:\; \Gamma_1(Z_1),\ \Gamma_2(Z_2) \Leftarrow \Delta}{\{\pi_i \;:\; \Gamma_i(Z_i) \Leftarrow \Delta,\ i = 1,\ 2\}}\ (DECOMP)$$

telles que Γ_1 et Γ_2 ne partagent pas de variables existentielles, et Z_1 et Z_2 sont des vecteurs des variables existentielles dans Γ_1 et dans Γ_2, respectivement. Cette règle est valide. Notons que pour prouver π il est nécessaire de prouver toutes les formules π_i, i=1,2. Nous avons $S' = (S \setminus \{\pi\}) \cup \{\pi_i, i = 1, 2\}$.

Définition 2.8 (Induction structurelle)
Lorsqu'une formule contient plusieurs variables universelles, l'une des variables doit être utilisée comme variable d'induction. Il est alors intéressant de voir ce que deviennent les autres variables universelles qui ne sont pas choisies comme variable d'induction. Par exemple, considérons la formule

$$\forall n : nat\ \forall m : nat\ \exists x : nat\ \Delta(n, m, x) \Leftarrow .$$

Supposons que n soit choisie comme variable d'induction (à noter que n ne doit pas apparaître dans le membre droit [10] de la formule), la règle d'induction structurelle[1] *par rapport à n génère les deux formules suivantes :*

cas de base : $\forall m\ \exists x\ \Delta(0, m, x) \Leftarrow .$

cas récursif : $\forall n\ [\forall m\ \exists x\ \Delta(s(n), m, x) \Leftarrow\ \forall m\ \exists x\ \Delta(n, m, x)]$

Si nous mettons le cas récursif sous forme normale prénexe, le quantificateur universel (resp. existentiel) dans l'hypothèse (polarité négative) devient existentiel (resp. universel) :

$$\forall n\ \forall m\ \exists x\ \exists m'\ \forall y\ \Delta(s(n), m, x) \Leftarrow \Delta(n, m', y)$$

Nous pouvons enlever les quantificateurs : $\Delta(s(n), m, X) \Leftarrow\ \Delta(n, m', y)$,
où n, m et y sont des variables universelles , X est une variable existentielle dans la conclusion et m' est une méta-variable (ou variable de non-induction) qui n'apparaît que dans l'hypothèse et peut être instanciée par n'importe quel terme. Dans tout ce qui suit, les variables de non-induction seront notées par des variables primées pour les distinguer des autres variables.

2.2.1 Les règles de simplification

Nous définissons les règles de simplification permettant d'éliminer un atome dans une formule.

Définition 2.9

$$\frac{\pi \;:\; \Delta,\ A\ \Leftarrow\ \Gamma,\ B}{\pi' :\ \Delta\sigma\ \Leftarrow\ \Gamma,\ B}\ (SIMP\_L)$$

σ est une substitution $\{X_i/t_i\}$ telle que $A\sigma = B$, et σ substitue seulement les variables X_i existentielles. Cette règle permet de simplifier un atome dans la partie conclusion d'une formule. Elle est valide, mais elle n'est généralement pas conservative. Cependant, si A est fonctionnel alors cette règle $SIMP\_L$ devient conservative. Nous définissons une règle permettant d'éliminer un atome dans la partie hypothèse d'une formule implicative.

$$\frac{\pi \;:\; \Delta\ \Leftarrow\ \Gamma,\ A}{\pi' :\ \Delta\ \Leftarrow\ \Gamma}\ (SIMP\_R)$$

Cette règle est valide, mais n'est généralement pas conservative. Cependant, si A est déconnecté par rapport à l'un de ses arguments (c'est à dire que A contient une variable x n'apparaissant nulle part ailleurs dans la formule) et $\exists x\ A(x) \Leftarrow \Gamma$, alors la règle $SIMP\_R$ est conservative.
Nous avons $S' = (S \setminus \{\pi\}) \cup \{\pi'\}$.

[1] *Fribourg et al. ont considéré un cas particulier de cette règle [10]*

2.2.2 Les règles de dépliages

Définition 2.10 (Dépliage droit ou NFI)

$$\frac{\pi \ : \ \Gamma \ \Leftarrow \ \Delta, A}{\{ \ \pi_i \ : \ (\Gamma \ \Leftarrow \ \Delta, \Delta_i)\theta_i, \ i \in [1, \ldots, k]\}} \ (NFI)$$

$E = \{c_1, \ldots, c_k\}$ est l'ensemble des clauses du programme P telles que c_i : $B_i \Leftarrow \Delta_i$ et il existe $\theta_i = pgu(B_i, A)$. Si $E = \emptyset$, alors nous générons la formule $\Gamma \ \Leftarrow \ false$, que nous pouvons réduire à true. Nous avons $S' = (S \setminus \{\pi\}) \cup \{ \ \pi_i \ , \ i \in [1, \ldots, k]\}$.

Les nouvelles variables introduites sont traitées comme des variables universelles et θ_i peut être un pgu quelconque. Cette règle est définie dans [12], sous l'appellation de "Negation Failure Inference", dans la suite nous l'appelerons aussi dépliage droit, car cette règle peut aussi être vue comme le dépliage défini dans [7] pour les clauses de Horn. Cette règle est conservative. Notons que pour prouver π il est nécessaire de prouver toutes les formules π_i.

Par exemple, supposons que le prédicat *plus* est défini par le programme suivant:

$plus(0, x, x) \Leftarrow .$ $\qquad$ $plus(s(x), y, s(t)) \Leftarrow plus(x, y, t).$

et que nous appliquons la règle NFI dans la formule v+u = u+v, qui s'écrit en calcul de prédicats par : $\pi \ : \ plus(v, u, z) \Leftarrow plus(u, v, z)$

par rapport à l'atome $plus(u, v, z)$. En dépliant avec le cas de base de *plus*, on a θ_1= {u/0,v/z} et on obtient : $\pi_1 \ : \ plus(z, 0, z) \Leftarrow .$

et avec le cas récursif de *plus*, on a $\theta_2 = \{u/s(x), v/y, z/s(t)\}$ et on obtient :

$\pi_2 \ : \ plus(y, s(x), s(t)) \Leftarrow plus(x, y, t)$

Il faut montrer par la suite que π_1 et π_2 son valides.

Définition 2.11 (Dépliage gauche ou DCI)

$$\frac{\pi \ : \ \Gamma, A \ \Leftarrow \ \Delta}{\{\pi_i \ : \ (\Gamma, \ \Delta_i)\theta_i \Leftarrow \ \Delta, \ i \in [1, \ldots, k]\}} \ (DCI)$$

$E = \{c_1, \ldots, c_k\}$ est l'ensemble des clauses du programme P telles que c_i : $B_i \Leftarrow \Delta_i$ et telles qu'il existe $\theta_i = pgu(B_i, A)$, où les θ_i sont des pgu existentiels (c'est à dire que la règle DCI ne doit pas modifier les variables universelles). Elle n'est donc applicable que si les variables universelles sont suffisamment instanciées. Nous avons $S' = (S \setminus \{\pi\}) \cup \{ \ \pi_{i_0}\}$ pour un $i_0 \in [1, \ldots, k]$.

Pour prouver la formule initiale π, il est suffisant de prouver une des formules π_i générées par le dépliage gauche. Dans [12], cette règle est appelée "Definite Clause Inference" ou DCI. Cette règle est valide, mais n'est pas en général conservative.

Par exemple on peut appliquer une DCI sur l'atome $plus(s(u), v, Z)$ dans la formule :

$\pi \ : \ plus(s(u), v, Z) \Leftarrow .$

avec la substitution θ={Z/s(Z)}, on obtient : $\qquad \pi' \ : \ plus(u, v, Z) \Leftarrow .$

Il est impossible de déplier π avec le cas de base *plus*, car s(u) ne peut être unifier avec 0.

2.2.3 Application de propriétés ou lemmes

Les applications de propriétés dans les formules permettent de remplacer des conjonctions d'atomes par d'autres conjonctions d'atomes équivalentes. Pour effectuer ces remplacements nous considérons donc des formules de la forme $\Lambda \ \Leftarrow \ \Pi$, telles que $\Lambda \ \Leftarrow \ \Pi$ et $\Pi \ \Leftarrow \ \Lambda$ soient des propriétés du programme donné.

Définition 2.12 (Application de propriété à gauche)

L'application de $\Lambda \ \Leftarrow \ \Pi$ dans une formule π s'exprime par la règle suivante :

$$\frac{\pi \ : \ \Gamma_1, \ \Gamma_2 \ \Leftarrow \ \Delta}{\pi' \ : \ \Pi\theta, \Gamma_2 \Leftarrow \Delta} \ (PROP\_L)$$

où les conditions suivantes sont vérifiées :

- *θ est une substitution telle que $\Lambda\theta = \Gamma_1$*
- *pour toute variable x interne de Λ, $x\theta$ est une variable et n'a pas d'occurrence ailleurs que dans $\Lambda\theta$.*
- *θ substitue les différentes variables internes de Λ par différentes variables internes de Γ_1.*

Les nouvelles variables universelles (resp. existentielles) introduites sont traitées comme des variables existentielles (resp. universelles). Par exemple, supposons que nous avons la propriété (P) qui exprime la commutativité de "plus": (P): $plus(x, y, t) \Leftarrow plus(y, x, t)$
L'application de (P) dans la formule π_1 ci-dessus avec la substitution θ={x/z,y/0,t/z} (noter que $plus(x, y, t)\theta = plus(z, 0, z)$) génère la formule:
$plus(0, z, z) \Leftarrow .$
qui se simplifie à une formule triviale en appliquant une DCI.

3 Description de la méthode

Définition 3.1

- *Nous dirons que les conjonctions d'atomes Γ_1 et Γ_2 constituent deux blocs d'atomes si et seulement si elles ne partagent pas de variables existentielles.*
- *Nous dirons que la preuve d'une formule ϕ est dans une situation de blocage si et seulement si la règle DCI n'est pas applicable car les variables universelles ne sont pas suffisamment instanciées, les règles de simplification ne sont pas aussi applicables, et l'application de la règle NFI génère des formules plus difficiles à prouver. La formule ϕ est alors appelée formule bloquée.*

Par exemple, la formule: $\underbrace{app(x, y, Z)\ app(Z, [a], t)}_{\Gamma_1}\ \underbrace{app(y, [a|x], u)}_{\Gamma_2} \Leftarrow app(x, y', t)\ app(y', x, u)$
est une formule bloquée, et Γ_1 et Γ_2 constituent des blocs d'atomes. $app(x, y, z)$ signifie que la liste z est la concaténation des listes x et y.

3.1 Lemmes de simplification

Soit ϕ une formule bloquée de la forme: $\Gamma_1(\overline{x}, Z_1),\ \Gamma_2(\overline{x}, Z_2) \Leftarrow \Delta_1(\overline{x}, y'),\ \Delta_2(\overline{x}, y')$
où $\overline{x}$ est un vecteur des variables universelles dans ϕ, et Γ_1 *et* Γ_2 sont deux blocs d'atomes. Soit $I(\overline{x})$ un schéma d'instanciation de la variable de non-induction y'. Pour des raisons de simplicité, nous supposons que nous avons une seule variable de non-induction. Pour prouver ϕ, il est souvent utile d'utiliser des lemmes auxiliaires de la forme :
$L1:\ \Gamma_1(\overline{x}, Z_1) \Leftarrow \Delta_1(\overline{x}, I(\overline{x})),$
$L2:\ \Gamma_2(\overline{x}, Z_2) \Leftarrow \Delta_2(\overline{x}, I(\overline{x}))$
Notons que $L1$ et $L2$ correspondent chacun à une sous-formule dans ϕ, donc si les lemmes $L1$ et $L2$ sont valides alors ϕ est aussi valide. En effet, nous pouvons réutiliser ces lemmes pour simplifier ϕ, par exemple en appliquant la règle $PROP\_L$ dans la conclusion de ϕ en uilisant $L1$, et nous obtenons la formule: $\Delta_1(\overline{x}, I(\overline{x})),\ \Gamma_2(\overline{x}, Z_2) \Leftarrow \Delta_1(\overline{x}, I(\overline{x})),\ \Delta_2(\overline{x}, I(\overline{x}))$
Ensuite, nous simplifions les atomes Δ_1 en appliquant les règles de simplification $SIMP\_L$ et $SIMP\_R$, et nous obtenons la formule : $\Gamma_2(\overline{x}, Z_2) \Leftarrow \Delta_2(\overline{x}, I(\overline{x}))$
Cette formule n'est rien d'autre que le lemme $L2$, ce qui achève la preuve de la formule ϕ. Nous

présentons une méthode pour générer automatiquement les lemmes $L1$ et $L2$. La méthode consiste à :

1. prouver l'une des formes génériques :
   $L1_G : \Gamma_1(\overline{x}, Z_1) \Leftarrow \Delta_1(\overline{x}, y')$,
   $L2_G : \Gamma_2(\overline{x}, Z_2) \Leftarrow \Delta_2(\overline{x}, y')$
2. extraire de cette preuve un schéma d'instanciation $I(\overline{x})$ de y',
3. remplacer y' par sa valeur dans $L1_G$ et $L2_G$ pour obtenir $L1$ et $L2$, et
4. vérifier la cohérence des lemmes $L1$ et $L2$.

En fait, l'idée consiste à transformer la conclusion de la formule bloquée sous forme de blocs d'atomes et appliquer la règle de décomposition.

3.2 Exemple

Pour illustrer notre méthode, considérons la formule $rotate(len(x), app(x, y)) = app(y, x)$, qui s'écrit en calcul de prédicats par : $app(x, y, Z)len(x, N)rotate(N, Z, u) \Leftarrow app(y, x, u)$. où $rotate(n, x, y)$ signifie que y est obtenue en effectuant une rotation de n éléments de la liste x, et le prédicat len retourne la longueur d'une liste. Pour pouvoir appliquer la règle d'induction structurelle, nous allons faire un transfert fonctionnel de l'hypothèse vers la conclusion et nous obtenons :

$(C1)\ app(x, y, Z)len(x, N)rotate(N, Z, W)app(y, x, W) \Leftarrow .$

Les prédicats app, $rotate$ et len sont définis par le programme pgm suivant :

$app([], x, x) \Leftarrow .$	$app([a\|x], y, [a\|z]) \Leftarrow app(x, y, z)$
$len([], 0) \Leftarrow .$	$len([a\|x], s(n)) \Leftarrow len(x, n)$
$rotate(0, x, x) \Leftarrow .$	$rotate(s(n), [a\|x], y) \Leftarrow app(x, [a], z)\ rotate(n, z, y)$

Admettons que les prédicats app et $rotate$ ont comme mode (in, in, out). Nous commençons par appliquer la règle d'induction structurelle dans la formule (C1), pour faire cela il faut choisir la variable d'induction. Si y est choisie comme variable d'induction, le dépliage à gauche du deuxième atome de app va modifier la variable existentielle W, or W n'est pas en position d'induction dans l'atome $rotate$, ce qui peut conduire à une situation de blocage. Pour éviter ce problème, nous allons faire une induction sur la variable x. La variable y sera donc remplacée par une variable de non-induction y' dans la partie hypothèse du cas récursif. Le cas de base est: $app(y, [], y) \Leftarrow$, qui peut être facilement prouvée en effectuant une induction sur y. Le cas récursif donne :

$$app([a|x], y, Z)len([a|x], N)rotate(N, Z, W)app(y, [a|x], W) \Leftarrow$$
$$app(x, y', t)len(x, n)rotate(n, t, u)app(y', x, u)$$

Après quelques applications de la règle DCI on obtient la formule :

$$app(x, y, Z)len(x, N)app(Z, [a], U)rotate(N, U, W)app(y, [a|x], W) \Leftarrow$$
$$app(x, y', t)len(x, n)rotate(n, t, u)app(y', x, u)$$

Dans les prouveurs de théorèmes tels que NQTHM [11], RRL[8], une hypothèse d'induction est générée en instanciant y' par y. Même si y' est instanciée par une autre valeur autre que y, l'hypothèse d'induction n'est pas applicable à moins qu'on applique un lemme, dans ce cas il s'agit de l'associativité de app appliquée à la conclusion. Dans notre cas, nous allons générer ce lemme d'une manière automatique. Dans la formule ci-dessus nous pouvons encore appliquer les règles de simplification avec les substitutions existentielles {N/n,U/t,W/u} et nous obtenons la formule :

$$\underbrace{app(x, y, Z)\ app(Z, [a], \hat{t})}_{\Gamma_1}\ \underbrace{app(y, [a|x], \hat{u})}_{\Gamma_2} \Leftarrow \underbrace{app(x, y', \hat{t})}_{\Delta_1}\ \underbrace{app(y', x, \hat{u})}_{\Delta_2} \qquad (1)$$

Où t et u sont les variables produites. À ce point, la preuve de la formule (1) est bloquée, et (1) est non conforme car y' apparaît dans une position entrée mais n'apparaît pas dans une position sortie dans le membre droit de la formule (1). Dans cette formule nous avons deux blocs Γ_1 et Γ_2. Le but est maintenant de trouver un bon schéma d'instanciation de la variable de non-induction y' de sorte que (1) soit valide dans le plus petit modèle de Herbrand du programme pgm. Nous appliquons alors la règle de décomposition $DECOMP$, puisque Γ_1 et Γ_2 ne partagent pas de variable existentielle, et nous obtenons deux sous-formules :

$$\underbrace{app(x,y,Z)\ app(Z,[a],\hat{t})}_{\Gamma_1} \Leftarrow \underbrace{app(x,y',\hat{t})}_{\Delta_1}\ \underbrace{app(y',x,\hat{u})}_{\Delta_2} \qquad (1.1)$$

$$\underbrace{app(y,[a|x],\hat{u})}_{\Gamma_2} \Leftarrow \underbrace{app(x,y',\hat{t})}_{\Delta_1}\ \underbrace{app(y',x,\hat{u})}_{\Delta_2} \qquad (1.2)$$

Δ_2 (resp. Δ_1) est déconnecté dans (1.1) (resp. (1.2)) par rapport à u (resp. t). La règle de simplification des atomes déconnectés $SIMP\_R$ est alors appliquée et génère deux sous-formules :

$$app(x,y,Z)app(Z,[a],\hat{t}) \Leftarrow app(x,y',\hat{t}) \qquad (2)$$

$$app(y,[a|x],\hat{u}) \Leftarrow app(y',x,\hat{u}) \qquad (3)$$

L'étape suivante consiste à déplier l'une des formules (2) et (3) en utilisant le cas de base de la définition du prédicat *app* afin de trouver un schéma d'instanciation pour y'. Pour chaque variable de non-induction, un schéma d'instanciation doit être généré en appliquant les règles de dépliage et de simplification. Ce schéma peut être obtenu en utilisant seulement le cas de base. En effet, le cas récursif ne permet pas de trouver un schéma, mais plutôt de montrer que la sous-formule est valide ou non. Par exemple, si nous appliquons une NFI dans (2) en utilisant le cas récursif de *app*, nous obtenons :

$$app([b|x],y,Z)app(Z,[a],[b|\hat{t}]) \Leftarrow app(x,y',\hat{t})$$

puis nous appliquons deux DCI's, nous retrouvons la même formule (2). Dans notre système de preuves [4], nous appliquons l'hypothèse d'induction et nous obtenons une formule triviale, or ce qui nous intéresse à ce niveau ce n'est pas de montrer que la formule (2) est valide, mais de trouver un schéma pour y'. Il est donc nécessaire d'instancier certaines variables d'induction par des termes clos, et une bonne heuristique consiste à utiliser les cas de base. Pour notre exemple, la seule variable de non-induction est y'. Nous pouvons appliquer la règle NFI dans la formule (2) suivie d'une DCI en tenant compte seulement du cas de base du prédicat *app* et nous obtenons une clause unitaire :

$$app(y,[a],\hat{y}') \Leftarrow . \qquad (4)$$

Il est à noter que nous ne pouvons pas déplier la formule (3) puisque y' est en position d'induction. Ceci est tout à fait logique car y' ne peut être une liste vide. La formule (4) signifie que $I(x,y,a,t,u) = app(y,[a],y')$ est le schéma d'instanciation de y'. En remplaçant y' par sa valeur dans les formules (2) et (3), nous obtenons deux lemmes de simplification pour (1) :

$L2.$ $app(x,y,Z)app(Z,[a],t) \Leftarrow app(y,[a],n)app(x,n,t)$

$L3.$ $app(y,[a|x],u) \Leftarrow app(y,[a],n)app(n,x,u)$

La formule $L2$ peut être en plus généralisée par l'abstraction du sous terme commun [a] par une variable quelconque r, et nous retrouvons bien l'associativité de app. Il faut par la suite vérifier la cohérence des lemmes $L2$ et $L3$. S'ils sont valides alors la formule initiale (C1) est aussi valide. Les lemmes $L2$ et $L3$ peuvent être facilement prouvés en utilisant les stratégies guidées par les règles de pliage [4]. Puisque les formules $L2$ et $L3$ sont valides alors la formule (1) est aussi valide. Nous pouvons vérifier facilement que (1) est valide en ajoutant $app(y,[a],y')$ dans la partie hypothèse de (1) et en utilisant les lemmes $L2$ et $L3$. En effet, si nous ajoutons l'atome $app(y,[a],y')$ dans la partie hypothèse de la formule (1) nous obtenons :

$$app(x,y,Z)app(Z,[a],t)app(y,[a|x],u) \Leftarrow app(y,[a],z)app(x,z,t)app(z,x,u) \qquad (1')$$

La formule (1') est une formule conforme. Nous appliquons la règle $PROP\_L$ dans la conclusion de

(1') en appliquant le lemme $L2$ et nous obtenons :

$$app(y,[a],T)app(x,T,t)app(y,[a|x],u) \Leftarrow app(y,[a],z)app(x,z,t)app(z,x,u)$$

Nous appliquons ensuite les règles de simplification avec la substitution $\{T/z\}$:

$$app(y,[a|x],u) \Leftarrow app(y,[a],z)app(z,x,u)$$

La formule ci-dessus n'est rien d'autre que le lemme $L3$. Donc la formule (C1) est valide.

4 Découverte de lemmes

4.1 Schéma d'instanciation

L'idée de base exploitée dans l'approche que nous proposons consiste à utiliser les variables de non-induction pour débloquer les preuves. A chaque fois que la preuve d'une formule ϕ est bloquée, parce que les hypothèses d'induction sont inaplicables, des formules intermédiaires ϕ_i, $1 \leq i \leq n$, doivent être générées sous forme de lemmes. La génération des formules intermédiaires est guidée par la recherche des instanciations appropriées des variables de non-induction (s'il en existe) dans le corps de la formule : Etant donné une formule ϕ de la forme $\Gamma(\overline{x}, Y) \Leftarrow \Delta(\overline{x}, y')$ où y' est une variable de non-induction; nous appellons schéma d'instanciation de y' tout atome (ou conjonction d'atomes) de la forme $\Lambda(\overline{x}, y')$ (qui est égale à $app(y,[a],y')$ dans l'exemple précédent) telle que $\Gamma(\overline{x}, Y) \Leftarrow \Lambda(\overline{x}, y'), \Delta(\overline{x}, y')$ soit une formule conforme valide dans le plus petit modèle de Herbrand de l'ensemble des axiomes. Dans le cas où la formule initiale n'a pas de variable de non-induction, on l'introduit en effectuant une généralisation.

4.2 Procédure de génération de lemmes

Soient ϕ une formule bloquée de la forme : $\Gamma_1, ..., \Gamma_n \Leftarrow \Delta$, telles que les Γ_i sont des blocs d'atomes et Δ contient au moins une variable de non-induction. Cette procédure génère un ensemble F de formules intermédiaires, appelées lemmes de simplification, qui est obtenu par l'algorithme ci-dessous :

1. Décomposition de la conclusion de ϕ par l'application de la règle $DECOMP$:

   $$F = \{\ \Gamma_1 \Leftarrow \Delta,\ ...,\ \Gamma_n \Leftarrow \Delta\ \}$$

   simplifier tous les atomes déconnectés dans les formules de F (s'il en existe),

2. Tant qu'il existe une variable de non-induction non encore instanciée, faire

   (a). Choisir une sous-formule F_i, $i = 1, ..., n$, dans F contenant une variable de non-induction non instanciée,

   (b). Appliquer les règles NFI, DCI et simplification dans la sous-formule choisie, en utilisant les cas de base des définitions des prédicats, jusqu'à ce que la variable de non-induction soit instanciée (ou l'obtention d'une clause unitaire). La clause unitaire doit contenir la variable de non-induction puisque notre objectif est de trouver un schéma d'instanciation pour cette variable,

3. Génération de lemmes
   Remplacer les variables de non-induction par leurs valeurs respectives dans F et dans ϕ.

F contient l'ensemble des lemmes générés.

Remarque 4.1

L'analyse statique des sous-formules dans F montre qu'il faut déplier une sous-formule dans laquelle la méta-variable n'est pas en position d'induction (s'il en existe). En effet, puisqu'elle est fonction de toutes les autres variables universelles, la méta-variable ne peut être en général une constante; donc l'étape 2.b de la procédure de génération de lemmes ne doit pas toucher les méta-variables non instanciées. Dans le cas où la méta-variable est partout en position d'induction, nous utilisons les propriétés des prédicats pour générer le schéma d'instanciation.

Lemme 4.1
Soit ϕ une formule de la forme: $\Gamma_1(\hat{x}), \Gamma_2(\hat{y}) \Leftarrow \Delta_1(\hat{x}), \Delta_2(\hat{y})$. *Si les conditions suivantes :*

(i) Γ_1 *et* Γ_2 *ne partagent pas de variable existentielle,*

(ii) Il n'existe pas de relation de dépendance entre Δ_1 *et* Δ_2*,*

sont satisfaites alors la formule ϕ *peut être décomposée en* $\phi_1 : \Gamma_1(\hat{x}) \Leftarrow \Delta_1(\hat{x})$*, et* $\phi_2 : \Gamma_2(\hat{y}) \Leftarrow \Delta_2(\hat{y})$.

Ce lemme est une conséquence immédiate de l'application de la règle de décomposition $DECOMP$ et de la simplification des atomes déconnectés. L'approche décrite ici marche également dans le cas où nous avons plusieurs variables de non-induction comme le montre l'exemple suivant.

Exemple 4.1
Considérons la formule $m * n + (u + v) = u + (m * n + v)$, qui s'écrit en calcul de prédicats par :

(C2) $plus(u, v, Z)qm(m, n, Z, W)qm(m, n, v, Y)plus(u, Y, W) \Leftarrow .$

où $qm(x, y, z, t)$ signifie que $t = x * y + z$. Le prédicat qm est défini par les deux clauses :

$qm(x, 0, y, y) \Leftarrow .$ $\qquad qm(x, s(y), z, w) \Leftarrow plus(x, z, t)qm(x, y, t, w)$

Le prédicat $plus$ est défini comme précédement dans la définition de NFI.
Pour prouver (C2), nous commençons par appliquer une induction sur la variable n, toutes les autres variables universelles sont alors considérées comme des variables de non-induction dans la partie hypothèse du cas récursif. Le cas de base nous donne une formule triviale et le cas récursif est :

$$plus(u, v, Z)qm(m, s(n), Z, W)qm(m, s(n), v, Y)plus(u, Y, W) \Leftarrow$$
$$\text{plus(u',v',z)qm(m',n,z,w)qm(m',n,v',y) plus(u',y,w)}$$

On applique ensuite deux DCI's sur les prédicats "qm" et on obtient :

$$plus(u, v, Z)plus(m, Z, T)qm(m, n, T, w)plus(m, v, N)qm(m, n, N, Y)plus(u, Y, w)$$
$$\Leftarrow plus(u', v', z)qm(m', n, z, w)qm(m', n, v', y)plus(u', y, w)$$

Certaines variables de non-induction et existentielles peuvent être instanciées en utilisant les substitutions $\{u'/u, m'/m, T/z, Y/y, W/w\}$, et les règles de simplification s'appliquent et génèrent :

$$\underbrace{plus(u, v, Z)plus(m, Z, \hat{z})}_{\Gamma_1} \ \underbrace{plus(m, v, N)qm(m, n, N, \hat{y})}_{\Gamma_2} \Leftarrow \underbrace{plus(u, v', \hat{z})}_{\Delta_1} \ \underbrace{qm(m, n, v', \hat{y})}_{\Delta_2} \qquad (1)$$

Γ_1 et Γ_2 forment deux blocs d'atomes, et (1) est une formule bloquée et est non conforme car v' n'apparaît qu'en position entrée. En appliquant le lemme 4.1 dans (1), nous obtenons :

$$plus(u, v, Z)plus(m, Z, z) \Leftarrow plus(u, v', z) \qquad (2)$$
$$plus(m, v, N)qm(m, n, N, y) \Leftarrow qm(m, n, v', y) \qquad (3)$$

La seule variable de non-induction non encore instanciée est v'. Nous appliquons la règle NFI dans la formule (2) et puis une DCI en utilisant le cas de base du prédicat "$plus$", et nous obtenons une clause unitaire : $plus(m, v, v') \Leftarrow .$ $\qquad$ (4)

On pourrait appliquer également une NFI suivie d'une DCI avec le cas de base du prédicat "qm" dans la formule (3) et nous obtenons la même formule (4). $plus(m, v, v')$ est un schéma d'instanciation de v'. En remplaçant v' par sa valeur dans (2) et (3), nous obtenons les lemmes suivants :

$L2.$ $plus(u, v, Z)plus(m, Z, z) \Leftarrow plus(m, v, r)plus(u, r, z)$

$L3.$ $plus(m, v, N)qm(m, n, N, y) \Leftarrow plus(m, v, r)qm(m, n, r, y)$

On voit facilement que le lemme $L3$ est trivial avec la substitution $\{N/r\}$. Le lemme $L2$ peut être également prouvé facilement en effectuant une induction sur la variable u.

Dans les exemples précédents, les conclusions sont facilement transformées en blocs d'atomes et donc la règle de décomposition est applicable. Nous allons voir dans l'exemple ci-dessous que l'application de la règle $DECOMP$ n'est pas évidente.

Exemple 4.2

Considérons la formule $reverse(app(x,y)) = app(reverse(y), reverse(x))$, qui s'écrit en calcul de prédicats par : $(C3)$ $app(x,y,T)reverse(T,W)\ reverse(y,Y)reverse(x,X)app(Y,X,W) \Leftarrow .$

et le prédicat $reverse$ est défini comme suit :

$$reverse([],[]) \Leftarrow . \qquad reverse([a|x],y) \Leftarrow reverse(x,z)app(z,[a],y)$$

Nous appliquons une induction sur x, nous allons nous intéresser uniquement au cas récursif qui est :

$$app([a|x],y,T)reverse(T,W)\ reverse(y,Y)reverse([a|x],X)app(Y,X,W) \Leftarrow$$
$$app(x,y',t)reverse(t,w)\ reverse(y',u)reverse(x,v)app(u,v,w)$$

Nous appliquons ensuite la règle DCI plusieurs fois et nous obtenons :

$$app(x,y,T)reverse(T,H)app(H,[a],W)\ reverse(y,Y)reverse(x,L)app(L,[a],X)app(Y,X,W) \Leftarrow$$
$$app(x,y',t)reverse(t,w)\ reverse(y',u)reverse(x,v)app(u,v,w)$$

Pour transformer la conclusion en blocs d'atomes, il suffit d'instancier la variable existentielle W, mais cette substitution n'est pas triviale. Nous allons donc instancier les autres variables existentielles. Les règles de simplification sont applicables avec les substitutions $\{T/t, H/w, Y/u, L/v\}$ et on obtient :

$$app(x,y,t)app(w,[a],W)reverse(y,u)\ app(v,[a],X)app(u,X,W) \Leftarrow$$
$$app(x,y',t)reverse(y',u)app(u,v,w)$$

On voit facilement que y'=y et on peut appliquer les règles de simplification :

$$app(w,[a],W)\ app(v,[a],X)app(u,X,W) \Leftarrow app(u,v,w)$$

Puisque app est un prédicat fonctionnel, on peut transférer l'atome $app(w,[a],W)$ vers la droite et généraliser le terme commun [a] par n comme suit :

$$app(v,n,X)\ app(u,X,r) \Leftarrow app(u,v,w)\ app(w,n,r)$$

et on obtient un lemme (l'associativité de app) que l'on sait prouver facilement.

Exemple 4.3 (Exemple de généralisation)

Soit à démontrer la formule $reverse(qrev(x,[])) = x$, où $qrev$ est le $reverse$ récursif terminal. Cette formule s'écrit en calcul de prédicats par : (C4) $reverse(y,x) \Leftarrow qrev(x,[],y)$

et le prédicat $qrev$ est défini comme suit :

$$qrev([],x,x) \Leftarrow . \qquad qrev([a|x],y,z) \Leftarrow qrev(x,[a|y],z)$$

Nous appliquons une stratégie guidée par les règles de pliages [4] dans (C4). Nous déplions alors, par la règle NFI, l'atome "$qrev$", le cas de base donne une formule triviale, et le cas récursif est :

$reverse(y,[a|x]) \Leftarrow qrev(x,[a],y)$ (0)

L'hypothèse d'induction (C4) ne peut être appliquée dans (0). De même la DCI n'est pas applicable car la variable universelle y dans $reverse(y,[a|x])$ n'est pas suffisamment instanciée, et l'application successive de la règle NFI génère des formules plus compliquées car le deuxième argument de $qrev$ est un accumulateur. Pour pallier ce problème nous devons généraliser la formule initiale en ajoutant un nouveau prédicat "$newp$" dans la partie hypothèse :

$$qrev(x,z,U)reverse(U,v) \Leftarrow newp(x,z,v)$$

ou notée simplement par : (GC4) $qrev(x,z,U)rev(U,V)newp(x,z,V) \Leftarrow .$

Pour prouver (GC4) il suffit de synthétiser le programme qui définit le nouveau prédicat $newp$. Pour faire cela, nous appliquons d'abord une induction sur x. Le cas de base est :

$$qrev([],z,z)rev(z,V)newp([],z,V) \Leftarrow \qquad (1)$$

Nous déplions l'atome $qrev$ et nous obtenons :

$reverse(z, V)\ newp([], z, V) \Leftarrow$ (2)

puis nous effectuons un transfert fonctionnel de *reverse* et nous obtenons le cas de base de la définition de *newp*: $newp([], z, v) \Leftarrow reverse(z, v)$ (3)

et le cas récursif est :

$$qrev([a|x], z, U)rev(U, V)newp([a|x], z, V) \Leftarrow qrev(x, z', u)rev(u, v)newp(x, z', v) \quad (4)$$

On applique ensuite la règle DCI sur l'atome *qrev*:

$$qrev(x, [a|z], U)reverse(U, V)newp([a|x], z, V) \Leftarrow qrev(x, z', u)reverse(u, v)newp(x, z', v) \quad (5)$$

On peut appliquer les règles de simplification $SIMP\_L$ et $SIMP\_R$ avec les substitutions $\{z'/[a|z], U/u, V/v\}$ et on obtient le cas récursif de la définition de *newp* :

$$newp([a|x], z, v) \Leftarrow newp(x, [a|z], v) \quad (6)$$

On a alors synthétisé le programme (les clauses de Horn (3) et (6)) qui définit le prédicat *newp*. La formule (GC4) est valide dans le plus petit modèle de Herbrand du programme qui définit les atomes *qrev*, *reverse* et *newp*, et on a bien (GC4)⇒ (C4). Le programme *newp* termine car il est décroissant par rapport au premier argument de *newp*. $newp(x, y, z)$ signifie que la liste z=app(reverse(y),x).

5 Comparaisons

Dans [2] et [9] des approches pour la génération de lemmes intermédiaires et la découverte de formes généralisées de formules pour analyser les échecs sont proposées en utilisant une heuristique appelée *rippling* [1]. Les variables de non-induction (appelées *sinks*) dans une formule sont aussi exploitées dans ces approches. Dans *rippling*, les termes communs à l'hypothèse et la conclusion sont appelés *squelette*. Des annotations appelées *wave fronts* sont utilisées pour marquer les différences entre l'hypothèse et la conclusion. Des annotations similaires sont associées aux règles de réécriture représentant les définitions et les lemmes. Les lemmes intermédiaires sont générés sous forme d'équations annotées. La structure du terme manquant est incrémentalement générée en unifiant les termes avec des méta-variables du second ordre après chaque étape de simplification. Les approches utilisent une unification d'ordre supérieur et l'opération est coûteuse. Ces approches sont implémentées dans le démonstrateur de théorèmes Oyster et ont été utilisées conjointement avec CLAM.

Walsh propose une autre approche basée également sur le *rippling* appelée *critique* [13]. Cette approche détecte les divergences dans les preuves par induction. L'approche *critique* est implémentée dans SPIKE et détecte les termes qui divergent dans des sous-formules d'inductions successives. Les lemmes manquants sont générés en utilisant une heuristique sous forme de règles de réécriture qui permettent d'éliminer la divergence. La génération de lemmes est simplement basée sur l'analyse de la preuve et n'exploite pas la structure des règles de réécriture. Un autre inconvénient de cette approche est qu'elle identifie des *patterns* comme divergents alors qu'ils ne le sont pas.

L'approche proposée par Kapur et al. [6] , est au contraire guidée par des heuristiques pour unifier l'hypothèse et la conclusion. Cette approche est implémentée dans RRL et ne nécessite pas d'annotations à associer aux règles de réécriture. Un ensemble d'équations appelées équations de différence est identifié. En décomposant les équations de différence et en utilisant les définitions et les lemmes des prédicats apparaissant dans la formule, des instanciations pour les variables de non-induction sont ainsi générées. Un ensemble de formules intermédiaires est alors généré à partir des équations de différence en remplaçant les variables de non-induction par leurs valeurs respectives. Cette approche est restrictive. En effet, elle ne marche, en général, que dans le cas où les équations de différence sont de la forme $f(s_1, ..., s_n) = f(t_1, ..., t_n)$, c'est à dire que les deux membres de l'équation ont même symbole de fonction racine f. Dans ce cas simple, l'équation est valide ou bien parce que les arguments sont égaux ou bien pour une certaine propriété de f. Une autre limite de cette approche c'est que dans certains cas les cas de base et récursif génèrent des instances closes qui sont différentes et aucune solution n'a été proposée dans ce cas pour trouver le(s) schéma(s) d'instanciation.

Par exemple si nous considérons l'exemple 4.2 en utilisant l'approche de Kapur et al. L'hypothèse d'induction est : $reverse(app(x,y')) = app(reverse(y'), reverse(x))$
et la conclusion est : $reverse(app([a|x],y)) = app(reverse(y), reverse([a|x]))$
qui peut être réduite par des dépliages en :
$app(reverse(app(x,y)),[a]) = app(reverse(y), app(reverse(x),[a]))$
Les équations de différence sont, en remplaçant y' par I(x,y,a) :

1. $app(reverse(app(x,y)),[a]) = reverse(app(x, I(x,y,a)))$
2. $app(reverse(y), app(reverse(x),[a])) = app(reverse(I(x,y,a)), reverse(x))$

À partir de l'équation 1 et du cas de base de *app*, nous obtenons :
$$reverse(I([],y,a)) = app(reverse(y),[a]),$$
il est impossible d'isoler I([],y,a) de l'atome *reverse*, et le cas récursif de *app* donne une autre instance close : $app(reverse(I([b],y,a)),[b]) = app(app(reverse(y),[b]),[a])$

Cette équation est différente de celle obtenue à partir du cas de base et elle est sémantiquement fausse, donc la procédure de *spéculation* [6] de lemmes échoue. Pour des raisons similaires, la procédure échoue également en essayant de prouver les formules
$len(app(x,y)) = len(app(y,x))$ et $plus(len(x), len(y)) = len(app(y,x))$.

L'approche que nous proposons est guidée par des heuristiques pour rapprocher l'hypothèse et la conclusion en se basant sur des lemmes de simplification. Chaque lemme généré correspond à une sous formule du théorème à prouver. Notre approche évite les unifications d'ordre supérieur et ne nécessite pas d'annotations comme dans l'approche *rippling*. Nous n'avons pas de contraintes sur les prédicats ou leurs arguments. En effet, nous avons des règles de preuves qui sont valides que nous utilisons pour montrer que les formules sont valides. Le cas de base génère une instance close et le cas récursif se réduit à une formule triviale. Lorsque le cas récursif est réduit à une formule fausse, alors c'est un échec et dans ce cas nous ne pouvons rien dire car la règle $DECOMP$ n'est pas conservative. Notre approche échoue également si une boucle est détectée, c'est à dire que la décomposition nous ramène sur la formule de départ. Ce cas arrive dans le cas de la synthèse de programmes : si nous avons une séquence de preuves de la forme $\phi \to \phi_g \to \{\phi_1, ..., \phi_n\}$, telles que ϕ_g est obtenue à partir de ϕ par généralisation, suivie de l'application de quelques règles de preuves et les formules $\phi_i s$ sont obtenues à partir de ϕ_g par l'application de la règle de décomposition. S'il existe i tel que $\phi_i \equiv \phi$ alors la preuve boucle, et dans ce cas nous ne pouvons rien dire sur la validité de ϕ. Ceci pourrait être dû aux problèmes de généralisation. Par exemple, notre méthode échoue en prouvant la formule
$app(l,[a],X)\ rotate(n, X, [a|l]) \Leftarrow rotate(n,l,l)$ par généralisation et synthèse.

6 Conclusion

Nous avons présenté une méthode pour la génération automatique de lemmes de simplification qui sont utiles pour la preuve des théorèmes inductifs. Chaque lemme généré a une structure de base qui coïncide avec une sous-formule du théorème à prouver. La génération de lemmes est guidée par la recherche des instanciations appropriées des variables de non-induction. La méthode proposée présente aussi l'avantage de la simplicité : en effet, les instanciations appropriées des variables de non-induction sont obtenues en utilisant les cas de base. Nous avons vu aussi que la méthode peut être utilisée pour la synthèse de programmes bien qu'il reste beaucoup de choses à faire sur ce plan. Nous avons pu également caractériser les formules bloquées par la notion de modes. Les premiers résultats expérimentaux sont encourageants. L'approche a été testée sur plusieurs théorèmes pris à partir de [1], [2], et a pu générer tous les lemmes pertinents.

References

[1] A. Bundy. *Handbook of Automated Reasoning*, chapter The Automation of Proof by Mathematical Induction. In A. Robinson and A. Voronkov, editors. Elseviers Science Publishers B. V. (North-Holland), 1999.

[2] A. Ireland and A. Bundy. Productive Use of Failure in Inductive Proof. *Journal of Automated Reasoning*, 16:79–111, 1996.

[3] A. Sakurai and H. Motoda. Proving Definite Clauses without Explicit Use of Inductions. In K. Furukawa, H. Tanaka, and T Fujisaki, editors, *Proceedings of the 7th Conference, Logic Programming '88*, volume 383 of *Lecture Notes in Artificial Intelligence*. Springer-Verlag, 1988.

[4] F. Alexandre, M. Demba and K. Bsaïes. Stratégies de preuves par récurrence basées sur le pliage et le dépliage. TR A01-R-284 LORIA Septembre 2001.

[5] D. Basin and T. Walsh. Difference matching. In D. Kapur, editor*Proceedings of CADE11*, volume 607 of LNAI,Springer-Verlag, 1992.

[6] D. Kapur and M. Subramaniam. Lemma discovery in Automating Induction. *Lecture Notes in Computer Science*, 1104: 538–552,1996.

[7] H. Tamaki and T. Sato. Unfold/Fold Transformation of Logic Programs. In *Proceedings of the 2nd International Logic Programming Conference*, Uppsala, 1984.

[8] H. Zhang, D. Kapur, and M.S. Krishnamoorthy. A mechanisable induction principle for equational specifications. In E. Lusk and R. Overbeek, editors, *Proceedings 9th International Conference on Automated Deduction, Argonne(Ill, USA)*, volume 310 of LNCS, pages 162–181. Springer-Verlag, 1988.

[9] J.T. Hesketh. Using middle out reasoning to guide inductive theorem proving. *Ph.d thesis. University of Edinburgh*, 1991.

[10] L. Fribourg and H.Olsén. A Unifying View of Structural Induction and Computation Induction for Logic Programs. In K. K. Lau and T. P. Clement, editors, *LOPSTR'92*, pages 46–60. Workshop in Computing, Springer, 1992.

[11] R.S. Boyer and J.S. Moore. A computational logic. ACM monographs *In computer science*, 1979.

[12] T. Kanamori and H. Seki. Verification of Prolog Programs Using an Extension of Execution. In *3rd International Conference on Logic Programming*, volume 225 of *Lecture Notes in Computer Science*, pages 475–489. Springer-Verlag, 1986.

[13] T. Walsh. A divergence critic. In A. Bundy,editor*Proceedings of CADE12*, volume 814 of LNAI,Springer-Verlag, 1994.

Réécriture de programmes C-- en équations logiques

Olivier Ponsini

Laboratoire I3S - UNSA - CNRS
2000, route des Lucioles, B.P. 121
06 903 Sophia Antipolis, FRANCE
ponsini@i3s.unice.fr

RÉSUMÉ. *Cet article présente un système pour transformer, de façon automatique, des programmes écrits en C--, un langage impératif simple, en un ensemble d'équations du premier ordre. Cet ensemble d'équations utilisé pour représenter un programme C-- a une signification mathématique précise et les techniques standards de mécanisation du raisonnement équationnel peuvent être déployées pour vérifier des propriétés des programmes. Le travail présenté montre que des programmes impératifs simples peuvent être vus comme des systèmes logiques totalement formalisés, dans lesquels il est possible de prouver des théorèmes. Le système lui-même est exprimé abstraitement par un ensemble de règles de réécriture du premier ordre.*

ABSTRACT. *This paper describes a system for automatically transforming programs written in a simple imperative language (called C--), into a set of first-order equations. This means that a set of first-order equations used to represent a C-- program already has a precise mathematical meaning; moreover, the standard techniques for mechanizing equational reasoning can be used for verifying properties of programs. This work shows that simple imperative programs can be seen as fully formalized logical systems, within which theorems can be proved. The system itself is formulated abstractly as a set of first-order rewrite rules.*

MOTS-CLÉS : *vérification de programme, réécriture, sémantique opérationnelle et équationnelle*

KEYWORDS: *Program Verification, Rewriting, Operational and Equational Semantics*

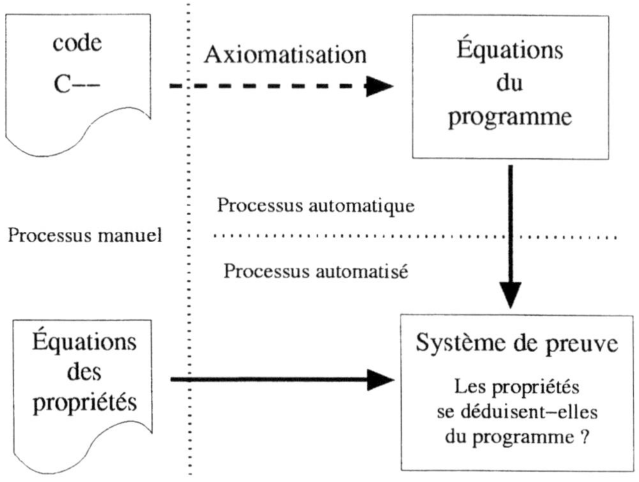

Figure 1. *Le processus de preuve.*

1. Introduction

La nécessité de pouvoir raisonner de façon rigoureuse et formelle sur les programmes informatiques est évidente. Afin d'accroître le niveau de confiance dans les programmes réalisés, il est important de s'efforcer de vérifier que les programmes sont valides vis-à-vis de leur spécification. Dans un article précédent, [FÉD 99], FÉDÈLE et KOUNALIS ont introduit un cadre théorique pour prouver de façon automatique des propriétés de programmes écrits en C--, un langage impératif simple. L'idée est de traduire le code source du programme en un ensemble d'équations du premier ordre exprimant la sémantique algébrique du programme. L'utilisation de la *logique équationnelle* a plusieurs avantages par rapport à d'autres logiques plus complexes :

– elle est très simple — logique de substitution de termes égaux ;

– de nombreux problèmes associés aux équations sont décidables dans cette logique ;

– il existe des algorithmes efficaces pour résoudre la plupart de ces problèmes.

Le schéma général de notre cadre de preuve est présenté dans la figure 1. Les utilisateurs écrivent le code C-- d'un programme ; ils donnent aussi la spécification du programme sous la forme d'un ensemble de propriétés exprimées en logique équationnelle. Le code source est alors transformé automatiquement par notre système (SOS C--) en un ensemble d'équations. Les équations du programme peuvent être vues comme des axiomes, et les propriétés à prouver comme des conjectures. Par conséquent, prouver que ces conjectures sont des théorèmes à partir des axiomes équivaut à prouver que le programme respecte sa spécification. Cette dernière partie est effectuée automatiquement en utilisant des *prouveurs de théorèmes* capables d'induction mathématique comme NICE [KOU 99], ou interactivement en utilisant des *vérificateurs de preuve* comme COQ [BAR 97].

Cette approche est conceptuellement différente d'autres développements récents comme COGITO [TRA 97] ou SPECWARE [JUE 96], puisque ces systèmes génèrent du code à partir de spécifications. Elle diffère aussi de [FIL 98] et [ANT 94] puisque ces systèmes ont recours à des *annotations* pour prouver le comportement du programme. Notre approche est similaire à celle des systèmes [WAR 93] et [SCH 97]. Cependant, [SCH 97] ne gère pas les programmes contenant des boucles et [WAR 93] emploie une logique qui n'est pas aisément automatisable.

Dans cet article, nous étendons [FÉD 99] dans plusieurs directions :

1) Nous donnons un cadre abstrait au processus de traduction du programme en équations. Dans [FÉD 99], il n'apparaissait que les bases d'un système de réécriture et aucune propriété du système n'avait été prouvée.

- En particulier, nous formulons une grande partie du système SOS C-- comme un système de réécriture. Nous avons aussi revu les règles pour enrichir la sémantique du C--.

- Nous prouvons la *convergence* du système de réécriture (*i.e.* terminaison et confluence) en utilisant le système RRL[1]. De façon informelle, la convergence assure que tout programme C-- peut-être transformé en un unique programme équationnel.

- Nous donnons une description formelle de la génération des équations à partir des environnements.

2) Dans [FÉD 99], aucune implémentation n'avait été faite. Nous affirmons ici que le processus d'axiomatisation peut être automatisé puisque nous avons réalisé une implémentation en Java.

- JavaCC[2], un générateur d'analyseur, a été utilisé pour l'étape de génération des termes.

- Nous avons développé une version Java d'un algorithme de réécriture générique. Les règles de réécritures sont lues dans un fichier afin de faciliter l'élaboration des règles.

- Nous avons défini un algorithme pour générer les équations à partir des environnements.

Dans ce qui suit, nous donnons d'abord quelques définitions et notations utiles pour la compréhension de cet article. Ensuite, la section 3 décrit le système SOS C-- et illustre son fonctionnement sur un exemple.

1. Rewrite Rule Laboratory [KAP 89]. La preuve est dans la version complète de cet article.
2. Java Compiler Compiler, Metamata.

2. Définitions

2.1. *Systèmes de réécriture*

Nous supposons des connaissances en logique équationnelle et en système de réécriture (*cf.* [BAA 98] par exemple). Soit F un ensemble fini de symboles de fonction appelé *vocabulaire* et X un ensemble dénombrable de *variables*, $T(F, X)$ désigne l'ensemble des termes construit à partir des symboles de F et des variables de X. Si t est un terme et θ est une *substitution* de termes pour des variables dans t, alors $t\theta$ est une *instance* de t. Une *équation* e est un élément de $T(F, X) \times T(F, X)$ et s'écrit $t = s$. Un *système de réécriture* $\mathcal{R}$ est un ensemble d'équations orientées $l \to r$, appelées *règles de réécriture*. Une règle est appliquée à un terme t en cherchant un sous terme s de t qui soit une instance de la partie gauche l de la règle (*i.e.* $s = l\theta$) et en remplaçant s par l'instance correspondante de la partie droite de la règle ($r\theta$). Les calculs avec $\mathcal{R}$ se font par l'application répétée des règles pour réécrire (ou réduire) un terme donné en entrée jusqu'à obtenir une *forme normale* (un terme irréductible). Soit A un ensemble d'équations, dans l'hypothèse où A peut être ramené à un système de réécriture $\mathcal{R}$ *convergent* (*i.e. terminant* et *confluent*), on peut décider la validité de $t =_A s$ en regardant si les $\mathcal{R}$-formes normales de t et s sont identiques (*i.e.* $\mathrm{nf}(t) \stackrel{?}{=} \mathrm{nf}(s)$, où $\mathrm{nf}(t)$ (resp. $\mathrm{nf}(s)$) désigne la forme normale de t (resp. s)).

2.2. *Le langage C--*

Pour l'élaboration de notre système, nous utilisons un langage impératif très simple. La syntaxe du C-- est proche de celle du C. Les principales caractéristiques du langage sont :

– l'affectation ;

– les instructions de contrôle : *if*... *else*, *while* et *return* ;

– deux types prédéfinis : les entiers (*int*), et les listes (*list*) ;

– les opérateurs arithmétiques usuels ;

– des opérateurs sur les listes : *getHead* qui retourne le premier élément d'une liste, *getQueue* qui retourne la copie d'une liste privée de son premier élément, *NULL* qui représente une liste vide, et *cons* qui construit une liste en ajoutant un élément en tête d'une autre liste.

Cependant, plusieurs caractéristiques communes dans les langages impératifs ne sont pas disponibles en C-- : pas de types utilisateurs ; pas de variables globales ; pas de pointeurs directement accessibles — des pointeurs sont utilisés pour implémenter le type *list* mais ils ne sont pas visibles pour le programmeur.

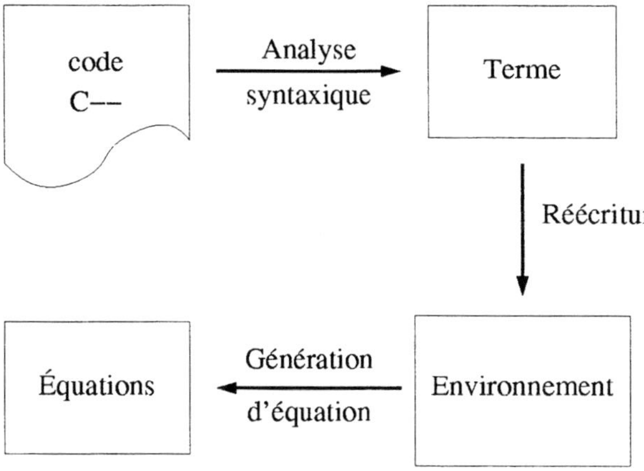

Figure 2. *Axiomatisation.*

3. Description du système SOS C--

Le système SOS C--, pour la majeure partie, peut être représenté comme un système de réécriture $\mathcal{R}$ sur un langage du premier ordre $\mathcal{L}$ construit à partir d'un ensemble de symboles de fonction. Ces symboles sont la traduction des constructions du langage source (le C--). Par exemple, l'instruction d'*affectation*, écrite $x = y$ en C--, se traduit par $\text{Assign}(x, y)$, où *Assign* appartient au vocabulaire de $\mathcal{L}$.

Le système prend en entrée un *programme C--* et retourne en sortie un *ensemble d'équations* sémantiquement équivalent au programme : le résultat de l'exécution du programme C-- avec l'entrée E est identique au résultat (*i.e.* théorème) de la déduction équationnelle débutée avec la même entrée E. Le processus de transformation, appelé *axiomatisation*, est réalisé en trois étapes sans intervention de l'utilisateur. La figure 2 montre les étapes nécessaires à l'axiomatisation.

Pour illustrer ces étapes, nous utiliserons le *programme de tri* du listing 1. Ce programme est une version C-- du tri par insertion. La fonction *ins* prend un entier *e* et une liste triée L et retourne une nouvelle liste triée qui est une copie de L contenant *e*. *ISort* prend une liste L en argument et retourne une copie de L triée en insérant à la bonne position (appel à la fonction *ins*) le premier élément de L dans la queue de L déjà triée.

3.1. *Les Programmes sont des Termes*

La première étape consiste en l'analyse des fonctions du programme source P. Le résultat de cette analyse syntaxique est une liste de terme T_P^f sur $\mathcal{L}$; un terme par fonction f de P. Intuitivement, un terme est équivalent à une fonction du code source et forme une entrée convenable pour la réécriture.

Listing 1: Programme de tri.

```
list  ins(int e, list L) {
list  ret=NULL;
if(L==NULL) ret=cons(e, NULL);
  else  if(e<=getHead(L)) ret=cons(e, L);
    else  {  ret=ins(e, getQueue(L));
             ret=cons(getHead(L), ret ); }
return ret ; }

list  ISort( list L) {
list  ret=NULL;
if(L==NULL) ret=NULL;
  else  ret=ins(getHead(L), ISort(getQueue(L)));
return ret ; }
```

Chaque *fonction* C-- est vue comme une liste d'instructions et un environnement initial assemblés dans un terme *GE*[3]. L'environnement initial est composé des paramètres formels de la fonction combinés dans un terme *Pair* avec des termes *EP*[4] figurant la valeur donnée à un paramètre quand la fonction est appelée. Un terme *EP* désigne donc un paramètre effectif. Ainsi, les paramètres formels se comportent comme des variables locales d'une fonction auxquelles sont affectés les paramètres effectifs.

Les *déclarations de variable* sont considérées comme des affectations et font donc partie de la liste des instructions de la fonction.

Une *séquence* d'instruction est représentée par une liste de termes.

L'instruction *return* engendre une paire liant le nom de la fonction et son résultat.

Les *expressions* apparaissant en partie droite des affectations ou dans un appel de fonction sont laissées telles quelles.

Les autres constructions du langage C-- sont simplement associées aux termes équivalents du système de réécriture : l'instruction *if*, if(c) $s1$ else $s2$, est traduite en If($c, s1, s2$) ; l'instruction *while*, $while(c)$ s, est traduite en While($while\_num, c, s$).

Par exemple, le terme qui correspond à la fonction *ISort* du *programme de tri* est :

GE({ Assign(*ret*, *NULL*),
        If($L = NULL$,
           {Assign(*ret*, *NULL*)},
           {Assign(*ret*, *ins*(*getHead*(L),

3. *GE* signifie Generate Environment.
4. *EP*(x) signifie paramètre effectif de x.

$ISort(getQueue(L))))\}),$
Return($ISort(L), ret$) }, { Pair(L, EP(L)) }) .

Un terme *GE* contient deux éléments. Le premier représente la séquence d'instructions de la fonction source :

– la déclaration de *ret* donne le premier terme *Assign* ;

– ensuite vient le terme *If* avec la condition et ses deux listes d'instruction, une pour chaque alternative ;

– et finalement le terme *return*.

Le second représente l'environnement initial de la fonction. C'est une liste de terme *Pair*. Un terme *Pair* associe une variable et une valeur. Ainsi, l'environnement initial contient les valeurs des variables apparaissant dans la fonction après l'appel mais avant qu'aucune instruction ne soit évaluée.

De même, le terme qui correspond à la fonction *ins* est :

GE({ Assign(*ret*, *NULL*) ,
If($L = NULL$,
{Assign(*ret*, *cons*(e, *NULL*))},
{If($e \leq getHead(L)$,
{Assign(*ret*, *cons*(e, L))},
{Assign(*ret*, *ins*(e, *getQueue*(L))),
Assign(*ret*, *cons*(*getHead*(L), *ret*))}) }
Return(*ins*(e, L), *ret*) },
{ Pair(L, EP(L)) , Pair(e, EP(e)) }) .

3.2. *Les Termes se réécrivent en Environnements*

À la seconde étape, le système transforme un terme T_P^f en un environnement $E_{T_P^f}$. Intuitivement, cet environnement contient toutes les informations sur les variables de la fonction f et l'expression qui leur correspond (la valeur de f lors d'une exécution de P résulte de l'évaluation de ces expressions).

3.2.1. *Description*

Pour obtenir cet environnement, chaque terme T_P^f est normalisé selon les règles de réécriture[5] de $\mathcal{R}$. Les règles sont divisées en deux catégories. La première contient les règles qui définissent la sémantique opérationnelle du langage C--. La deuxième catégorie contient les règles qui mettent à jour les environnements — principalement des règles pour manipuler des listes.

Les instructions des fonction sont exécutées suivant un ordre qui dépend des instructions de contrôle et des conditions qui leur sont associées. Ces différents ordres

5. L'ensemble des règles est disponible dans la version complète de cet article.

possibles constituent les chemins d'exécution d'une fonction. L'environnement produit par réécriture représente ces différents chemins ainsi que les conditions associées à chacun et l'expression finale des variables et de la fonction. L'état des variables est représenté par une liste de terme *Pair*. Un terme *Branch* associe une condition à un état des variables. Les chemins sont contenus dans un terme *Choice*.

Par exemple, l'environnement de la fonction *ISort* du listing 1 est :

Choice(
  [Branch($L = NULL$,
    { Pair(L, L), Pair(*ret*, *NULL*),
      Pair(*ISort*(L), *NULL*) })],
  [Branch($L \neq NULL$,
    { Pair(L, L), Pair(*ret*, *ins*(*getHead*(L),
                              ISort(*getQueue*(L)))),
      Pair(*ISort*(L), *ins*(*getHead*(L),
                              ISort(*getQueue*(L)))) })]) .

La fonction *ISort* contient une instruction *if*, donc nous trouvons dans l'environnement un terme *Choice* composé des deux alternatives : les deux termes *Branch*. Ces deux termes partitionnent les instructions de la fonction entre celles qui sont exécutées quand la condition $L = NULL$ est vraie et celles qui sont exécutées quand la même condition est fausse. Dans chaque terme *Branch* nous trouvons une liste de termes *Pair* qui représentent l'état des variables à la fin d'une exécution "abstraite" de la fonction *ISort*. Par exemple, dans le cas où $L = NULL$, Pair(L, L) signifie que L n'est pas modifiée par la fonction ; Pair(*ret*, *NULL*) signifie que la valeur de la variable *ret* est *NULL* ; le terme *Pair* contenant le nom de la fonction, Pair(*ISort*(L), *NULL*) signifie que le résultat de la fonction est *NULL*.

De même, l'environnement de la fonction *ins* est :

Choice(
  [Branch($L = NULL$,
    { Pair(L, L), Pair(*e*, *e*), Pair(*ret*, *cons*(*e*, *NULL*)),
      Pair(*ins*(*e*, L), *cons*(*e*, *NULL*)) })],
  [Choice(
    [Branch($L \neq NULL$ and $e \leq getHead(L)$,
      { Pair(L, L), Pair(*e*, *e*), Pair(*ret*, *cons*(*e*, L)),
        Pair(*ins*(*e*, L), *cons*(*e*, L)) })],
    [Branch($L \neq NULL$ and $e > getHead(L)$,
      { Pair(L, L), Pair(*e*, *e*),
        Pair(*ret*, *cons*(*getHead*(L), *ins*(*e*, *getQueue*(L)))),
        Pair(*ins*(*e*, L), *cons*(*getHead*(L),
                              ins(*e*, *getQueue*(L)))) })])]) .

3.2.2. *L'instruction while*

Nous abordons maintenant la construction itérative *while*. Cette section donne un aperçu de la façon dont sont traitées les instructions *while*. Les sections 3.2.3 et 3.3 formalisent les idées présentées ici.

La sémantique des instructions *while* est un peu particulière. En effet, une boucle est considérée comme une famille de fonctions récursives. À chaque boucle sont associés des paramètres et un corps. L'idée poursuivie est que chaque boucle est une fonction qui s'appelle récursivement avec en paramètre la valeur des variables modifiées dans la boucle selon les instructions du corps de la boucle. Une telle fonction est définie pour chaque variable modifiée dans le corps de la boucle, formant ainsi une famille de fonctions. Par conséquent, dans une fonction où apparaît une boucle, la valeur d'une variable modifiée par la boucle est le résultat d'un appel à la fonction correspondant à la variable parmi la famille de fonctions définissant la boucle. Voici comment est modifié l'environnement lorsqu'une boucle est rencontrée :

– Un terme LT[6] est créé, il contient toutes les informations nécessaires à la génération de la famille de fonctions de la boucle. On y trouve un numéro identifiant la boucle, la condition de sortie, les instructions du corps de la boucle et une liste des variables visibles par la boucle. La génération de la famille de fonctions aura effectivement lieu lors de la troisième étape (*cf.* section 3.3).

– La valeur de chaque variable modifiée dans le corps d'une boucle devient le résultat d'un appel à la fonction de boucle correspondante. Cette fonction reçoit en argument l'état courant des variables dans la fonction appelante.

L'exemple suivant montre comment nous traitons les instructions *while*. Nous supposons qu'une fonction C-- déclare trois variables — x, y, z — parmi lesquelles deux sont modifiées dans une boucle conformément au listing 2. Au cours de la réécriture

Listing 2: Une boucle.

```
int f() {
int x,y,z;

x=1; y=2; z=3;
while(y>0) {
  x=x+z;
  y=y-1; }
... }
```

du terme correspondant à la fonction f, le terme LT suivant est créé :

$$\text{LT}(1,\ y > 0,\ \text{GE}(\textit{instructions},\ \textit{environnement initial}),\ (x, y, z))\ .$$

6. Loop Term.

Les *instructions* sont les deux affectations modifiant x et y. L'*environnement initial* est la liste de paires $(x, \text{EP}(x))$, $(y, \text{EP}(y))$ et $(z, \text{EP}(z))$. Le terme *GE* signifie qu'un nouvel environnement sera évalué pour le corps de la boucle. À la troisième étape du processus, ceci conduira à la définition de deux fonctions, LOOP^1_x et LOOP^1_y, une pour chaque variable modifiée dans la boucle.

$$\begin{cases} \text{If } y > 0 \text{ then} \\ \quad \text{LOOP}^1_x(x,y,z) = \text{LOOP}^1_x(x+z, y-1, z) \\ \text{If not}(y > 0) \text{ then} \\ \quad \text{LOOP}^1_x(x,y,z) = x \end{cases}$$

$$\begin{cases} \text{If } y > 0 \text{ then} \\ \quad \text{LOOP}^1_y(x,y,z) = \text{LOOP}^1_y(x+z, y-1, z) \\ \text{If not}(y > 0) \text{ then} \\ \quad \text{LOOP}^1_y(x,y,z) = y \end{cases}$$

De plus, les paires

$$\text{Pair}(x, \text{Loop}^1_x(\textit{état courant des variables}))$$

et

$$\text{Pair}(y, \text{Loop}^1_y(\textit{état courant des variables})),$$

sont insérées dans l'environnement de la fonction *f* pour refléter le nouvel état de ces variables. L'*état courant des variables* fait référence à l'état des variables juste avant l'instruction *while*. Cela revient à remplacer la boucle dans la fonction *f* par les appels de fonction : $x = \text{LOOP}^1_x(1,2,3)$ et $y = \text{LOOP}^1_y(1,2,3)$.

3.2.3. *Règles du système de réécriture*

Les règles sont divisées en deux catégories. Parmi les règles décrivant la sémantique opérationnelle du langage, nous trouvons :

– les règles *GE* : elles traduisent le comportement de l'instruction de *séquence* ;

– les règles *Comp* : elles évaluent une nouvelle instruction dans l'environnement courant ;

- Règles pour l'*affectation* et l'instruction *return*. Ces règles ajoutent une nouvelle paire *Pair*(variable, valeur) à l'environnement ou modifient une paire existante.

- Règles pour l'instruction *if*. Ces règles ont pour but de diviser l'environnement en deux parties à travers un terme *Choice*. Chaque partie est incluse dans un terme *Branch* et contient une alternative du *if* selon que sa condition est valide ou non.

- Règles pour l'instruction *while*. Ces règles créent un terme *LT* et ajoutent une nouvelle paire à l'environnement pour chaque variable modifiée dans le corps de la boucle.

- Deux autres règles *Comp* expriment que les instructions suivant une instruction *if* doivent être exécutées quelle que soit l'alternative choisie ;

– les règles *Branch* regroupent deux instructions *if* successives en fusionnant leur condition.

Parmi les règles de mise à jour de l'environnement, nous trouvons par exemple :

– *Merge_env* et *Merge_L_var* pour fusionner deux listes ;

– *Insert_pair* et *Insert_var* pour ajouter une paire ou une variable à une liste.

3.3. *Les Environnements génèrent des Équations*

Au cours de la troisième étape, un ensemble d'équations est généré à partir de chaque environnement $E_{T_P^f}$. Cet ensemble d'équations définit la sémantique algébrique de P. Dans l'exemple du *programme de tri*, nous obtenons :

$$
\begin{array}{|l|}
\hline
L = NULL \Rightarrow \text{ISort}(L) = NULL \\
L \neq NULL \Rightarrow \text{ISort}(L) = \text{ins}(\text{getHead}(L), \text{ISort}(\text{getQueue}(L))) \\
L = NULL \Rightarrow \text{ins}(e, L) = \text{cons}(e, NULL) \\
L \neq NULL \text{ and } e \leq \text{getHead}(L) \Rightarrow \text{ins}(e, L) = \text{cons}(e, L) \\
L \neq NULL \text{ and } e > \text{getHead}(L) \Rightarrow \\
\qquad\qquad \text{ins}(e, L) = \text{cons}(\text{getHead}(L), \text{ins}(e, \text{getQueue}(L))) \\
\hline
\end{array}
$$

Seuls certains éléments dans un environnement vont générer des équations : ce sont les *générateurs d'équation*. La troisième et dernière étape de l'axiomatisation affine l'environnement, extrait les générateurs d'équation et génère les équations.

Les générateurs d'équation sont :

– les *listes de paires*. Elles représentent l'état des variables à la fin d'une exécution. Mais seule la valeur de retour de la fonction est utile, donc, seule la paire contenant le nom et la valeur de la fonction générera une équation.

`Générateur` :
$$\text{Pair}(\ldots) \cdot \ldots \cdot \text{Pair}(\textit{nom\_fonction}, \textit{expression})$$
`Équation` :
$$\textit{nom\_fonction} = \textit{expression}$$

– les termes *Branch*. Ils apparaissent à la suite d'une instruction *if* et représentent une alternative. Ils lient une condition et une liste de paires. De nouveau, seule la paire avec le nom de la fonction est utile pour la génération d'équation. Chaque terme *Branch* génère une équation conditionnelle.

`Générateur` :
$$\text{Branch}(\textit{condition}, \text{Pair}(\ldots) \cdot \ldots \cdot \text{Pair}(\textit{nom\_fonction}, \textit{exp}))$$
`Équation` :
$$\textit{condition} = \textit{True} \Rightarrow \textit{nom\_fonction} = \textit{exp}$$

– les termes *LT*. Ils génèrent une famille d'équations conditionnelles qui définissent des boucles sous la forme de fonctions récursives — une fonction de boucle par variable modifiée dans le corps de la boucle. Deux équations sont nécessaires :

- une pour l'appel récursif. L'état des variables est modifié en fonction des instructions du corps de la boucle.

- une pour le cas d'arrêt. Cette équation donne le résultat de la fonction de boucle, c'est-à-dire, la valeur courante de la variable modifiée considérée.

Générateur :

$$\mathrm{LT}(\mathit{num}, \mathit{cond}, \mathrm{Pair}(v_1, e_1) \cdot \ldots \cdot \mathrm{Pair}(v_n, e_n), \{v_1, \ldots, v_n\})$$

Équation :

$$\bigcup_{1 \leq i \leq m} \left\{ \begin{array}{l} \mathit{cond} = \mathit{True} \Rightarrow \\ \qquad \mathrm{LOOP}^{num}_{v_{\mathrm{mod}_i}}(v_1, \ldots, v_n) = \mathrm{LOOP}^{num}_{v_{\mathrm{mod}_i}}(e_1, \ldots, e_n) \, , \\ \mathit{cond} = \mathit{False} \Rightarrow \\ \qquad \mathrm{LOOP}^{num}_{v_{\mathrm{mod}_i}}(v_1, \ldots, v_n) = v_{\mathrm{mod}_i} \end{array} \right\}$$

Ici, $v_{\mathrm{mod}_1}, \ldots, v_{\mathrm{mod}_m}$ sont les variables modifiées dans le corps de la boucle et $v_1, \ldots, v_n$ sont toutes les variables apparaissant dans la fonction C--. Pour savoir si une variable v a été modifiée, on compare sa valeur à $\mathrm{EP}(v)$ qui est la valeur qui lui est assignée avant d'entrer dans la boucle.

4. Conclusion

Dans cet article nous avons présenté un système qui permet d'obtenir automatiquement une formulation équationnelle d'un programme C-- à partir de son code source. Le processus conduisant aux équations requiert trois étapes.

L'axe central de la méthode exposée est la génération d'un environnement au moyen d'un système de réécriture qui décrit la sématique opérationnelle du langage C--.

La première étape consiste à construire, grâce à l'analyse syntaxique du programme source, un terme apte à être réécrit.

La dernière étape consiste à traduire les environnements en équations.

Une implémentation de ce système a été réalisée en Java. Il reste encore des tâches à accomplir, parmi lesquelles :

– Ajouter des fonctionnalités au langage C-- afin de le rendre plus proche des langages impératifs réels. En effet, malgré l'existence de constructions telles que l'affectation et les boucles *while*, la programmation en C-- est très proche du style fonctionnel.

– Implémenter des interfaces vers les systèmes de preuve, c'est-à-dire, fournir les équations dans le format requis par le système de preuve.

– Expérimenter de façon plus approfondie la preuve de propriétés à partir des équations délivrées par notre système. Ceci afin d'identifier des classes de propriétés et de programmes qui peuvent être prouvées correctes grâce à l'utilisation de notre système.

NOTE. — Une version augmentée de cet article ainsi qu'une implémentation du système SOS C-- sont disponibles à l'adresse suivante : http ://www.i3s.unice.fr/~ponsini.

5. Bibliographie

[ANT 94] ANTOY S., GANNON J., « Using Term Rewriting to Verify Software », *IEEE Transactions on Software Engineering*, vol. 20, n° 4, 1994, p. 259-274.

[BAA 98] BAADER F., NIPKOW T., *Term Rewriting and All That*, (Cambridge : Cambridge University Press), 1998.

[BAR 97] BARRAS B., BOUTIN S., CORNES C., COURANT J., FILLIÂTRE J., GIMÉNEZ E., HERBELIN H., HUET G., NOZ C. M., MURTHY C., PARENT C., PAULIN C., SAÏBI A., WERNER B., « The Coq Proof Assistant Reference Manual – Version V6.1 », rapport n° 0203, août 1997, INRIA.

[FÉD 99] FÉDÈLE C., KOUNALIS E., « Automatic Proofs of Properties of Simple C-- Modules », *14th IEEE Conf. on Automated Software Engineering*, Cocoa Beach, USA, octobre 1999, IEEE Computer Society Press, p. 283-286.

[FIL 98] FILLIÂTRE J.-C., « Proof of Imperative Programs in Type Theory », *2nd Workshop on Types for Proofs and Programs*, vol. 1657 de *Lecture Notes in Computer Science*, Kloster Irsee, Germany, mars 1998, Springer-Verlag, p. 78-92.

[JUE 96] JUELLIG R., SRINIVAS Y., LIU J., « SPECWARE : An Advanced Environment for the Formal Development of Complex Software Systems », *5th Conf. on Algebraic Methodology and Software Technology*, Munich, Germany, 1996, page 551.

[KAP 89] KAPUR D., ZHANG H., « RRL : Rewrite Rule Laboratory », mai 1989.

[KOU 99] KOUNALIS E., URSO P., « Generalization Discovery for Proofs by Induction in Conditional Theories », *12th FLAIRS Conf.*, Orlando, USA, 1999, AAAI Press, p. 250-256.

[SCH 97] SCHWEIZER D., DENZLER C., « Verifying the Specification–to–Code Correspondence for Abstract Data Types », *6th Conf. on Dependable Computing for Critical Applications*, vol. 11 de *Dependable Computing and Fault-Tolerant Systems*, Garmisch-Partenkirchen, Germany, 1997, IEEE Computer Society Press.

[TRA 97] TRAYNOR O., HAZEL D., KEARNEY P., MARTIN A., NICKSON R., WILDMAN L., « The Cogito development system », *6th Conf. on Algebraic Methodology and Software Technology*, vol. 1349 de *LNCS*, Sidney, Australia, décembre 1997, Springer-Verlag, p. 586-591.

[WAR 93] WARD M., « Abstracting a Specification from Code », *Journal of Software Maintenance : Research and Practice*, vol. 5, n° 2, 1993, p. 101-122.

Annexe I : Recherche dans un arbre binaire

Voici le code et les équations d'un programme C-- qui cherche un élément e dans un arbre binaire de recherche. Les équations sont obtenues par le système SOS C--.

Un nœud dans l'arbre est une liste composée d'un entier et de deux autres nœuds pour les fils gauche et droit (*e.g.* (*i fils-gauche fils-droit*)).

Listing 3: Recherche dans un arbre de consultation.

```
int root( list tree ) { return getHead(tree ); }
list lc( list tree ) { return getHead(getQueue(tree)); }
list rc( list tree ) { return getHead(getQueue(getQueue(tree))); }

int bs(int e, list tree ) {
  int ret ;
  if ( tree==null) ret=0;
    else if (e==root( tree )) ret=1;
      else if(e<root( tree )) ret=bs(e,lc( tree ));
        else ret=bs(e,rc( tree ));
  return ret ; }
```

$$BS(e,\ \emptyset) = 0$$
$$BS(e,\ e \cdot lc \cdot rc) = 1$$
$$e < r \Rightarrow BS(e,\ r \cdot lc \cdot rc) = BS(e,\ lc)$$
$$e > r \Rightarrow BS(e,\ r \cdot lc \cdot rc) = BS(e,\ rc)$$

Annexe II : Parcours en profondeur

Voici le code et les équations d'un programme C-- qui visite tous les nœuds d'un graphe en effectuant un parcours en profondeur. Les équations sont obtenues par le système SOS C--. Les nœuds du graphe sont des entiers. Le graphe est représenté par une liste de listes d'adjacence *Ladj*. Le $i^{ème}$ élément de *Ladj* est la liste de tous les nœuds adjacents au nœud i.

Listing 4: Parcours en profondeur.

```
int member(int s, list L) {
  int ret;
  if (L==NULL) ret=0;
    else
      if (s==getHead(L))
        ret=1;
      else
        ret=member(s, getQueue(L));
  return ret ; }

list adj(int s, list Ladj) {
  list ret;
  if (s==1)
    ret=getHead(Ladj);
```

```
  else
    ret=adj(s-1, getQueue(Ladj));
  return ret ; }

int dfs( list sommets, list visites , list Ladj) {
  int ret , s;
  if(sommets==NULL) ret=1;
    else { s=getHead(sommets);
           ret=depth(sommets, adj(s , Ladj ), cons(s , visites ), Ladj ); }
  return ret ; }

int depth( list sommets, list adjacents , list visites , list Ladj) {
  int ret , s;
  if( adjacents ==NULL) ret=dfs(getQueue(sommets), visites , Ladj );
    else { s=getHead(adjacents);
           if(member(s, visites )==1)
             ret=depth(sommets, getQueue(adjacents ), visites , Ladj );
           else
             ret=dfs(cons(s , sommets), visites , Ladj ); }
  return ret ; }
```

$$
\begin{aligned}
& member(s,\ \emptyset) = 0 \\
& s \neq c \Rightarrow member(s,\ c \cdot L) = member(s,\ L) \\
& member(s,\ s \cdot L) = 1 \\
& adj(1,\ L_1 \cdot L) = L_1 \\
& adj(n+1,\ L_1 \cdot L_2 \cdot L) = adj(n,\ L_2 \cdot L) \\
& DFS(\emptyset,\ M,\ A) = 1 \\
& DFS(s \cdot L,\ M,\ A) = depth(s \cdot L,\ adj(s,\ A),\ s \cdot M,\ A) \\
& depth(s \cdot L,\ \emptyset,\ M,\ A) = DFS(L,\ M,\ A) \\
& member(c,\ M) = 1 \Rightarrow \\
& \quad depth(L,\ c \cdot L_1,\ M,\ A) = depth(L,\ L_1,\ M,\ A) \\
& member(c,\ M) = 0 \Rightarrow \\
& \quad depth(L,\ c \cdot L_1,\ M,\ A) = DFS(c \cdot L_1,\ M,\ A)
\end{aligned}
$$

Using Program Analysis for Integration and Optimization of Rule-based Constraint Solvers

Slim Abdennadher and Thom Frühwirth

Computer Science Department, University of Munich
Oettingenstr. 67, 80538 München, Germany
{abdennad,fruehwir}@informatik.uni-muenchen.de

RÉSUMÉ.

ABSTRACT. *One lesson learned from practical applications is that constraints are often heterogeneous. Solving such constraints requires a collaboration of constraint solvers. In this paper, we introduce a methodology for the tight integration of CHR constraint solver programs into one such program. CHR is a high-level rule-based language for writing constraint solvers and reasoning systems. A constraint solver is well-behaved if it is terminating and confluent. When merging constraint solvers, this property may be lost. Based on previous results on CHR program analysis and transformation we show how to utilize completion to regain well-behavedness. We identify a class of solvers whose union is always confluent and we show that for preserving termination such a class is hard to find. The merged and completed constraint solvers may contain redundant rules. Utilizing the notion of operational equivalence, which is decidable for well-behaved CHR programs, we present a method to detect redundant rules in a CHR program.*

MOTS-CLÉS :

KEYWORDS: *Rule-based Constraint Solvers, Cooperation, Combination, Optimization, Program Analysis*

1. Introduction

Many applications of constraint-based reasoning involve heterogeneous constraints. Solving such constraints requires a collaboration of two or more constraint solvers. In this paper, we are concerned with solvers written in CHR language.

CHR (Constraint Handling Rules) [FRÜ 98] is a concurrent committed-choice constraint logic programming language consisting of guarded rules that manipulate conjunctions of constraints. In CHR, we distinguish two kinds of rules : simplification rules replace constraints by simpler constraints. Propagation rules add new constraints which may cause further simplification.

Usually, CHR solvers are *well-behaved*, i.e. terminating and confluent. Confluence means that it does not matter for the result which of the applicable rules are applied in a computation. Once termination has been established [FRÜ 00], there is a decidable, sufficient and necessary test for confluence [ABD 97]. Confluence also implies *consistency* of the logical reading of the solver program [ABD 97].

Given two well-behaved constraint solver CHR programs, then their tight integration is simply the union of their rules. There is no restriction on the signature of the solvers. In particular, solvers may fully or partially define the same constraints. Any computation that was possible in one of the solvers will also be possible in the union of the solvers, since additional rules cannot inhibit the application of old rules (as can be seen from the operational semantics of CHR).

However, the union of the solvers could loose termination and/or confluence, and thus their well-behavedness.

Example 1.1 Consider a solver program P_1 with the single simplification rule {`a` ⇔ `b`} that replaces the CHR constraint `a` by the constraint `b` and a solver program P_2 with the single rule {`b` ⇔ `a`} that replaces the CHR constraint `b` by the constraint `a`. The union of P_1 and P_2, {`a` ⇔ `b`, `b` ⇔ `a`}, is obviously non-terminating.

Consider a program P_1 with the single rule {`a` ⇔ `b`} and a program P_2 with the single rule {`a` ⇔ `c`}. Their union {`a` ⇔ `b`, `a` ⇔ `c`} is terminating, but obviously non-confluent, since a computation for `a` may result in either `b` or `c` depending on the (committed) choice of the rule.

While establishing termination for CHR programs without propagation rules is in practice often rather simple [FRÜ 00], termination is in general undecidable for CHR programs. On the other hand, *completion* can make non-confluent programs confluent [ABD 98]. Thus there is a chance to automatically produce from two well-behaved constraint solvers a solver that behaves well, too.

Example 1.2 Consider the union of P_1 and P_2 of Example 1.1, {`a` ⇔ `b`, `a` ⇔ `c`}. To make the union confluent, the rule `b` ⇔ `c` can be added.

In the paper, we also consider the special case of so-called *non-overlapping* solvers that define different constraints. Non-overlapping solvers may have common (shared) CHR constraints and function symbols and have common built-in constraints. We prove that they are well-behaved if their union is terminating. While confluence is modular (preserved) for well-behaved, non-overlapping solvers, we will argue that it is very hard to find a syntactic class of solver programs that admits modularity for termination.

In practice, non-overlapping solvers are integrated using so-called *bridge rules* between the different constraints they define. These bridge rules often destroy well-behavedness and we show by example how completion fares with such solvers.

The resulting constraint solver may contain *redundant rules*. Based on the operational equivalence notion [ABD 99a], we present a method to detect and remove redundant rules in a CHR constraint solver.

Related Work. There is a renewed interest in languages and models for constraint solver cooperation. An overview of the issues in cooperative constraint solving can be found in [GRA 01]. Recent work in this area includes BALI [MON 00], a scheme for integrating heterogeneous solvers by encapsulation : a cooperation language based on strategies is compiled into solver specific communication code. Similarly, the framework of [CAS 00] relies on strategies to specify when component solvers are to be applied. The framework of [HOF 00] requires specific interfaces from the constraint solvers and a meta constraint solver to coordinate the cooperating solvers. Examples and implementations of this framework concentrate on numerical constraints.

When CHR is used as an implementation language for constraint solvers, desirable properties like confluence and operational equivalence can be decided once termination has been established. There is no need for specific interfaces, because the constraint solvers communicate freely via shared variables using their common built-in constraints. In well-behaved CHR solvers, it does not matter which of the applicable rules are applied. In particular, in well-behaved merged solvers, it does not matter from which solvers the rules are coming from. Thus any type of cooperation strategies [GRA 01], be it hard-coded, be it based on priorities or explicit operators, is possible. Moreover, the strategies can be very fine-grained, at the level of the application of a single rule from the solver program, i.e. single computation step.

The work of [TIN 98, BAA 01] focuses on building a constraint solver for the union of theories with given solvers. These theories are usually cast as equational theories. In [BAA 01], the theories are assumed to be disjoint. In [TIN 98], combination of theories sharing constructors have been investigated. In CHR, equalities referring to distinct theories are assumed to be represented by different constraint symbols. CHR programs represent first-order theories, that can be unioned without any requirements. Operationally, however, we want to make sure that the resulting solver is still well-behaved.

Outline of Paper. In Section 2, we define the CHR language and summarize previous results on confluence, completion, and operational equivalence. In the next section of the paper, we show how to merge CHR constraint solvers utilizing completion. We then investigate when termination and confluence are preserved under union of solver programs. We consider the special case of so-called non-overlapping solvers that define different constraints and introduce the notion of so-called bridge rules to integrate such solvers. In Section 6, we show how to remove redundant rules from a solver utilizing operational equivalence.

2. Preliminaries

In this section we give an overview of syntax and semantics for constraint handling rules (CHR) as well as previous results on confluence, completion, and operational equivalence. More detailed presentations can be found in [ABD 97, ABD 99b, ABD 98, ABD 99a].

2.1. *Syntax of CHR*

We use two disjoint sets of predicate symbols for two different kinds of constraints : *built-in constraint symbols* and *CHR constraint symbols (user-defined symbols)*. We call an atomic formula with a constraint symbol a *constraint*. Built-in constraints are handled by predefined given constraint black-box solvers. We assume that these solvers are well-behaved. Built-in constraints include $=$, *true*, and $false$. The semantics of the built-in constraints is defined by a consistent first-order *constraint theory* CT. In particular, CT defines $=$ as the syntactic equality over finite terms.

CHR constraints are defined by a CHR program.

Definition 2.1 A *CHR program* is a finite set of rules. There are two kinds of rules : A *simplification rule* is of the form $Name$ @ $H \Leftrightarrow C \mid B$. A *propagation rule* is of the form $Name$ @ $H \Rightarrow C \mid B$, where *Name* is an optional, unique identifier of a rule, the *head* H is a non-empty conjunction of CHR constraints, the *guard* C is a conjunction of built-in constraints, and the *body* B is a goal. A *goal* is a conjunction of built-in and CHR constraints. A guard "*true*" is often omitted together with the commit symbol |.

A CHR symbol is *defined* in a CHR program if it occurs in the head of a rule in the program.

Example 2.1 We define a CHR constraint for a partial order relation $\leq$:

```
r1 @ X≤Y ⇔ X=Y | true.
r2 @ X≤Y ∧ Y≤X ⇔ X=Y.
r3 @ X≤Y ∧ Y≤Z ⇒ X≤Z.
r4 @ X≤Y ∧ X≤Y ⇔ X≤Y.
```

The CHR program implements reflexivity (`r1`), antisymmetry (`r2`), transitivity (`r3`) and idempotence (`r4`) in a straightforward way. The reflexivity rule `r1` states that `X≤Y` is logically true, provided it is the case that `X=Y`. The antisymmetry rule `r2` means `X≤Y ∧ Y≤X` is logically equivalent to `X=Y`. The transitivity rule `r3` states that the conjunction of `X≤Y` and `Y≤Z` implies `X≤Z`.

2.2. *Operational Semantics of CHR*

The operational semantics of CHR is given by a transition system. A state is simply a goal, i.e. a conjunction of built-in and CHR constraints. Given a CHR program P we define the transition relation $\mapsto_P$ by introducing two computation steps (transitions), one for each kind of CHR rule (cf. Figure 1). In the figure, all meta-variables stand for conjunctions of constraints. The notation G_{bi} denotes the built-in constraints of G. Since the two transitions are structurally very similar, we first describe their common

Simplify

If	$(H \Leftrightarrow C \mid B)$ is a fresh variant of a rule with variables $\bar{x}$
and	$CT \models \forall\,(G_{bi} \rightarrow \exists\bar{x}(H{=}H' \wedge C))$
then	$(H' \wedge G) \mapsto_P^{\mathbf{Simplify}} (G \wedge B \wedge C \wedge H{=}H')$

Propagate

If	$(H \Rightarrow C \mid B)$ is a fresh variant of a rule with variables $\bar{x}$
and	$CT \models \forall\,(G_{bi} \rightarrow \exists\bar{x}(H{=}H' \wedge C))$
then	$(H' \wedge G) \mapsto_P^{\mathbf{Propagate}} (H' \wedge G \wedge B \wedge C \wedge H{=}H')$

Figure 1. *Computation Steps of Constraint Handling Rules*

behavior and only at the end point out their differences. A fresh variant of a rule is *applicable to a state* $H' \wedge G$ if H' matches its head H and if its guard C is implied by the built-in constraints appearing in G. A "fresh variant" of a rule is obtained by renaming its variables to fresh variables, listed in the sequence $\bar{x}$. "Matching" means that H' is an instance of H, i.e. it is only allowed to instantiate (bind) variables of H but not variables of H'. This is achieved by equating H' and H but existentially quantifying all variables from the rule, $\bar{x}$. This equation $H'{=}H$ is shorthand for pair-wise equating the arguments of the constraints in H' and H, provided their constraint symbols are equal.

If an applicable rule is applied, the equation $H{=}H'$, its guard C and its body B are added to the resulting state. A rule application cannot be undone (CHR is a committed-choice language without backtracking). When a simplification rule is applied in the transition **Simplify**, the matching CHR constraints H' are removed from the state. The **Propagate** transition is like the **Simplify** transition, except that it keeps the constraints H' in the resulting state. Trivial non-termination caused by applying the same propagation rule again and again is avoided by applying it at most once to the same constraints [ABD 97].

A *computation* of a goal G in a program P is a sequence $S_0, S_1, \ldots$ of states with $S_i \mapsto_P S_{i+1}$ beginning with the initial state S_0 for G and ending in a final state or diverging. A *final state* is one where either no computation step is possible anymore or where the built-in constraints are inconsistent. $\mapsto_P^*$ denotes the reflexive and transitive closure of $\mapsto_P$. When it is clear from the context, we will drop the reference to the program P.

Example 2.2 Recall the solver program for $\leq$ of Example 2.1. Operationally the rule `r1` removes occurrences of constraints that match `X≤X`. The antisymmetry rule `r2` means that if we find `X≤Y` as well as `Y≤X` in the current store, we can replace them by the logically equivalent `X=Y`. The transitivity rule `r3` propagates constraints. We add the logical consequence `X≤Z` as a redundant constraint. The idempotence rule `r4` absorbs multiple occurrences of the same constraint.

A computation of the goal $\mathtt{A}\leq\mathtt{B} \wedge \mathtt{C}\leq\mathtt{A} \wedge \mathtt{B}\leq\mathtt{C}$ proceeds as follows :

$$
\begin{array}{ll}
\underline{\mathtt{A}\leq\mathtt{B}} \wedge \underline{\mathtt{C}\leq\mathtt{A}} \wedge \mathtt{B}\leq\mathtt{C} & \mapsto^{\mathbf{Propagate}} \\
\mathtt{A}\leq\mathtt{B} \wedge \underline{\mathtt{C}\leq\mathtt{A}} \wedge \underline{\mathtt{B}\leq\mathtt{C}} \wedge \underline{\mathtt{C}\leq\mathtt{B}} & \mapsto^{\mathbf{Simplify}} \\
\underline{\mathtt{A}\leq\mathtt{B}} \wedge \underline{\mathtt{B}\leq\mathtt{A}} \wedge \mathtt{B}=\mathtt{C} & \mapsto^{\mathbf{Simplify}} \\
\mathtt{A}=\mathtt{B} \wedge \mathtt{B}=\mathtt{C} &
\end{array}
$$

2.3. *Confluence*

The confluence property of a program guarantees that any computation for a goal results in the same final state no matter which of the applicable rules are applied.

Definition 2.2 A CHR program is called *confluent* if for all states S, S_1, S_2 : If $S \mapsto^* S_1$ and $S \mapsto^* S_2$ then S_1 and S_2 are joinable. Two states S_1 and S_2 are called *joinable* if there exist states T_1 and T_2 such that $S_1 \mapsto^* T_1$ and $S_2 \mapsto^* T_2$ and T_1 and T_2 are variants[1].

To analyze confluence of a given CHR program we cannot check joinability starting from any given ancestor state S, because in general there are infinitely many such states. However for terminating programs, one can restrict the joinability test to a finite number of "minimal" states.

A CHR program is called *terminating*, if there are no infinite computations. For many existing CHR programs simple well-founded orderings are sufficient to prove termination [FRÜ 00]. In general, such orderings are not sufficient because of non-trivial interactions between simplification and propagation rules. In this paper we assume that the constraint solvers are terminating.

Definition 2.3 Let R_1 be a simplification rule and R_2 be a (not necessarily different) rule, whose variables have been renamed apart. Let $H_i \wedge A_i$ be the head and C_i be the guard of rule R_i $(i = 1, 2)$. Then a *critical ancestor state of* R_1 *and* R_2 is

$$(H_1 \wedge A_1 \wedge H_2 \wedge (A_1{=}A_2) \wedge C_1 \wedge C_2),$$

provided A_1 and A_2 are non-empty conjunctions and $CT \models \exists((A_1{=}A_2) \wedge C_1 \wedge C_2)$.

Let S be a critical ancestor state of R_1 and R_2. If $S \mapsto S_1$ using rule R_1 and $S \mapsto S_2$ using rule R_2 then the tuple (S_1, S_2) is a *critical pair* of R_1 and R_2. A critical pair (S_1, S_2) is *joinable*, if S_1 and S_2 are joinable.

1. Two states are variants of each other if they are equal up to a variable renaming.

The following theorem from [ABD 97, ABD 99b] gives a decidable, sufficient and necessary condition for confluence of a terminating CHR program :

Theorem 2.1 A terminating CHR program is confluent iff all its critical pairs are joinable.

Example 2.3 Recall the program for $\leq$ of Example 2.1. The following critical pair stems from the critical ancestor state $\mathtt{X{\leq}Y} \wedge \mathtt{Y{\leq}X} \wedge \mathtt{Y{\leq}Z}$ of `r2` and `r3`

$$(S_1, S_2) = (\mathtt{X{=}Y} \wedge \mathtt{X{\leq}Z}, \quad \mathtt{X{\leq}Y} \wedge \mathtt{Y{\leq}X} \wedge \mathtt{Y{\leq}Z} \wedge \mathtt{X{\leq}Z})$$

is joinable : S_1 is a final state, i.e. no computation step is possible. A computation beginning with S_2 results in S_1 :

$$\begin{array}{ll} \underline{\mathtt{X{\leq}Y}} \wedge \underline{\mathtt{Y{\leq}X}} \wedge \mathtt{Y{\leq}Z} \wedge \mathtt{X{\leq}Z} & \mapsto^{\textbf{Simplify}} \\ \underline{\mathtt{X{\leq}Z}} \wedge \underline{\mathtt{X{\leq}Z}} \wedge \mathtt{X{=}Y} & \mapsto^{\textbf{Simplify}} \\ \mathtt{X{\leq}Z} \wedge \mathtt{X{=}Y} & \end{array}$$

2.4. *Completion*

Completion is the process of adding rules to a non-confluent program until it becomes confluent. Rules are built from a non-joinable critical pair to allow a transition from one of the states into the other while maintaining termination. In contrast to other completion methods, in CHR we need in general more than one rule to make a critical pair joinable : a simplification rule and a propagation rule [ABD 98]. When these rules are added, new critical pairs may be produced, but also old non-joinable critical pairs may be removed, because the new rules make them joinable. Completion tries to continue introducing rules this way until the program becomes confluent. The essential part of a completion algorithm is the introduction of rules from critical pairs.

Definition 2.4 Let $\gg$ be a termination order and let $(C_{ud1} \wedge C_{bi1} \; , \; C_{ud2} \wedge C_{bi2})$ be a critical pair, where the states are ordered such that C_{ud1} is a non-empty conjunction and $C_{ud1} \gg C_{ud2}$. Then the *orientation* of the critical pair results in the two rules :

$$\begin{array}{ll} C_{ud1} \Leftrightarrow C_{bi1} \mid C_{ud2} \wedge C_{bi2} & \\ C_{ud2} \Rightarrow C_{bi2} \mid C_{bi1} & \text{if } C_{ud2} \text{ is a non-empty conjunction and} \\ & CT \not\models C_{bi2} \rightarrow C_{bi1} \end{array}$$

Examples of completion will be shown in the next section of the paper. In these examples, unless otherwise noticed, a simple termination order will suffice, where $C_1 \gg C_2$ if $C_1 = (C_2 \wedge C)$, i.e. the conjunction C_1 contains all conjuncts of C_2 and more (C is non-empty).

In [ABD 98] it was shown that if the completion procedure stops successfully, then the resulting program is well-behaved. But completion cannot always be successful : completion is aborted if a critical pair cannot be transformed into rules. Completion may not terminate, because new rules produce new critical pairs.

2.5. *Operational Equivalence*

The following definition clarifies when two programs are operationally equivalent : if for each goal, all final states in one program are the same as the final states in the other program.

Definition 2.5 Let P_1 and P_2 be programs. A state S is P_1, P_2*-joinable*, iff there are two computations $S \mapsto^*_{P_1} S_1$ and $S \mapsto^*_{P_2} S_2$, where S_1 and S_2 are final states, and S_1 and S_2 are variants of each other.

P_1 and P_2 are *operationally equivalent* if all states are P_1, P_2-joinable.

In [ABD 99a], we gave a decidable, sufficient and necessary syntactic condition for operational equivalence of well-behaved CHR programs : when testing operational equivalence, similar to our confluence test, we can restrict ourselves to a finite number of *critical states* that consist of the head and the guard of a rule. These critical states are run in both programs, and their outcome must be the same.

Definition 2.6 Let P_1 and P_2 be programs. Then *a critical state of* P_1 *and* P_2 is defined as follows :

$$H \wedge C \text{ where } (H \;\odot\; C \,|\, B) \in P_1 \cup P_2 \text{ and } \odot \in \{\Leftrightarrow, \Rightarrow\}$$

Theorem 2.2 Two well-behaved programs P_1 and P_2 are operationally equivalent iff all critical states of P_1 and P_2 are P_1, P_2-joinable.

Examples for operational equivalence can be found in the subsequent sections.

3. Tight Integration of CHR Constraint Solvers with Completion

In the introduction, Example 1.1 illustrated that the union of two well-behaved (i.e. terminating and confluent) programs is not necessarily well-behaved. Once termination of the union has been established, we can use our confluence test to check if the union of well-behaved programs is confluent again. We call such programs "compatible".

Definition 3.1 Let P_1 and P_2 be two well-behaved CHR programs and let the union of the two programs, $P_1 \cup P_2$, be terminating. P_1 and P_2 are *compatible* if $P_1 \cup P_2$ is confluent.

The critical pairs of $P_1 \cup P_2$ are the critical pairs of P_1 unioned with the critical pairs of P_2 unioned with critical pairs coming from one rule from P_1 and one rule from P_2. Since P_1 and P_2 are already confluent, for compatibility it suffices to check only those critical pairs coming from rules in different programs (cf. proof of upcoming Theorem 4.1). In other words, the confluence test can be made incremental in the addition of rules.

If the compatibility test succeeds, we can just take the union of the rules in the two programs. This holds even for constraints that are fully or partially defined in more than one of the programs which are merged.

Example 3.1 The well-behaved program P_1 contains the following CHR rules defining `max`, where `max(X,Y,Z)` means that `Z` is the maximum of `X` and `Y` :

```
max(X,Y,Z) ⇔ X<Y | Z=Y.
max(X,Y,Z) ⇔ X≥Y | Z=X.
```

whereas well-behaved P_2 defines `max` by

```
max(X,Y,Z) ⇔ X≤Y | Z=Y.
max(X,Y,Z) ⇔ X>Y | Z=X.
```

Note that $<$, $\leq$, and $\geq$ are built-in constraints in this example.

In order to perform the union of the two programs, we check whether the definitions of `max` are compatible. There are three critical ancestor states coming from one rule in P_1 and one rule in P_2 :

```
max(X,Y,Z)  ∧  X<Y  ∧  X≤Y
max(X,Y,Z)  ∧  X≥Y  ∧  X≤Y
max(X,Y,Z)  ∧  X≥Y  ∧  X>Y
```

Since the critical pairs of these critical ancestor states are joinable, the two definitions of `max` are compatible. Hence we can just take the union of the rules and define `max` by all four rules.

Note that the constraint `max` is *"operationally stronger"* in $P_1 \cup P_2$ than in each program alone, in the sense that more computation steps are possible : in $P_1 \cup P_2$ (and P_1) we have the computation

$$\texttt{max(X,Y,Z)} \wedge \texttt{X}\geq\texttt{Y} \quad \mapsto_{P_1 \cup P_2} \quad \texttt{Z=X} \wedge \texttt{X}\geq\texttt{Y}$$

while in P_2 the goal cannot reduce at all, it is a final state. But like P_2, P_1 is not as strong as $P_1 \cup P_2$: the goal `max(X,Y,Z) ∧ X≤Y` is a final state in P_1, while it has a non-trivial computation in $P_1 \cup P_2$ and P_2.

Example 3.2 Here we consider a variation on a solver for `max` that does not use any built-in constraints (except for implicit syntactical equality). We define `max` with the inequalities as CHR constraints in two steps.

Given the constraint solver for $\leq$ (example 2.1), we add the following simplification rule describing the interaction of `max` and $\leq$:

```
max1 @ max(X,Y,Z) ∧ X≤Y  ⇔  Z=Y ∧ X≤Y.
```

The resulting solver becomes non-confluent. The critical ancestor state `max(X,X,Z) ∧ X≤X` of the rule `max1` and of the reflexivity rule `r1` of $\leq$ produces the non-joinable critical pair `(X=Z ∧ X≤X, max(X,X,Z))`. We use *completion* to make the solver confluent. For the above-mentioned critical pair it adds the rule :

```
max2 @ max(X,X,Z)  ⇔  Z=X.
```

Now, we consider a solver for $<$ which is well-behaved

```
X<X ⇔ false.
X<Y ∧ X<Y  ⇔  X<Y.
X<Y ∧ Y<Z  ⇒  X<Z.
```

and we add the rule describing the interaction of `max` and $<$:

```
max3 @ max(X,Y,Z) ∧ Y<X  ⇔  Z=X ∧ Y<X.
```

The resulting solver remains well-behaved.

Finally, we union the solvers for $\leq$ and for $<$ that have been extended by the three rules for `max`, i.e. `max1`, `max2`, and `max3`. The union of these solvers is not confluent. The completion method adds the following rule to make a non-joinable critical pair stemming from the rules `max1` and `max3` joinable :

```
X≤Y ∧ Y<X  ⇔  false.
```

The rules derived by completion revealed interesting properties of `max` and the interaction of $\leq$ and $<$. The completed program is well-behaved.

4. Modularity of Termination and Confluence

We have seen that well-behavedness is not modular, i.e. it is not preserved under union of programs. We may ask ourselves if there are syntactic criteria for classes of programs that admit modularity of well-behavedness. In this section we will show that while for confluence, the answer is positive and simple (presupposing termination), the situation seems very difficult for termination.

When the two solvers do not have any *defined* CHR constraints in common, we call them *non-overlapping*. Note that non-overlapping solvers may have common (shared) CHR constraints and function symbols and have common built-in constraints (by definition, at least syntactical equality). We can show that the union of two non-overlapping well-behaved solvers is always well-behaved if the union is terminating.

Theorem 4.1 Let P_1 and P_2 be two well-behaved CHR programs and let the union of the two programs, $P_1 \cup P_2$, be terminating. If P_1 and P_2 are non-overlapping then $P_1 \cup P_2$ is confluent.

Proof. To show that $P_1 \cup P_2$ is confluent, we only have to show that all critical pairs of $P_1 \cup P_2$ are joinable, since $P_1 \cup P_2$ is terminating. The set of critical pairs of $P_1 \cup P_2$ consists of all critical pairs stemming from two rules appearing in P_1 (case 1. below), all critical pairs stemming from two rules appearing in P_2 (case 2) and all critical pairs stemming from one rule appearing in P_1 and one rule appearing in P_2 (case 3).

1) P_1 is well-behaved, thus all critical pairs stemming from two rules appearing in P_1 are joinable. Therefore, these critical pairs are also joinable in $P_1 \cup P_2$.

2) Analogous to case 1.

3) Critical pairs from rules of different programs can only exist, if the head of the rules have at least one constraint in common. Since P_1 and P_2 are non-overlapping, there exists no critical pair stemming from one rule in P_1 and one rule in P_2. □

For modularity of termination, the situation seems very difficult : even if two terminating programs do not have common CHR constraint symbols, their union may be non-terminating.

Example 4.1 Consider the following two programs :

```
P1: c(f(X)) ⇔ X=g(Y) ∧ c(Y).
P2: d(g(Y)) ⇔ Y=f(Z) ∧ d(Z).
```

Any goal (of finite size) terminates in each of the two programs, but the goal `c(f(X)) ∧ d(X)` does not terminate in the union of the programs (due to common function symbols).

```
c(f(X)) ∧ d(X)                                  ↦Simplify
X=g(Y) ∧ c(Y) ∧ d(g(Y))                         ↦Simplify
X=g(f(W)) ∧ Y=f(W) ∧ c(f(W)) ∧ d(W)             ↦Simplify ...
```

Actually, even if there are no common symbols in the program text, we may run into trouble.

Example 4.2 The previous example can be rewritten such that instead of common function symbols one uses built-in constraints to the same effect :

```
P1: c(FX) ⇔ f1(FX,X) | g1(X,Y) ∧ c(Y).
P2: d(GY) ⇔ g2(GY,Y) | f2(Y,Z) ∧ d(Z).
```

where $f1(X,Y)$ and $f2(X,Y)$ are both defined as $X = f(Y)$ in the constraint theory for the built-in constraints and analogously for $g1(X,Y)$ and $g2(X,Y)$. There are no common symbols in the CHR program itself, but only in the constraint theory. Any goal terminates in each of the two programs, but the goal `c(FX) ∧ f1(FX,X) ∧ d(X)` does not terminate in the union of the programs.

Summarizing, as soon as there are common symbols, no matter if they are CHR constraints, built-in constraints or function symbols (even when only shared in the built-in constraint theories), termination is in danger. But any non-trivial integration of constraint solvers will at least share some function symbols, otherwise there could not be shared variables in goals, and without shared variables there is no non-trivial communication between the solvers.

5. Cooperation Using Bridge Rules and Completion

In practice, one will often add to the union of non-overlapping solvers a few so-called *bridge rules*. These are rules that may translate constraints from one solver to constraints of the other solver to improve the overall solving power. In general, they relate constraints from different solvers to enable non-trivial cooperation. In other words, they define *communication* between the solvers by sharing data (constraints).

When adding bridge rules, care has to be taken to maintain termination. On the other hand, bridge rules can be used to re-introduce termination : we may make a union of solvers terminating by renaming symbols apart and using bridge rules to control the interaction between the solvers. In any case, terminating bridge rules will typically cause non-confluence and thus will be the starting point for completion.

Example 5.1 We want to build a Boolean constraint solver from a well-behaved program P_1 defining conjunction and a well-behaved program P_2 defining implication. In P_1, the constraint `and(X,Y,Z)` stands for `X ∧ Y ↔ Z` and in P_2, `imp(X,Y)` stands for `X → Y`.

```
P1: and(X,X,Z)  ⇔  X=Z.
    and(X,Y,1)  ⇔  X=1 ∧ Y=1.
    and(X,1,Z)  ⇔  X=Z.
    and(X,0,Z)  ⇔  Z=0.
    and(1,Y,Z)  ⇔  Y=Z.
    and(0,Y,Z)  ⇔  Z=0.
    and(X,Y,Z) ∧ and(X,Y,Z1)  ⇔  and(X,Y,Z) ∧ Z=Z1.
```

```
P2: imp(0,X)  ⇔  true.
    imp(X,0)  ⇔  X=0.
    imp(1,X)  ⇔  X=1.
    imp(X,1)  ⇔  true.
    imp(X,Y) ∧ imp(Y,X)  ⇔  X=Y.
```

We add the following bridge rule :

```
and(X,Y,X)  ⇔  imp(X,Y).
```

The program containing P_1 and P_2 together with the bridge rule is not confluent : the critical pair (*true*, `imp(X,X)`) stemming from the critical ancestor state `and(X,X,X)` of the first rule of `and` and the bridge rule is not joinable. Completion generates the following rules from the non-joinable critical pairs :

```
imp(X,X)  ⇔  true.
imp(X,Y) ∧ imp(X,Y)  ⇔  imp(X,Y).
imp(X,Y) ∧ and(X,Y,Z)  ⇔  imp(X,Y) ∧ X=Z.
```

Again, the automatically derived rules reveal interesting properties of the constraints.

6. Removal of Redundant Rules with Operational Equivalence

We can use a variation of the operational equivalence test [ABD 99a] between programs to remove redundant rules from the (completed) union of constraint solvers.

Definition 6.1 A rule R is redundant in a CHR program P iff for all states S : If $S \mapsto_P^* S_1$ then $S \mapsto_{P\setminus\{R\}}^* S_2$, where S_1 and S_2 are final states and S_1 and S_2 are variants of each other.

Example 6.1 In example 3.1, the union of the two programs defining `max`

```
r1 @ max(X,Y,Z) ⇔ X<Y | Z=Y.
r2 @ max(X,Y,Z) ⇔ X≥Y | Z=X.
r3 @ max(X,Y,Z) ⇔ X≤Y | Z=Y.
r4 @ max(X,Y,Z) ⇔ X>Y | Z=X.
```

was operationally stronger than each program alone. However, the union contains redundant rules. For example, rule `r3` can always make a transition when rule `r1` does, with the same result, but not vice versa. Hence rule `r1` is redundant, and analogously for rule `r4`.

Redundant rules can be discovered using operational equivalence : We remove one rule from the program and compare it with the original program. If the two programs are operationally equivalent, then the rule was obviously redundant and we can remove it. We continue until we have tried to remove all rules. The final program found this way is not necessarily unique, since the result may depend on the order in which rules are tried and removed.

However, Theorem 2.2 may not be applicable for our redundancy check : If we remove a rule from a well-behaved program, it may become non-confluent. In order to come up with a decidable rule redundancy test, we first have to test confluence of the program without the candidate rule for redundancy. If the program is not confluent, it cannot be operationally equivalent to the initial program, and hence the candidate rule cannot be redundant. If the program is confluent, we can and must check for operational equivalence.

Theorem 6.1 Let P be a well-behaved program. A rule R is redundant with respect to P iff $P\backslash\{R\}$ is well-behaved and P and $P\backslash\{R\}$ are operationally equivalent.

Proof. First, we prove the claim that $P\backslash\{R\}$ is well-behaved by contradiction. Assumption : $P\backslash\{R\}$ is not well-behaved. We can distinguish two cases :

1) $P\backslash\{R\}$ is non-terminating, thus P is also non-terminating, which is a contradiction to the fact that P is well-behaved.

2) $P\backslash\{R\}$ is non-confluent, thus there exists a state S such that $S \mapsto^*_{P\backslash\{R\}} S_1$ and then $S \mapsto^*_{P\backslash\{R\}} S_2$, where S_1 and S_2 are final states, and S_1 and S_2 are not variants of each other. R is redundant with respect to P, therefore there exists a state S_3 such that $S \mapsto^*_P S_3$, where S_3 is a final state, and S_3, S_1 as well as S_3, S_2 are variants of each other. This is a contradiction to the claim that S_1 and S_2 are not variants of each other.

Now we prove that P and $P\backslash\{R\}$ are operationally equivalent. R is redundant with respect to P, thus for all states S the following holds : $S \mapsto^*_P S_1$ then $S \mapsto^*_{P\backslash\{R\}} S_2$, where S_1 and S_2 are final states and S_1 and S_2 are variants of each other. Therefore, all states are $P, P\backslash\{R\}$-joinable. □

It is easy to see that we can specialize our operational equivalence test for redundancy removal : We only have to check if the computation step due to the candidate rule that is tested for redundancy can be performed by the remainder of the program, but we do not have to consider any other rule prefixes.

Example 6.2 The critical states of the program P in Example 6.1 are

cs1: max(X,Y,Z) $\wedge$ X<Y
cs2: max(X,Y,Z) $\wedge$ X$\geq$Y
cs3: max(X,Y,Z) $\wedge$ X$\leq$Y
cs4: max(X,Y,Z) $\wedge$ X>Y

Note that any subset of the program in Example 6.1 is still well-behaved. A program $P \backslash \{R\}$ ($R \in \{\texttt{r1}, \texttt{r2}, \texttt{r3}, \texttt{r4}\}$) obviously cannot contribute any new critical states. So if we try to remove rule `r1` we only have to check the critical state from rule `r1`, that is `cs1`, by running it in both programs :

$$\texttt{max(X,Y,Z)} \wedge \texttt{X<Y} \mapsto_P \texttt{X<Y} \wedge \texttt{Z=Y} \quad \text{by rule } \texttt{r1}$$
$$\texttt{max(X,Y,Z)} \wedge \texttt{X<Y} \mapsto_{P\backslash\{\texttt{r1}\}} \texttt{X<Y} \wedge \texttt{Z=Y} \quad \text{by rule } \texttt{r3}$$

Since rule `r3` enables the same transition, rule `r1` must be redundant. In an analogous way, redundancy of rule `r4` can be shown. Rule `r2`, however, is not redundant :

$$\texttt{max(X,Y,Z)} \wedge \texttt{X}\geq\texttt{Y} \mapsto_P \texttt{X}\geq\texttt{Y} \wedge \texttt{Z=X} \quad \text{by rule } \texttt{r2}$$
$$\texttt{max(X,Y,Z)} \wedge \texttt{X}\geq\texttt{Y} \not\mapsto_{P\backslash\{\texttt{r2}\}}$$

In program $P \backslash \{\texttt{r2}\}$, the critical state is a final state. Hence (the only) redundancy free program consists of the rules `r2` and `r3`.

7. Conclusions

In this paper, we have shown that terminating and confluent, i.e. well-behaved CHR constraint solvers can be merged provided termination is preserved : their tight integration is the union of the rules, even if some constraints are fully or partially defined and/or used in several solvers or program parts. In case that the resulting solver becomes non-confluent, we use our completion method to improve its behavior.

Non-overlapping solvers do not define common constraints but may freely share them otherwise. We have shown that their union is always well-behaved if it is terminating. We argued that a similar modularity result for termination is likely to be very hard to obtain. Future work will investigate how to maintain termination of the union, i.e. modularity results, trying to build on work in term rewriting systems such as [OHL 95].

We have discussed bridge rules as a communication means to integrate solvers with disjoint constraints utilizing completion. Finally, we have presented a method to remove redundant rules from a CHR solver using our operational equivalence test and our confluence test.

For future work, we are also interested in general notions of confluence and completion, since we have found that on larger examples, their current requirements are unnecessarily strict. Finally, a more efficient method for detecting and removing redundant rules should be found.

8. Bibliographie

[ABD 97] ABDENNADHER S., « Operational Semantics and Confluence of Constraint Propagation Rules », *Third International Conference on Principles and Practice of Constraint Programming, CP97*, LNCS 1330, Springer-Verlag, 1997.

[ABD 98] ABDENNADHER S., FRÜHWIRTH T., « On Completion of Constraint Handling Rules », *4th International Conference on Principles and Practice of Constraint Programming, CP98*, LNCS 1520, Springer-Verlag, 1998.

[ABD 99a] ABDENNADHER S., FRÜHWIRTH T., « Operational Equivalence of Constraint Handling Rules », *Fifth International Conference on Principles and Practice of Constraint Programming, CP99*, LNCS, Springer-Verlag, 1999.

[ABD 99b] ABDENNADHER S., FRÜHWIRTH T., MEUSS H., « Confluence and Semantics of Constraint Simplification Rules », *Constraints Journal*, vol. 4, n° 2, 1999.

[BAA 01] BAADER F., SCHULZ K. U., « Combining Constraint Solving », *Constraints in Computational Logics*, 2001.

[CAS 00] CASTRO C., MONFROY E., « Basic Operators for Solving Constraints via Collaboration of Solvers », *Proceedings of AISC 2000*, LNAI 1930, Springer-Verlag, 2000.

[FRÜ 98] FRÜHWIRTH T., *A Declarative Language for Constraint Systems : Theory and Practice of Constraint Handling Rules*, Habilitation, Computer Science Institute, LMU Munich, 1998.

[FRÜ 00] FRÜHWIRTH T., « Proving Termination of Constraint Solver Programs », K.R. APT A.C. KAKAS E. M., ROSSI F., Eds., *New Trends in Constraints*, LNAI 1865, Springer-Verlag, 2000.

[GRA 01] GRANVILLIERS L., MONFROY E., BENHAMOU F., « Cooperative Solvers in Constraint Programming : A Short Introduction », *Workshop on Cooperative Solvers in Constraint Programming (CoSolv) at CP 2001*, Paphos, Cyprus, December 2001.

[HOF 00] HOFSTEDT P., « Better Communication for Tighter Cooperation », *First Intl. Conference on Computational Logic (CL 2000)*, LNAI 1861, Springer-Verlag, 2000.

[MON 00] MONFROY E., « The Constraint Solver Collaboration Language of BALI », *Frontiers of Combining Systems 2*, Vol. 7 of Studies in Logic and Computation, Research Studies Press/Wiley, 2000.

[OHL 95] OHLEBUSCH E., « Modular Properties of Composable Term Rewriting Systems », *Journal of Symbolic Computation*, vol. 20, n° 1, 1995.

[TIN 98] TINELLI C., RINGEISSEN C., « Non-Disjoint Unions of Theories and Combinations of Satisfiability Procedures : First Results », rapport, avril 1998, Department of Computer Science, University of Illinois at Urbana-Champaign.

Surcharge et sous-typage dans TCLP

Emmanuel Coquery — François Fages

Projet Contraintes, INRIA-Rocquencourt,
BP105, 78153 Le Chesnay Cedex, France,
{emmanuel.coquery,francois.fages}@inria.fr

RÉSUMÉ. *Ce papier est la suite de nos travaux précédents sur le système de type TCLP pour les programmes logiques avec contraintes. Ici, nous introduisons la surcharge dans TCLP et décrivons une nouvelle implantation de TCLP dans le langage des "Constraint Handling Rules" CHR. La surcharge d'opérateur, c'est à dire la possibilité de donner plusieurs types à un même symbole, permet d'éviter des relations de sous-typage comme les entiers sous-type des flottants, qui ne sont pas fidèles au comportement de certains prédicats, par exemple l'unification entre un entier et sa représentation flottante échoue en ISO Prolog. Nous décrivons une nouvelle implantation de TCLP en Prolog et CHR, où la surcharge est résolue par backtracking avec le principe Andorra. Les résultats expérimentaux montrent que cette nouvelle implantation est à la fois plus rapide, grâce aux simplifications par unification des variables de type en CHR, et plus précise, car la surcharge permet d'augmenter le pourcentage de types inférés exacts.*

ABSTRACT. *This paper is a continuation of our previous work on the TCLP type system for constraint logic programming. Here we introduce overloading in TCLP and describe a new implementation of TCLP in the Constraint Handling Rules language CHR. Overloading, that is assigning several types to symbols, e.g. for integer and floating point arithmetic, makes it possible to avoid subtype relations like integer subtype of float, that are not faithful to the behavior of some predicates, e.g. unification between an integer and its float representation fails in ISO Prolog. We describe a new implementation of TCLP in Prolog and CHR where overloading is resolved by backtracking with the Andorra principle. Experimental results show that the new implementation of TCLP in CHR outperforms the previous implementation in CAML w.r.t. both runtime efficiency, thanks to simplifications by unification of type variables in CHR, and w.r.t. the percentile of exact types inferred by the TCLP type inference algorithm, thanks to overloading.*

MOTS-CLÉS : *types, sous-typage, surcharge, polymorphisme paramétrique*

KEYWORDS: *types, subtyping, overloading, parametric polymorphism*

1. Introduction

La notion de sous-typage est un concept fondamental introduit par Cardelli [CAR 88] et Mitchell [MIT 84] dans le contexte des langages fonctionnels, comme une autre forme de polymorphisme complémentaire du polymorphisme paramétrique. Le pouvoir du sous-typage réside dans la règle de subsomption, qui exprime qu'une expression de type τ dans l'environnement de type U peut être utilisée là où une expression de type τ' est attendue, dans la mesure où τ est une sous-type de τ' :

$$(Sub)\ \frac{U \vdash t : \tau\ ,\ \tau \leq \tau'}{U \vdash t : \tau'}$$

La surcharge, également appelée polymorphisme "ad hoc", permet d'assigner plusieurs types aux symboles de fonctions ou de prédicats. Contrairement au sous-typage, où tous les objets de type τ ont tous les super-types $\tau' \geq \tau$, les différents types assignés aux symboles surchargés sont spécifiques à ces symboles, c'est pourquoi la surcharge est appelée polymorphisme "ah hoc". Les opérations arithmétiques s'appliquent naturellement à la fois aux nombres entiers et aux nombres réels. Par exemple, l'addition + est naturellement surchargée et peut avoir les types $int \times int \rightarrow int$, $int \times float \rightarrow float$, $float \times int \rightarrow float$, $float \times float \rightarrow float$. En l'absence de surcharge, le même ensemble de types peut être obtenu en utilisant le sous-typage et les types contraints [POT 02]. Par exemple, on peut, de manière équivalente, assigner à + le type $\forall \alpha \leq float\ \alpha \times \alpha \rightarrow \alpha$, avec la relation de sous-typage $int \leq float$. Bien qu'élégante, cette approche ne se généralise pas bien, et la surcharge fournit en général une plus grande flexibilité que le sous-typage.

Dans cet article, nous ajoutons la surcharge au système de types pour les programmes logiques avec contraintes TCLP [FAG 01]. TCLP est un système de types prescriptifs qui combine le sous-typage et le polymorphisme paramétrique, et fournit des algorithmes pour la vérification et l'inférence de types pour les prédicats. Le polymorphisme paramétrique, tel qu'introduit pour Prolog dans [MYC 84, LAK 91] et dans Gödel [HIL 94] et Mercury [SOM 96], autorise le typage de listes homogènes avec un type polymorphique $list(\alpha)$ pouvant être instancié par des types représentant des listes d'entiers, de caractères, des listes de listes d'entiers, etc. La surcharge est considérée dans ce contexte dans [DEM 99]. Dans TCLP, le *sous-typage* est utilisé comme un moyen de typer les prédicats de méta-programmation et les coercitions automatiques entre domaines de contraintes. Les prédicats de méta-programmation imposent que tous les objets soient décomposables en tant que termes, d'où l'introduction d'un type *term* comme super-type de tous les types. En particulier, nous avons des relations de sous-typage entre constructeurs de types d'arité différente comme $list(\alpha) \leq term$.

Sans sous-typage, l'inférence de types se ramène à la résolution d'un système d'égalités entre expressions de types, ce qui peut être fait par unification. Avec sous-typage, l'inférence de types se ramène à la résolution d'un système d'*inégalités* entre expressions de type. Plusieurs algorithmes pour résoudre les inégalités de sous-typage ont été proposés dans la littérature. Ils peuvent être classifiés selon plusieurs directions :

– le domaine des types : types finis [MIT 84, FUH 88, FRE 97], types réguliers (récursifs) [AMA 93, TRI 96, POT 02], ou types infinis [TIU 99],

– la structure des types : treillis [AMA 93, TIU 92, POT 02], quasi-treillis [SMO 88], ordre partiel avec maximum [FAG 01], ordre partiel [FRE 97],

– la relation de sous-typage : extension structurelle d'une relation de sous-typage entre types de base, relation de sous-typage entre constructeurs de types avec même arité [FRE 97], ou entre constructeurs de types d'arité différente [POT 02, FAG 01].

Dans cet article, nous décrivons une nouvelle implantation de TCLP en Prolog et avec le langage des Constraint Handling Rules CHR [FR$\tilde{9}$8]. Dans la section 2, nous passons en revue les algorithmes utilisés dans TCLP et montrons comment la surcharge peut être traitée par backtracking avec le principe Andorra. Dans la section 3, nous décrivons l'implantation en CHR de l'algorithme de Pottier pour résoudre contraintes d'inégalités de sous-typage. Dans la section 5, nous proposons des types TCLP pour ISO Prolog et pour CLP($\mathcal{R}$), CLP($\mathcal{Q}$), CLP($\mathcal{FD}$) et CLP($\mathcal{B}$). Dans la section 6, nous présentons nos résultats d'évaluation sur 18 bibliothèques Sicstus Prolog et programmes CLP standards. Nous montrons que la nouvelle implantation de TCLP en CHR est à la fois plus rapide, grâce aux simplifications par unification des variables de type en CHR, et plus précise, car la surcharge permet d'augmenter le pourcentage de types exacts inférés. En particulier, nous montrons que le principe Andorra suffit à gérer efficacement les symboles surchargés dans TCLP, et que des techniques plus sophistiquées de programmation par contraintes, comme la disjonction constructive, ne sont pas nécessaires pour typer des programmes courants avec surcharge.

2. Système de typage TCLP avec surcharge

2.1. *Règles de typage*

Les règles de typage de TCLP ajoutent essentiellement la règle de sous-typage de Cardelli et Mitchell [CAR 88, MIT 84] aux règles de Mycroft et O'Keefe [MYC 84]. Par une transformation simple [FAG 01], nous obtenons les règles de la table 1 qui permettent de dériver des jugements de typage de la forme $U \vdash$ expression typée où U est un environnement qui associe un type à chaque variable.

La distinction entre les règles *Head* et *Atom* exprime le principe habituel de *généricité des définitions* [LAK 91] qui établit que le type d'une occurrence de définition d'un prédicat (c.-à-d. à gauche de "$\leftarrow$" dans une clause) doit être équivalent à un renommage près au type assigné au prédicat. La règle *Head* utilisée pour dériver le type de la tête de la clause n'autorise donc pas de substitution autre que des renommages de variable dans le type déclaré du prédicat. La condition de généricité des définitions est utile aux propriétés de correction ("subject reduction") de TCLP [FAG 01].

(Var)	$\{x:\tau,\ldots\}\vdash x:\tau$	
(Func)	$\dfrac{U\vdash t_1{:}\sigma_1\ \sigma_1\leq\tau_1\Theta\ \ldots\ U\vdash t_n{:}\sigma_n\ \sigma_n\leq\tau_n\Theta}{U\vdash f_{\tau_1\ldots\tau_n\to\tau}(t_1,\ldots,t_n){:}\tau\Theta}$	Θ est une substitution de type
(Atom)	$\dfrac{U\vdash t_1{:}\sigma_1\ \sigma_1\leq\tau_1\Theta\ \ldots\ U\vdash t_n{:}\sigma_n\ \sigma_n\leq\tau_n\Theta}{U\vdash p_{\tau_1\ldots\tau_n}(t_1,\ldots,t_n)\,Atom}$	Θ est une substitution de type
(Head)	$\dfrac{U\vdash t_1{:}\sigma_1\ \sigma_1\leq\tau_1\Theta\ \ldots\ U\vdash t_n{:}\sigma_n\ \sigma_n\leq\tau_n\Theta}{U\vdash p_{\tau_1\ldots\tau_n}(t_1,\ldots,t_n)\,Head}$	Θ est un renommage
(Query)	$\dfrac{U\vdash A_1\ Atom\ \ldots\ U\vdash A_n\ Atom}{U\vdash A_1,\ldots,A_n\ Query}$	
(Clause)	$\dfrac{U\vdash Q\ Query\quad U\vdash A\ Head}{U\vdash A\leftarrow Q\ Clause}$	

Tableau 1. *Les règles de typage de TCLP.*

Sans surcharge, les symboles n'ont qu'un type noté $f_{\tau_1\ldots\tau_n\to\tau}$, et les règles de typage de TCLP sont déterministes, c.-à-d. la syntaxe de l'expression considérée détermine les règles à appliquer. Il s'ensuit que la vérification des types dans TCLP revient essentiellement à collecter l'ensemble des inégalités de sous-typage le long d'une dérivation de l'expression, et à vérifier leur satisfiabilité dans la structure des types. Nous nous référons à [FAG 01] pour plus de détails sur l'algorithme de vérification des types et à la section 3 pour la résolution des contraintes de sous-typage.

Avec surcharge, la notation $f_{\tau_1\ldots\tau_n\to\tau}$ signifie que le type $\tau_1\ldots\tau_n\to\tau$ est un type possible pour le symbole f. Les symboles surchargés rendent les règles de typage non déterministes. Cependant les propriétés de correction de TCLP [FAG 01] demeurent valides, notamment:

Proposition 1 *Soit P un programme bien typé et Q un but bien typé dans un environnement U, $U\vdash Q\,Query$. Si Q' est un résolvant CSLD de Q alors il existe un environnement U' tel que $U'\vdash Q'\,Query$.*

2.2. *Surcharge par backtracking sous le principe Andorra*

Le principe Andorra, introduit pour la parallélisation de Prolog, il y a une dizaine d'années [COS 91], est le principe bien connu qui consiste à retarder l'exécution de points de choix jusqu'au moment où tous les buts déterministes ont été exécutés. Nous allons voir que cette simple stratégie de contrôle, au cœur de la programmation par contraintes, est suffisante pour gérer efficacement les symboles surchargés dans TCLP. L'idée est que le contexte d'une expression contenant des symboles surchargés fournit souvent une information suffisante pour désambiguer le type des symboles surchargés. Donc, en retardant simplement les points de choix, l'information de typage venant du contexte suffit à déterminer le type des symboles surchargés. Si cela n'est pas suffisant, les différents types peuvent alors être énumérés par backtracking sous le principe Andorra et un principe simple de “look ahead”. L’algorithme d’énumération des types des symboles surchargés procède comme suit :

1. les types des occurrences de symboles surchargés sont vérifiés par rapport aux contraintes courantes et tous les types insatisfiables sont éliminés. Si tous les types d’une occurrence d’un symbole sont éliminés, c’est un échec;

2. si une occurrence d’un symbole n’a plus qu’un type possible, les contraintes de sous-typage correspondantes sont ajoutées;

3. les deux premiers points sont répétés jusqu’à l’obtention d’un point fixe;

4. une occurrence non résolue est alors choisie, et chaque type possible est alors essayé en itérant toute la procédure par backtracking.

Les deux premières étapes sont particulièrement efficaces, car elles laissent souvent le contexte désambiguer le type des symboles surchargés. Le résultat de ce traitement de la surcharge en mode de vérification des types est un succès si un typage rend les contraintes de types résolubles, et un échec si tous les types échouent. Le résultat en mode d’inférence de types est une énumération des types inférés.

2.3. *Inférence de type dans TCLP*

Dans un système de types prescriptifs, les algorithmes de reconstruction de type sont utiles pour omettre les déclarations de types dans les programmes, tout en continuant de vérifier la typabilité du programme, par la possibilité ou non d’inférer les types omis [LAK 91]. Dans TCLP, un prédicat peut accepter n’importe quel argument d’un type inférieur au type déclaré du prédicat. Donc en inférant le type d’un prédicat à partir des clauses qui définissent ce prédicat, il est toujours possible d’inférer le type le plus général. En particulier, s’il y a un type *term* qui est un super-type de tous les types, le typage de n’importe quel prédicat avec le type *term* est toujours un type valide.

Pour ces raisons, l’inférence de type dans TCLP est heuristique. Premièrement, un type minimum est inféré pour le prédicat d’après le type des arguments trouvés dans les clauses définissant le prédicat. Un type heuristique est alors inféré d’après les bornes des types des arguments trouvés dans les clauses définissant le prédicat. Ce type est finalement rendu polymorphique en essayant de remplacer les types non bornés par des paramètres de type. Nous nous référons à [FAG 01] pour les détails de l’algorithme d’inférence de type de TCLP.

L’ajout de la surcharge rend l’algorithme d’inférence de TCLP non déterministe. Plusieurs types inférés peuvent être énumérés suivant les différents types possibles pour les symboles surchargés. Dans les résultats expérimentaux rapportés par la suite, seul le premier type inféré est considéré.

3. Résolution des inégalités de sous-typage

3.1. *Types TCLP*

TCLP gère une structure de termes partiellement ordonnés, appelés potermes, pour représenter des types avec des variables (paramètres) et du sous-typage. Dans l'optique de cet article, il est pratique de faire quelques changements dans les hypothèses décrites pour TCLP dans [FAG 01]. Ici, il sera plus simple de considérer la résolution des inégalités de sous-typage sur les types infinis (réguliers) au lieu des types finis. La proposition 4 montre que, dans le contexte de l'inférence de type de TCLP, la résolution sur les types finis est équivalente à la résolution sur les types infinis. De plus, nous supposons que l'ensemble des types ordonnés par la relation de sous-typage forme un treillis. D'un autre côté, nous relâchons l'hypothèse de "décroissance de l'arité" faite dans [FAG 01].

Soit $\mathcal{K}$ un ensemble fini de *constructeurs*.À chaque symbole $K \in \mathcal{K}$, on associe une arité $m \geq 0$, le symbole avec son arité est noté K/m. Nous supposons que $\mathcal{K}$ contient les symboles $\top/0$ et $\bot/0$. Soit $\mathcal{U}$ un ensemble dénombrable de *variables de type*, également appelées *paramètres*, dénotés par α, β,.... Un *type infini* τ est un terme infini formé à partir de $\mathcal{K}$ et $\mathcal{U}$, c.-à-d. une fonction partielle des chaînes d'entiers vers les symboles, $\tau : (\mathcal{N}^+)^* \rightarrow \mathcal{K} \cup \mathcal{U}$, telle que i) dom($\tau$) est non vide et clos par préfixe, ii) si $\tau(w) = K/n \in \mathcal{K}$ alors $\{wi | wi \in dom(\tau)\} = \{w0, ..., wn\}$ iii) si $\tau(w) = \alpha \in \mathcal{U}$ alors $wi \notin$ dom(τ) pour tout $i \in \mathcal{N}^+$. Le sous-terme de τ à $w \in$ dom(τ) est le type $\tau/w = \lambda w'.\tau(ww')$. Un type infini est régulier s'il contient un nombre fini de sous-termes. Un type fini est un type avec un domaine fini. Nous notons $\mathcal{T}$ l'ensemble des types réguliers sur $\mathcal{K}$ et $\mathcal{U}$. L'ensemble des variables de type dans un type τ est noté $V(\tau)$. L'ensemble des types instanciés $\mathcal{G}$ est l'ensemble des types réguliers ne contenant pas de variable. Un *type plat* est un type fini de la forme $K(\alpha_1, \ldots, \alpha_m)$, où $K \in \mathcal{K}$ et les α_i sont des paramètres.

A présent, nous supposons l'existence d'un ordre $\leq_{\mathcal{K}}$ sur les constructeurs de type tel que $(\mathcal{K}, \leq_{\mathcal{K}}, \bot, \top)$ forme un treillis. La borne supérieure (resp. inférieure) de deux constructeurs K_1 et K_2 est notée $lub(K_1, K_2)$ (resp. $glb(K_1, K_2)$). De plus, nous supposons qu'avec chaque paire $K/m \leq_{\mathcal{K}} K'/m'$, est associée une injection entre les arguments $\iota_{K,K'} : \{1, \ldots, m\} \rightarrow \{1, \ldots, m'\}$, telle que si $K \leq_{\mathcal{K}} K' \leq_{\mathcal{K}} K''$ alors $\iota_{K,K''} = \iota_{K',K''} \circ \iota_{K,K'}$. Ces hypothèses signifient que les arguments de constructeurs comparables sont reliés de manière consistante avec $\leq_{\mathcal{K}}$. Nous supposons également que si $K''/n = glb(K, K')$ alors dom($\iota_{K'',K}$) $\cup$ dom($\iota_{K'',K'}$) $= [1, n]$, c.-à-d. les bornes inférieures n'introduisent pas de nouveaux paramètres. De même, si $K''/n = lub(K, K')$ alors range($\iota_{K,K''}$)$\cup$range($\iota_{K',K''}$) $= [1, n]$. L'ordre sur les constructeurs de types est étendu à un *ordre de sous-typage covariant* $\leq$ sur les types infinis. L'ordre $\leq$ est défini comme l'intersection des préordres suivants :

- $\leq_0 = \mathcal{T} \times \mathcal{T}$,
- pour tout $k \in \mathcal{N}$, $\tau \leq_{k+1} \tau'$ est vrai si et seulement si
  - soit $\tau, \tau' \in \mathcal{U}$ et $\tau = \tau'$

- soit $\tau(\epsilon) \leq_{\mathcal{K}} \tau'(\epsilon)$ et $\forall i \in dom(\iota(\tau(\epsilon), \tau'(\epsilon)))\ \tau/i \leq_k \tau'/\iota(\tau(\epsilon), \tau'(\epsilon))(i)$

$- \leq = \bigcap_{k \in \mathcal{N}^+} \leq_k$.

On peut vérifier que $\leq$ est une relation d'ordre et que sur les types instanciés, $(\mathcal{G}, \leq, \perp, \top)$ forme un treillis [POT 02].

Les constructeurs de type contravariants, où la relation d'ordre pour comparer certains de leurs arguments est inversée, ne sont pas considérés dans cet article. Donc, si $int \leq_{\mathcal{K}} float$ pour des types de base int et $float$, alors nous avons $list(int) \leq list(float)$ et $list(float) \not\leq list(int)$. Nous avons également $list(float) \not\leq list(\alpha)$ car l'ordre de sous-typage ne contient pas le préordre d'instanciation. Intuitivement, un type instancié représente un ensemble d'expressions, et l'ordre de sous-typage correspond à l'inclusion ensembliste. Les types paramétriques ne supportent pas directement cette interprétation, leurs paramètres dénotent des types inconnus, comme des variables logiques.

3.2. *Algorithmes de résolution des inégalités de sous-typage*

La partie difficile de l'implantation de TCLP réside dans la résolution des inégalités de sous-typage, c'est-à-dire dans la résolution du problème suivant : étant donné un système de relations de sous-typage $\bigwedge_{i=1}^{n} \tau_i \leq \tau'_i$, existe-t-il une substitution Θ telle que $\bigwedge_{i=1}^{n} \tau_i\Theta \leq \tau'_i\Theta$? Si oui, exhiber une solution minimale ou maximale, s'il en existe. Une solution *minimale* (resp. *maximale*) est une solution Θ telle que pour toute solution Θ' il existe une substitution Θ'' telle que $\forall \alpha \in V\ \alpha\Theta\Theta'' \leq \alpha\Theta'$ (resp. $\forall \alpha \in V\ \alpha\Theta\Theta'' \geq \alpha\Theta'$).

Nous considérons des systèmes d'inégalités de sous-typage entre variables et types plats, c'est à dire de la forme $\alpha \leq \beta$, $K(\alpha_1, ..., \alpha_n) \leq \alpha$ ou $\alpha \leq K(\alpha_1, ..., \alpha_n)$. Les types non plats peuvent être représentés sous cette forme en introduisant de nouvelles variables et des inégalités entre ces variables et les types qu'elles représentent.

Proposition 2 *[AMA 93, TRI 96] Un système d'inégalités de sous-typage dans un treillis de types réguliers (ou infinis) est satisfiable si et seulement si sa simplification avec les règles suivantes ne génère pas faux :*

Trans	$\Sigma,\ \alpha \leq \beta,\ \beta \leq \gamma \longrightarrow \Sigma,\ \alpha \leq \beta,\ \beta \leq \gamma,\ \alpha \leq \gamma$ si $\alpha \leq \gamma \notin \Sigma$ et $\alpha \neq \gamma$.
Clash	$\Sigma,\ K(\alpha_1, ..., \alpha_m) \leq \alpha,\ \alpha \leq \beta,\ \beta \leq K'(\alpha'_1, ..., \alpha'_n) \longrightarrow$ faux si $K \not\leq_{\mathcal{K}} K'$.
Dec	$\Sigma,\ K(\alpha_1, ..., \alpha_m) \leq \alpha,\ \alpha \leq \beta, \beta \leq K'(\alpha'_1, ..., \alpha'_n) \longrightarrow$ $\Sigma,\ K(\alpha_1, ..., \alpha_m) \leq \alpha,\ \alpha \leq \beta, \beta \leq K'(\alpha'_1, ..., \alpha'_n),\ \{\alpha_i \leq \alpha'_{\iota(i)}\}_{i \in \mathrm{dom}(\iota)}$ si $K \leq_{\mathcal{K}} K'$, $\iota = \iota_{K,K'}$ et $\{\alpha_i \leq \alpha'_{\iota(i)}\}_{i \in \mathrm{dom}(\iota)} \not\subset \Sigma \cup \{\alpha \leq \beta\}$.

Exhiber des solutions minimales et maximales requiert plus de travail. Pour simplifier la présentation, nous supposons que le système initial à résoudre, Σ_0 sur les variables V_0, est tout d'abord complété par l'introduction de nouvelles variables γ_S et

δ_S pour chaque sous-ensemble non vide S de V_0, et par l'ajout des inégalités $\gamma_S \leq \alpha$ et $\alpha \leq \delta_S$ pour toutes les variables $\alpha \in S$. Étant donné un système Σ et un ensemble de variables S nous définissons la variable $\gamma(S,\Sigma) = \gamma_{\{\alpha \in V_0 | \exists \beta \in S\ \beta \leq \alpha \in \Sigma\}}$ et similairement $\delta(S,\Sigma) = \delta_{\{\alpha \in V_0 | \exists \beta \in S\ \alpha \leq \beta \in \Sigma\}}$. Nous supposons également que le système est complété par l'ajout de l'inégalité $\alpha \leq \alpha$ pour chaque variable α, et que chaque variable est donnée initialement avec une seule borne inférieure (resp. supérieure) non variable, notée $lb(\alpha)$ (resp. $\mathrm{ub}(\alpha)$), par une inéquation de la forme $\mathrm{lb}(\alpha) \leq \alpha$ (resp. $\alpha \leq \mathrm{ub}(\alpha)$). La propriété d'unicité des bornes non variables est conservée par le système suivant.

Proposition 3 *[POT 02] Dans un système d'inégalités de sous-typage simplifié avec les règles ci-dessous, l'identification de tous les paramètres à leur borne inférieure $lb(\alpha)$ (resp. borne supérieure $ub(\alpha)$) fournit une solution minimale (resp. maximale).*

(Glb) $\Sigma,\ \alpha \leq K(\alpha_1,...,\alpha_m),\ \alpha \leq \beta,\ \beta \leq K'(\alpha'_1,...,\alpha'_n) \longrightarrow$
$\Sigma,\ \alpha \leq K''(\alpha''_1,...,\alpha''_l),\ \alpha \leq \beta,\ \beta \leq K'(\alpha'_1,...,\alpha'_n),\ \Sigma'$
si $K'' \neq K$ ou $\Sigma' \not\subset \Sigma \cup \{\alpha \leq \beta\}$,
où $K'' = \mathrm{glb}(K,K')$, $\iota = \iota_{K'',K}$, $\iota' = \iota_{K'',K'}$,
$\alpha''_k = \gamma(\{\alpha_{\iota(k)}, \alpha'_{\iota'(k)}\}, \Sigma \cup \{\alpha \leq \beta\})$ pour tout $1 \leq k \leq l$,
$\Sigma' = \{\alpha''_k \leq \alpha_{\iota(k)}\}_{k \in \mathrm{dom}(\iota)} \cup \{\alpha''_k \leq \alpha'_{\iota'(k)}\}_{k \in \mathrm{dom}(\iota')}$

(Lub) $\Sigma,\ K(\alpha_1,...,\alpha_m) \leq \alpha,\ \alpha \leq \beta,\ K'(\alpha'_1,...,\alpha'_n) \leq \beta \longrightarrow \ldots$
$\Sigma,\ K(\alpha_1,...,\alpha_m) \leq \alpha,\ \alpha \leq \beta,\ K''(\alpha''_1,...,\alpha''_l) \leq \beta,\ \Sigma'$
si $K'' \neq K'$ ou $\Sigma' \not\subset \Sigma \cup \{\alpha \leq \beta\}$,
où $K'' = \mathrm{lub}(K,K')$, $\iota = \iota_{K,K''}$, $\iota' = \iota_{K',K''}$,
$\alpha''_k = \delta(\{\alpha_{\iota^{-1}(k)}, \alpha'_{\iota'^{-1}(k)}\}, \Sigma \cup \{\alpha \leq \beta\})$ pour tout $1 \leq k \leq l$,
$\Sigma' = \{\alpha_i \leq \alpha''_{\iota(i)}\}_{i \in \mathrm{dom}(\iota)} \cup \{\alpha'_j \leq \alpha''_{\iota'(j)}\}_{j \in \mathrm{dom}(\iota')}$

Un système d'inégalités de sous-typage Σ est acyclique s'il existe un fonction de rang sur les variables de type $r : \mathcal{U} \to \mathcal{N}$ telle que si $\sigma \leq \tau \in \Sigma$, $\alpha \in V(\sigma)$ et $\beta \in V(\tau)$ alors $r(\alpha) < r(\beta)$. Dans [FAG 01], on montre que les systèmes d'inégalités de sous-typage pour la vérification et l'inférence de types dans TCLP sont acycliques, de plus :

Proposition 4 *[FAG 01] Un système d'inégalités de sous-typage acyclique est satisfiable sur les termes finis si et seulement si il est satisfiable sur les termes réguliers.*

Les règles de simplification données dans cette section sont au cœur des algorithmes de TCLP pour la vérification et l'inférence de type. La section suivante décrit leur implantation dans le langage des Constraint Handling Rules CHR [FR$\tilde{9}$8].

4. Implantation de TCLP en CHR

4.1. *Représentation du treillis de types*

Le treillis de sous-typage peut être décrit avec trois prédicats `tclp__le(T1,T2)`, `tclp__glb(T1,T2,GLB)` et `tclp__lub(T1,T2,LUB)`, définissant respectivement les relations de sous-typage entre les constructeurs de type, les bornes inférieures et les bornes supérieures. L'utilisateur entre une description de l'ordre et le programme génère les clauses dynamiques pour `tclp__le/2`, `tclp__glb/3` et `tclp__lub/3`, correspondant à ces déclarations. Par exemple, les déclarations avec les relations (implicites) de sous-typage suivantes :

```
:- type int, type list(A), order int < term, order list(A) < term.
```

génèrent les clauses suivantes (les clauses pour `tclp__lub` sont symétriques) :

```
tclp__le(list(_),term).
tclp__le(list(T1),list(T2)) :- T1 :< T2.
tclp__glb(int,term,int).
tclp__glb(term,list(T),list(T)).
tclp__glb(list(T1),list(T2),list(T3)) :- tclp__vGLB(T1,T2,T3).
```

Le nombre de clauses générées est au plus en $O(n^2)$ où n est le cardinal de $\mathcal{K}$

4.2. *Représentation des variables de type*

L'ensemble des règles de simplification données dans la section 3 pourraient être implantées assez directement en CHR. Cependant, il est plus efficace de rassembler dans une structure de données les informations se rattachant à une variable, que de les obtenir par filtrage. On introduit donc pour chaque variable de type α une structure de données `tclp__parameter(A,UB,USet,LSet,LB)` qui encapsule ses bornes supérieures et inférieures $ub(\alpha)$, $lb(\alpha)$, et la liste $USet$ (resp. $LSet$) des variables de type à droite (resp. gauche) d'une inégalité du système avec α. Les contraintes `tclp__update(loset, hiset, lobound, hibound)` sont utilisées pour effectuer des changements dans `tclp__parameter`.

```
tclp__update_hibound(X,Hibound) ,
tclp__parameter(X, HiboundX, HisetX, LosetX, LoboundX)
       <=> tclp__glb(HiboundX, Hibound, NewHibound),
           tclp__parameter(X, NewHibound, HisetX, LosetX, LoboundX).
tclp__update_hiset(X, Hiset) ,
tclp__parameter(X, HiboundX, HisetX, LosetX, LoboundX)
       <=> list_to_ord_set(HisetX, SHisetX),
           ord_union(Hiset, SHisetX, NewHiset),
           tclp__parameter(X, HiboundX, NewHiset, LosetX, LoboundX).
tclp__update_hiset_s([X|L],Hiset) :- tclp__update_hiset(X, Hiset),
                                     tclp__update_hiset_s(L, Hiset).
```

Nous ne détaillons pas l'implémentation des inégalités de type. Celle-ci reproduit essentiellement les règles de simplification de la section précédente adaptées à la représentation des variables avec leurs bornes.

4.3. *Surcharge*

L'algorithme de la section 2.2 pour la résolution des symboles surchargés est implanté en CHR. On donne aux occurrences des symboles surchargés un type inconnu de la forme $\alpha_1 \times ... \times \alpha_n \rightarrow \alpha$, appelé schéma de type abstrait, sur lequel les contraintes de typage sont accumulées. La règle *reduce* implante essentiellement l'étape 1 de filtrage de l'algorithme, et peut déclencher la règle d'échec *failure* ou la règle d'instanciation *instanciate* (étape 2). La règle d'énumération (étape 4) n'est pas détaillée.

```
reduce @ abstract_type(Id, AbstractScheme) \
   multi_type(Id,ConcreteSchemes), do_reduce(N,Total)
   <=> filter_schemes(AbstractScheme,ConcreteSchemes,NewConcreteSchemes),
       multi_type(Id, NewConcreteSchemes),
       (length(ConcreteSchemes,Length),length(NewConcreteSchemes,Length)
       -> N1 is N+1, do_reduce(N1,Total)
       ; do_reduce(N,Total) ).
failure @ abstract_type(Id, _), multi_type(Id,[]) <=> fail.
instanciate @ multi_type(Id,[ ConcreteScheme ]),
              abstract_type(Id, AbstractScheme)
              <=> apply_scheme(ConcreteScheme, AbstractScheme).
labeling @ label(Id), multi_type(Id, Types),
           abstract_type(Id, AbstractScheme, F/N, Location)
           <=> apply_one_scheme(AbstractScheme,Types),
               reduce_all(Remaining),
              (Remaining=0 -> true; label_functor).
```

5. Types TCLP pour ISO Prolog et CLP($\mathcal{R}$,$\mathcal{Q}$,$\mathcal{FD}$,$\mathcal{B}$)

5.1. *Structure des types*

La figure 5.1 décrit la structure des types TCLP que nous proposons pour ISO Prolog. Cette structure de type est complétée par l'ajout du type $\top$ au dessus du type $term$ et du type bottom $\perp$ en dessous de tous les types. Le type $\perp$ est un type vide et est donc considéré comme une erreur dans TCLP. La distinction entre $\top$ et $term$ est due à l'algorithme d'inférence de type, celui-ci ne généralisant que les variables de type non contraintes, c.-à-d. bornées par $\perp$ et $\top$ [FAG 01].

Les prédicats de méta-programmation dans ISO Prolog imposent essentiellement que chaque objet puisse être décomposé comme un terme. Cela est traité dans TCLP par sous-typage avec un type $term$ au sommet du treillis des types. Comme les *bytes* sont des entiers avec une valeur restreinte, nous avons $byte < int$. Cependant nous n'avons pas de relation de sous-typage entre entiers et flottants ($int \not< float$). Ce choix est motivé par le fait que, en ISO Prolog, il n'y a pas de coercition des entiers vers les flottants, en particulier une unification comme `1=1.0` échoue en ISO Prolog. Les règles de sous-typage entre $stream$, $atom$ et $stream\_or\_alias$ sont motivées par le fait qu'un flux peut être remplacé par un alias, c.-à-d. un atome. Le type $pred$ est le type des prédicats, c'est à dire des têtes de clauses, aussi bien que des occurrences dans

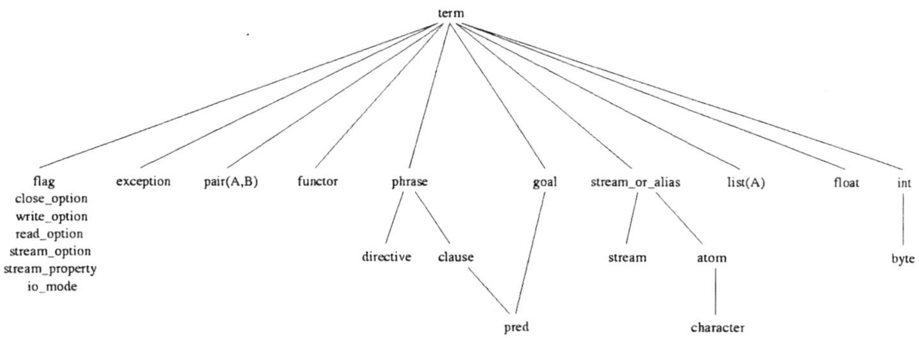

Figure 1. *Structure des types TCLP pour ISO Prolog.*

le corps de la clause ou dans une directive. Pour cette raison, les prédicats peuvent être vus à la fois avec le type *clause* (pour les clause avec un corps vide) et avec un type *goal*. Cela justifie les relations $pred < clause$ et $pred < goal$.

Les types paramétriques sont introduits pour des listes, avec le type $list(\alpha)$, et pour les paires, avec le type $pair(\alpha, \beta)$. Nous avons donc les relations de sous-typage $list(\alpha) < term$ et $pair(\alpha, \beta) < term$, c.-à-d. des relations de sous-typage entre des constructeurs de type d'arités différentes, ce qui est à l'origine des difficultés de résolution des contraintes de sous-typage dans TCLP.

Dans CLP($\mathcal{R}$) le domaine de contraintes peut être typé avec le même type *float* que Prolog. Similairement le domaine de contraintes de CLP($\mathcal{FD}$) peut être typé avec le type *int*. Le domaine booléen de CLP($\mathcal{B}$) est un sous-ensemble composé des valeurs 0 et 1 du domaine fini $\mathcal{FD}$. Un nouveau type *boolean* est donc introduit comme sous-type de *byte*, $boolean < byte$. Dans CLP($\mathcal{Q}$) le domaine contraint des nombres rationnels avec précision infinie est un type spécial *rational*.

5.2. *Méta-programmation et sous-typage*

Le type *term* est utilisé pour la manipulation de prédicats, et peut être utilisé pour décomposer n'importe quel objet, grâce à la relation de sous-typage entre tous les types et *term*. Les prédicats de manipulation de terme ont donc les types suivants dans TCLP : `functor` : $term \times atom \times int \rightarrow pred$, `arg` : $int \times term \times term \rightarrow pred$, `=..` : $term \times list(term) \rightarrow pred$, `copy_term` : $\alpha \times \alpha \rightarrow pred$.

Le type *clause* fournit la possibilité de vérifier le type des prédicats dynamiques en utilisant les déclarations de type : `clause` : $pred \times goal \rightarrow pred$, `asserta` : $clause \rightarrow pred$, `assertz` : $clause \rightarrow pred$, `retract` : $clause \rightarrow pred$, `abolish` : $functor \rightarrow pred$. On doit cependant vérifier que la condition de tête (voir la section 2) est satisfaite de manière à assurer la propriété de "subject reduction" à l'exécution [FAG 01]. Le symbole `:-` pour la construction des clauses est alors vérifié dans TCLP avec la règle spéciale qui vérifie que son premier argument est une *tête* et pas juste un *atome*, d'après la table 1.

Les types dynamiques des objets peuvent être testés avec les prédicats ISO Prolog `var/1`, `atom/1`, `integer/1`, `float/1`, `atomic/1`, `compound/1`, `nonvar/1` et `number/1`. Ces prédicats sont typés dans TCLP avec le type $term \rightarrow pred$, puisqu'ils sont applicables à tout objet ISO Prolog. Cela marque une différence fondamentale entre un système de types prescriptifs comme TCLP et un système de types descriptifs qui à la place typerait `float` : $float \rightarrow pred$, puisque les types descriptifs sont, par principe, une approximation de l'ensemble des succès.

5.3. *Surcharge*

Typer des expressions arithmétiques implique une grande quantité de surcharge, due à l'interaction entre *int* et *float*. Nous avons donc les types suivants pour les opérations arithmétiques :`+`, `-`, `*` : $int \times int \rightarrow int$, $int \times float \rightarrow float$, $float \times int \rightarrow float$ et $float \times float \rightarrow float$. Le type `-` : $\alpha \times \beta \rightarrow pair(\alpha, \beta)$ est également ajouté aux types de `-/2`.

Par ailleurs, de nombreux prédicats système en ISO Prolog viennent avec un ensemble de termes qui décrivent des propriétés ou des options, par exemple `open/3` vient avec `read`, `write` et `append`. Nous choisissons d'associer un type à chaque ensemble d'options, ce qui donne des types précis, par exemple `open` : $atom \times io\_mode \times stream \rightarrow pred$. Nous utilisons le sous-typage lorsqu'un ensemble d'options est complètement inclus dans un autre, comme $stream\_option < stream\_property$, dans les autres cas, nous utilisons la surcharge. De nombreuses options sont atomiques et sont donc surchargées avec le type *atom*. Dans les précédentes version de TCLP sans surcharge, un sous-type commun était introduit entre les options et le type *atom*, mais comme ces types ont des usages différents, la surcharge est préférée.

Les résultats expérimentaux reportés plus loin montre que, en dépit de la nature combinatoire des ces déclarations de type surchargées, la gestion du sous-typage dans TCLP ne produit pas d'explosion combinatoire et reste efficace dans les programmes pratiques.

6. Évaluation

Nous avons comparé les performances de deux versions de TCLP. La première, codée en Objective Caml, utilise la bibliothèque de résolution de contraintes de sous-typage Wallace [POT 00] par F.Pottier. La seconde, codée en SICStus Prolog, utilise l'implantation CHR des contraintes de sous-typage décrite dans la section 4. Pour cette dernière implantation, nous comparons également le typage avec et sans surcharge.

Fichier	Sans surcharge					Avec surcharge		
	Vérification		Inférence		%	Vérif.	Inférence	%
	CAML	CHR	CAML	CHR	exact	CHR	CHR	exact
arrays.pl	2.2 s	2.1 s	11.9 s	3.9 s	23%	2.5 s	3.2 s	68%
assoc.pl	5.3 s	6.0 s	40.1 s	13.6 s	68%	5.2 s	13.5 s	91%
atts.pl	7.4 s	5.5 s	77.5 s	12.4 s	64%	6.4 s	15.8 s	91%
bdb.pl	23.6 s	20.2 s	41.1 s	17.4 s	64%	16.1 s	21.7 s	66%
charsio.pl	1.3 s	1.0 s	2.4 s	1.3 s	33%	0.8 s	3.8 s	74%
clpb.pl	24.3 s	22.7 s	1827 s	224 s	n/a	18.4 s	204 s	n/a
clpr.pl	304 s	445 s	3958 s	566 s	n/a	n/a	n/a	n/a
fastrw.pl	0.4 s	0.5 s	0.7 s	0.7 s	100%	0.4 s	0.6 s	100%
heaps.pl	3.5 s	4.2 s	43.3 s	17.4 s	71%	3.5 s	16.4 s	97%
jasper.pl	7.4 s	2.7 s	12.0 s	3.9 s	84%	2.3 s	3.0 s	84%
lists.pl	3.5 s	3.8 s	16.2 s	6.6 s	98%	3.5 s	7.6 s	98%
ordsets.pl	4.1 s	5.2 s	199 s	44.8 s	97%	4.1 s	49.2 s	97%
queues.pl	0.6 s	0.7 s	4.1 s	1.5 s	75%	0.6 s	1.3 s	96%
sockets.pl	6.8 s	3.9 s	15.4 s	5.3 s	68%	3.0 s	4.3 s	92%
random.pl	0.9 s	1.0 s	4.1 s	1.0 s	55%	0.9 s	0.9 s	58%
terms.pl	2.5 s	2.6 s	308 s	4.3 s	77%	2.5 s	4.4 s	77%
trees.pl	1.4 s	1.6 s	12.6 s	3.2 s	31%	1.4 s	3.0 s	75%
ugraphs.pl	48.2 s	25.3 s	274 s	353 s	67%	21.1 s	350 s	67%
clpfd.pl	24.3 s	34.8 s	59.6 s	154 s	n/a	33.1 s	140 s	n/a

Tableau 2. *Performance sur les bibliothèques SICStus Prolog.*

La comparaison s'effectue sur 18 bibliothèques SICStus Prolog et une implantation en Prolog de CLP($\mathcal{FD}$). La première colonne donne le temps processeur pour la vérification des types à la fois en CAML et en CHR. La deuxième colonne donne le temps processeur pour l'inférence de type. La troisième colonne indique le pourcentage de types inférés identiques aux types attendus (par les auteurs). Les trois dernières colonnes montrent les résultats pour l'implantation CHR utilisant une structure de type différente et des déclarations de type avec surcharge. Cela nous permet d'estimer l'impact de la surcharge à la fois en terme de vitesse et de performance des heuristiques utilisées pour inférer les types.

L'augmentation significative du pourcentage de types inférés exacts avec la surcharge s'explique par les typages plus précis donnés par les déclarations de type surchargées. En particulier pour l'arithmétique, dans la version de TCLP sans surcharge, un type avec *float* était toujours inféré, alors que dans la version de TCLP avec surcharge, le typage avec *int* est inféré lorsque cela est possible. Les différences restantes entre les types inférés de manière heuristique et les types attendus dans certains exemples sont principalement dus, d'une part au typage permissif de l'égalité `=/2` : $\alpha \times \alpha \rightarrow pred$ qui, lorsqu'instancié avec le type *term*, ne fournit pas de communication entre les types des arguments [FAG 01], et d'autre part au fait que seul le premier type inféré est considéré.

On peut noter que l'implantation de TCLP en CHR est significativement plus rapide que celle en CAML pour l'inférence de types. Le gain d'efficacité de la version CHR de TCLP s'explique par la capacité du solveur de sous-typage CHR à *unifier les variables de type*, alors que l'implantation CAML n'effectue pas de telles unifications. Lorsque deux variables de type $T1$ et $T2$ doivent être unifiées, l'implantation CAML ajoute les inégalités $T2 \leq T1$, $T1 \leq T2$. En CHR, l'unification est faite par la règle `type_ident @ V::T1  V::T2 <=>T1=T2.` Comme la complexité de la décomposition de Trifonov et Smith (règles dans la proposition 2) est $O(n^3)$, la simplification par unification des variables de type permet une augmentation significative de la vitesse dans des exemples contenant plusieurs occurrences de la même variable de type.

Les résultats de la comparaison montrent aussi que le coût en pratique de la surcharge est bas. Ceci peut s'expliquer par l'efficacité dans ce cas des principes Andorra et de "look-ahead" et, dans une moindre mesure, par la disparition de certaines relations de sous-typage dans la structure des types utilisée avec la surcharge.

7. Conclusion

Le système de type TCLP avec surcharge est un système pratique de typage prescriptif de Prolog avec contraintes. Nous avons montré que l'ajout de la surcharge au sous-typage et au polymorphisme paramétrique est nécessaire pour typer précisément les prédicats arithmétiques, et pour gérer certains symboles surchargés comme le moins qui dénote à la fois la soustraction et les paires en Prolog.

La vérification et l'inférence de type dans TCLP implique la résolution d'inégalités de sous-typage complexes. Nous avons décrit une implantation de l'algorithme de Pottier en CHR qui s'est avérée, de manière surprenante, plus rapide que l'implantation en CAML, grâce à des simplifications par unification des variables de type qui s'implémente naturellement dans CHR.

Dans la nouvelle implantation de TCLP en Prolog et CHR, la surcharge est implantée par backtracking avec le principe Andorra. Nous avons montré que cette stratégie simple est très efficace sur des gros programmes comme par exemple l'implantation SICStus Prolog de CLP($\mathcal{R}$). Nous avons proposé des types TCLP pour ISO Prolog et les programmes logiques avec contraintes, et utilisé ces types pour typer les bibliothèques SICStus Prolog et des programmes logiques avec contraintes classiques.

Comme perspectives, nous prévoyons d'acquérir plus d'expérience pratique de la part des utilisateurs de TCLP [COQ 00] et d'étendre TCLP à d'autres langages. Nous prévoyons également d'utiliser les capacités de backtracking de la nouvelle implantation des contraintes de type pour expérimenter la résolution d'équations de sous-typage dans des structures plus générales que les treillis (quasi-treillis, ordres partiels) pour lesquelles la décidabilité de la satisfaction des contraintes de sous-typage est un problème ouvert [FRE 97, POT 02].

8. Bibliographie

[AMA 93] AMADIO R., CARDELLI L., « Subtyping Recursive Types », *ACM Transactions on Programming Languages and Systems*, vol. 15, n° 4, 1993, p. 575-631.

[CAR 88] CARDELLI L., « A semantics of multiple inheritance », *Information and Computation*, vol. 76, n° 2/3, 1988, p. 138-164.

[COQ 00] COQUERY E., « `Tclp`: a generic type checker for constraint logic programs », 2000, `http://pauillac.inria.fr/~coquery/tclp/`.

[COS 91] COSTA V. S., WARREN D., YANG R., « The Andorra-I Preprocessor: Supporting Full Prolog on the Basic Andorra Model », *Proceedings of the 8th International Conference on Logic Programming ICLP'91*, MIT Press, 1991, p. 443-456.

[DEM 99] DEMOEN B., DE LA BANDA M. G., STUCKEY P., « Type constraint solving for parametric and ad-hoc polymorphism », *Proceedings of the 22nd Australian Computer Science Conference*, january 1999, p. 217-228.

[FAG 01] FAGES F., COQUERY E., « Typing constraint logic programs », *Theory and Practice of Logic Programming*, vol. 1, n° 6, 2001, p. 751–777.

[FR98] FRÜHWIRTH T., « Theory and Practice of Constraint Handling Rules », *Journal of Logic Programming*, vol. 37, n° 1-3, 1998, p. 95-138.

[FRE 97] FREY A., « Satisfying Subtype Inequalities in Polynomial Space », *Proceedings of the 4th International Static Analysis Symposium SAS'97*, n° 1302 LNCS, 1997.

[FUH 88] FUH Y., MISHRA P., « Type Inference with Subtypes », *Proc. ESOP'88*, n° 300 LNCS, 1988, p. 94-114.

[HIL 94] HILL P., LLOYD J., *The Gödel programming language*, MIT Press, 1994.

[LAK 91] LAKSHMAN T., REDDY U., « Typed Prolog: A Semantic Reconstruction of the Mycroft-O'Keefe Type System », SARASWAT V., UEDA K., Eds., *Proceedings of the 1991 International Symposium on Logic Programming*, MIT Press, 1991, p. 202–217.

[MIT 84] MITCHELL J., « Coercion and type inference », *Proceedings of the 11th Annual ACM Symposium on Principles of Programming Languages POPL'84*, 1984, p. 175-185.

[MYC 84] MYCROFT A., O'KEEFE R., « A Polymorphic Type System for Prolog », *Artificial Intelligence*, vol. 23, 1984, p. 295–307.

[POT 00] POTTIER F., « `Wallace`: an efficient implementation of type inference with subtyping », 2000, `http://pauillac.inria.fr/~fpottier/wallace/`.

[POT 02] POTTIER F., « Simplifying subtyping constraints: a theory », *To appear in Information and Computation*, , 2002.

[SMO 88] SMOLKA G., « Logic Programming with Polymorphically Order-Sorted Types », *ALP'88*, n° 343 LNCS, J. Grabowski, P. Lescanne, W. Wechler, 1988, p. 53–70.

[SOM 96] SOMOGYI Z., HENDERSON F., CONWAY T., « The Execution Algorithm of Mercury, an Efficient Purely Declarative Logic Programming Language », *Journal of Logic Programming*, vol. 29, n° 1–3, 1996, p. 17–64.

[TIU 92] TIURYN J., « Subtype inequalities », *Proc. 7th IEEE symposium on logic in computer science LICS'92*, 1992, p. 308-315.

[TIU 99] TIURYN J., WAND M., « Type reconstruction with recursive types and atomic subtyping », *Proceedings of the 22nd Australian Computer Science Conference*, january 1999, p. 217-228.

[TRI 96] TRIFONOV V., SMITH S., « Subtyping Constrained Types », *Proceedings of the 3rd International Static Analysis Symposium SAS'96*, n° 1145 LNCS, 1996, p. 349-365.

Arbres d'itérations chaotiques pour décrire la résolution des CSPs

Julien Arsouze, Gérard Ferrand, Arnaud Lallouet

Université d'Orléans — LIFO
BP 6759 — 45067 Orléans cedex 2

{prénom.nom}@lifo.univ-orleans.fr

RÉSUMÉ. *Ces travaux sont motivés par la mise au point des programmes avec contraintes, en particulier par l'obtention des traces de calculs. Le formalisme présenté ici permet de décrire le mécanisme de résolution des solveurs. La recherche des solutions d'un problème de satisfaction de contraintes consiste en un entrelacement de pas de réduction et de pas de recherche qui sont vus comme des étapes d'ajout de contraintes. Pour modéliser cela, on définit des arbres de recherche qui ont des propriétés de correction, complétude, indépendance par rapport à la règle de choix analogue à celles des arbres SLD en programmation logique.*

ABSTRACT. *This works are motivated by the debugging of programs with constraints, in particular to obtain some computation traces . The formalism presented here aims at describing solvers mecanisms. The search for solutions of a constraint satisfaction problem consists in a mix of reduction and search steps which are seen as an addition of constraints. In order to modelize this technic, search trees are defined. They have properties of correctness, completness and independance of the choice rule. This properties are similar to SLD trees ones in logic progamming.*

MOTS-CLÉS : *CSP, consistance, itération chaotique, équité, labeling, arbre de recherche*

KEYWORDS: *CSP, consistency, chaotic iteration, fairness, choice set, labeling, search tree*

1. Introduction

Un Problème de Satisfaction de Contraintes (CSP) est par définition un ensemble de contraintes. Chaque variable d'une contrainte a un domaine associé qui contient les valeurs possibles de la variable. Une contrainte est définie par une relation entre différentes variables. On s'intéresse ici uniquement aux contraintes sur les domaines finis. Résoudre un CSP consiste à trouver ses solutions, c'est à dire trouver les différentes affectations possibles pour chaque variable qui satisfassent les contraintes. Une énumération de toutes les combinaisons possibles déboucherait sur une explosion combinatoire. C'est pourquoi les méthodes de propagation de contraintes sont utilisées. Le principe est d'éliminer les valeurs qui ne peuvent satisfaire les contraintes. Cette réduction des domaines est effectuée par des algorithmes qui appliquent des propriétés de consistance [MAC 77]. Les itérations chaotiques d'opérateurs corrects, monotones et contractants permettent de modéliser la sémantique opérationelle de ces solveurs de contraintes [APT 99], [FAG 98].

Dans cette formalisation classique, à chaque pas d'itération, n'importe quel opérateur est choisi. Il en suit que les itérations chaotiques sont par nature infinie. Dans ce papier, l'ensemble des contraintes que doivent satisfaire les variables est représenté abstraitement par un ensemble γ d'opérateurs de réduction "choisissables" appelé *ensemble de choix.* En plus de modéliser les algorithmes existant, cela permet de detecter la terminaison d'une itération chaotique (quand $\gamma = \emptyset$). Mais, le point fixe d'un ensemble d'opérateurs de réduction vérifie seulement une consistance, ce qui est en général insuffisant pour trouver les solutions. C'est pourquoi des algorithmes de recherche (souvent décrits de façon indépendante dans un langage hôte) sont utilisés en plus des méthodes de propagation. Ceci est pris en compte dans notre formalisme car un ensemble d'opérateurs de réduction (incorrects par rapport aux solutions) associé à un ensemble de contraintes permet de se focaliser sur des parties de l'espace de recherche. Ce procédé de recherche est organisé par des arbres de recherche dont les propriétés de correction, de complétude et d'indépendance rappellent celles des arbres SLD de la programmation logique.

Ces travaux sont motivés par la mise au point des programmes avec contraintes, en particulier par l'obtention des traces de calculs [FER 01], [DER 02] en utilisant le formalisme présenté ici qui permet de décrire le mécanisme de résolution des solveurs.

Le plan du papier est le suivant. La partie 2 rappelle les résultats de correction et de complétude pour les itérations chaotiques. La partie 3 présente un modèle déclaratif du choix des opérateurs basé sur des ensembles de choix qui restreignent le choix à chaque pas de calcul. On définit alors les γ-itérations chaotiques. Grâce aux schémas de calcul qui représentent la suite des états de calcul d'un solveur, les mécanismes de recherche sont pris en compte et les arbres de recherche qui organisent la recherche et la réduction peuvent être définis. Ces contributions sont présentées dans la partie 4, où un exemple de recherche, le labeling, est également décrit en détails.

Enfin, nous signalons que les preuves des différents lemmes et théorèmes qui ont été omises ici, figureront dans un prochain rapport de recherche [ARS 02].

2. problèmes de satisfaction de contraintes

Ce papier traite uniquement des méthodes de réduction de domaines et de recherche pour la résolution des CSPs. On se réfèrera à Tsang [TSA 93] pour les autres méthodes de résolution.

Soient A un ensemble et I un ensemble fini d'indices. $(a_i)_{i\in I}$ avec $a_i \in A$ représente une famille d'éléments de A indexée par I. Si A est une famille d'ensembles $(A_i)_{i\in I}$, $\Pi A = \Pi_{i\in I} A_i = \{(a_i)_{i\in I} \mid \forall i \in I, a_i \in A_i\}$ s'appelle le produit cartésien *indexé* de la famille A. Les éléments de ΠA sont des *n-uplets*. Si tous les ensembles A_i sont ordonnés, ΠA est ordonné par le produit des ordres de tous les A_i. Pour $J \subseteq I$ et une famille a sur I, $a|_J = (a_i)_{i\in J}$ est la restriction de a à l'ensemble d'indices J. $a|_J$ est un élément du produit cartésien indexé $\Pi(A|_J)$. Enfin, $\mathcal{P}(A)$ représente l'ensemble des parties de A.

Soient V un ensemble fini de variables, C un ensemble fini de contraintes. La fonction $var : C \longrightarrow \mathcal{P}(V)$ associe à une contrainte l'ensemble de ses variables. Soit $D = (D_x)_{x\in V}$ une famille de domaines finis non vide. Une famille d'ensembles de n-uplets $ext \in \Pi_{c\in C}\mathcal{P}(\Pi_{i\in var(c)}(D_i))$ définit l'*extension* des contraintes. Pour chaque contrainte c, $ext_c \subseteq \Pi(D|_{var(c)})$ s'appelle l'extension de c, c'est à dire la définition, ou l'ensemble solution de la contrainte c.

Définition 1 (CSP) *Un CSP est défini par un sous-ensemble $\mathcal{C}$ de C.*

La résolution des CSPs est surtout un problème de réduction des extensions des contraintes [MON 91, APT 99]. Ici, on s'appuie sur le "*value constraint* subscheme" de Van Emden [EMD 97]. A chaque variable x de V est associée une contrainte unaire d_x qui est appelée domaine de x. Il est le plus utile en pratique. C'est en particulier la base du système du solveur de contraintes de CHIP [Van 89], du système Gnu-Prolog [DIA 00] et de bien d'autres. L'utilisation de ce cadre fait que l'*espace de recherche* est $\mathcal{SS} = \Pi_{x\in V}\mathcal{P}(D_x)$. Un élément de $\mathcal{SS}$ est un *état de recherche*. $\mathcal{SS}$ est un treillis qui est naturellement ordonné par $\subseteq$, le produit des sous-ordres de chaque domaine des variables.

Soit $I = \mathbb{N}$ ou $I = [0\ldots n]$ $n \in \mathbb{N}$ un ensemble d'indices et $I^+ = I - \{0\}$. Pour toute suite décroissante $e = (e_i)_{i\in I}$, où $e_i \in \mathcal{SS}$, la limite notée $\lim(e) = \bigcap_{i\in I} e_i$ existe. Un état de recherche d est dit *singletonique* si $\forall x \in V$, d_x est un singleton. Une famille $u = (u_x)_{x\in V} \in \Pi(D)$ est appelée *n-uplet global*. L'ensemble de tous les n-uplets globaux est noté $\mathcal{GT}$. Les solutions d'un CSP $\mathcal{C}$ sont les n-uplets globaux qui satisfont toutes les contraintes. Une bijection naturelle existe entre les n-uplets globaux et les états de recherche singletoniques. L'ensemble des solutions d'un CSP $\mathcal{C}$ est donc l'ensemble $Sol(\mathcal{C}) = \{u \in \mathcal{GT} \mid \forall c \in S, u|_{var(c)} \in ext_c\}$.

La recherche des solutions d'un CSP utilise deux techniques : la recherche et la réduction de domaines qui supprime les valeurs inconsistantes des domaines des variables. Cette réduction est faite par un algorithme qui permet d'obtenir une propriété appelée *consistance*.

Exemple 2 (consistance locale) *Dans les CSPs binaires, une contrainte* $c(x, y)$ *est arc-consistante si pour toute valeur* v_x *du domaine de* x*, il existe une valeur* v_y *dans le domaine de* y *telle que* $c(v_x, v_y)$ *est vérifiée et réciproquement pour toute valeur du domaine de* y*. Un CSP est arc-consistant si toutes ses contraintes sont arc-consistantes. Beaucoup d'autres consistances existent dans la littérature comme entre autres l'hyper arc-consistance, la path-consistance, la* k*-consistance et l'arc consistance directionnelle, toute étant décrites avec les références exactes dans [TSA 93].*

Ces consistances locales peuvent être modélisées par le plus grand point fixe d'un ensemble d'opérateurs correctement définis. Cette technique a été introduite par Montanari et Rossi [MON 91] puis étendue par [APT 99]. Ces opérateurs sont définis à partir de règles qui réduisent le domaine d'une seule variable à partir des extensions d'autres contraintes :

Définition 3 (règle de consistance locale) *Soient* $U \subseteq V$ *et* $x \in V$*. Une* règle de consistance locale *est une fonction monotone* $r : \Pi_{z \in U} \mathcal{P}(D_z) \longrightarrow \mathcal{P}(D_x)$.

Chaque règle de consistance locale r est étendue pour devenir un *opérateur de réduction* $reduc_r$ sur $\mathcal{SS}$.

Définition 4 (opérateur de réduction) *Soient* $r : \Pi_{z \in U} \mathcal{P}(D_z) \longrightarrow \mathcal{P}(D_x)$ *une règle de consistance locale et* $d \in \mathcal{SS}$*. L'opérateur de réduction* $reduc_r : \mathcal{SS} \longrightarrow \mathcal{SS}$ *associé à* r *est défini par :*

- $\forall v \in V, v \neq x \Longrightarrow reduc_r(d)_v = d_v$
- $reduc_r(d)_x = r(d|_U) \cap d_x$

Exemple 5 (Gnu-Prolog) *Le système* Gnu-Prolog *[DIA 00] implante de telles régles pour la résolution de contraintes dans les domaines finis. Ces régles de réduction de domaine respectent une syntaxe particulière appelée "X in r" où X représente le domaine d'une variable qui doit être réduit et r est une expression dans laquelle se trouve le domaine d'autres variables. La sémantique opérationelle d'une telle régle est* $d_X := d_X \cap eval(r)$*. Une contrainte n-aire est compilée en régles "X in r", chacune d'elle définissant un opérateur. Par exemple, la contrainte $X < Y$ est compilée en "X in* $0..min(Y)-1$*" et "Y in* $max(X)+1..infinity$*". La composition de ces expressions permet de modéliser différentes consistances tel que l'(hyper) arc-consistance ou l'arc-consistance partielle.*

En plus d'être monotones et contractant, tous les opérateurs de réductions sont supposés corrects.

Définition 6 (opérateur de réduction correct) *Un opérateur de réduction* $reduc_r$ *est* correct *si pour tout* $d \in \mathcal{SS}$ *et pour toute solution* s *d'un CSP,* $s \in \Pi d$ *implique* $s \in \Pi reduc_r(d)$.

On est donc assuré que l'application d'un opérateur de réduction ne supprime pas de solutions. Soit $\mathcal{F}$ un ensemble d'opérateurs de réduction. Les états de recherche d pour lesquels aucun opérateur de $\mathcal{F}$ n'a d'effet, c'est à dire $\forall f \in \mathcal{F}, f(d) = d$, sont appelés *états stables.*

Soient s une solution d'un CSP et $\mathcal{F}$ un ensemble d'opérateurs de reduction corrects alors s est stable par $\mathcal{F}$. Dans ce papier, la réciproque est aussi supposée, c'est à dire qu'un état singletonique est une solution du CSP si et seulement si il est stable par $\mathcal{F}$.

Soit $Cl_{\mathcal{F}}(d) = max\{d' \in SS \mid d' \subseteq d$ et d' stable par $\mathcal{F}\}$ la clôture de d par $\mathcal{F}$. L'opérateur $Cl_{\mathcal{F}}$ est l'*opérateur de clôture* associé à $\mathcal{F}$. Pour calculer la clôture d'un état d par un ensemble $\mathcal{F}$ d'opérateurs de réduction, on peut considérer deux sortes d'itérations. La première, l'*itération standard* consiste à itérer l'opérateur obtenu en combinant tous les opérateurs de $\mathcal{F}$. Soit $F_{\mathcal{F}}$ l'opérateur défini par : $\forall d \in \mathcal{SS},\ F_{\mathcal{F}}(d) = \bigcap_{f \in \mathcal{F}} f(d)$.

Définition 7 (iteration standard) *L'*itération standard *de $\mathcal{F}$ à partir de $d \in \mathcal{SS}$ est la suite $a = (a_i)_{i \in \mathbb{N}}$ d'éléments de $\mathcal{SS}$ tel que $a_0 = d$ et $\forall i \in \mathbb{N}^+,\ a_i = F_{\mathcal{F}}(a_{i-1})$.*

Pour obtenir l'étape suivante, tous les opérateurs doivent être appliqués. C'est pourquoi les itérations chaotiques sont souvent préférées. Elles ont été introduites par Chazan et Miranker [CHA 69] pour l'algébre linéaire. Elles ont été ensuite utilisées comme technique générale pour accélérer le calcul de points fixes par Cousot et Cousot [COU 77] et dans beaucoup d'autres domaines avant de servir de fondation pour la propagation de contraintes ([FAG 98], [APT 99], [EMD 97]). On peut noter que Montanari et Rossi [MON 91] ont aussi établi le résultat principal mais pour des opérateurs plus spécifiques et que l'idée de calculer le plus grand point fixe est déjà présente chez Benhamou [BEN 96].

Définition 8 (itération chaotique) *Une* itération chaotique *de $\mathcal{F}$ à partir de $d \in \mathcal{SS}$ est une suite $b = (b_i)_{i \in I}$ d'éléments de $\mathcal{SS}$ avec $b_0 = d$ et $\forall i \in I^+$, $\exists f \in \mathcal{F}$ tel que $b_i = f(b_{i-1})$.*

Donc, à chaque pas, seulement un opérateur de réduction est appliqué et chaque application tire avantage des réductions faites par les pas précédents. Les itérations chaotiques dont la limite est stable sont dites *complètes*. Pour cette classe d'itération chaotique, la limite est la clôture $Cl_{\mathcal{F}}(d)$.

Le résultat d'une itération chaotique dépend de la stratégie utilisée pour l'ordre d'application des opérateurs. Le lemme suivant établit qu'une itération chaotique fournit une approximation supérieure de l'itération standard.

Lemme 9 *Soient $(a_i)_{i \in \mathbb{N}}$ l'itération standard de $F_{\mathcal{F}}$ and $(b_i)_{i \in I}$ une itération chaotique, chacune d'elle partant de $d \in \mathcal{SS}$. Alors $Cl_{\mathcal{F}}(d) \subseteq lim(a) \subseteq lim(b)$.*

Les itérations chaotiques complètes ont leur limite qui est égale à la limite de l'itération standard. Toutes deux sont égales à la clôture de leur état de départ d par $\mathcal{F}$.

Corollaire 10 (Correction) *De plus, si l'itération chaotique b est complète (c'est à dire $lim(b)$ stable), alors $lim(b) = lim(a) = Cl_{\mathcal{F}}(d)$.*

La complétude d'une itération chaotique est donc équivalente à la conjonction des deux conditions suivantes : $lim(a)$ stable et $lim(b) = lim(a)$. Pour assurer $lim(b) = lim(a)$, c'est à dire $lim(b) \subseteq lim(a)$, l'équité de la stratégie d'ordonnancement des opérateurs de réduction est une condition suffisante (voir [FRA 86] pour une présentation générale de l'équité). Pour les itérations chaotiques infinies, l'équité donne une condition sur la stratégie d'ordonnacement. Intuitivement, cela consiste à s'assurer que l'itération chaotique va toujours rattraper l'itération standard. Nous appelons cette notion non opérationelle *équité abstraite* par rapport à $\mathcal{F}$.

Définition 11 (équité abstraite) *Une suite $e = (e_i)_I$ vérifie l'équité abstraite par rapport à $\mathcal{F}$ si $\forall i \in I, \exists j \in I,\ e_j \subseteq F_{\mathcal{F}}(e_i)$.*

Théorème 12 *Soit $a = (a_i)_{i \in \mathbb{N}}$ l'itération standard de $F_{\mathcal{F}}$ et $b = (b_i)_{i \in \mathbb{N}}$ une itération chaotique de $\mathcal{F}$ qui vérifie l'équité abstraite, toute deux ayant pour état de départ $d \in \mathcal{SS}$. Alors $lim(b) \subseteq lim(a)$.*

La condition appelée équité qui consiste opérationellement à s'assurer que le choix d'un opérateur de réduction n'est jamais ajourné est une condition suffisante pour assurer l'équité abstraite.

Définition 13 (équité) *Une itération chaotique $b = (b_i)_{i \in I}$ est* équitable *si l'une des deux propriétés suivantes est vérifiée :*

- *I est fini et b est complète, ou*
- *$\forall i \in I, \exists j \geq i, \forall f \in \mathcal{F}, \exists k, i < k \leq j$ et $b_k = f(b_{k-1})$.*

Théorème 14 *Si une itération chaotique est équitable alors elle vérifie aussi la propriété d'équité abstraite.*

Corollaire 15 (complétude) *Soient $a = (a_i)_{i \in \mathbb{N}}$ l'itération standard de $F_{\mathcal{F}}$ et $b = (b_i)_{i \in I}$ une itération chaotique équitable, toutes deux partant du même état $d \in \mathcal{SS}$. Si $lim(a)$ est stable alors b est complète.*

REMARQUE. — Dans le cas fini, un résultat plus précis peut être établi :

Si il existe $n \geq 0$ tel que a_n est stable, alors $\exists m \geq n$ tel que b_m est stable.

Preuve Il suffit de montrer que $b_m \subseteq a_n$. Grâce à l'hypothèse d'équité, pour tout $i \in [0 \ldots n]$ il existe j_i tel que tous les opérateurs de $\mathcal{F}$ sont appliqués entre les indices

i et j_i. Donc, à l'indice j_n, tous les opérateurs de $\mathcal{F}$ sont appliqués au moins n fois. Donc $b_{j_n} \subseteq a_n$.

On peut remarquer qu'aucune itération chaotique ne peut être complète si l'itération standard n'atteint pas la clôture. Cependant, pour toute itération chaotique équitable, l'approximation obtenue ne dépend pas de l'ordre d'application des opérateurs. Le résultat de confluence des itérations chaotiques est donné par le théorème suivant. Il est obtenu en combinant les théorèmes 9 et 12.

Théorème 16 (itération chaotique, Apt [APT 99]) *Soient $a = (a_i)_{i \in \mathbb{N}}$ l'itération standard de $F_{\mathcal{F}}$ et $b = (b_i)_{i \in I}$ une itération chaotique équitable, toute deux ayant pour état de départ $d \in \mathcal{SS}$. Alors $lim(b) = lim(a)$.*

Ce résultat de confluence montre que deux itérations chaotiques équitables ont la même limite qui est aussi la limite de l'itération standard. Ces résultats peuvent être établis pour un semi-treilli inférieur pour lequel la limite de toute suite décroissante existe [APT 99]. Un algorithme qui implémente les itérations chaotiques est également donné dans [APT 99].

3. γ-itérations chaotiques

L'un des défauts du formalisme des itérations chaotiques est qu'il dépend d'un mécanisme extérieur pour détecter la stabilité. Cette section présente les γ-itérations chaotiques qui, tout en conservant les propriétés des itérations chaotiques, permettent de détecter la stabilité. Elles sont également un moyen de tirer parti de certaines propriétés des opérateurs de réduction pour représenter l'accélération de la convergence. Par exemple, les opérateurs utilisés pour obtenir l'arc-consistance sont généralement idempotents, donc une fois appliqué, il n'est pas nécessaire de les prendre en compte au pas de calcul suivant. C'est pourquoi les algorithmes existants implantent une structure pour l'ordre d'application des opérateurs de réduction : cela peut être une file comme pour AC-3 [WAL 75], un ensemble de files comme pour Gnu-Prolog [DIA 00] ou une structure plus complexe qui tient compte de différents événements comme dans le système *Choco* [LAB 00] dans lequel les propagations peu coûteuses sont faites en premier. Ces structures peuvent être modélisées par un sous-ensemble de $\mathcal{F}$ appelé ensemble de choix. C'est dans ce sous-ensemble noté γ qu'un opérateur sera choisi par une stratégie donnée pour le pas de calcul suivant. Ces sous-ensembles dépendent de la stratégie choisie, de l'état de recherche courant, de la façon dont les opérateurs de réduction sont appliqués ou même de l'historique du calcul. A cause de ces différentes possibilités pour les choix des paramètres, l'ensemble de choix a une définition très générale.

Définition 17 (ensemble de choix) *Soit d un état de l'espace de recherche. Un sous-ensemble γ de $\mathcal{F}$ est appelé un* ensemble de choix *pour d si $\forall f \in \mathcal{F} - \gamma,\ f(d) = d$.*

Soit $d \in \mathcal{SS}$ tel que $\gamma = \emptyset$, alors $\forall f \in \mathcal{F},\ f(d) = d$. Cette propriété est utilisée pour détecter la stabilité d'un état de recherche. De plus, pour chaque état d, il existe un ensemble minimal $\gamma_d = \{f \in \mathcal{F} \mid f(d) \neq d\}$. Mais il se peut aussi qu'un γ calculé contienne des opérateurs qui ne réduisent pas.

Exemple 18 (file de propagation pour AC-3) *L'implémentation de l'algorithme AC-3 nécessite une file de propagation qui contient les opérateurs à appliquer. Au début, la file contient tous les opérateurs. A chaque pas, un opérateur est choisi. Si une composante d_x est réduite, alors tous les opérateurs qui dépendent de la variable x sont ajoutés dans la file à condition qu'ils n'y soient pas déjà. Etant donné que les opérateurs sont idempotents, l'opérateur choisi n'est pas remis dans la file. De plus, tous les opérateurs dépendants de la variable dont le domaine a été réduit sont dans la file, donc les opérateurs qui n'y sont pas ne réduisent pas l'état courant. Mais, d'un autre coté, il peut y avoir des opérateurs dans la file dont l'application ne réduit pas les domaines. La file vide signifie que le point fixe a été atteint.*

Une γ-itération chaotique est une sorte d'itération chaotique pour laquelle à chaque pas, l'opérateur de réduction est choisi dans l'ensemble de choix associé à l'état courant :

Définition 19 (γ-itération chaotique) *Une* γ-itération chaotique *de $\mathcal{F}$ commençant à $d \in \mathcal{SS}$ est une suite $c = (c_i, \gamma_i)_{i \in I}$ avec c_i élément de $\mathcal{SS}$ et γ_i ensemble de choix pour l'état courant c_i tel que $c_0 = d$ et $\forall i \in I^+, \exists f \in \gamma_{i-1}, c_i = f(c_{i-1})$.*

A chaque γ-itération chaotique $c = (c_i, \gamma_i)_{i \in I}$ peut être associée l'itération chaotique $(c_i)_{i \in I}$. Donc, en oubliant les γ_i, les γ-itération chaotiques sont un cas particulier d'itérations chaotiques. Réciproquement, les itérations chaotiques sont des γ-itérations chaotiques pour lesquelles l'ensemble de choix γ_i est toujours égal à l'ensemble $\mathcal{F}$. Le cas où il est détecté que plus aucune réduction ne peut être faite dans une γ-itération chaotique est modélisé par le fait qu'il existe un indice $i \in I$, tel que $\gamma_i = \emptyset$. C'est une condition suffisante pour stopper l'itération. Dans ce cas là, la γ-itération chaotique est complète (i.e. l'itération chaotique associée est complète). Cette condition est seulement suffisante car la limite peut être atteinte à un pas $j \leq i$.

De plus, étant donné que les γ-itérations chaotiques sont un cas particulier d'itérations chaotiques, le lemme 9 et le corollaire 10 restent vrais pour les γ-itérations chaotiques et on peut encore utiliser la notion d'équité abstraite. Mais la notion d'équité peut être raffinéé :

Définition 20 (γ-équité) *Une γ-itération chaotique $c = (c_i, \gamma_i)_{i \in I}$ de $\mathcal{F}$ est dites γ-équitable si $\forall i \in I,\ \exists j \in I,\ j \geq i$ tel que $\forall f \in \gamma_i \cap \gamma_j,\ \exists k,\ i < k \leq j,\ f \in \gamma_{k-1}$ et $c_k = f(c_{k-1})$.*

La γ-équité assure que, entre les indices i et j, un opérateur présent dans l'ensemble de choix à l'étape i doit être appliqué pour pouvoir être dans l'ensemble de choix à l'étape j. Un condition triviale suffisante pour avoir la γ-équité est d'avoir $\forall i \in I$, $\exists j > i$ tel que $\gamma_i \cap \gamma_j = \emptyset$. Tous les opérateurs de γ_i sont alors utilisés et remplacés par de nouveaux. La γ-équité est une condition suffisante pour avoir l'équité abstraite :

Lemme 21 *Soit $c = (c_i, \gamma_i)_{i \in I}$ une γ-itération chaotique de $\mathcal{F}$ commençant à l'état $d \in \mathcal{SS}$. Si c est γ-équitable alors c est abstraitement équitable.*

Ces résultats permettent d'établir le théorème de confluence :

Théorème 22 *Soient $c = (c_i, \gamma_i)_{i \in I}$ une γ-itération chaotique γ-équitable de $\mathcal{F}$ et $a = (a_i)_{i \in I}$ l'itération standard de $\mathcal{F}$, toute deux partant de l'état d $\in \mathcal{SS}$. Alors :*

$$lim(a) = lim(c)$$

Si de plus $lim(a)$ est stable, alors $lim(a) = lim(c) = Cl_{\mathcal{F}}(d)$.

Une modélisation similaire en intention à l'ensemble de choix γ a été présentée dans [APT 00] où une fonction *update* actualise l'ensemble des opérateurs “actifs”. Soit $G \subseteq \mathcal{F}$ l'ensemble des opérateurs de réduction actifs et d l'état courant. Après le choix d'un opérateur $g \in \mathcal{G}$, l'algorithme remplace G par $G - \{g\} \cup update(G, g, d)$. Une fonction similaire est présentée dans [GRA 00]. Elle posséde un paramètre supplémentaire qui est le domaine qui vient juste d'être réduit par l'application d'un opérateur g. Ces fonctions permettent de modéliser AC-3 et d'autres algorithmes semblables plus directement que notre ensemble γ grâce à leur nature opérationnelle. Cependant, l'ensemble γ est plus déclaratif et plus adapté à nos problèmes. Il permet de modéliser n'importe quelle stratégie opérationnelle, même des stratégies complexes qui prennent en compte l'historique du calcul. Dans [APT 99], les *itérations semies-chaotiques* sont présentées. Une itération est semi-chaotique si tous les opérateurs qui n'apparaissent pas un nombre infini de fois à partir d'un rang i dans l'itération ne réduisent aucun domaine pour tout pas $j \geq i$. C'est un cas particulier de γ-itération chaotique car dès qu'un opérateur ne réduit plus aucun domaine, il peut ne pas être dans l'ensemble de choix et donc peut ne pas être appliqué.

4. Arbres de recherche

4.1. *Schéma de calcul*

Comme cela a été expliqué, trouver les solutions nécessite l'utilisation de deux techniques différentes. La première (décrite dans les parties précédentes) est la réduction de domaine (ou propagation de contraintes). La seconde est la recherche. Le principe est de se focaliser sur des sous-domaines de la clôture calculée par ($\gamma-$)itérations chaotiques. L'efficacité de la programmation par contrainte dépend de la manière dont ces deux techniques sont combinées. Dans la pluspart des cas, les systèmes propagent les contraintes après tout pas de recherche.

Pour modéliser ces calculs qui combinent les deux techniques, nous présentons les *schémas de calcul*. Ils sont construits à partir d'états de calcul qui contiennent un sous-ensemble G de C, l'ensemble R d'opérateurs de réduction associé et un autre sous-ensemble $S \subseteq C$ de contraintes avec son ensemble L d'opérateurs de réduction utilisé pour se focaliser sur une partie de l'espace de recherche.

Définition 23 (Etat de calcul) *Un* état de calcul *est 4-uplet* (G, R, S, L) *tel que :*

– G *est un sous-ensemble de* C.

– $S \subseteq C$ *est un ensemble de contraintes.*

– R *et* L *sont les ensembles d'opérateurs de réduction associés respectivement à* G *et à* S.

G représente l'ensemble des contraintes à résoudre tandis que S est l'ensemble des contraintes générées par la technique de recherche.

Soit D la famille de domaines initiale. A chaque état de calcul (G, R, S, L) est associé la clôture $Cl_{R \cup L}(D)$ appelée *domaine de l'état de calcul*. Les pas de réduction et de recherche sont modélisés par des transitions entre états de calculs. Il existe deux sortes de transitions.

Définition 24 (Transition) *Soit c une contrainte appartenant à* C.

Un couple $((G_1, R_1, S_1, L_1), (G_2, R_2, S_2, L_2))$ *d'états de calculs est soit une r-transition si* $G_2 = G_1 \cup \{c\}$ *(et donc* $R_2 = R_1 \cup R_c$ *avec* R_c *ensemble d'opérateurs de réduction associé à la contrainte c), soit une s-transition si* $S_2 = S_1 \cup \{c\}$ *(et donc* $L_2 = L_1 \cup R_c$*).*

Une r-transition consiste à prendre en compte une nouvelle contrainte de C. Cela correspond à un pas de réduction, c'est à dire à un calcul de clôture. Une s-transition modélise un pas de recherche. Une nouvelle contrainte est ajoutée pour se focaliser sur une partie de l'espace de recherche dans laquelle les solutions vont être cherchées.

Certains états de calcul jouent un rôle particulier.

Définition 25 (états de calcul extrèmes) *Soit* (G, R, S, L) *un état de calcul et* $d = (d_x)_{x \in V}$ *son domaine associé.*

– Si il existe $x \in V$ *tel que* $d_x = \emptyset$ *alors l'état de calcul est dit* échec.

– Si $\forall x \in V$, d_x *est un singleton alors l'état de calcul est dit* solution.

Un état extrème *est un état échec ou solution.*

Etant donné qu'un état échec a un domaine associé qui a une composante d_x vide, il ne peut y avoir de solutions pour le CSP G dans la partie de l'espace de recherche restreinte par S. Un état solution a un domaine associé qui est un état singletonique stable. C'est donc une solution. Les schémas de calcul permettent de décrire un calcul composé de pas de recherche et de réduction.

Définition 26 (schéma de calcul) *Un schéma de calcul est une suite finie d'états de calcul tel que :*

– tout couple d'états de calcul consécutifs est une transition.

– si il existe un état de calcul extrème alors c'est le dernier.

Il est important de remarquer qu'un schéma de calcul peut se terminer par un état de calcul qui ne soit pas extrème. Dans ce cas là, si l'état de calcul est (G, R, S, L), nous montrerons que son domaine est bien un sur-ensemble des solutions du CSP G qui sont présentes dans l'espace de recherche restreint par S. Un schéma de calcul est associé à un CSP $\mathcal{C}$ si son premier état est $(\emptyset, \emptyset, \emptyset, \emptyset)$ avec pour domaine associé D et si le dernier état est un état échec ou vérifie $G = \mathcal{C}$.

A chaque état de calcul (G, R, S, L), on peut associer un domaine et une γ-itération chaotique de $R \cup L$ à partir du domaine associé à l'état de calcul précédent. La concaténation de toutes ces γ-itérations chaotiques est un *calcul*. La correction du calcul se formalise par le théorème suivant :

Théorème 27 (Correction) *Soit $(C_i, R_i, S_i, L_i)_{i \in I}$ avec $I = [1..n]$ un schéma de calcul tel que D soit le domaine associé au premier état. Si s est un solution de C_n telle que $s \in \Pi Cl_{L_n}(D)$ alors $s \in \Pi Cl_{R_n \cup L_n}(D)$.*

4.2. *Arbre de recherche*

Pour s'assurer de la complétude, les schémas de calcul doivent être organisés de telle façon qu'aucune solution ne soit perdue lors d'un pas de recherche ce qui conduit à une organisation arborescente :

Définition 28 (arbre de recherche) *Un arbre de recherche est composé de nœuds qui sont des états de calcul. Il existe deux sortes de nœuds :*

– un nœud réduction est un nœud $n = (C, R, S, L)$ qui a seulement un fils $n' = (C \cup \{c\}, R \cup R_c, S, L)$ où $c \in C$ est une contrainte, R_c est l'ensemble d'opérateurs de réduction associé à c et (n, n') est une c-transition.

$$\begin{array}{c}(G, R, S, L)\\ | \\ (G \cup \{c\}, R \cup R_c, S, L)\end{array}$$

– un nœud partition est un nœud $n = (G, R, S, L)$ tel que :

- chaque transition construite avec un de ses fils est une l-transition

- si $n_1, \ldots n_p$ sont les p fils de n, avec $n_i = (G, R, S \cup \{c_i\}, L \cup R_{c_i})$ où $c_i \in C$ est une contrainte et R_{c_i} son ensemble d'opérateurs de réduction associé, alors $\bigcup_{i \in [1..p]} c_i$ est équivalente à la contrainte vraie.

$$(G, R, S, L)$$

$$(G, R, S \cup \{c_1\}, L \cup R_{c_1}) \ldots (G, R, S \cup \{c_i\}, L \cup R_{c_i}) \ldots (G, R, S \cup \{c_p\}, L \cup R_{c_p})$$

Contrairement aux schémas de calculs où une seule partie de $\mathcal{SS}$ est conservée, ici aucune n'est perdue et donc toutes les solutions sont conservées dans les différents domaines des fils. De plus, chaque branche d'un arbre de recherche correspond à un schéma de calcul et vérifie donc les mêmes propriétés : un nœud qui est un état de calcul extrême est une feuille de l'arbre. Il y a donc trois sortes de feuille : solution, échec et celles qui sont des états de calcul non extrêmes. Un arbre de recherche est associé à un CSP $\mathcal{C}$ si toutes ses branches le sont, c'est à dire si $(\emptyset, \emptyset, \emptyset, \emptyset)$ est le nœud racine et D est son domaine associé et si toutes les feuilles non échec (G, R, S, L) vérifient $G = \mathcal{C}$. Maintenant, la complétude des arbres de recherche peut être formalisée par :

Théorème 29 (complétude) *Soit $\mathcal{T}$ un arbre de recherche associé à un CSP $\mathcal{C}$. Pour toute solution s de $\mathcal{C}$, il existe au moins une feuille de $\mathcal{T}$ dont le domaine associé d vérifie $s \in \Pi d$.*

Dans un cadre de théorie de la preuve, [APT 98] présente des règles qui permettent de construire des arbres de preuves qui correspondent ici aux arbres de recherche.

4.3. *Labeling*

Comme seulement les domaines finis sont pris en compte, les pas de recherche sont le plus souvent faits en pratique par labeling. Nous considérons ici que cela consiste à partitionner le domaine d'une seule variable. Cette notion générale de labeling nous permet de prendre en compte le labeling classique (qui consiste à instancier la variable avec toutes ses valeurs) mais aussi les techniques de *splitting*. Donc seulement les contraintes de C dont la forme générale est $x \ in \ E$ ($E \subseteq D_x$ fixé) sont utilisées pour procéder à un pas de recherche. Ces contraintes ont seulement un opérateur de réduction associé appelé *opérateur de labeling*.

Définition 30 (opérateur de labeling) *Soient x une variable et $E \subseteq D_x$. L'*opérateur de labeling $f_{x=E}$ *associé à la contrainte* x in E *est la fonction définie par :*

$$\forall d \in \mathcal{SS}, \ f_{x=E}(d)_y = d_y \text{ si } y \neq x \text{ et } f_{x=E}(d)_x = d_x \cap E.$$

Les opérateurs de labeling sont monotones et contractants. Mais contrairement aux opérateurs de réduction, le but des opérateurs de labeling est de focaliser la recherche sur une partie de l'espace de recherche qui peut ne contenir qu'une partie des solutions, voire aucune. Donc, les opérateurs de labeling sont des opérateurs de réduction "incorrects". Dans ce contexte, incorrect signifie que quand un opérateur de labeling est appliqué, il n'y a pas moyen de savoir si toutes les solutions (ou même une partie) sont conservées. Comme seulement un opérateur de labeling est associé à chaque contrainte de l'ensemble S, les états de calcul peuvent être simplifiés et représentés par un triplet (C, R, L). Cette simplification permet également de simplifier la définiton des nœuds partitions.

Définition 31 (nœud labeling) *Soit D le domaine associé à la racine d'un arbre de recherche. Un nœud (G, R, L) est un* noeud labeling *si il existe une variable $x \in V$ telle que ses fils ont la forme générale $n_1 = (G, R, L \cup \{f_{\{x=E_1\}}\}), \ldots, n_p = (G, R, L \cup \{f_{\{x=E_p\}}\})$ avec $\bigcup_{i \in [1..p]} E_i = Cl_L(D)$.*

Si d est le domaine associé au nœud labeling, $d = Cl_{R \cup L}(D) \subseteq Cl_L(D)$, donc des fils de n pourront être des feuilles échec. Une optimisation naturelle est d'avoir $\bigcup_{i \in [1..p]} E_i = d$. De plus, pour que le labeling ait une influence sur la propagation, la variable x est choisie parmis les éléments de $var(G)$. Nous allons maintenant montrer certaines propriétés des opérateurs de labeling.

Propriété 32 *Soient $f_{x=E}$ un opérateur de labeling et g une composition d'opérateurs de réduction alors :*

$$g \circ f_{x=E} = f_{x=E} \circ g \circ f_{x=E}.$$

Grâce à ce résultat, on peut établir le théorème suivant :

Théorème 33 *Soient $d \in \mathcal{SS}$, L un ensemble d'opérateurs de labeling et R un ensemble d'opérateur de réduction. Soit $\mathcal{L}(d) = \bigcap_{l \in L} l(d)$. Alors :*

$$Cl_{R \cup L}(d) = Cl_R(Cl_L(d)) = Cl_R(\mathcal{L}(d)).$$

Ce théorème montre que la clôture d'un état de l'espace de recherche par un ensemble d'opérateurs de labeling L et par un ensemble d'opérateurs de réduction R est égale à la clôture par R de la clôture par L de ce même état. Donc, la clôture par L pourrait être calculée en premier et alors L ne serait plus nécessaire. Ceci correspondrait à la stratégie "generate and test" inefficace en pratique. De plus, la clôture par L peut être obtenue par une simple application de de tous les opérateurs de L. Cette caractérisation du résultat du schéma de calcul est l'analogue de la propriété appelée "indépendance par rapport à la règle de choix" dans la résolution SLD.

L'exemple suivant montre que ce théorème n'est plus vérifié quand un pas de recherche est effectué à l'aide d'une contrainte quelconque au lieu d'une contrainte de la forme "$x\ in\ E$".

Exemple 34 *Voici un CSP avec trois variables x, y et z. Le domaine des variables est* $[0 \ldots 2]$. *Les contraintes sont $x < y$ et $y < z$. Pour effectuer un pas de recherche, la contrainte $x = y$ est utilisée. L'arc consistance sert à réduire les domaines. Si un pas de recherche est fait en premier, les domaines ne sont pas réduits. Quand les pas de réduction sont faits, le domaine de x est réduit à $\{0\}$, le domaine de y à $\{1\}$ et celui de z à $\{2\}$. D'un autre coté, si les pas de réduction sont faits en premiers, quand le pas de recherche est fait, le domaine des variables devient vide car pour la seule valeur du domaine de x, il n'existe pas de valeur v dans le domaine de y (qui est réduit à $\{1\}$) tel que $0 = v$.*

5. Conclusion

Le but de ce cadre est de donner un modèle pour l'ordonnancement de règles dans un solveur. Ce modèle est basé sur les itérations chaotiques [APT 99]. Grâce à l'introduction de l'ensemble de choix γ, n'importe quelle stratégie d'ordonnancement qui utilise des heuristiques basées par exemple sur des propriétés des contraintes, ... peut être vue comme une instance particulière de notre formalisme. De plus, ce cadre permet de prendre en compte les méthodes de recherche. La recherche se fait à l'aide d'un ensemble de contraintes et de son ensemble d'opérateurs "incorrects" associé. Cet ensemble permet de concentrer la réduction de domaine sur des parties bien définies de l'espace de recherche. Les arbres de recherche permettent de décrire l'interaction entre les méthodes de réduction et les méthodes de recherche au sein d'un même solveur. La méthode de recherche particulière appelée labeling est également traitée en détail. Enfin, l'équité des stratégie d'ordonnacement qui est une condition suffisante pour s'assurer de la convergence est décrite de façon opérationelle. Ce formalisme qui modélise les solveurs pourra être utilisé pour l'analyse de programme avec contraintes et en particulier pour l'obtention de traces de calculs [FER 01], [DER 02].

6. Bibliographie

[APT 98] APT K. R., « A Proof Theoretic View of Constraint Programming », *Fundamenta Informaticae*, vol. 34, n° 3, 1998, p. 295-321.

[APT 99] APT K. R., « The essence of constraint propagation », *Theoretical Computer Science*, vol. 221, n° 1-2, 1999, p. 179-210.

[APT 00] APT K. R., « The role of commutativity in constraint propagation algorithms », *ACM Transactions on Programming Languages and Systems*, vol. 22, n° 6, 2000, p. 1002-1036, ACM.

[ARS 02] ARSOUZE J., FERRAND G., LALLOUET A., « Arbres d'itération chaotiques pour décrire la résolution des CSPs », Research Report n° RR-LIFO-2002-04, 2002, LIFO, Laboratoire d'Informatique Fondamentale d'Orléans, Université d'Orléans, BP 6759, F-45067 Orléans Cedex 2.

[BEN 96] BENHAMOU F., « Heterogeneous Constraint Solving », HANUS M., RODRÍGUEZ-ARTALEJO M., Eds., *Algebraic and Logic Programming, 5th International Conference,*

ALP'96, vol. 1139 de *lncs*, Aachen, Germany, sep 1996, Springer, p. 62–76.

[CHA 69] CHAZAN D., MIRANKER W., « Chaotic relaxation », *Linear algebra and its applications*, vol. 2, 1969, p. 199-222.

[COU 77] COUSOT P., COUSOT R., « Abstract Interpretation : A Unified Lattice Model for Static Analysis of Programs by Construction or Approximation of Fixpoints », *Principles of Programming Languages*, 1977, p. 238-252.

[DER 02] DERANSART P., FAGES F., JUSSIEN N., LANGEVINE L., MARTIN R., « Débogage dynamique de programmes avec contraintes sur les domaines finis : état et perspectives », *Délivrable projet OADymPPaC*, http ://contraintes.inria.fr/OADymPPaC, 2002, page D2.1.1.1.

[DIA 00] DIAZ D., CODOGNET P., « The GNU Prolog System and its Implementation », *ACM Symposium on Applied Computing*, vol. 2, Villa Olmo, Como, Italy, 2000, p. 728-732.

[EMD 97] VAN EMDEN M. H., « Value constraints in the CLP scheme », *Constraints*, vol. 2, 1997, p. 163-183.

[FAG 98] FAGES F., FOWLER J., SOLA T., « Experiments in Reactive Constraint Logic Programming », *Journal of Logic Programming*, vol. 37, n° 1-3, 1998, p. 185-212.

[FER 01] FERRAND G., LESAINT W., TESSIER A., « A model of constraint solvers by chaoticiteration adapted to value withdrawal explanations », *Délivrable projet OADymPPaC D1.1.1*, http ://contraintes.inria.fr/OADymPPaC, 2001.

[FRA 86] FRANCEZ N., *Fairness*, Springer-Verlag, 1986.

[GRA 00] GRANVILLIERS L., MONFROY E., « Constraint propagation : between abstract models and ad-hoc strategies », DECHTER R., Ed., *Principles and Practice of Constraint Programming*, vol. 1894 de *Lecture Notes in Computer Science*, Singapore, September 18-21 2000, Springer, p. 505-509, short paper.

[LAB 00] LABURTHE F., THE OCRE PROJECT, « CHOCO : implementing a CP kernel », *TRICS, Techniques foR Implementing Constraint programming Systems, a post-conference workshop of CP 2000*, Technical report TRA9/00, Singapore, sep 2000.

[MAC 77] MACKWORTH A. K., « Consistency in Networks of Relations », *Artificial Intelligence*, vol. 8, n° 1, 1977, p. 99-118.

[MON 91] MONTANARI U., ROSSI F., « Constraint relaxation may be perfect », *Artificial Intelligence*, vol. 48, 1991, p. 143-170.

[TSA 93] TSANG E., *Foundations of Constraint Satisfaction*, Academic Press, 1993.

[Van 89] VAN HENTENRYCK P., *Constraint Satisfaction in Logic Programming*, MIT Press, 1989.

[WAL 75] WALTZ D., « *Understanding line drawings in scenes with shadows* », p. 19-91, McGraw Hill, 1975.

Index des auteurs

Imprimé par ACORT EUROPE
En mai 2002
Dépôt légal : mai 2002
ISBN 2-7462-0477-0